面对不同的立场，排斥之意不断升级，这不仅是大学面临的挑战，对我们国家的政治话语更是一场考验。要想美国的民主还有明天，我们务必去理解究竟发生了什么，又是如何发生的。如此方能找到对策，行动起来。当务之急，从阅读《娇惯的心灵》开始。

迈克尔·布隆伯格
（Michael Bloomberg）
彭博有限合伙企业和彭博慈善基金会创始人、三度出任纽约市市长

大学，应是自由讨论的空间，现在却正在形成独断和褊狭的风气。本书的两位作者，都是卓越的言论自由倡导者，他们深度解读了校园内的怪现状，并且告诉我们，怎么做才能让大学坚持它们的终极理想。

史蒂芬·平克
（Steven Pinker）
哈佛大学教授、《当下的启蒙》作者

我们在社会中的行为，也必须接受理性的科学分析。通过本书的科学视角，我们将能坦诚审视，为什么美国人的心理变得弱不禁风，要重新强大起来，我们当下又要做些什么。

尼尔·德格拉斯·泰森
（Neil deGrasse Tyson）
天体物理学家、海顿天文馆馆长

卢金诺夫和海特阐释了"直升机家长"现象及其危害。本书告诉我们，过度保护如何放大了孩子们的恐惧，使他们更难成长为可以自我管理、自力更生的成年人。孩子们必须迎接挑战，承受压力，直面不同的观点，如此方能茁壮成长。

苏珊·麦克丹尼尔
（Susan McDaniel）
罗切斯特大学教授、美国心理学会前任主席

令人不快的言辞和观念，在那些自奉为校园卫士的学生心中，经常被想象成大棒下的暴力。面对激烈的辩论，许多学生心生畏惧；若要维系他们的善恶观，就必须让他们不中意的讲者闭上嘴巴。卢金诺夫和海特在本书中给出了精彩的分析，我们是如何堕入这种脆弱模式，在言辞和行动之间曾有过的区分如今是如何失去的，以及接下来我们要怎么做。要理解当前的校园冲突，不可不读这本书。

马克·尤多夫
（Mark Yudof）
加州大学系统总校长、伯克利分校法学教授（荣休）

娇惯的心灵

"钢铁"是怎么没有炼成的?

[美]格雷格·卢金诺夫 [美]乔纳森·海特 著

田雷 苏心 译

生活·讀書·新知三联书店

Simplified Chinese Copyright © 2020 by SDX Joint Publishing Company.
All Rights Reserved.
本作品简体中文版权由生活·读书·新知三联书店所有。
未经许可,不得翻印。

Copyright © 2018 by Greg Lukianoff and Jonathan Haidt. All rights reserved.

图书在版编目(CIP)数据

 娇惯的心灵:"钢铁"是怎么没有炼成的?/(美)格雷格·卢金诺夫,(美)乔纳森·海特著;田雷,苏心译.—北京:生活·读书·新知三联书店,2020.7(2024.10重印)
 (雅理译丛)
 ISBN 978-7-108-06874-3

 Ⅰ.①娇… Ⅱ.①格… ②乔… ③田… ④苏… Ⅲ.①高等教育-研究-美国 Ⅳ.① G649.712

 中国版本图书馆 CIP 数据核字(2020)第 080350 号

责任编辑	王晨晨
责任印制	董 欢
出版发行	生活·讀書·新知 三联书店
	(北京市东城区美术馆东街 22 号 100010)
网 址	www.sdxjpc.com
图 字	01-2019-5211
经 销	新华书店
印 刷	山东临沂新华印刷物流集团有限责任公司
版 次	2020 年 7 月北京第 1 版
	2024 年 10 月北京第 6 次印刷
开 本	880 毫米 × 1092 毫米 1/32 印张 16.5
字 数	328 千字
印 数	43,001-46,000 册
定 价	69.00 元

(印装查询:01064002715;邮购查询:01084010542)

与其为孩子铺好路,不如让孩子学会如何走好路。

民间谚语

最大的敌人莫过于你自己的想法,一不留神,它就会对你形成暴击。然而,一旦掌控自己的思想,那它就能成为你最大的助力,即便你的父母也不可比。

佛陀,《法句经》[1]

善与恶的分界线,存于每个人的心间。

亚历山大·索尔仁尼琴,《古拉格群岛》[2]

谨以此书,献给我们的母亲
她们做到了最好,教我们如何走路

乔安娜·达尔顿·卢金诺夫
伊莲·海特(1931—2017)

目 录

序　言　智慧之旅　　　　　　　　　　1

第一篇　三种错误观念

第1章　脆弱人设的谬误：凡是伤害，
　　　　只会让你更脆弱　　　　　　27

第2章　情感推理的谬误：永远相信
　　　　你的感觉　　　　　　　　　47

第3章　"我们 vs 他们"的谬误：生活
　　　　是好人和恶人之间的战斗　　75

第二篇　错误观念在行动

第4章　恐吓与暴力　　　　　　　　113
第5章　政治迫害　　　　　　　　　138

第三篇　我们何以至此?

第 6 章　政治极化的恶性循环　　171
第 7 章　焦虑和抑郁　　195
第 8 章　焦躁不安的父母　　223
第 9 章　玩耍的消失　　249
第 10 章　安全至上的校园官僚　　269
第 11 章　追逐正义　　294

第四篇　该觉醒了

第 12 章　救救孩子　　327
第 13 章　改革大学　　350
结　论　明天会更好?　　364

致　谢　　374
附录 1　认知行为疗法指南　　381
附录 2　《芝加哥声明》　　387
注　释　　391
参考文献　　477
索　引　　493

序　言
智慧之旅

人生的智与不智，是这本书所要讨论的。回想本书的发端，可以追溯至我们（格雷格和乔）* 2016 年 8 月的那次希腊之旅。当时，我们已经开始合作研究，关注在大学校园里某些广为流传的观念，我们认为，这些流行观念伤害了我们的青年学生，毁灭了他们追求幸福快乐生活的希望。一句话，这些观念正在让青年学生变得更愚蠢。于是，我们决定合作，写一本书，告诫世人要警惕这些可怕的观念；决心下定后，我们想着，在开始写作前，不妨来一次追寻智慧的旅行。我们俩都在大学工作；近些年来，时有耳闻，在奥林匹斯山北坡的一个洞穴里，居住着一位当代大哲，他名叫米索博乃思，如今仍然照着科欧安勒莫斯教派的古老习俗来生活。

我们一行两人，飞到雅典，乘坐 5 个小时的火车，抵达

---

* 本着不干扰阅读的原则，我们对书中译出的人名、书名、专有名词等内容除非必要，均未附原文，读者可根据注释、参考文献、索引、本书边码等线索核查原文。——编者注

利托霍罗——奥林匹斯山脚下的一座小镇。第二天日出时,我们动身,走在山间的小径上,数千年来,希腊人就是通过这条道路,寻求他们同神灵的交流。沿着一条陡峭蜿蜒的山路,我们向上攀爬了6个小时。正午时分,终于到达了一处道路分岔口,路标上写着"米索博乃思"的名字,上面的箭头指向右边。朝左边的分岔路望去,路况令人生畏:要一直向上爬,才能通向一条狭窄的深谷,头顶两侧的岩石,看起来随时都有滚落的危险。

而相比之下,通向米索博乃思的那条路,看上去平坦、笔直,很好走——路况的变化仿佛在欢迎我们这些访客。走过一段风景宜人的小树林,那里满是松树和杉树,再穿过一座纹丝不动地架在山涧深谷之上的行人木桥,我们便走到了一处巨大山洞的入口。

走进山洞,眼前的场景令我们暗自称奇。米索博乃思同他的助手们已经安装了自动取号系统,就是那种你在三明治店里有时会遇见的机器。我们前面,还有一长队的爱智者在等待叫号。我们取了号,还付了100欧元的小费,这样,这位伟大的哲人就会私下会见我们。见面前必须先洗礼,然后我们开始了等待。

终于轮到我们了。我俩被引入一个会客室,烛光昏暗,就在山洞的后面,一束细泉从山岩墙壁涌出,飞溅到一个白色大理石的蓄水池中,其形状让我们想起了在美国人的庭院里供鸟儿嬉戏的水池。就在泉水池旁边,米索博乃思躺在一张舒适的椅子里,那很像是20世纪70年代曾风行一时的苏丹式躺椅。我们已经听说，他会说英语，但当他用地道的美式英语，还带一点长岛腔，问候我们"进来吧，伙计。告诉我，你们要什么"时，我们还是吃了一惊。

乔张口就来："大师，我们到这里，是为了求取智慧。什么是这世上最深刻又最伟大的真理呢？"

格雷格觉得这问题有些空洞，于是跟着补充道："说实在的，我们正在写一本关于智慧的书，面向青少年、大学生、父母和教育者；我们很希望你可以浓缩一下人生经验，概括成几条简明扼要的智慧格言，最好就三条，且如果按照这些道理做，就可以引导年轻人过好他们的人生。"

米索博乃思安静地躺在椅子里，眼睛闭了大约两分钟。终于，他睁开眼睛，开始说：

"这一汪清泉，是科欧安勒莫斯之泉。科欧安勒莫斯是古希腊的智慧之神。今天，人人只知道雅典娜，却无人知晓他，在我看来，雅典娜名不符实。如果你们来问我，我要说科欧安勒莫斯有些真正的大智慧。既然你们来了，那就让我来告诉你们。我将面授你们三杯人生智慧。"

他拿起一个白色的大理石杯，在泉水池里装满水，将杯子递给我们。我俩饮了杯中水之后，将杯子递回给他。

"现在是第一个真理，"他说，"凡是伤害，只会让你更脆弱（*What doesn't kill you makes you weaker*）。所以，远离痛苦，远离烦恼，远离所有可能发生的坏事情。"

乔大为吃惊。他曾经写过一本书《幸福的假设》，整本书基于现代心理学来检讨古人的智慧。在这本书里，有整整一章都在验证大师真理的反命题,其中最著名的表达来自尼采:"凡是不能毁灭我的,只会让我更强大(What doesn't kill me makes me stronger)。"[1] 乔认为这里面一定出了错。"对不起,大师,"乔说,"你确定你想说的不是'更强大'?我从许多文明传统的人生智慧中都发现了类似的格言,痛苦、挫折,有时甚至是创伤性的经验,可以让人们变得更坚强。"

"哦,我刚才说的是……'更脆弱'?"米索博乃思有些疑惑。"等一下……是更脆弱,还是更强大呢?"思考时,他又一次双目紧闭,过会儿才张开双眼:"是的,我没说错,我要说的就是更脆弱。痛苦的经验令人生畏,谁没事想要痛苦呢?你们远道而来,难道是为了遭罪?当然不是。为了痛苦?也不可能!你们看附近群山中,有多少民哲,每天坐在地上,苦苦思索12个小时,他们得到什么了?不是血液循环出了问题,就是腰椎有了毛病。当你终日都在为病痛和伤害所烦恼时,你还能追求什么智慧?这就是为什么我在20年前就买了这把躺椅。能舒服一点,为什么不更舒服一点呢?"语气里的情绪已经不加掩饰,他又加了一句:"这个问题,我能到此为止吗?"

"我很抱歉。"乔不敢回嘴。

又一次,米索博乃思在大理石杯里装满泉水。我们喝过后,"第二杯,"他继续道,"永远相信你的感觉(Always trust your feelings)。不要质疑自己。"

现在轮到格雷格坐不住了。数年来,他一直身体力行着认知行为疗法。要说这种疗法所基于的理论,正是同这杯智慧背道而驰的：感觉经常会误导我们。所以要想心智健康，你就必须学会怀疑自己的感觉，摆脱某些常见的现实扭曲认知，解放你的心智。但是，正是因为学会了控制即刻的负面反应，格雷格咬紧牙关，什么都没说。

第三次，米索博乃思满上了水杯，我们照例将杯中水饮尽。"第三，生活是好人和恶人之间的战斗（Life is a battle between good people and evil people）。"

"有些人是好人，"米索博乃思声调缓慢，但声音响亮，好像他觉得我们听不清楚他的话，"还有些人是坏人。"说完，他特意看了一眼我们，喘了口气。"这世上有太多罪恶了。罪恶从哪里来？"他顿了一下，期待我们给出答案。我们一时语塞。"坏人做坏事！"他说道，显然很恼火，"要靠你们，还有世界上的所有好人，同坏人战斗。你们必须成为战士，为美德和善行而斗争。你们睁眼看看，那些人多么邪恶，甚至无恶不作。你们必须向他们下战书！集合起正义之师的联盟，使恶人无地自容，直至改变他们的存在方式。"

乔禁不住发问："但是，难道那些恶人不也会这样想吗？我们如何才能知道，我们是对的，而他们是错的？"

米索博乃思再也忍不住了："看来你们今天从我这里什么也没有学到啊？相信你的感受。你是否感觉你是正确的？或者你感觉自己是错误的？我感觉这次会谈已经结束了。滚出去吧。"

* * * * *

这世上压根没有米索博乃思，[2] 要揭示上述三种错误观念，我们也没必要远赴希腊。你可以随处发现这三种观念，在大学校园里，在高中，在许多家庭。此类谬误很少是直接言传的；准确地说，它们是通过身教，通过施加于年轻人身上的种种规则、惯习和规范而形成的。虽则用心良苦，但错误的观念却传递给了他们。

本书之目的，就是展示这三种近年来广为流传的人生谬误：

谬论1. 脆弱人设：凡是伤害，只会让你更脆弱。
谬论2. 情感推理：永远相信你的感觉。
谬论3. 我们 vs 他们：生活是好人和恶人之间的战斗。

虽然很多命题都经不起推敲，但要被归类为重大谬误，一种观念必须符合如下三个标准：

1. 它违背了古人智慧（那些在许多文化的智慧经典里可以被普遍发现的观念）。
2. 它违背了现代心理学关于幸福的研究。
3. 它伤害了那些相信它的个人和社群。

我们将在书中论证,上述三种人生谬误以及由它们所生发的政策和政治运动,已经伤害到了当下的年轻人。且在大学校园内制造事端,甚至威胁到自由民主体制的未来。列举其中一些问题吧:过去一段时期,青少年中的焦虑、抑郁比率以及自杀率呈现出急剧上升的趋势。在许多大学,校园文化在意识形态上已经变得整齐划一,这使得学者群体很难自由追求真理,同时也伤害到学生群体,让他们失去从形形色色的思考者那里学习的机会。极右翼和极左翼的极端分子一茬接着一茬,两个阵营相互挑衅,双方的仇恨越积越深。社交媒体已经使政治分歧的激情升格为一种新兴的"揭发文化"(callout culture);讲者说得用心良苦,但有些学生就是不领情,甚至恶意曲解,于是乎,讲者在校园内受到公然羞辱。新媒体的平台和表达方式使公民们退回到自我确证的保护泡中,生活在气泡内,他们开始以最坏的恶意来揣测敌对方,而在那些意在传播噪音并收割分裂的极端分子和网络操作者的鼓动下,他们原本的意向会得到确证,甚至进一步放大。

以上三种谬误已经在许多大学校园内开花结果,但追根溯源,它们起始于更早的中小学教育,甚至儿童期的成长经验。现如今,它们也已经从校园蔓延至公司世界和公共领域内,包括国家政治。它们还从美国大学向外扩展,在整个英语世界的大学里抬头。[3] 无论对谁来说,这些谬误都不是什么好事。任何人,只要关心我们的年轻人、教育以及民主,就应该关注本书所描述的发展趋势。

本书的真正起始

2014年5月，我们（格雷格和乔）约在纽约市的格林威治村共进午餐。这次见面，是要讨论一道难题，过去一两年来它始终困扰着格雷格。格雷格是一名律师，专攻宪法第一修正案。自2001年起，在担任个人教育权利基金会（FIRE）的负责人之后，他就开始为学术自由以及校园言论自由而斗争。[4] 个人教育权利基金会，是一个非营利组织，无政党隶属，致力于保护大学校园里的自由、言论自由、正当程序以及学术自由。

自格雷格入行以来，对校园审查的诉求一般来自于学校管理者。学生则身处对立阵营，往往是坚定支持言论自由的生力军——说得再准确些，不仅是支持，而且是要求言论的自由。但现在，事情正在起变化；在大学校园里，言论被认为会引发现实的危险。2013年秋天，格雷格听闻，有些大学生要求将某些"触发性"的材料从课程中清理出去。到了2014年春天，《新共和》[5] 和《纽约时报》[6] 都报道了这一校园动向。格雷格还发现，大学生开始向校方施加强势压力，只要认为受邀演讲者的观点令他们有任何不适感，就会撤回对他们的邀约。要是校方顶住压力，拒绝取消邀请，大学生便会日渐娴熟地运用起"坏孩子的否决"——也就是说，他们以种种方式做出抗争，阻止同学参加讲座，让他们想听也没法听。但是，最令格雷格寝食难安的，也是为何他要邀乔一起聊聊的，就是看到当学生就课程材料和大学演讲者做出此前未有的反应时，他们所依据的正当理由发生了转变。

过去有些年头，大学管理者想要制定校园言论规章，限制那些他们认定为种族主义或性别主义的言论。但日复一日，言论规范以及取消演讲邀请的根据变成了治疗式的：学生主张，某些类型的言论，有时甚至是某些经典著作和课程的内容，干预了他们的应对力（ability to function）。他们需要被保护起来，远离那些他们认为会"触动"他们，或者令他们"感到不安"并因此有损心理健康的材料。

试举一例：哥伦比亚大学"核心课程"系列（对哥伦比亚本科生院的所有学生来说，其构成了他们必修的通识教育的一部分）有一门课，名为"西方文学与哲学经典"。[7] 曾经一度，这门课所收入的材料包括奥维德、荷马、但丁、奥古斯丁、蒙田、伍尔夫等人的作品。根据大学的说法，这门课旨在处理"有关人类经验的那些最困难问题"。但到了2015 年，四名哥伦比亚大学本科生写了一篇文章，发表在学校报纸上，呼吁学生"需要在课堂上感到安全"，但是"西方经典中有许多文本"，"充斥着以排斥和压迫为主题的历史和叙事"，其中包括"触发性和冒犯性的材料，在课堂上导致学生身份的边缘化"。有些学生说，在阅读和讨论这些文本时，情绪会受到极大的挑战，因此教授应当发送"事先警告"，并为那些受冒犯的学生提供心理支持。[8]（事先警告是口头或书面的通知，由教授提供，提醒学生在阅读中即将遇到有可能令人不适的材料。）这篇文章写得很精巧，就文学经典多元化这一命题，也颇有见地。但问题是，安全抑或危险，在我们面对文学经典时，这种二元性真能算作我们恰当的反应框架吗？或者是否存在如此危险，这个框架本身就会改变学生对古典文本的反应，对于学生来说，其原本很可能只是一种不那么舒服或者不喜欢的体验，现在却升格为受到威胁和压迫的感觉？

当然，学生行动起来，从来不是什么新鲜事；数十年来，大学生放下了书本，以积极的姿态打造他们的学习环境。比如说20世纪90年代，大学生就加入教授的阵营，投身于所谓的"经典战争"（原本主宰阅读清单的都是"死去的白人男性"的名录，这次运动呼吁增加更多的女性作家、有色人种作家）。[9] 20世纪60年代到70年代，大学生也经常将演讲者阻挡在校园外，或者制造出分贝更高的噪音，来压制演讲者的声音。举个例子，多所大学的学生曾抗议哈佛生物学家E. O. 威尔逊的讲座，在有些学生看来，威尔逊关于生物进化如何塑造人类行为的研究，可以被用来证明已成定式的性别角色和不平等（有人贴出告示，要发起一场抗议，要求同学们"带来大嗓门的闹场者"[10]）。但考究这些抗议，其出发点并非为了学生的健康。学生之所以要屏蔽某些人，是因为他们认为，这些人是在鼓吹异端邪说（这一点同今天如出一辙），但回到从前，大学生们可从来没有这么说过——就是因为演讲者的到访，或者接触到这些不良观点，大学校园的青年学生就会受到伤害。而他们从前所要求的，当然也不是教授和校方把他们捧在手心，将他们保护起来，距离某些人越远越好。

要说今天的新鲜事，那就是我们普遍认为学生是脆弱的。即便有些学生自己并不脆弱，也经常相信，其他同学身处危险之境，故此需要保护。几乎无人会反向思考，学生在遭遇那些他们标记为"触发性"的言论或文本之后，他们会成长起来，变得更加坚强。（这就是脆弱的谬误：凡是伤害，只会让你更脆弱。）

格雷格常年承受抑郁症发作的痛苦，对他来说，这看起来是一条艰辛的人生路。在对抗抑郁的过程中，格雷格，同这世界上数百万抑郁症患者一样，发现认知行为疗法是最见效的方案。根据认知行为疗法，若你陷入了多种"认知扭曲"，就要倍加警惕，比如说"小题大做"（如果我这次小测验没通过，我就会不及格，留级，然后被开除出学校，接下来我就失学又失业……），或者"负面过滤"（仅仅留意那些负面反馈，却看不到积极肯定）。这些不理性的扭曲思考方式，正是抑郁和焦虑此类心理失序的迹象。我们这么说，并不是认为学生从来不会遭遇现实世界的真实危险，或者他们的正义诉求总是发端于认知上的扭曲。我们的命题是，即便学生是在回应真实的问题，较之于他们的前辈，他们所无法跳脱的思考模式，很可能会使问题看起来更严重。一旦形成这种认知，那么问题反而变得更难解决。在探索认知行为疗法时，早期的研究者已经做出一项重大的发现：如果人们学会放下原本的扭曲现实的思考方式，那么他们的抑郁和焦虑程度通常会大大减弱。正是想到这里，格雷格才忧心忡忡，因为他发现，当有些学生面对大学校园的言论时，他们所做出的反应，完全就是他在认知治疗时学会压制的扭曲，完全相同的扭曲！这些大学生到底从哪里学到了这些错误的心理习惯？这些认知扭曲难道不会让学生变得更加焦虑和抑郁吗？

当然，自20世纪70年代以来，大学校园也发生了诸多变化。今天，大学生群体更加多元化。当他们来到学校时，就经历过程度不等的偏执、匮乏、创伤甚至心理疾病。教育者必须要认识到这些差异，重估此前的旧观念，并致力于创造一个包容的共同体。但问题是，要达成这一目标，什么才是最佳的方法？如果我们重点关注那些问题最严重的学生，我们的当务之急又是什么？是把他们保护起来，使他们不接触那些可能冒犯他们的讲者、书籍和观念？抑或是，这些保护措施，虽然用心良苦，但很有可能枪口调转，反而伤害到他们原本要保护的这些学生？

所有的青年学生都必须做好准备，在大学毕业后，进入这个注定要面对的世界。在这一过程中，有些学生，且往往是那些总感到自己如荒野独行客的年轻人，势必要做出最大幅度的跨越，那么这就对此类学生提出了更高的要求，他们在大学生活中必须学得更扎实，准备得更充分。人生的竞技场从来不是一片坦途；生活从来不公平。但大学很可能是这世上所能找到的最佳环境，在校园里，可以同那些令我们不舒服甚至全然敌意的人事和观念面对面。大学是最终的心理锻炼所，到处都有高级的设备、经验丰富的教练，以备不时之需，还有随时待命的治疗医师。

格雷格非常担心，如果青年学生有了脆弱的自我人设，他们就将远离心理的锻炼场所。但问题是，如果大学生不在今天的训练场增长技能，接受善意的邀请，出拳击打，如果他们回避了这些机会，仅仅因为善良的人让他们相信，这样的残酷训练会使他们遍体鳞伤，那这便是所有参与者的一场悲剧。若是认定，面对那些令人不适的观念时，大学生都是脆弱的，那么这种信念将变成一种自我实现的预言。不仅青年学生开始相信他们没有能力应对，而且，如果他们基于这种信念而行事，避免同种种不适相接触，最终他们也会变得无力去应对。如果青年学生在大学校园里成功地创造出智识"安全"的保护气囊，那么在毕业后，他们就将面对更严重的焦虑和冲突。进入现实社会，他们必定会遇到更多的人，持有的观点更极端。

格雷格从自己的个人和职业经验出发，提出了一种理论：学生们开始要求将自己保护起来，不与某些言论相接触，是因为不知不觉之间，他们已经陷入了某些认知上的扭曲，而这正是认知行为疗法所要纠正的。换言之：今天的大学生正在学会扭曲的思考方式，而这只会让他们变得脆弱、焦虑，并且更易受伤害。

格雷格想要和乔谈谈这个理论，作为一名社会心理学家，乔曾就认知行为疗法及其同古典智慧的亲和性做了大量的研究，也著述颇丰。[11] 结果是，乔当即发现了格雷格理论的力量。身为纽约大学斯特恩商学院的一位教授，乔也已经观察到这种新出现的"脆弱学生模式"的初始迹象。乔的主要研究领域是道德心理学，他的第二本书，《正义之心：为什么好人会因政治和宗教而分裂》，就是一次学术的努力，它帮助人们理解不同的道德文化或者说道德"矩阵"（matrix），尤其是政治左翼和右翼群体的道德文化。

"矩阵"这个词，如乔所用，出自威廉·吉布森1984年的科幻小说《神经漫游者》（*Neuromancer*，这本书也是电影《黑客帝国》的灵感之源）。在这部小说中，吉布森想象出一种未来主义的网络，如互联网一样，将所有人连接在一起。他称之为"矩阵"，认为它是"一种交互感应的幻象"。乔引入"矩阵"这个概念，以之作为思考道德文化的重要方法。一个团体，个体彼此之间互动，经过交互感应，就会形成一种道德矩阵，在此之后，他们的行事方式就不太可能为外在于矩阵的人们所理解。在我们交谈时，我们俩一致认为，一种新的道德矩阵正在大学的某些场域开始形成，而且必定会继续扩张。（当然，这还要归功于社交媒体，就其设计和运转机制而言，它们再好不过地推动了"交互感应的幻象"在互联社群内急速扩张——无论是校园内外，还是政治左翼或右翼。）

乔当即答应了格雷格的邀请，合作研究这个课题。我们首先合作了一篇文章，对格雷格的理论加以初步展开，以此来解释此前一两年内发生在大学校园内的诸多事件和迹象。我们将文章投给《大西洋月刊》，并拟了一个标题——"越争越悲哀：大学校园是如何导致认知扭曲的？"。唐·佩克编辑很喜欢这篇文章，协助我们修改，强化论证，刊出前又给拙文起了一个更简洁、也更有煽动力的标题——"娇惯的美国心灵"。

我们在文章中指出，许多家长、中小学老师、大学教授，还有学校管理者，在教育这一代大学生中，都陷入了一种不自觉的谬误，使年轻人养成了在焦虑或抑郁症患者那里常见的心理习惯。我们主张，之所以学生开始用恐惧和愤怒来回应言论、书本和外来的讲者，就是因为，这些孩子从一开始所受的教育，就告诉他们要警觉危险，运用两分（或者二元对立）的思考，放纵他们在第一时间做出的情绪回应，最终陷入种种认知上的扭曲（我们将用整本书对此做进一步的讨论）。此类思维模式直接伤害了青年学生的心理健康，干涉了他们的智性发展——有时候，甚至会伤害他们身边的同学。看看眼下有些大学，一种防御性的自我审查文化在校园内已然成形。之所以如此，就是因为有些学生动辄将某些讲者"示众"，或者公开羞辱他们，而真要说出来原因，也就是某些芝麻绿豆大的小事，即他们认为没有照顾到自己脆弱的心灵——因此伤害了正在呼吁示众的学生，甚或是伤及这些学生所代表的团体。这种心理模式，我们称之为怀着恨意的自我保护（vindictive protectiveness）。根据我们的研究，此类行为若在校园内蔓延，会使全体同学都很难进行开诚布公的讨论；可原本正是通过这些活动，青年学生可以练习批判性思考和公共辩论的技艺。

我们的文章，2015年8月11日，在《大西洋月刊》网站上首发，大约一周后，以该文为封面主打的当期杂志在全美报刊亭开售。我们原本已经做好了心理预备，迎接如潮而来的批判声浪。但事实表明，许多朋友，无论在校园内外，还是落在政治光谱左或右，都已经留意到我们在文中描述的现象，出乎意料，这篇文章最初所获得的回应，绝大多数都是积极的。在《大西洋月刊》网站上，我们的文章也进入阅读量最高的历史前五。数周后，奥巴马总统在一次演讲中甚至提到我们这篇文章，总统赞许了立场多元化的价值，认为青年学生不应当"被娇惯，被保护起来，不去接触不同的观点"。[12]

当年10月，我们完成这篇文章后续引发的媒体活动，格雷格和乔也都开心地回归各自的本职工作。那时我们对未来一无所知，未曾想即将到来的日子会把学术界甚至是整个国家搅一个底朝天。时间到了2016年。问题已经很清楚，前述三种谬误以及它们所连带的现实政策，已经蔓延到英国、[13]加拿大和澳大利亚[14]的大学。正是因此，到了2016年秋天，我们再次碰面，决定要更严肃地讨论我们在《大西洋月刊》文章中提出的问题。这本书于是应运而生。

动荡岁月：2015年—2017年

站在2018年初回头看，自我们于2015年8月在《大西洋月刊》抛出论点后，世事之变可以说是令人慨叹。为了争取种族正义,一场社会运动已经在全美范围内遍地开花,每一次警察杀害手无寸铁的黑人的手机视频在网上传播后,运动就获得了更多的群众基础。[15] 2015年秋天,因种族正义问题而引发的抗议,起始于密苏里大学和耶鲁大学,最终在全美各地数十所大学校园内爆发。青年学生介入之积极,数十年来在大学校园里未曾见过。

同一时期,新闻中充斥着以平民群众为对象的大屠杀悲剧。在欧洲和中东各地,恐怖主义者策动着大规模的针对普通民众的袭击。[16] 在美国加利福尼亚州圣贝纳迪诺,ISIS组织策划的一次枪击事件就夺走了14人的性命,造成超过20位平民受伤;[17] 另一次由ISIS策划的恐怖袭击,目标对准佛罗里达州奥兰多市的一家同性恋俱乐部,一时间成为美国历史上伤亡最重的恐怖枪击事件,49人在这场悲剧中丧生。[18] 但这一纪录没有维持多久,仅仅16个月之后,一名男性在拉斯维加斯用一挺机关枪向室外音乐会上的人群射击,杀死58人,受伤者多达851人。[19]

不仅如此,2016年,还成为了美国总统政治历史上最具异象的一年。唐纳德·特朗普,这位此前没有任何从政经验的候选人,因为曾得罪许多社会群体,被普遍认为不太可能当选;但最终,特朗普不仅赢得了共和党内的总统初选,而且在总统大选中问鼎白宫。全国各地,数百万计的美国人走上街头,抗议特朗普就职总统,超越党派歧见的政治仇恨开始风起云涌,而新闻的引爆点则始终关注着特朗普总统最新的推特,或者是他对于核战争的新鲜评论。

全社会的关注,在2017年春重新回到校园内的抗议运动,暴力首先在明德学院爆发,紧接着就以数十年来未见之激进态势发生在伯克利加州大学。青年学生们自命为"反法西斯主义者",他们在校园以及市镇上打砸,造成了总计数十万美元的财产损失,学生和市民也在暴力运动中受伤。六个月后,新纳粹分子和三K党党员手持火炬,在弗吉尼亚大学的校园内游行,次日,一名白人种族主义者驾车冲向敌对方的抗议人群,造成一人死亡,多人受伤。2017年即将结束时,又爆发了#MeToo运动,女性开始公开讲述她们曾遭遇的性骚扰和侵害经历。原来在那些由男性主导的行业内,这样的故事竟然比比皆是。

环境如斯,几乎任何人,不论年龄长或幼,还是处在政治谱系的左或右,都有理由感到焦虑、抑郁或愤怒。难道这不是一种充分的理由,使我们是时候响应学生要求搭建校园"安全"网的呼吁了?为什么我们还要回到在《大西洋月刊》文章中所提出的问题呢?

"娇惯"意味着"过度保护"

"娇惯"一词出现在书名中。不过对这个词,我们一直有些拿不准。我们并不想取此词的一种义项,即今天的孩子被宠坏了,被纵容了,四体不勤,这么说显然是不准确的。现如今的年轻人——至少那些为进入好大学而努力的中学生——承受着巨大的压力,他们不仅要在学业上表现优异,而且还要充实课外成绩的冗长清单。与此同时，当十来岁的青少年沉浸在社交媒体的空间时，他们还要面临着此前未有的骚扰、侮辱和社会竞争。更不必说经济问题，全球化、自动化和人工智能已经重塑了我们的经济，大多数工人都经历着工资滞涨，而再看未来，如今孩子的经济前景是高度不确定的。所以说，大多数孩子并没有一个轻松的、随心所欲的童年。但问题是，正如我们在这本书里所要展示的，在保护孩子这个问题上，成年人如今做得实在太多了，他们把手伸得实在太长，这也就会导致某些负面的结果。根据字典的释义，"娇惯"就强调了这样的过度保护——例如，"以极端或者过度的关心或爱意来对待"。[20] 要说有过错，错也是在成年人，是在制度和机构的做事方式上。因此我们为这本书取了个副标题："为什么仅有善意是不够的，错误观念正在培养失败的一代？"* 这就是我们在这本书里所要详加讨论的。我们将要论证，为什么过度保护——从禁止把花生带到小学校园内，到大学里的言论规章——虽然用心为善，但最终可能会伤害我们的孩子。

但是，过度保护只不过是更大社会进程的一部分，我们称之为进步所带来的问题（problems of progress）。这个概念，指的是原本良性的社会变革却会产生某些不良的社会后果。比如说，我们的经济系统现在可以用较低成本生产出充足的

---

* 本书副标题为 How Good Intentions and Bad Ideas Are Setting up a Generation for Failure，此处为直译。——编者注

食物，这是进步；但它也导致了肥胖症的流行，这是问题。我们可以与他人进行即刻的互联和沟通，不需任何经济花费，这是进步；但这种超级互联可能正在损害年轻人的心理健康，这是问题。我们有了冰箱、抗抑郁药物、空调、冷热可调节的自来水，想一想那些从人类物种起源时就伴随我们祖先日常生活的种种匮乏和艰辛，我们现在确实可以轻而易举地避开它们。对于我们而言，舒适和身体的安全是莫大的福利，但它们也附带着不可否认的代价。我们现在适应了更舒适的新生活，若要判断哪些不安全和风险是不可容忍的，当然也就会随之降低标准。根据我们曾祖父那辈人的判断，大概我们所有人都是被娇惯的。每一代人都往往认为下一代是软弱、不成器、缺乏韧性的。这些老人言可能确有道理，即便这些代际之间的变化要归因于真实的社会进步。

重申一遍，我们并非认为，大学生以及社会上的年轻人所面对的问题是微不足道的，或者"都是脑子出了问题"。我们所说的是，人们在头脑中决定要怎么做，将决定这些真实的问题最终如何影响他们。说到底，我们的论证是实用导向的，不是道德主义的：无论你的身份、背景、政治意识形态，你都会过得更快乐，更健康，更坚强，也更有可能成功追求自己的目标——如果你按照米索博乃思的建议反着做。就是说要：时刻应对挑战（而不是消灭或回避任何"感觉不安全"的人和事），将自己从认知扭曲中解放出来（而不是总相信最初的感受）；更善意地理解他人，发现现实生活的复杂（而不是基于简单的"我们 vs 他们"的道德图谱，以最坏的恶意揣测他人)。

我们在这本书中做什么

我们接下来要讲的故事,并不简单。故事里虽然有一些英雄,但却没有盖棺论定的恶人。准确地说,我们的故事是一部社会科学的侦探小说,许多社会力量和历史进程的合流,制造了这次"犯罪"。大约自2013年、2014年起,大学校园里就出现了令人瞠目的学生事件,到了2015年至2017年,现状愈加奇怪,事件也更为频繁。在本书的第一部分,我们设定了讨论的场景/语境。我们将智识上的工具传授给读者,只有掌握了这些工具,才能理解自2013年起席卷美国大学校园的新"安全"文化。我们将向读者证明,前述三种谬误何以为错。在这一过程中,我们也会阐释认知行为疗法的关键概念,在我们看来,认知行为疗法不仅可以消除三种谬误所造成的恶果,也能训练批判性思考的技能。

在本书的第二部分,我们将追踪这三种谬误在现实中的运转。我们检视了校园"起哄"、恐吓和不时发生的暴力,环境如此恶化,大学几乎难以完成它们的核心使命:教育和科研。我们还将讨论新近风行的观念,言论即暴力。根据我们的论证,学生这么想会有损其心理健康。我们还将探讨政治迫害和道德恐慌的社会学,包括什么样的情形会导致大学陷入混乱。

第三部分,我们将追根溯源。为什么从2013年至2017

年美国大学校园发生了如此剧变？我们发现了六种解释线索：美国的政治极化以及两党敌意愈演愈烈，导致校园内不断攀升的仇恨犯罪和骚扰；青少年焦虑和抑郁已经是家常便饭，这让青年学生更渴望受到保护，也更容易被三种谬误俘获；为人父母者养育子女方式的变化，即便使童年变得更安全，但久而久之他们仍会放大孩子们的恐惧；童年的自由玩耍以及无人看管的冒险活动已经消失，但孩子们如要成长为自律的成年人，这两种童年经验是必需的；大学官僚系统的扩张及其保护任务的强化；与日俱增的正义渴求，再加上不断变化的正义观。上述六种社会进程，并非同等程度地覆盖每一个人，但在过去一段历史时期内，它们在美国大学校园里开始相互激荡，造成了今日的现状。

最终，到了第四部分，我们提出了对策。我们拟议了一些具体的行动方案，帮助父母和老师培养出更聪明、更坚强、更独立的孩子；我们还提供了一些具体的建议，教授、管理者和大学生可以由此出发，改变他们的大学，使校园更适应这个受新技术驱动的愤怒时代。

从2014年开始，我们着手探讨，美国大学校园里到底在发生着什么，但我们在本书中所讲的故事却远远不止于校园。这故事，是关于我们这个光怪陆离的动荡时代的——许多制度已经卡壳，社会信任正在衰减，而新一代，亦即千禧年后成长起来的孩子们，已经开始从大学毕业，进入社会。我们的故事并非以悲剧收场，希望也在前方。我们所描述的问题可能是暂时的。我们相信，这些问题可以得到解决。要看健康、繁荣和自由这些指标,大历史的整体总是会走向进步,[21]但如果我们可以理解这六种社会进程,将我们从三种谬误中解放出来,那历史的转向就会更快一些,进步的脚步也会更扎实。

第一篇
三种错误观念

第1章
脆弱人设的谬误：
凡是伤害，只会让你更脆弱

> 故天将降大任于是人也，必先苦其心志，劳其筋骨，饿其体肤，空乏其身，行拂乱其所为，所以动心忍性，曾益其所不能。
>
> 孟子，公元前4世纪[1]

2009年8月，在弗吉尼亚的夏洛茨维尔，3岁的麦柯斯·海特开始了幼儿园的第一天。距离拿到大学学位，他还有18年的人生路程要走，但在迈出第一步之前，反而是他的父母——乔和杰妮——必须先参加一个强制性的入园培训活动，由麦柯斯的老师解释幼儿园的种种规则和活动程序，对象是各位家长。最重要的规则，若是以讨论时间的长短来判断，便是"禁止坚果"。因为有些孩童对花生过敏，为了防止风险，学校立下了一项绝对禁令，一进入校园，不得携带任何含有坚果的物品。当然，花生是豆科作物，并非坚果，但确有些孩子会对树生坚果过敏，故而，各种坚果以及各类坚果制品都受到禁止，连带花生和花生黄油也一道遭了殃。为了更加安枕无忧，只要某家工厂会接触到花生，幼儿园便禁止由该工厂制造的任何产品进入，这导致许多水果干以及点心也被拒之于校园门外。

眼见违禁品的清单越拉越长，老师还在耳朵边滔滔不绝，乔向在座的父母提了一个问题，这在他看来很有意义："请问在座诸位，你们的孩子是否有对坚果过敏的症状？如果我们确认有孩子对坚果过敏，我相信所有家长会各尽所能，避免风险。但如果班上压根没有孩子有过敏症，也许我们应该放轻松一些，不要疑神疑鬼，对所有坚果制品大开杀戒。比方说，只禁止花生呢？"

很显然，乔的问题激怒了老师，她当即打断，不让在座的父母们有回应的机会。不能让任何一个学生面临危险，她说道。不要让任何一位父母感到不安。无论班上是否有孩子对坚果过敏，学校的规则就是规则。

我们还不能责备学校如此谨小慎微。一直到20世纪90年代中期，花生过敏在美国儿童身上都很罕见，根据当年的一项研究统计，8岁以下的美国儿童，每千人中仅有4位对花生过敏（考虑到麦柯斯所在的幼儿园总共也只有100名学生，按此比例大致可推定无人过敏）。[2] 但到了2008年，运用当年相同的指标，新的调查却发现，数据同比增加了近3倍之多，每千位儿童中有14人过敏（按此比例，大致意味着麦柯斯的幼儿园会有一两个孩子过敏）。为什么突然之间，美国儿童变得更容易对花生过敏？这问题无人知晓，但在逻辑上，一种关爱备至的回应顺理成章：孩子们是脆弱的。将孩子们保护起来，远离花生，远离花生制品，远离任何同坚果有接触的物品。有何理由不这么做呢？这么做会造成什么伤害，除了给父母在准备午餐时带来某些不便？

但事实却表明，后果很严重。[3] 研究者后来终于发现，花生过敏症近年来之所以激增，原因正在于，从1990年代开始，美国的父母和老师开始保护儿童，让他们不与花生有任何接触。[4] 2015年2月，一项权威的研究发布。[5] 这项研究名为"花生过敏早知道"（LEAP, Learning Early About Peanut Allergy），基于如下假定，"自婴儿期起若经常食用花生制品，身体就会形成一种保护性的免疫反应，而不是过敏式的免疫反应"。[6] 研究团队招募了640名婴儿（从4个月到11个月大）的父母，遴选标准是，这些婴儿有严重的湿疹，或者对其他类型的过敏检测呈阳性，因此更有可能患上花生过敏症。在研究者的指导下，在养育这些过敏高发的孩子时，50%的父母遵从常规的建议，避免其与花生以及花生制品发生任何接触。同时，研究者向另外50%的父母提供由花生黄油和膨化玉米制成的点心，告知这一组父母，每周至少三次对孩子进行喂食。研究者仔细跟踪所有的家庭，当孩子年满5周岁时，他们接受检测，看是否对花生有过敏反应。

结果令人吃惊。首先看那些"被保护起来"远离花生的孩子们，产生对花生过敏的比例竟高达17%。反观另外一组有意安排接触花生食品的孩子，同比数据只有3%。正如其中一位研究者在访谈中所言，"这么些年来，过敏症专家总在建议，为了防止食物过敏，婴幼儿应当避免食用如花生这样的过敏源食物。可我们的研究发现，此类建议恰恰是错误的，反而加剧了花生和其他食品过敏症的蔓延"。[7]

合情合理！免疫系统可以说是人体进化工程的奇迹。这个系统自身无法预见到幼童可能遭遇到的所有病原体和寄生物——尤其是对于我们人类这样一个流动并且杂食的物种来说，更是如此——所以（通过自然选择），就其"设计"而言，免疫系统可以从幼年期经验中迅速学习。人体免疫组织是一种复杂的调适系统，作为一种动态的系统，它有能力随着环境的变化而进行自我调整并进化。[8] 免疫系统之要求，恰恰是接触各种各样的食物、细菌，甚至是寄生虫，只有这样，我们的身体才能形成能力，一方面对付真正的威胁（如感染性咽喉炎的细菌），形成免疫反应；另一方面则忽略虚假的威胁（如花生蛋白）。疫苗所用的就是相同的逻辑。幼年时接种疫苗让我们更健康，原因并不是减少现实世界的威胁（"在校园内禁止微生物！"），而是让孩童们接触到以小剂量形式存在的此类威胁，从而使他们的免疫系统有机会去学习，如何在未来防范诸如此类的威胁。

这就是所谓卫生假设（hygiene hypothesis）[9] 的根据，至此为止，它为下述现象提供了最充分的解释，为什么国家越富裕，环境越清洁，过敏人口的比例反而越高——前述进步导致问题的又一例证。发展心理学家艾莉森·高普尼克对此假设有如下精准的解释，使我们可以将此假设同本书之任务联系起来：

多亏了卫生、抗生素以及几乎消失的户外玩耍，现如今的儿童已经不再像从前那样，生活中随处可见细菌类微生物。也是因为如此，他们的免疫系统在发育时就会对实际上没有威胁的物质产生过度反应——这就是过敏。同理，将儿童保护起来，使任何可能的风险都不得近身，久而久之，他们就无法掌握有一天必须学会的成年人技巧，在面对那些压根没有危险的场景时，他们的回应只会是夸大其词的恐惧。[10]

这就将我们带到了先知的第一个谬误中，即关于脆弱的谬误：凡是伤害，只会让你更脆弱。诚然，尼采的原版格言——"凡是不能毁灭我的，只会让我更强大"——若是死抠文意，也不能说是完全正确；有些东西即便不能毁了你，也仍有可能导致你身受终身性的伤残。但问题是，教育孩子们，失败、受辱和痛苦的经验会造成无法摆脱的伤害，这种方式本身就是有害的。人类需要身体和心智上的挑战和刺激，否则我们就会退化。例如，无论是肌肉还是关节，都需要刺激，才能正常发育。四体不勤会导致肌肉萎缩，使关节僵化，心肺功能衰减，血液凝结成块。没有地表重力所带来的挑战，宇航员就会出现肌肉和关节退化的症状。

反脆弱

回避锻炼、风险和小剂量之痛苦却会导致伤害,对这个问题的解释,纳西姆·尼古拉斯·塔勒布可谓是当世第一人。这位出生在黎巴嫩的统计学家,目前供职于纽约大学,是风险管理学教授,还兼做股票交易商,是一位百科全书式的博学多闻者。2007 年,塔勒布出版了风靡一时的畅销书《黑天鹅》,其主张是,我们大多数人思考风险的方式都是错误的。在复杂系统内,无法预见的问题几乎是不可避免要发生的,然而我们却总是坚持,非要基于过往的经验来计算出风险。生活总有自己的方法,制造出完全不在预期内的事件——塔勒布将此类事件比作"发现黑天鹅",原本基于此前的经验,你假设了所有的天鹅都是白色的。(基于金融系统面对"黑天鹅"事件时的脆弱,塔勒布成功地预判了 2008 年的全球金融危机。)

塔勒布随后又出版了《反脆弱》(*Antifragile*)一书:既然生命中的黑天鹅不可避免,那么系统和人如何面对此类必然事件,而且如同免疫系统,用成长得更强大作为回应。塔勒布建议我们区分三种类型的事物。有些东西,如瓷器茶杯,是脆弱的:它们易碎而且无法复原,所以你必须对它们温柔以待,把它们放在孩子们够不着的地方。还有些东西,则是坚韧的:它们可以承受住冲击。父母们给幼童的通常是塑料制的杯子,就是因为塑料抗摔,怎么摔到地板上也不会碎，但塑料杯也不会因为摔打而变得更坚韧。但是，塔勒布告诉我们，不要只盯着"坚韧"这个已经被用滥了的词，还要意识到并发现，某些东西是反脆弱的。在我们的经济和政治生活中，许多重要的系统如同我们人体的免疫系统：它们需要刺激和挑战，才能学习、适应和成长。有些系统即使是反脆弱的，但若是没有挑战或外部刺激去促发它们做出积极回应，系统也会变得僵化、软弱和低效。根据塔勒布的区分，肌肉、骨骼和孩子都是反脆弱的：

> 要是在床上躺一个月……肌肉就会跟着萎缩，如果缺乏外部的紧张和刺激，复杂的系统也会弱化乃至衰败。我们的现代世界已经结构化，很多方面都是那些由上至下的政策和装置伤害着我们……它们所做的，正是对系统之反脆弱的视而不见。这就是现代性的悲剧：如同有些父母神经过敏，对孩子们的保护无微不至。可那些想要施以援手的政策却经常伤我们最深。[11]

在塔勒布的笔下，整本书开篇就是一幅富有诗意的画面，不妨讲给所有的父母。他指出，风可以吹灭蜡烛，却也会助燃火。这告诉我们，不要像蜡烛一样，也不要把我们的孩子变成蜡烛："你要成为那堆火，渴望着风。"[12]

一旦理解了反脆弱的概念后，你就会立马发现，过度保护是多么愚蠢。既然风险和压力都是生活中自然、不可避免的一部分，父母和老师就应该帮助孩子们激发他们的内在能力，从此类经验中学习，获得成长。有句老话说得好："与其为孩子铺好路，不如让孩子学会如何走好路。"但这些年来，我们的所作所为看起来却正好相反：我们总是想要清理掉一切路障，只要它们有可能让孩子们感到不安。但我们却完全没有意识到，这么做，其实正是在重复花生过敏的错误。如果我们将孩子们保护起来，使他们的生活没有任何可能的不适经验，反而是好心做坏事，在孩子们离开我们的保护伞之后，他们就没有能力应付此类事件了。现代人热衷于将年轻人保护起来，使他们不会"感觉不安全"，我们相信，正是这种心理，导致了青少年抑郁、焦虑和自杀率的迅速上升。我们将在第7章中讨论这个问题。

安全主义的兴起

回到20世纪，"安全"这个词通常指的是身体的安全。就20世纪后半叶的美国而言，对于孩子们的成长来说，整个国家在物理意义上变得越来越安全，这当然是一场伟大胜利。得益于集体诉讼的官司，深度调查记者和消费者权利斗士［比如拉尔夫·纳德在《任何速度都不安全》(*Unsafe at Any Speed*) 一书中对汽车工业的揭露］的抗争，还有常识的普及，危险的产品和行为方式变得越来越少见。从1978年到1985年，美国50个州全部通过了立法，要求汽车必须配备儿童专用座椅。家庭和托儿所在设计时也要考虑儿童安全；那些会引发窒息的危险源，连同尖利的物品，都要统统移走。由此带来的进步是，儿童的死亡率大大降低。[13] 这当然是大大的好事，但就某些方面来说，我们对人身安全的关注未免走得太远。（想一想以上所引的艾莉森·高普尼克的文章，标题就是"我们是否应该让幼童玩刀耍锯？"[14] 她的回答是：大概如此。）

但进入 21 世纪，观察有些大学校园，"安全"这个词经历了一种渐变的"概念渗透"（concept creep）过程，并扩展至将"情感之安全"包括在内。举个例子，2014 年，欧柏林学院向本校教职员发布指导章程，要求他们不要忘记发出触发性的事前警告，要"向学生表明，你关心他们的安全"。[15] 而细读该章程的余下部分就能发现，学校实际上是在告诉教职员们：向学生证明，你在关注他们的情绪（feelings）。在该章程的另一处，你可以看到学校把安全和情绪混为一谈。根据校方要求，在与学生交流时，教授应运用该生所倾向的性别代词（例如，对于那些不想被称之为"he"或者"she"的学生，就要用"zhe"或者"they"），这并不是因为这么做是礼貌的，或者显示出适度的尊重，而是因为，如果教授用了错误的性别代词，就会"在课堂上有损甚或危及学生的安全"。如果学生已经收到通知，他们可以要求性别中性的人称代词，然而某教授却未能按要求称呼，学生就可能会失望或感到受侵扰。但这些学生是否因此而不安全？如果一位教授用错了人称代词，学生在课堂上就会处于危险中？教授要关注学生的感受，理所应当，但如果师生共同体被反复告知，他们应从安全和危险的角度来判断他人的言论，那么欧柏林的学生——以及课堂讨论的性质，会因此发生什么样的变化？

要理解欧柏林学院管理者为何如此使用"安全"这个词，我们在这里先转向一篇发表于2016年的论文，《概念渗透：伤害和病理在心理学中的概念扩张》，[16] 作者是澳大利亚的心理学家尼克·哈斯拉姆。哈斯拉姆教授考察了诊所和社会心理学中一系列的关键概念——包括虐待、欺凌、创伤和偏见——并勾勒这些概念的用法自20世纪80年代以来是如何变化的。根据他的发现，这些概念的范围发生了两个方向上的扩张：一个方向是"向下"扩张，适用于某些不那么严重的情形；另一个方向是"向外"扩张，纳入了新的但在概念上有关联的现象。

就拿"创伤"这个词来说吧。《精神病诊断与统计手册》[17] 是精神病学科早期的主要教科书（以下简称《手册》）。根据该书的早期版本，精神病医生在谈到"创伤"这个词时，他们所指的，仅仅是一种导致身体伤害的肉身因素，比方说，我们现在所称的创伤性大脑损伤。但根据1980年的修订，《手册》的第三版就承认，"创伤后精神障碍"也是一种精神疾病——并非身体性的创伤却被归类为精神病，这还是第一次。所谓创伤后精神障碍，是由某种特别恐怖的经验所导致，为常人不可承受，如要接受相应的诊疗，创伤事件的标准从来都是非常严格的：要达到标准，该事件必须满足"在几乎每个人那里都会引发严重的障碍症状"，而且"超出了常规人生经验的限度"。[18] 《手册》第三版特别强调,此类事件不能基于某一主观性的标准。作为一种事件,它必须导致大多数人都能产生严重的反应。战争、强奸和酷刑都归在这类。但话说回来,离婚和单纯的亲人亡故(比如因自然原因所导致的配偶死亡)就并不属于这一范畴,因为这类事件即便无法预期,却是生活之常态。这些经验令人伤心,悲从中来,但痛苦和创伤可不是一回事。如果有人受困于这种还谈不上"创伤"的处境,那他们可以从医师那里听取建议,但通常来说,即便不用任何的诊断干预,他们也能自行复原。[19] 事实上,即便是有过创伤经验,大多数人也可以不经医嘱而痊愈。[20]

但到了21世纪之初,在心理医生的圈子里,"创伤"这个词却发生了急速的概念下沉,其程度之深远,涵盖了任何"由某个人认定在身体或情感上导致伤害的经验……对这个人的生活以及心理、身体、社会、情感或精神状况造成持续性的消极影响"。[21] 在评估创伤时,"伤害"的主观体验变成了关键标准。结果可想而知,"创伤"这个词变得随处可见,不仅挂在心理健康职业人士的嘴边,甚至他们的客户和病人也能信手拈来——包括大学生群体中越来越多的年轻人。

创伤一词的用法还只是一例,在哈斯拉姆的考察范围内,大多数的概念都发生了重大变化,转向了一种主观的标准。[22] 要决定什么算是创伤、欺凌或者虐待,并不是交给旁观者;如果你有这种感觉,那就跟着你的感觉走。如果某个人陈述,某件事造成了创伤(或者欺凌、虐待),那么他或她的主观评估就有了愈发重大的分量，甚至被认为构成了充分的证据。如果越来越多的大学生被诊断患有某种心理疾病（见第7章所述），那么学院共同体也就肩负着越来越重的职责，要把他们保护起来。

安全空间

2015年3月之前，大概没有什么美国人听到过"安全空间"（safe space）这个学术概念，直到当月的《纽约时报》发表了朱迪斯·舒利瓦茨的一篇文章，讨论了布朗大学的学生们创造的安全空间。[23] 布朗的大学生们正严阵以待，应对即将在校园内举办的一场辩论，围绕着"强奸文化"这个题目，温蒂·麦吉尔罗伊和杰西卡·瓦伦蒂这两位杰出的女权主义作家各执一词，好戏正要开场。所谓"强奸文化"，此概念指的是"社会上流行着的态度，在其笼罩下，性骚扰和性欺凌被认为习以为常或显得微不足道"。[24] 这场辩论的正方，如瓦伦蒂，主张美国文化本性就满怀对女性的恶意，而在这样的世界里，性骚扰就是一种不再严重的罪行。我们都能看到，尤其是在这个#MeToo的时代，性骚扰原来是司空见惯的啊！但这是否就造就了一种强奸文化？看起来是一种很值得辩论的观点。

麦吉尔罗伊对此有所质疑，在她看来，美国社会所流行的还算不上一种强奸文化，为了论证她的立场，她将美国同某些因见惯强奸而不怪的国家进行了比较。（例如，在阿富汗的某些地区,"女性往往是'被结婚',自己完全无法做主,为了男人的荣耀,她们的性命如草芥一般,动辄被剥夺,强奸更算不上什么。而一旦遭遇如此悲剧,女性反而会因此受到指控,甚至会被她们的家庭扫地出门"。[25])麦吉尔罗伊对性暴力有亲身经历:她告诉布朗大学的听众,十几岁时,她曾被暴力强奸,成年后,又被男友虐待,一只眼睛因此失明。但她却相信,非要鼓动美国女性,宣扬她们生活在一种强奸文化中,这既违背真相,也于事无助。

那么问题就来了,如果布朗大学有学生就相信美国是一种强奸文化,那又会如何?校方是否可以坐视麦吉尔罗伊去挑战这些学生的信念,还是说,这样的挑战会让学生感受到危险?一位布朗大学的学生向舒利瓦茨如是说:"把她这样的演讲者放入校园,等于是罔顾人类的经验。"这将"摧毁一切",她补充道。[26] 让我们理一理其中的逻辑:在布朗大学校园里,有些学生认定美国是一种强奸文化,对于其中一部分人来说,她们之所以有此判断,是因为曾亲身经历过性骚扰事件。而在这次辩论中,若是麦吉尔罗伊告诉她们,美国并非一种强奸文化,那就等于说,这些受侵扰者的个人经验就是"无效的",无法作为根据来论断美国是强奸文化。这听起来也许很伤人,但问题是,大学生真的可以将情感之苦痛视为她们身处危险的证据吗?

上面这位女生,连同她的一些同学,示范了什么是概念扩展——她们向校方施压,为了保护有相似遭遇的同学们不受"伤害",要求撤回对麦吉尔罗伊的邀请,由此导致了

"安全"这个概念的泛化,连情绪之舒适也被包括进来。[27]她们的努力未能成功,但也促使布朗大学的校长克里斯蒂娜·帕克森做出回应,校长官方宣布,她本人也不同意麦吉尔罗伊的观点,所以在这场辩论的同时,学校还将举办另一场以强奸文化为主题的讲座——这场不设辩论——为的就是让学生们可以听到一边倒的观点,美国为何是一种强奸文化。[28]

但问题是,这场同时竞演还不能完全解决问题。要是某位学生选择参加主场的辩论,她还是有可能因为麦吉尔罗伊现身校园而受到"触动",同时(基于"学生是脆弱的,而不是反脆弱的"这一预设)再度遭遇创伤。于是,上面提到的那位同学,就联手本校的同道,打造了一处"安全空间"。任何同学如果情绪受到触动,都可以在这里得到恢复,寻获帮助。房间里摆放着曲奇、填图画册、吹泡玩具、培乐多泥胶、枕头、毛毯,播放舒缓音乐和宠物狗嬉戏的视频,还配有工作人员,他们是受过专门训练来治疗创伤的学生和职工的。但非要说危险,可不限于个人的创痛回忆被再度激活;还包括对学生所持信念的威胁。有一位在安全屋内找寻安慰的大学生如是说:"各种观点纷至沓来,冲击着我内心深处的信念,感觉就像被狂轰滥炸一样。"[29]

舒利瓦茨的文章刊出后,大众感到难以置信。许多美国人(当然也包括布朗大学的一些学生)无法理解,为什么大学生需要这种远离某些观念的"安全"距离。要是他们看不惯,难道就不能不去现场吗?但是,如果你们意识到所谓脆弱学生的模型——真诚地相信，为数众多的大学生都如塔勒布所言的那般脆弱——那么这一切就都合乎情理了，为何大学校园里的一众人会齐心协力，将这些学生保护起来，使他们远离会触发过往创伤的蛛丝马迹。布朗大学的全体师生应当站出来，向校长（或其他负责人）施压，取消对这种危险演讲者的邀请，禁止他们踏足校园。如果你认为自己和身边同学像是蜡烛，那么你所想要的校园，当然是个一丝风也没有的地方。要是校长不能保护学生，那么大学生们就要互保互助。由是观之，这大概就是创设安全空间的善意初心吧。

但不要忘记，青年人可不是蜡烛的火苗，一吹就灭。他们是反脆弱的，即便是曾遭遇暴力的受害者以及创伤后精神障碍的患者，同样如此。关于"创伤后成长"的研究已经表明，根据大多数人的反馈，在经历一段创痛之后，他们反而会变得更好、更强。[30] 这么说，并不意味着我们应该停止对年轻人的保护，放任创痛对他们的折磨，但它确实在提醒着我们，安全主义的文化得以立足，追根溯源，还是因为我们错判了人性，也误解了创伤和痊愈的机制。一个人在遭遇暴力之后活了下来，日常生活中势必埋伏着种种蛛丝马迹，一不小心就会触发他们的创伤，要生存下去，就要对之习以为常。[31] 回避触动是创伤后心理障碍的一种症状，而非对病症的治疗。理查德·麦克纳利是哈佛大学心理学系诊疗训练的主任，他曾如此写道：

> 预警机制恰恰是反诊疗的，因为它会造成心理的回

避，躲避可能触发创伤的线索，而这种回避就维持着创伤后的心理障碍。由课程材料所触发的严重情感回应，就是学生所需的一种信号，重视他们的心理健康，参与有据可依的认知行为疗法，帮助他们克服创后障碍。而所谓认知行为疗法，其中就包括逐渐地、系统地接触创伤记忆，直到受创者触动伤痛的反应逐渐弱化，最终消失。[32]

认知行为理疗师在诊治创伤症患者时，恰恰会让病人去接触那些导致不适感的东西（一开始仅以小剂量，比如说脑海中想象或者看图片），激活他们的恐惧，使得他们惯于接触到此类刺激，最终习以为常。事实上，对于创伤后心理障碍的恢复来说，焦虑的重新激活可以说是至关重要的，所以有些治疗师会建议患者，在采用接触疗法时，不要服用抗焦虑的药物。[33]

对于真切地遭遇创伤后心理障碍的大学生来说，适当的心理治疗是必需的。但问题是，现在看来，学友和教授们用心良苦，他们携起手来，将那些原本可能触发痛苦经验的线索遮蔽起来，或者反复警告学生，要远离那些潜伏在前方的触动，这样做，却是好心办了坏事，反而会妨碍障碍患者的恢复。我们的文化在放任"安全"概念的泛化，甚至将情绪的不适与身体的危险混为一谈。走到这一步，这种文化就会鼓动人们将自己保护起来，屏蔽掉那些原本就嵌入在日常生活中的经验。但问题是，我们需要这些经验，只有它们才能使我们变得坚强和健康。

这就是,当我们讨论安全主义的时候,我们到底在讲什么。安全当然是好的,策动他人远离伤害也是美德,但过犹不及,如果走极端,美德也可能变邪恶。[34]"安全主义"是什么?作为一种文化或信念系统,安全在其中成为神圣不可侵犯的价值,也就是说,为了安全,即便为实用或道德考虑所必需,人们也不会做出任何让步。"安全"压倒其他一切,无论潜在危险是多么不现实,多么微不足道。孩童们在一种安全主义的文化中长大,一方面得到保护,远离各种可以想到的危险,另一方面也教会他们要保持"情绪的安全",于是就可能造成一种循环论证:孩子们变得越来越脆弱,越来越没有韧劲,成年人也就接收到某种信号,认定孩子们需要更多的保护,于是就导致孩子们更脆弱,一碰就碎。最后的最后就走向了前述的花生悖论:"药方"反而成了病症的主要成因,好心却办了坏事。

互联网世代和安全主义

沉浸于安全主义无法自拔,最鲜明地体现在2013年前后进入大学的那代人身上。多年来,社会学家和市场营销员都持有如下假定:所谓的"千禧一代",是指从1982年至1998年或2000年之间出生的孩子。但在圣地亚哥州立大学心理学教授简·特温格聚焦于代际之间的差异问题的研究后,这位权威学者发现,自1995年那一年后,新生儿出现了惊人的断裂。她于是将出生于1995年以及之后的孩子称为"互联网世代"（iGen），也就是"internet Generation"的缩写，其他人也有称之为"Z世代"（Generation Z）的。特温格的研究表明，较之于相同年龄段的千禧一代，互联网世代的青少年承受着比例高得多的焦虑和抑郁症状，甚至是更高的自杀率。到底发生了什么事？哪些历史的进程改变了出生于20世纪90年代后期的孩子们的童年经验？在特温格教授的视野里，2007年，也就是iPhone的诞生年份，是个拐点，焦点在于社交媒体在此后数年中的迅猛发展。2011年前后，大多数十来岁的青少年每隔三五分钟，就会检查一下他们的社交媒体状态，其中许多人可谓乐此不疲。

我们将在第7章中探讨特温格的数据和论证。就本章来说，我们只要指出两件事。首先，互联网一代的学生们，如特温格所言，"执着于安全"，而且根据他们对安全的定义，"情绪安全"原本就在其中。[35] 他们陷入"情绪安全"而无法抽身，也就致使许多同龄人都相信，如特温格所言，"一个人的安全，不应该只是远离交通事故和性骚扰，还要躲开道不同者，越远越好"。[36]

关于互联网世代，必须指出的第二点，是那些曾促使我们写作《大西洋月刊》文章的校园动向——尤其是对安全空间和触发预警的要求，直至2013年前后才开始在大学校园里蔓延开来，这对应着互联网世代的年轻人开始进入大学的起点。在接下来的四年间，千禧世代的最后一波从大学毕业，互联网世代的年轻人开始占据校园，大学生群体对安全的需求和对审查的呼吁与日俱增。[37] 本书所讨论的，并不是千禧世代；说真的，他们已经招致了坏名声——许多人错误地将近期的校园走向归咎于这代人。本书所关注的，是一种全然不同的回应言论和安全的新态度，要等到千禧世代毕业之际才开始蔓延于大学校园。当然，我们也不是要怪罪互联网世代的孩子们。准确地表达我们的主张应是：现如今的大学生在他们的成长过程中，父母和老师虽然时刻将孩子们的利益放在心头，但却经常没有给他们以自由，让他们不受约束地发展人性中的反脆弱。

小结

❖ 孩童们，如同许多复杂系统，是反脆弱的。他们的大脑需要来自外部环境的各种输入，才能自我调整以适应环境。如同免疫系统，孩子们必须面对挑战和压力（当然要考虑到年龄，循序渐进，不能超限度），否则他们就没办法成长，长成为坚强的成年人，游刃有余地同身边的人和观念打交道，即便这会挑战他们的信念和道德观。

❖ 概念时常会扩展。自1980年代开始，有些心理学概念，诸如创伤和安全，就持续扩展。时至今日，我们运用这些概念的方式经常无法在心理学的科学研究中找到根据。创伤和安全概念之泛化，目前已经被用于论证对各年龄段孩子的过度保护，甚至把大学生群体都纳入其中。据说他们需要安全空间和触发预警，免得言词和观念使其遍体鳞伤。

❖安全主义把安全请上了神坛——着迷于消除威胁,无论是真实的,还是臆想的,最终发展到不可做任何妥协的地步,即便有其他实用和道德因素的要求,大人们也不愿做合理的取舍。安全主义是对年轻人的一种剥夺,他们因此失去的,恰是反脆弱的心灵所需的经验。越保护,越脆弱,越焦虑,动辄视自己为受害者。

第 2 章
情感推理的谬误：
永远相信你的感觉

> 真正让我们恐惧并焦虑的，并不是外在的事件，而是我们思考的方式。使我们心神不得安宁的，并不是事情，而是我们对其意义的解释。
>
> 埃皮克提图，公元 1 世纪至 2 世纪[1]

设想你是一位大二的学生。隆冬已至，你最近总感到忧郁，焦躁。去看心理医生，你想来并没有什么见不得人之处，于是你预约了大学提供的心理咨询服务，试试看把你的问题讲出来，会不会有所帮助。

坐下来，对面就是新认识的治疗师，给他讲出你近期的情绪波动。他听后说："哎呀！当身处危险时，人们会感到尤其焦虑。那你是否时常感到特别焦虑呢？"

原来情绪焦躁竟表示你面临着危险，意识到这一点，你当即变得异常焦虑。在你如实作答后，治疗师的反应是："哦，天呐！那你一定面临着非常严重的危险。"

你坐在那里，沉默片刻，满心疑惑。按你往常的经验，治疗师所做的，是帮助你质疑心头的恐惧，而不是放大情绪。这位心理医生又补充了一句："在你的人生中，是否经历过那种特别难挨或者不堪回首的事？因为我还要警告你，创伤之经历会让你陷入某种崩溃，也许你往后余生，就再也走不出来了。"

他注视着自己的笔记本，时不时抬头看一看。"这么说吧，既然我们知道了你被危险环伺，那接下来不妨讨论一下，你要如何躲藏。"你的焦虑越来越真切，你意识到，见这位心理医生，也许是个严重的错误。

* * * * *

"永远相信你的感觉。"米索博乃思是这么说的，这一人生格言听起来似曾相识，饱含智慧。可以想见，从充斥市面的言情小说、流行心理学快餐读物那里，你听到过它的诸多版本。但是，作为我们在本章中所说的重大谬误，也就是关于情感推理的谬误，"永远相信你的感觉"，违逆了我们所知的古典智慧。在本章开篇，我们引用了古希腊斯多葛学派哲学家埃皮克提图的话，不费吹灰之力，我们还可以在其他文明传统中找到所见略同的引语，比如佛陀（"境由心生"）[2]，或者莎士比亚（"世间本无善或恶，全凭个人怎样的想法而定"）[3]，或者弥尔顿（"心灵是个自主的地方，一念起，地狱天堂，一念灭，天堂地狱"）。[4]

或者，我们也可以讲讲波伊提乌的故事，这位公元524年曾在狱中等待处决的哲人。生活在罗马末年，波伊提乌也曾攀上人生的巅峰——他做过元老院议员，学而优则仕，出任过很多高级官职——但他冒犯了东哥特王国的国王，狄奥多里克大帝。下狱后，他完成了《哲学的慰藉》，书中描绘了波伊提乌同"智慧女神"的相遇，有一晚，女神探访，接下来发生了一段现代心理学称之为"认知行为治疗"的对话。面对波伊提乌因命运之逆转而心生忧郁、恐惧和痛苦，智慧女神责备了他，但柔声细语，接下来就帮助他重组思考，切割了满腹的负面情绪。在女神的启示下，波伊提乌终于领悟到人生无常，荣华富贵这些年，他应当心怀感恩。智慧女神还提醒波伊提乌，他的妻子、儿女，还有老父亲都还活着，幸福地生活着，而对自己来说，他们每个人都要比一己之生命更珍贵。每一段对话过后，波伊提乌都能用更新的心态去看待自己的处境；每一段对话都解脱了情绪对他的掌控，最终，波伊提乌接受了智慧女神的终极告诫："无事可悲，除非顾影自怜；无人幸福，除非知足常乐。"[5]

许多文明传统中的圣贤，在这里都所见略同，他们洞察到，情绪总是难以抗拒的，但却往往不可靠。情绪一上来，经常会扭曲现实，蒙蔽心灵，毫无必要地破坏我们的关系。要活得幸福、成熟，即便只是不闭塞，也要求我们抛弃情感推论的谬误，学会挑战我们的感觉。感觉是真实的：有些时候，它们指引我们，洞察到理智不曾察觉的真相，但有些时候，跟着感觉走，就会误入歧途。

乔曾出版了《幸福的假设》这本书,在书中,他从佛陀和其他圣贤处汲取灵感,认为人的心灵是割据而治的,各部分之间甚至时常相冲突,打一个生动的比方,就好像一位小巧的骑象人跨坐在一头庞然大象身上。骑象人,代表着自觉的或"受到控制"的过程——以语言为基础的思考,填充着我们心灵中的自觉意识,一定程度上,我们也有能力去掌控。而大象,则代表着我们心灵中骑象人无法控制的版图,其中绝大部分都并非我们可以自觉认知的。这些过程可以被认为是直觉的、无意的,或者"自发的",由此也揭示了一个现实,原来我们心灵之运动,几乎都不是我们所能直接控制的,当然,当这种自发过程开花结果后,我们的意识有些时候是可以抓住的。[6] 骑象人和大象的比喻形象地告诉我们,骑象人经常相信一切尽在掌握,然而大象却远比他想象的更强大,要是他同大象发生冲突,获胜的往往是大象。引用大量的心理学研究,乔证明了骑象人通常更像是大象的奴仆,而非其主人,只是说骑象人最擅长的,恰是为大象的所作所为编造出事后的正当理由。

骑象人在解释眼下所发生的一切时,并不是去调查真相,而是要追随着大象一触即发的情绪状态,每当这时,所发生的认知扭曲就是情感推理。于是乎,骑象人所要做的,就好比律师或新闻发言人,他们的工作就是为大象的我行我素做合理化的论证,提供正当性的说明,而并不去深究到底发生了什么,甚至对真相毫无兴趣。

一般说来,骑象人做这样的工作不会遭遇异议,但问题是，骑象人还有某种同大象沟通的能力，尤其是如果他学会了说大象的语言，这是直觉而非逻辑的语言。如果骑象人可以对当下情境做某种重构，使得大象可以以新的方式来理解，那么大象就会获得新的感受，接下来将驱使大象走向新的方向。如前所述，波伊提乌创造了"智慧女神"，让她提出种种问题，如我们在认知行为治疗中学会的自我提问，由此示范了这种"沟通"的过程。在他回答女神问题的过程中，波伊提乌开始重新理解他的人生。从内心深处，他发现了对家庭的热爱，并因家人的安全而感恩。波伊提乌改变了他看世界的方式，由此导致他的情绪也在变化，接下来他的思考方式也会跟着变。

如果你时不时就实践这样的"沟通"过程，那么"沟通"就会变得越来越容易。假以时日，骑象人变成了一位技艺娴熟的驯象师，而大象也受到了更好的训练。骑象人就能同大象互相配合，和谐共行。这就是认知行为疗法的力量，也是它的目标。

什么是认知行为疗法？

认知行为疗法出现于20世纪60年代，它的首创者，是任教于宾夕法尼亚大学的精神病学家亚伦·贝克。那时候，弗洛伊德的学说支配着精神病学。临床医师都认为，抑郁及其所导致的思考扭曲，只不过是浅层的表象，往里挖掘还有更深层的问题，通常可以回溯至童年时期即埋下祸根的冲突。如要治疗抑郁,你必须要紧紧抓住藏匿于内心深处的问题,治疗起来,动辄要许多年。但在贝克看来,某个人脑袋中之所思,通常就决定了他心中作何想。他留意到,前来问诊的病人往往会受困于一种恶性循环,某些不理性的负面想法会导致某些压迫性的负面情绪,而这种情绪又会驱动病人的推理,导致他们只能看到那些支持其负面想法的证据。贝克发现了一种普遍存在的心理模式,他称之为抑郁症的"认知三重奏":"我感觉不太好","我的世界是灰暗的",于是"我的未来毫无希望"。

很多人在生活中都生发过一两种负面想法,只不过转念就可以摆脱,但抑郁者却会有一种稳定且持续的心理结构,将上述三种负能量的想法结合在一起。心理学家将此类结构称之为图式(schema)。所谓图式,指的就是思想和行为的模式,其构筑需经年累月,而一旦形成,人们在同外部世界交往时,就可以不假思索地快速处理信息。图式深藏于大象内部;大象之所以可以驱动骑象人,图式就是它的手段之一。考察抑郁症患者可知,对于如何理解他们自己及其人生道路,他们所形成的图式是彻底负能量的。

贝克发现的伟大之处在于,我们有可能打破这种从负面想法到负面情绪的负能量循环。如果你可以让抑郁症患者去反思他们的负面想法,考虑那些反过来的证据,他们的心境就至少会有片刻可以摆脱负面情绪;而如果他们可以从负面情绪的笼罩之下挣脱出来,他们就会更开放,学会怀疑他们的负面想法。若要见到疗效,需要一些诊疗的技巧——抑郁症患者最擅长的,就是发现证据,证明前述认知三重奏里的念头。技巧之外,还需要时间——那种让人心灰意冷的心理图示,顷刻间的灵光一闪不可能将它成功瓦解(这也解释了为什么理性的灵光常常迅速消散)。但是,心理咨询师可以训练患者学会贝克的方法,这样他们就能随时随地自己动手,自我反思那些心底自发的负能量。日复一日,经过数周乃至数月之后,抑郁症患者就能够改造他们的心理图式,转化为与此前不同的、也更有益的心理习性(比如"我可以应对大多数挑战"或者"我有可以信任的朋友")。认知行为疗法出现后,在面对抑郁症患者时,我们已经没有必要年复一年,空谈他的童年经历。

关于认知行为疗法有疗效,相关证据可以说是桩桩件件。[7] 一个普遍的发现是,在缓解焦虑症以及中度以下抑郁症症状时,认知行为疗法同"百忧解"以及同类物理药物相比大致同样有效,[8] 甚至其疗效的持续力更长久,且没有任何副作用。研究者还发现,认知行为疗法之功效,不只限于焦虑症和抑郁症,还包括厌食、贪食、强迫症、狂躁、婚姻不和谐,以及压力所致的心理障碍。[9] 认知行为疗法简便易行,也已经得到广泛运用,疗效也是早有公论,是积累研究成果最多的心理疗法。[10] 所以说,作为一种心理疗法,它既是安全的,也见疗效,这是铁板钉钉的结论。

下面的清单列举了九种最为常见的认知错误,在认知行为疗法中,患者所学习的就是要将它们识别出来。想当初,正是因为格雷格在大学校园里察觉到这些扭曲的思维模式,他才邀请乔共进午餐,以至共同合作了《大西洋月刊》的那篇文章,最终才有了这本书。*

情感推理:任由你的感觉来指引你对现实的解释。"我情绪低落,所以,我的婚姻是走不下去了。"

小题大做:只盯着可能结果中的最坏的,而且认为十之八九会发生。"如果我失败了,就会万劫不复。"

过度概括:根据某一偶发的独立事件,却感受到一种普遍的负能量模式。"这种事通常会发生在我身上。那看起来我什么事也干不好。"

二元对立(亦即"非黑即白""非此即彼"或者"全有或全无"的思考):看待人或事时,不是全面肯定,就是全盘否定。"每个人都把我拒之于门外"或者"这完完全全是在浪费时间"。

以己度人:假定自己可以读出他人心中所想,但你明明对此没有充分证据。"他认为我是个废物。"

乱贴标签:给你自己或其他人添上某些恶性的性格(通常是为了上述非此即彼的思维)。"我不受欢迎"或者"他是个堕落的坏人"。

---

* 认知行为疗法的专家和治疗师各有不同,他们所用的认知错误之清单也各有差异。我们在这里所列举的九种错误,取自于一个更长的清单,参见 Robert Leahy, Stephen Holland, and Lata McGinn, "Treatment Plans and Interventions for Depression and Anxiety Disorders"。关于认知行为疗法,它如何起作用,又如何操作,更多内容请参见本书附录1。(本段原为正文内容,我们将其改为脚注。——编者注)

负面过滤：你所能看到的，几乎都是消极的，而极少看到积极的。"看看这里所有的人，没人喜欢我。"

无视正面：执着地认为你或他人所做的都微不足道，这样你才能坚持自己的负面判断。"这原本就是为人妻者应该做的——所以虽然她对我好，但也算不得什么"或者"这些成功得来全不费工夫，所以它们不值一提"。

责怪他人：将他人视为你负面情绪的根源；你拒绝担起改变自我的责任。"我现在心情这么糟糕，都要怪她"或者"我的父母造成了我所有的问题"。[11]

当你阅读上面的问题清单时，不难发现个中缘由：一个人如果习惯于上述的错误思维方式，那他所形成的心理图式就是以僵硬的负面观念为中心的，由此就会介入他对社会情境之现实的解释。

我们所有人都有可能随时陷入此类错误，所以认知行为疗法对每个人都有作用。当冲突发生时，如果我们每个人都能少一点对他人的责难，少一些非友即敌的思考，意识到通常情况下一个巴掌拍不响，难道世界不会因此变得更好吗？如果我们在政治辩论中可以少一些泛化思维，不贴标签，当我们发现共识会因此更容易达成时，难道我们的政治商议不会更见成效？我们这么说，并不是建议每个人都要找到一位心理医生，开始认知行为疗法的诊疗。关于这种种认知错误，格雷格最初意识到的其实很简单，不外乎就是要学习如何认识并控制这些心理错误,因为对于我们所有人而言,这么做都是一种良好的心智习性,值得培养。

在大学校园里,认清楚这些认知错误尤其重要。设想你选修了一门文学的研讨课,班级里有好几位同学就表现出上述若干认知错误,包括情感推理、过度概括、二元对立、乱贴标签。所有这些思维扭曲都会干预学习,不仅是对问题学生,还会祸及班上其他同学,在这种情形下,教授的任务就是要温柔地纠正这些错误。举个例子,如果某位同学在读一部小说时,因其中某段话而感到受冒犯,他就由一棵树推想到整片森林,认定该作者所在族群的全部作家都包藏祸心,那这就犯了过度概括的错误,班上其他同学可能有不同意见,但却不愿意公开抵触。在此情形下,教授可以提出一系列问题,促使这名学生将自己的论断建立在文本证据上,并且考虑其他可替代的解释思路。十年树木,好的大学教育应当提高全体学生的批判思考能力。

对于什么是"批判性思考",至今没有普遍接受的定义,但在运用这个概念时,[12] 基本上都存在着这一要求:我之主张,要以某种适当的方法联系着可信赖的证据——这既是学术的根基,也是认知行为疗法的精要。(如要认识到并且击退"假新闻",批判性思考也是必需的。)假设一位学者这么说:"你已经给我展示了令人信服的证据,证明我的主张是错误的,但我仍感觉到我的主张是正确的,所以我坚持到底",就学术论学术,这种说法是极不恰当的。当学者无法反驳或回避否定性的证据时,他们必须放弃原先的主张,否则就会失去学术同行的尊重。学术共同体以共同的证据和论证规范为基础，相互之间都负有严整推理的伦理义务，在这样的领域内，经由学者之间的论战，主张得到提炼，理论变得精致，而我们的理解也一步步更接近真理。

现在问题来了，要是有些教授鼓励学生按照清单上的认知错误来思考，情况又会如何？

微侵犯：首先看影响，不看意图

要看某些教授（以及管理者）是如何鼓动扭曲认知的心智习惯的，手边现成的例子就有一个，来看看他们是如何推广"微侵犯"（microaggressions）这个概念的。微侵犯的概念为我们所知晓，得益于2007年的一篇论文，作者是德拉得·温·苏，一位任教于哥伦比亚大学教师学院的教授。[13] 根据苏教授同数位合作者的论述，微侵犯可以被定义为"发生在日常生活中，简单且随意的口头、行动或环境上的侮辱，可以是故意的，也可以是无意的，以有色人种为对象，表达了敌对的、蔑视的或负面的种族轻蔑和欺凌"。（这个概念首先被用于有色人种，但现在已经远不止于此范围。）

有些人出身于历史上的边缘群体，时常还要面对着因偏见或陋规所激起的行动。有些时候，有些人几乎不加掩饰，狭隘的评价便脱口而出，在那些发言者释放恶意或蔑视的情形内，我们可以称之为"侵犯"。如果侵犯之举动是微弱的或隐蔽的，那么"微侵犯"这个词看起来就是恰如其分的。

但所谓侵犯,不能是无意的或者偶发的。要是你不小心撞到某个人,从未想过对他造成侵害,那就不能说是侵犯行为,虽然旁人可能将你的行为误认为侵犯。

不幸的是,苏教授将"非故意"的蔑视纳入了微侵犯之概念,而他又完全基于听者之感受来定义何为蔑视,他这么做,等于鼓动人们做出此类误判。他是在鼓动听者进行情感推理——起始于他们的感受,由此得出结论,确实有人做出了将矛头对准他们的侵犯之举,最终就坐实了起初的感受。有些时候,跟着感觉走,确实也能导向正确的推演——感受一下某位熟人对你是否怀有敌意,把你不放在眼里,这很重要。但问题是,若是从一开始就以最坏的恶意来揣度他人,并且在解读他人之举动时极尽不宽厚之所能,这就未免是错误的了。这种认知错误,就是我们上文所讲的度人之心;如果这种小人之心习惯成自然,下一步便是自我的绝望、焦虑,甚至是人际关系网的破坏。

苏教授最初那篇文章举了许多微侵犯的例子,从其中有些可以看出,一个人会对许多群体怀有负面的成见——比方说,当有黑人从身边经过时,一位白人妇女会抓紧她的钱包;一位出租车司机会不顾黑人乘客的招手,径直驶过,接上一位白人乘客;一位白人表扬一位黑人,说他"口齿伶俐"。如果反复经历此类事件,那么一个人就有理由去怀疑,是偏执或邪恶的旧成见驱动着此类行为。[14]

但是,细究苏教授给出的例子,其中许多并不必定存在着恶意,只是言者无意,而听者有心罢了。在苏所列举的微侵犯清单中，有一例如下。在一位白人同一位亚裔美国人的交流中，白人问亚裔人，是否可以教她用亚裔的"本族语言"来讲一些英文习语，比如白人常说的"美国是一个大熔炉"，或者"工作应由能者居之"。所有这些都取决于听者如何去解读，事实确实是，在解释这种陈述或问题时，听者可以去选择，用使他自己感到被侮辱或边缘化的方式来理解这句话。按照苏教授的解释，在被问及语言问题时，亚裔美国人可以视之为一种论调，"你们是外国人"；在听到所谓"熔炉"评论时，拉美裔的学生可以理解为一种指令，"融入或适应主流的文化"；至于"能者居之"的观点，黑人学生则可以将其解释为一种包含着言外之意的意见，"有色人种，仅仅因为其种族出身，就被赋予了额外的加分，这不公平"。

确实，在解释上述的日常问题和评论时，我们当然可以照这种方式来，将它们视为微小的侵犯、指责或者排斥举动——有些时候，事实也确实如此。但问题在于，在解释这些陈述时，同样存在着其他方式。更重要的是，我们到底应当如何教育学生，非要让他们将诸如此类的事件解释为侵犯之举吗？假设一名学生在听到此类陈述时，闪念之间感到被冒犯，那么他到底如何是好，是应该沉浸于这种感觉，为自己贴上"微侵犯受害者"的标签，还是说他应当扪心自问，同样是这些事实，是否还可以支撑起一种更善意的解释？善意的解释并不意味着听者就必须无动于衷；可以说，它反而打开了一扇门，使许多建设性的回应成为可能。一种善意的回应可以这样说:"我猜想,你刚才这么说,并不是要伤害我,但你也要知道,有些人可能会往坏里去想……"事态走上这条路,学生在感到受伤害时,就能更从容地做出回应,受伤害的故事转身变为敢作为的故事,人与人之间的交往最终也会更多地开花结果。诚然,我们言行举止都要三思后行,但若是发言者并不怀揣恶意,我们却将他们视为偏狭的恶人,这也不公平。真这么做,首先会打击这些人,使得他们对有价值的反馈也退避三舍。还会让他们封闭起来,不愿意同非我族类者多做交流。[15]

但是,按照苏教授的逻辑,认知行为疗法本身也可能构成一种微侵犯,因为这种诊疗,要求质疑那些导引出感受的心理前提和预设。苏常举一个例子,一位心理医生向前来问诊的病人提问:"你是否确实这么想,认为你的问题要归因为种族主义?"这样的问题可能是极不恰当的,包含着提问者的轻慢,但是否确实如此,要取决于医生的主观意图。但是,如果说这位心理医师所要做的,不过是想要帮助病人反思一下他的情绪,寻找可以证明各种解释的证据,现实主义地评估眼前的事件,在这个意义混沌的世界里,活得积极向上,若是如此,那么这个问题当然是恰当的、建设性的。要是我们非要这样教导学生,在意义难免含混的社会交往中,只是看到更多的侵犯,感到更多的冒犯,体会更多的消极情绪,对于质疑他们最初之解释的善意,却拒之千里,诸如此类的做法,即便轻描淡写,在我们看来也是十足之愚蠢。同时,这么做也违背了良性心理治疗的初心。

沙迪·哈米德，一位供职于布鲁金斯研究所的学者，曾在《大西洋月刊》上发表文章，讲述了他通常会如何应对可能发生的微侵害："像我这样的阿拉伯人、穆斯林，经常要听到这样的问题，'你从哪里来？'——这么问时，提问者通常指的是，'说，你究竟来自何方？'——很多时候，他就是想知道，'你是在我们这个国家出生的吗？'。一般而言，我不会因此感到受冒犯。"[16] 诚如哈米德所言，"在我们这个时代，身份成为最大的政治，冒犯的门槛已经被大大降低了，民主辩论因此也变得寸步难行——公民们心生恐惧，害怕被贴上标签，被攻击为冥顽不灵或麻木不仁的人，这样动辄得咎，他们就很可能把真实的观念埋在心底"。

哈米德以上所言，意义不容低估，我们的当务之急，就是要在大学校园里建成真正的共同体，这就要求大学生自由地交流和交往，而不是把他们的想法藏匿起来。想象你在一所美国大学工作，掌管新生的入学指导工作，学生群体非常多元化，你将要面对的学生，出身于非常不同的种族、民族和宗教群体，社会经济背景也差异极大。很多国际学生来自亚洲、非洲、欧洲、拉丁美洲，其中有一些连英语都说不利索。还有很多新生，暂时还无法理解英文词汇和美国风俗在细微处的变化，在表达自己时，经常会词不达意，用了不当的字眼。还有些学生惯于我行我素，在领会那些微妙的社会暗示时常遇到障碍。[17]

学生群体是如此多元，混杂共居于同一个校园内，可想而知，每天要上演多少误会事件。要是你非要找被冒犯的感受，那么机会可以说是唾手可得。作为校方官员，你要如何筹备新生入学培训，才能让学生们在入校后以最有益也最有收获的方式来交流互动呢？你是否会安排一整天关于微侵犯的培训，鼓动他们只要看到此类事件，就积极举报？为了配合这项培训，你是否要组建一个"偏见回应小组"——由大学行政人员组成，职责是审核对偏见之举的举报，其中包括微侵犯事件？[18] 抑或是，你宁可建议全体学生，在大学这个多元社群内，如何做，才是有教养的，才能避免那些无心之失，那些无意之间的侵犯？再加上一整天的培训，让新生们学会质疑自己，让他们学会，如何以情绪波动最小的方式来解释同学的行为？

往大处讲，微侵犯的概念在大学校园里风行，[19] 也可由此透视出发生在大学里的一项重大的道德变化：从"意图"到"影响"的转向。心理学家长期研究道德判断，做道德判断时，意图是评估罪责的必要条件。[20] 一般而言，我们认为，人们要在道德上负责任的，只是他们有意做出的行为。如果鲍勃想毒杀玛利亚，只是未能得逞，那鲍勃还是犯下了非常严重的罪行，即便结果是玛利亚毫发无损。（也就是说，鲍勃仍因企图谋杀而有罪。）相反，假设玛利亚吃了花生黄油三明治，如果她完全不可能想到鲍勃有致命的花生过敏症，两人接吻，无意中导致鲍勃死亡，这种情形下，玛利亚也并没有罪。

在理解种族主义、性别主义、恐同心理以及其他的偏狭立场时，大多数人都遵从此道——他们所关注的，是意图。

如果只是因为某些人属于某群体，你就厌恶他们，诅咒他们没有好下场，或者故意伤害他们，那你就是偏执的恶人，哪怕是你的言行在不经意间帮助了该群体的成员。反过来说，如果说你的某一言行使某群体有成员感到伤害，但这结果纯属无心之失，且你对该群体并没有任何恶意或怨气，那么就不能根据结果给你定罪，即便你应当就自己鲁莽的无心伤害而道歉。一次失礼并不会让一个人成为恶人或罪犯。

但问题是，某些激进分子现在主张，论断是否偏狭，只要看影响（至于什么是影响，也由他们来定义）；意图甚至不是必需的。让我们假设，因他人之行为，某身份团体有成员感觉受到冒犯或被压迫，根据这种"看影响，不看意图"的范式，他人就必须为其偏狭行为而负责。EverydayFeminism.com（每天一点女权主义网站）曾刊有一篇文章，如其所述，"最终，如果我们的行为会导致周边有些人被进一步边缘化，或受到更残酷的压迫，若是效果如此，那么我们行为的意图是什么，又有什么重要呢？"[21]

无可否认，很多人只是因为他们出身并归属于某个身份群体，就会在生活中遭遇反复的侮辱。即便施害者无人怀有哪怕一丝的恶意，但他们那些毫无来由的无知问题，对于受害人而言，却可能变成重负，难以容忍。卡莉丝·福斯特是一名喜剧演员，一位黑人女性，致力于推动多样化教育。她和一个白人男子结了婚，我们在这里所要讲的，是发生在其丈夫经历了一场摩托车事故，被送去医院抢救后，就在丈夫生命垂危之时，福斯特本人却遭遇到一段不堪回首的经历。

当医生向丈夫询问他的既往病史时,他已经不太清醒,意识断断续续。于是只能由福斯特开始替他回答,她开口说话,但看上去却没人在听。"人生中第一次,我感到自己是不被看见的。"她这么说。福斯特告诉我们,一位医生走过来,瞟了她一眼,神态漠然,过一会儿才问道——用那种冷冰冰的语调——她同抢救室内的病人到底是什么关系。紧接着,就在丈夫在抢救室里被抢救时,清一色的白人医护人员又接连不断地走过来,用相同的语气,一遍又一遍问着相同的问题,直到泪水在福斯特眼眶内打转,人到崩溃的边缘。"问题并不是问问题,"她告诉我们,"我当然理解,按照法律以及医院规章,这个问题是例行公事。让我如此崩溃的,是我感受到的那种腔调。"直到现在,福斯特还能清楚地回忆起当时的心理活动:"听着这些种族主义的废话,难道我现在就要发作,现在?我丈夫还在手术台上的时候?!"她讲述了接下来的故事:

> 我当时真想不管不顾,就对医院那些人吼叫:"我们生活在21世纪!我们有名字,就叫跨种族婚姻!"但是我知道,这个时刻,压力之重不可承受,我的情绪已经掌控了我,让我给医生和护士都贴上了种族主义者的标签。我就认定我知道他们这些人到底在想些什么。但问题是,要是不曾面对这如此巨大的压力,要是在平时,这可不是我思考问题的方式。它已经将我完全笼罩住了,但我深吸一口气,用我平时教授的 C.A.R.E 方

法[22],让自己平静下来:我提醒自己,现在每个人都在竭尽全力,抢救我丈夫的生命,此情此景,压力很可能主宰了我的解释,我要做的,是要让交流的渠道畅通无阻。这么做见效了,我接下来看到了不同的画面,因为虽然已经记不得当时的一举一动,但好像就在突然之间,医生们开始给我解释 X 光片,告知我他们抢救的程序。更暖心的是,有一位护士出门,给我买了一杯咖啡,而且说什么也不让我付钱。就在那一刻,我似乎顿悟了,我刚刚所经历的,并不是种族主义。没有人因为我是黑人,我丈夫是白人,就投以恶意。问题只是,要让他们真正理解并接受我们的关系,就必须改变他们此前的定见,重新理解婚姻,夫妻并非一定是非黑即白,也可能是黑白结合。[23]

福斯特告诉我们,在应对医护人员的漠然时,"若是没有后退一步,我很可能会把已经糟糕的局面弄到不可收拾"。抢救结束后——她丈夫目前恢复得很好——福斯特也没有忘记同医院管理方沟通交流,讨论了他们夫妻遭遇的冷漠以及粗疏对待,而院方也欣然接受意见,并做出道歉。

关键在于,要教育即将走入校园的大学生,在同学之间的互动中不妨长点心。"政治正确"眼下成为人人嘲弄的现象,但其中很多规则,说到底只是一种努力:有些人常用的某些字眼,在他人眼中却可能充满贬义,那么就尽量少用甚至不用,人人多长点心,共同打造一个有教养的、充满敬意的沟通环境。[24] 但问题是，如果你告诉学生，意图并不重要，甚至鼓励学生，要勇于发现生活中那些令自己不快的事情，越多越好（这当然会引导学生去经历更多的负能量冲击），甚至告诉他们，无论是谁，只要说了冒犯他们的话，或做了冒犯他们的事，那他就是"侵犯者"，做出了以他们为靶子的伤害举动。要是这么教育学生，那么你大概就是在学生群体中培育着受害、愤怒和无望的感觉。在学生眼中，这个世界，甚至就是他们的大学，是一个充斥着敌意的场所，这世界还会好吗？

要是有人想要创造出这样的环境，其群体之间总是愤怒相向，一言不合就起冲突，这大概便是一试就灵的方法。告诉大学生，在面对世界时，选择那种最不宽容的解释，很可能就培育出被边缘化且被压迫的感觉，而这恰恰是几乎所有人都想要摆脱或消灭的。不仅如此，让事情进一步向坏处发展的是，这样的环境很可能会造就一种外在的控制观。"控制观"（locus of control）这个概念，可以追溯至心理学的行为主义时代，当时的心理学家认为，动物（包括人类在内）可以经由训练而获得一种期待，通过他们自己的行为，他们就能得到自己想要的东西（这也就是说，对结果的某种控制是"内在于"它们自己的）。但反过来也同样成立，动物也可以经过训练而获得另一种期待，他们所做的一切都无足轻重（也就是说，对结果的任何掌控都是"外在于"它们自己的）。[25] 大量研究已经证明，人生若是抱持某种"内向的控制观"，就会活得更健康、更幸福、更积极，无论在学校内，还是走入社会工作，都会更成功。[26] 研究甚至发现，越是相信内向控制观的人士，就越有能力笑对人生的种种逆境。[27]

取消演讲和意识形态审核

情感推理眼下在大学校园内兴风作浪，还有一种表现方式就是对受邀的客座演讲者"取消邀请"。故事讲起来，支撑它的逻辑通常是这样的：假如某位演讲者会让某些学生感到不舒服，心烦意乱，或者怒不可遏，那就足以证明有必要禁止该讲者踏足校园，理由当然是该讲者会给某一部分大学生带来"危险"。通常说来，[28] 学生会向发出邀请的组织方施压，或者是向大学校长或相关的院长提出要求，呼吁有人站出来，撤回讲座的邀请。他们甚至会释放威胁（有时还会略作遮掩，有时甚至就摆在台面上），假如演讲者胆敢来校园，他们就会组织起来，发起以扰乱为目的的抗议活动，比如说在教室外锣鼓喧天，让讲座无法进行下去。抗议的策略五花八门，比如堵塞教学楼的入口，让想听的学生进不去；用语言骚扰那些前来参加讲座的同学，厉声诅咒或者高呼"以你为耻！以你为耻！以你为耻！（重要的事情说三遍）"；[29] 站在室外，却大声敲击门和窗户；预先派出抗议者占满教室的座位，讲座一开始，就叫喊或唱歌，目的就是让演讲者讲不下去。

只要演讲者一出现在校园内，就会造成"危险"，这种观念蔓延开来，也导致取消演讲邀请成为了大学校园里司空见惯的事情。格雷格所主持的组织，个人教育权利基金会，做了详细的统计，发现这种以取消讲座为目的的抗议活动可追溯至2000年；在基金会为此类活动所建的数据库内，共收入了379例事件。在这些抗议活动中，大约有46%获得了成功：演讲者随后被收回邀请，或者是预定的演讲以某种其他的方式被取消。而在演讲仍举行的案例中，大约有三分之一因抗议而受到一定程度的干扰。考察大多数案例，到底是哪些学生发起取消演讲的抗议，我们发现他们都可以被明确地归类为政治光谱的左翼，或右翼。如图2.1所示，从2000年至2009年，这些以取消演讲为目的的抗议，一部分来自左翼学生，另一部分来自右翼学生，双方大致势均力敌。[30]但自2009年开始，左翼就开始拉开同右翼的差距，从2013年起差距进一步扩大，想一想，就是在这一时期，格雷格开始留意到大学校园里所发生的某种变化。

之所以发生这样的变化，部分原因在于，有一些大学，保守派的社团开始频频邀请煽动派来校内演讲，其中不得不提的就是米洛·雅诺波鲁斯，他可以说是一位鼓动人心的大师，特别懂得如何挑起他所说的"温柔的愤怒"。雅诺波鲁斯自诩为"巡演者"，甚至将他在2017年的巡回演讲命名为"米洛的巡演学术之旅"。[31]虽然巡回讲座并非什么新奇的事，但到了2016年，巡讲者同抗议学生之间的对抗变得愈发频繁，雅诺波鲁斯以其一人之力就在两年内激起了17例抗议活动，在图2.1中，我们用星号表示如果不考虑雅诺波

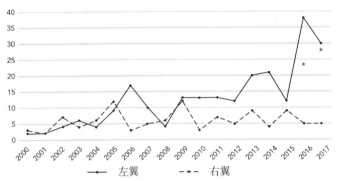

图2.1：自2000年起，按年度统计的取消演讲事例。实线代表的是由政治上的左翼人士和团体所发起的抗议；虚线代表着右翼的活动。而星号所显示的是，如果米洛·雅诺波鲁斯不统计在内的话，代表左翼的实线将会落在哪个位置（资料来源：个人教育权利基金会）

鲁斯的因素，那么代表左翼抗议的实线会降到何处。[32] 回到2013年、2014年，考察左翼学生团体所发起的取消讲座抗议，在他们所打击的演讲者中，许多都是严肃的思考者和政坛人士，包括保守派的政治记者乔治·威尔，还有国际货币基金组织的执行主任克里斯汀·拉加尔德。有些讲者甚至明显是偏左翼的，比如前任国务卿玛德琳·奥尔布赖特、喜剧演员比尔·马厄，以及前任司法部长埃里克·霍德尔。

大约自2013年起，大学校园开始发生了某些变化。[33] 大学生不应直面"冒犯性"的观念及其所导致的危险，这种观念目前已经成为校园内的多数立场。2017年，58%的大学生认为，"要融入大学这个社群，对我来说重要的是，我不能接触到那些冒犯或触犯到我的观念"。[34] 这一陈述，在自由派的学生中，有63%的受访者表示同意，但此观念并不仅限于左翼学生；几乎近半数的保守派学生（45%）也同意这一陈述。

大学应当把它所有的学生都保护起来，凡是会让某些学生感到不适的观点，都屏蔽起来，让全体学生看不到也听不到，这一观念本身就是对苏格拉底之遗产的否定。如苏格拉底所言，他自己就是雅典人民的"牛虻"。在他看来，他的天职就是要叮咬，要干扰，要质疑，促使雅典同胞们去反思他们所执的信念，遇到那些无法辩护的，就改变自己。[35]

正是基于这一精神，扎克利·伍德，一位求学于马萨诸塞州威廉斯学院的左翼黑人大学生，领导了"不快乐学习"（Uncomfortable Learning）的系列活动。效法苏格拉底，伍德所要做的，是要让学生接触到那些他们原本不会遭遇的观念，为了激发他们更好地思考。2015年10月，伍德邀请苏珊娜·沃克担任这个系列的一位讲者，作为一位保守派，沃克女士批判女权主义，鼓吹传统的性别定位。[36] 伍德的合作者，马修·汉纳赛，对此有如下解释：

> 我们邀请沃克，是因为美国人中有数百万计的人，认为她的观点很有趣，很有分量，甚至同意她的立场。在我们看来，我们应当要去理解，为什么有这么多美国

人会认为这些艰涩的思想很有意思,只有这样,我们才能挑战它们,才能更好地理解我们自身的行为和自己的思想。[37]

但威廉斯学院的学生们却报以极度愤怒的抗议,最终导致伍德和汉纳赛没有办法,不得不取消原定的活动。有一位学生在"脸书"(Facebook)的页面上这样写道:

> 你们打着"对话"或"发现另一面"的名头,将一位侮辱女性、鼓吹白人至上的男权斗士请到校园来,当你们这么做时,你们的所作所为,不仅会对同学们造成心灵上的、社会层面的,甚至是心理和生理的伤害,你们还为暴力意识形态的扩散推波助澜,而它们又杀害了多少我们的黑人和有色人种的姐妹们……知道吗,你让自己双手沾上她们的鲜血,扎克利·伍德。[38]

以上这一通回应,清楚地阐释了一系列的认知错误,比如小题大做、乱贴标签、过度概括,还有非黑即白看待世界的方式。上述回应,还可以说是所谓情感推理的教科书范例,伍德本人在解释为什么要取消演讲时,就是这么说的:

> 一个人到底是怎么想的,就因为有同学将一位极具争议的讲者请到威廉斯,就形容他双手沾血,他们这么说,就是在倡导一种信念,凡是触犯他们的,就不应出

现在校园里,原因无他,就是让他们及其同道感到不适。[39]

当一位学生说,"我受到冒犯",这是否构成取消一场讲座的充分理由?如果不是一位,而是许多学生这么说呢?再比如,如果教师群体里也有人感受到侵犯呢?

回答上述问题,取决于你怎么思考教育的目标。汉娜·霍尔本·格雷,从1978年至1993年,担任芝加哥大学的校长,她曾提出这一原则:"教育,就其本意而言,不是要让学生感到舒适;它意在教会学生如何思考。"[40] 这当然也是扎克利·伍德的信念,而根据格雷校长的原则,我们也可以将伍德的苏格拉底式刺激同雅诺波鲁斯的刺激区分开来。不幸的是,威廉斯学院的校长却有不同的哲学,后来,另一位有争议的讲者收到邀请,他亲自干预,取消了原定的演讲。[41] 这么做,校长是以身体力行的方式表达了对米索博乃思格言的认同,"不快乐学习"是一种自相矛盾的表达。他不妨考虑在大学门口贴上一个标语:"教育之目的,不在于让学生思考,而是要让他们感到舒适。"

小结

❖ 追溯全世界诸文明传统,其中最具普世性的心理学判断可以归纳如下,如埃皮克提图所言,真正让我们恐惧并焦虑的,并不是外在的事件,而是我们思考的方式。

❖ 认知行为疗法,作为一种方法,任何人都可以学以致用。首先认定常见的认知错误,然后改变他们习惯的思维模式。认知行为疗法可以帮助骑象人(受控的过程)训练大象(自发的过程),让我们的思考更有批判性,心智也更健康。

❖ 在所有的认知错误中,情感推理是最为常见的;如果少做一些情感推理,那么我们大多数人就会生活得更幸福,工作得更高效。

❖ "微侵犯"这个概念,背后有着一整套思维方式,以有色人种(以及其他族群)为对象,施以简单且常见的侮辱和轻蔑。微小的侵犯行为同样是真切的,所以这个概念并非全无用处,但"微侵犯"的概念还将偶然的、非故意的冒犯也包括在内,所以"侵犯"这个字眼就会导致误解。只要带上"微侵犯"这副眼镜,就会放大所经受的痛苦及由此引发的冲突。(从另一方面来讲,侵犯之词义原本就意味着是故意的举动,既然是故意的,也不可能谈得上"微"。)

❖ 在课堂上让学生懂得了"微侵犯"这个概念,大学就会鼓动学生以最不宽容的方式去解释他人的行为,同学之间越来越不信任,在校园里动辄得咎,冲突随处可见,最终导致学生陷入情感推理以及各种认知错误,无法自拔。

❖ 卡莉斯·福斯特以自己的行动做出了示范,面对着那些可以被解读为"微侵犯"的行为,只要运用同情心理,就可以做出新的评估。我们看到,她把在医院遭遇的行为解释为虽然粗疏但却无知无心的误会,对于所有人而言,结果都更美好。

❖ 统计大学校园里以"取消演讲"为目标的抗议活动,其数量在过去几年间快速增长;为了证明其抗议的正当性,学生群体经常主张,受邀的演讲者可能会对他们造成伤害。但问题是,感到不舒适,并不等于遇到危险。大学生、教授和行政人员都应该理解"反脆弱"的概念,在心里牢记汉娜·霍尔本·格雷的原则:"教育,就其本意而言,不是要让学生感到舒适;它意在教会学生如何思考。"

第3章
"我们 vs 他们"的谬误：
生活是好人和恶人之间的战斗

> 道德二元论之所见，是将善与恶作为共存于我们内心的本能，从善抑或作恶，在于我们的选择。但还有一种我所谓的病态二元论，在它看来，人性本身可截然两分……一部分是完美无瑕的好人，另一部分则是十恶不赦的恶人。人，或为天使，或为魔鬼。
>
> 乔纳森·萨克斯，一名犹太拉比，《不以上帝之名》[1]

抗议就是发声，声称不义的事正在发生。当人们抱成团，集体表示抗议，他们就携手构建起一套叙事，关于什么是错的，谁是罪魁祸首，如要拨乱反正，我们又必须做些什么。然而，现实总是比叙事更复杂，由此就导致，人们不是被丑化为恶魔，就是被送上神坛——结论常常并不公允。克莱蒙特·麦肯纳学院坐落在洛杉矶附近，2015年10月，该校发生了这样一件事。

学校里有位名叫奥莉维亚的学生，在她出生之前，父母就已经从墨西哥移民至加利福尼亚州,她写了一篇文章,发在学生刊物上,讲述了她感到被边缘化,受到排斥的经历。[2] 奥莉维亚观察到,在麦肯纳学院的蓝领员工(包括门卫和园丁)中,拉美裔工人占了很高的比例,而在学院的行政和专业教员群体内,拉美裔所占比例却要低得多。意识到这一现象,让她倍感痛苦。她在文章中声称,自己之所以被学院录取,大概就是为了填充种族配额的指标。奥莉维亚指出,有这么一种人,他们在麦肯纳学院才是标准的,或者典型的,而她却算不上:"说起我们的校园氛围和机构文化,它们所基于的价值观,首先是西方的、白人的、异性恋为规范的、中上以及上层阶级的。['异性恋为规范'(cisheteronormative)描述的是这样一种社会,生活在其中,我们会预设其他人不是同性恋者,也不是跨性别者,除非存在着相关信息,证明这个人就是。]"[3]

奥莉维亚通过电子邮件,将她的文章群发给"麦肯纳学院全体员工",读到电邮两日后,学院的教务长玛丽·斯佩尔曼给奥莉维亚发了一封私人邮件。邮件全文如下:

奥莉维亚:

感谢你写作并同我分享这篇文章。作为一所大学,作为一个大家庭,我们有许多要做的。你是否愿意找个时间同我谈谈这些问题?无论对我本人,还是对教务部门的职员,这些问题都非常重要,我们也始终在努力,更好地为学生服务,尤其是那些并不适应我们麦肯纳学院模式的学生。

很希望我们可以多聊聊。

祝好,

教务长斯佩尔曼[4]

你们怎么看斯佩尔曼教务长的电邮?恶意伤人,还是释放善意?大多数读者大概能看出,她是在表示关心,且伸出援手,乐意倾听并解决问题。但奥莉维亚却感受到伤害,因为教务长在邮件中使用了"模式"(mold)这个词。看起来,她是在用最不宽容的方式来理解这个字眼:即斯佩尔曼话中有话,言下之意就是奥莉维亚(和其他有色人种的学生)并不符合这一模式,因此也不属于麦肯纳学院。很显然,这可不是斯佩尔曼的本意。奥莉维亚自己也坚持认为,在麦肯纳学院的文化里,有一个关于身份的定式或称模式,而这却是她奥莉维亚所无法匹配的,但按照斯佩尔曼事后所做的解释,[5] 她之所以用"模式"这个词,恰恰是为了表达她能和奥莉维亚感同身受,因为还有一些麦肯纳学院的学生同她交流时,在描述他们无法融入的感受时,就用了这个词。

设想有学生本就已经感到自己像个局外人,当她读到"模式"这个词时,就很可能感到片刻的冒犯。但问题在于,这学生到底该怎么处理这负能量的片刻呢?哲学和修辞学中有一项原则,名为善意原则,按照该原则,当我们去解释他人的表达时,应基于最美好的、最合理的形式,而不是最恶劣的或最具攻击性的方式。要是奥莉维亚曾经学过,在评判他人时首先看的是他们的意图，那么她在上述情境中就可能会运用善意原则，如同上一章所述的卡莉丝·福斯特，她之所为，就是一个范例。在身处奥莉维亚的位置时，一名学生若首先想到的是质疑自己下意识的反应，积极寻找证据，宽以待人，他就很可能摆脱瞬间袭来的情绪，抓住这次难得的机会，毕竟教务长抛出橄榄枝，想要了解如何做才能解决学生的问题。

事态的发展并非如此这般。事实是，在收到斯佩尔曼邮件的两周后，奥莉维亚在她的"脸书"页面上转发了电邮全文，还加了一条自己的评论，"我是不可能符合麦肯纳学院那卓越的模式了！欢迎转发"。她的朋友响应号召，转发了这封邮件，校园里随后爆发了抗议。[6] 接下来就是游行、示威，学生向校长施压，要求对教职员进行必修的多元主义培训，要求斯佩尔曼辞职。甚至有两个学生发起绝食抗议，他们信誓旦旦，除非斯佩尔曼卷铺盖走人，否则他们是不会吃东西的。[7] 在 YouTube 网站上可以看到一个视频，学生们围成一圈，拿着手提式扩音器，花了一个多小时来宣讲他们的冤屈；而冤有头，斯佩尔曼连同其他行政人员被围在圈内，只有听讲的份儿。[8] 为她电邮的"措辞不当"，斯佩尔曼一再道歉，并向成群的学生澄清，她的"意图，原是要确认文章中所表达的感受和经验，然后提供帮助"。[9] 但问题是，学生们可不接受她的道歉。拉动视频进度条可看到一处，一名女生厉声呵斥教务长（此举赢得学生的欢呼），这边抗议如火如荼，她却"睡着了"。[10] 在该女生看来，斯佩尔曼此举简直就是儿戏。但从这次冲突的视频中可以清楚地看到，斯佩尔曼根本没有睡；她只是竭力忍住不掉眼泪。

学校没有解雇斯佩尔曼，但校领导也没有公开表示对她的任何支持。[11] 面对学生不断升级的怒火——社交媒体推波助澜，而全国性新闻报道更是火上浇油——斯佩尔曼辞职了。[12]

与此同时，耶鲁校园也在上演着一场师生之间的冲突，其同样是一封电邮引发的。[13] 艾丽卡·克里斯塔基斯，是耶鲁大学儿童研究中心的讲师，也兼任西利曼学院（耶鲁本科生的住宿学院之一）的驻院老师。发现学院的院长办公室对学生的万圣节服饰进行指导，她写了一封电邮，质疑大学行政人员此举是否适当，是否应由校方来规定在万圣节穿什么。[14] 克里斯塔基斯在邮件里肯定了校方的"初衷，避免伤害和冒犯"，但她又担心，"培养学生身上的脆弱性，这种做法愈演愈烈，就会导致我们现在无法察觉的代价"。[15] 她在邮件里一再提醒，要警惕大学机构"对大学生群体施加隐性控制"，邀请整个大学一道来反思，大学生作为成年人，他们是否可以为自己设定规范，且平等地处理分歧。"同每个人多沟通，"克里斯塔基斯在邮件里这样写，"自由的言论，以及面对冒犯言行，宽以待人的能力，是自由开放社会的标志。"

就是这封电子邮件，激起某些学生的愤怒，在他们看来，克里斯塔基斯所言，表明她支持种族主义色彩的万圣节服装。[16] 没过几日，大约150名学生出现在西利曼学院，就站在克里斯塔基斯家外面的庭院里,他们用粉笔写好了标语,其中包括"我们知道你住在哪里"。艾丽卡的丈夫,尼古拉斯·克里斯塔基斯,是西利曼学院的导师(此争议发生后,这个头衔已经被改为"学院负责人")。当尼古拉斯出现在院子里时,抗议的学生要求他为妻子的电邮道歉,并且要谴责邮件里的立场。[17] 尼古拉斯听着学生的诉求,同他们进行对话,为邮件给他们造成的痛苦而数次道歉,但他拒绝谴责妻子的邮件,也坚持不批判邮件中所表达的理念。[18] 大学生们控诉他们夫妻,谴责他们是"种族主义者","令人厌恶""无视他人的人性""造成了一个不安全的空间",致使"暴力"充斥校园。学生们咒骂尼古拉斯,批判他"耳目闭塞",记不住学生的名字。学生要求尼古拉斯不能笑,不能弯腰,说话时也不能比画。还有些学生甩来一句话,他们所想的,就是他工作不保。有一个场景广为流传,[19] 画面中,一位学生朝他大嚷:"到底他妈的是谁雇用了你?你应该下台!这同创造一个知识空间没关系!半点关系也没有!我们是要在这里创建一个家园……你晚上还能睡得着觉!你,令人恶心!"[20]

事发次日,耶鲁校长群发电邮,承认学生的痛苦,承诺将"行动起来,使我们变得更好"。[21] 校长没有任何对克里斯塔基斯夫妇表示支持的言行,直至庭院事件发生数周后。但到那时,校园里与他们夫妻为敌的态度已经根深蒂固。学生仍不断发出抗议,要求将他们解聘,[22] 在这种情况下,艾丽卡辞去了她的教职,[23] 尼古拉斯则申请休假,停止了当年的教学。在该学年度结束时,夫妇俩双双辞去他们在住宿学院的职位。艾丽卡后来透露,很多教授私底下非常支持他们,但却不愿公开站出来,为他们辩护或表示支持,因为在这些人看来,这么做"风险太大",害怕受到报复。[24]

面对斯佩尔曼教务长和艾丽卡·克里斯塔基斯的邮件,两封信显然意在帮助学生,为何学生的反应会如此强烈呢?当然,每所学校都有它的幕后故事;有些学生会对学校管理机构失望,离不开此前的种族主义事件或其他原因。[25] 也就是说,抗议并不仅仅是关于邮件的。但就我们所能判别的,无论是斯佩尔曼,还是克里斯塔基斯,都并没有牵涉进这些幕后故事里。那么,为什么学生会将她们的电邮解释为极其严重的侵犯,甚至认为要求将她们解雇都是理所应当的?看起来是这样,其中有些学生有了他们自己的心理模式,一个图样里有两个格子要填:受害者和压迫者。每个人不是受害者,就是压迫者,必居其一。

群体与部落

所谓最小群体范式(minimal group paradigm),是社会心理学中著名的系列实验,由波兰裔心理学家亨利·泰弗尔(Henri Tajfel)所开创,第二次世界大战期间,他曾服役于法国陆军,后为德方所俘。作为一名二战时期生活在欧洲的犹太人,他的种种经历,包括留在波兰的全家人为纳粹所杀,彻底改变了泰弗尔,使他迫切想要追问,人们在何种情况下会歧视非我族类的成员。正因此,在20世纪60年代,泰弗尔进行了一系列实验,每次实验的第一步,就是将人们划分成两个组别,所用的标准都是琐细且随意的,比如抛硬币。举个例子,在一次研究中,按照操作要求,每个人首先估算一张纸上的圆点数目。接下来,实验者告诉其中一半人,他们高估了圆点的数目,因此被分入"高估者"这一组,另一半则被分到"低估者"组——事实上,分组时压根没有考虑他们的估算数。接下来,按实验者所指示的,每个人都要给其他参与者分发积分,或者分配钱币,在这一过程中,不考虑其他,只看他或她处在哪个组别。泰弗尔通过这一系列实验发现,无论他用以设置组别区分的标准是多么琐细,甚至无聊到"微不足道",一旦有了组别身份,无论手里等待分配的是什么,人们往往都会在分配时更照顾他们同组的成员。[26]

随后的种种研究运用了各种各样的技术,但都得出了相同的结论。[27] 神经科学家大卫·伊格曼就动用了磁共振成像的技术,具体方法是,他让参与实验者去观看录像,内容记录了其他人的手被针刺扎,或者被棉签触碰,同时用磁共振成像来观察他们的大脑活动。在实验中,录像里出现的手被分为两类,一类是同观察者相同宗教的组别,另一类则标示为不同的宗教,结果表明,当看到标识相同的手被针扎时,观察者大脑中负责痛苦的区域显示出更大的波动,明显大于标识不同宗教的那只手。接下来,采取不同的组别分类方法,比如就在参与者将要进入磁共振成像机器时,才按照某种方法随机分组,如抛硬币,即便这个分组片刻之前尚不存在,但只要被扎的那只手上面有同观察者相同的组别标记,观察者的大脑仍会显示出更大的波动。[28] 但对于那些我们认为的"非我族类者",我们的感同身受就没有那么强。

归根到底,人类的心灵是向往着部落主义的。人类进化的故事,并不只是个人与个人之间在群体内竞争的故事;它所讲述的,还有群体同群体之间的竞争——有时会刀剑相见。我们出生在这世界上,就血统而言,所有人都属于那些历史上在不间断的竞争中一路存活下来的群体。部落主义是我们进化而来的禀赋,我们结伴成群,时刻准备着群体之间的斗争。[29] 只要"部落开关"(tribe switch)[30] 一打开,我们就会将自身同群体更紧密地绑在一起,我们就会拥护并且捍卫群体的道德矩阵,而且我们所想的,就不再只是我们个人。道德心理学的一项基本原则就是,"道德约束人,又蒙蔽人",[31] 要是一个群体预备好投身"我们"同"他们"之间的战役,这原则对他们来说可是有用的招数。进入部落模式,对于那些挑战我们团队之叙事的论证和信息,我们就会视而不见。以这一方式同群体融为一体,当然令人产生发自内心的愉悦——在大学橄榄球比赛前,常见模仿部落的滑稽表演,由此可见一斑。

但是,准备着部落主义,并不意味着我们就必须以部落的方式来生活。在人类的心智里,包括许多进化后的认知"工具"。我们不可能让所有工具一刻也不得休息;我们会按需打开工具箱。因地制宜,部落主义可因具体的条件而高涨、消退，乃至消失。无论什么类型的群体间冲突，真实的，或者只存在于感觉中的，都会即刻激起部落主义，人们会开始高度关注他人的站队迹象。叛徒同敌人交好，也不会有好下场，他们会受到惩罚。反过来说，和平与繁荣的环境通常会使部落主义衰落。[32] 人们不再需要睁大双眼，警惕群体成员的行踪；他们也不会感受到压迫，非要以群体的期望来塑造自身。当一个共同体成功地闭合每个人的部落回路，对于每个个体而言，他们就有了更多的空间，按照自己的选择去创造生活；也有更多的自由，进行人和观念之间的创造性结合。

如是说，在大学这样的社群内（由于事态之蔓延，高中也是如此[33]），当群体之间的区别并非无关紧要，也谈不上偶然随意，而且当这些区别被反复强调，而不是有意淡化之时，大学会发生什么事？当你这样训练学生，让这些年轻人将他人——以及他们自身——都视为不同群体的成员，因种族、性别及其他有社会意义的因素而被定义并区分开来，然后向他们如此灌输，这些群体将永远斗争下去，陷入为了身份和资源的零和冲突，长此以往，又将发生些什么呢？

两种身份政治

"身份政治"是一个有争议的术语，但它的基本含义却很简单。按照布鲁金斯学会乔纳森·劳奇（Jonathan Rauch）的定义，身份政治就是"政治性的动员，其得以组织起来，是基于种族、性别和性取向这样的群体特征,而不是政党、意识形态或经济利益"。劳奇还指出:"在美国,我们要问这类动员不是什么,它并不新奇,并不是外在于美国的,谈不上穷凶极恶,当然也不是左翼专属。"[34] 所谓政治,不外乎就是各群体结成联盟,以追求他们的目标。如果农场主、葡萄酒爱好者或者市场自由派团结起来,实现他们的利益,在美国是常态的政治,那么妇女、黑人或者同性恋者联合起来,当然也是常态政治。

但我们要问,身份究竟是如何动员起来的,动员之方式不同,则对该群体成功的机会,对加入该运动群众的福祉,甚至对整个国家,都大有不同。身份可以通过这样的方式动员起来,亦即凸显一种包容的共同人性,并且揭示出就是因为他们属于某个特定群体,我们的某些同胞就被剥夺了尊严和权利;或者,身份也可以通过那样的方式动员起来,放大我们体内与生俱来的古老的部落主义,将某个群体作为共同的敌人,通过对他们的仇恨,将我们凝聚在一起。

共性的身份政治

尊敬的马丁·路德·金博士,就示范了我们这里所说的共性之身份政治(common-humanity identity politics)。他所为之奋斗的,是要修补一道撕裂的伤口——数世纪以来,种族主义已经被写入南方各州的法律,而且成为全美不分南北的风俗、习惯和制度。仅仅保持忍耐,静待社会之渐变,当然是不够的。民权运动作为一场政治运动,是由非裔美国人所领导,且由其他人所参与的。他们携手同行,投身于非暴力的抗争、公民不服从、联合抵制,熟练地运用公共关系策略,向那些冥顽的议员施加政治压力,与此同时,他们目光长远,还致力于全国上下的移风易俗。

说起金博士的天才之处,不能忘记,他运用的是宗教和爱国主义中让民众团结起来的语言,诉诸的是美国人共同的道德和身份。一次又一次,他以家庭为喻,将不同种族和宗教的美国人统称为"兄弟"和"姐妹"。他常常谈到爱和宽恕的必要,使听者回想到耶稣的箴言,且同许多文明的古老智慧遥相呼应:"爱是可以化敌为友的唯一力量",[35] 还有"黑暗不能驱逐黑暗,只有光才能。仇恨无法化解仇恨,只有爱可以。"[36](比较一下佛陀的话:"仇恨不能战胜仇恨,爱以克恨。此乃永恒之法则。")[37]

马丁·路德·金那最著名的演讲,就大量地运用了社会学家称之为"美国公民宗教"的语言和图像。[38] 在述说这个国家的立国文献和建国之父时,美国人常用准宗教的语言、框架和叙事,金博士也是这么做的。"当我们共和国的缔造者写下《宪法》和《独立宣言》那气壮山河的词句时,"在林肯纪念堂的台阶上,金博士如是宣告,"他们是在许下一个诺言。"[39] 在表述民权运动之目标时,他将美国公民宗教的道德感召力发挥到淋漓尽致:

> 即便我们还面对着种种困难,从今天到明天,但我

仍然有一个梦想。这梦想,深深扎根在美国梦之中。我梦想,有一天,这个国家会站起来,活出其立国信条的真谛:"我们认为这些真理不言而喻,人人生而平等。"[40]

马丁·路德·金的做法表明,他所领导的运动不仅不会摧毁美国;反而是要修补它,将它重新联合起来。[41] 这种包容的、共性的政治方法,亦可见于保利·莫莉的论述。莫莉,黑人、同性恋者,是新教圣公会的牧师,也是民权运动的积极分子,1965年她55岁时,从耶鲁大学法学院获得学位。如今,耶鲁的一所住宿本科学院是以她的名字而命名的。[42] 1945年,莫莉写道:

> 消除隔离,我打算用积极的方法和包容的胸怀……当我的兄弟们画一个圈,将我排斥在外时,我就要画一个更大的圈,将他们包括在内。在他们为小群体的特权而发声的地方,我要放声疾呼,为了全人类的权利。[43]

这种政治动员的方法,在于对共同人性的推崇,在同性恋者争取婚姻平权的运动中,它成为主角担当。首先是2012年,在美国多个州的选举中同性恋者赢得了同性婚姻权,也为联邦最高法院将同性婚姻裁决在全国法律上铺平了道路。看看2012年竞选中最有影响力的文宣广告,其中有些就运用了金博士的手法,诉诸爱和共同的道德价值。如果你想体验一下将道德拔高的情感，只要打开视频网站，搜索"Mainers United for Marriage"（婚姻合众缅因人）即可。你会找到这些短片，在视频里，无论是消防员，还是共和党人或者基督教徒，无一不诉诸强有力的道德原则，包括宗教和爱国主义，用以解释为什么他们希望他们的儿子/女儿/同事可以同他或她所爱的人结婚。我们在此转录其中一则政治广告的对话脚本，画面上的是一位圣公会的牧师同他的妻子：[44]

夫：我们的儿子哈尔在伊拉克指挥过一个排。

妻：当他回来后，他让我们坐下，告诉我们："爸、妈，我是同性恋。"

夫：这确实要花些工夫来适应，但我们爱他，也以他为荣。

妻：我们的婚姻，一直是46年以来共同生活的基础。

夫：过去我们认为，对于同性伴侣来说，民事结合（civil unions）就已足够。

妻：但婚姻是发自内心的承诺。它是民事结合所无法替代的。

夫：我们的儿子曾为我们的自由而战斗。他也应该有婚姻的自由。

这是赢心、洗脑、扫票的方法：你不仅要诉诸骑象人（晓之以理），还必须诉诸大象（动之以情）。[45] 金和莫莉深谙此道。他们所做的，并不是羞辱或者丑化他们的对手，而是以他人为人，然后就连续不断地呼吁他们的人性。

共敌的身份政治

身份政治的共性形态，在许多大学校园里还能找得到，但近年来，我们却目睹了另一种迥然不同的形态在快速蔓延，构成这种新形态之基础的，是为了对抗一个共同的敌人，而将多个群体联合且动员起来的动力。它激活了一种强大的社会心理机制，套用一句阿拉伯民族贝都因人的谚语，就是："起初，我，对抗我的兄弟们；继而，我联手兄弟们，对抗我的堂兄弟；最终，我联手兄弟、堂兄弟们，对抗整个世界。"[46] 找到共同的敌人，是扩大并激活你自己部落的有效手段。

因为我们眼下主要解读校园里正发生的事，那么在本章接下来的讨论中，我们将要聚焦于校园左翼的身份政治。但我们也留意到，大学校园内的那些事，往往无法脱离来自右翼的挑衅举动，对于右翼，我们将在第6章展开阐述。右翼所做出的挑衅，通常来自于校园政治之外（只要走出大学校园，右翼在身份政治上的能量同左翼是旗鼓相当的）。

要想说明共敌之身份政治的恐怖，希特勒可谓当仁不让，他以犹太人为靶子，统一并扩张其第三帝国。也正因此，在我们当前这个时代，最令人震惊的政治发展当属新纳粹主义的死灰复燃，有些美国人（以及欧洲人），其中大多是年轻的白人男子，已经公然拥护新纳粹的主张和符号，让新纳粹同其他白人民族主义团体联合起来的，是他们所共享的仇恨，不仅以犹太人为靶子，黑人、女性主义者和"社会正义战士"（SJW）也在他们的名单上。2016年之前，这些右翼的极端组织在校园政治中还无法翻云覆雨，但到了2017年，许多右翼团体已经找到了煽动演说和网络骚扰的方法，开始在校园事件中兴风作浪。对此，我们将在第6章中做进一步讨论。

关于大学左翼力量所推动的身份政治，近期一个例子引起了广泛关注。2017年12月，得克萨斯州立大学一名拉美裔学生写了一篇评论文章，发表在由学生运营的独立报纸上，大标题赫然写着"你的DNA令人厌恶"。[47] 整篇文章是这样开头的：

> 每当我想起我曾经遇到过的所有白人——不论他们是教授、同龄人、恋人、朋友、警察，或者其他行当——我认为尚且"正派的"，大概只有十来个吧。

接下来，这名学生写道，"白人"，是"一个建构起来的概念，被用来永恒维系一种种族主义的权力体制"，他于是主张，"通过一场持续不断的意识形态斗争，我们解构掉'白人'以及依附于此概念的一切，我们终将赢得胜利"。该文章结尾如下：

> 在存在论的意义上,白人之灭亡就意味着全人类的解放……在那一天到来前,也请记住:我恨你们,因为你们就不应该存在。你们既是这个星球上的支配者,又是死亡黑洞,所有其他的文化,只要同你们照面,就难免凋零。

右翼网站怒不可遏,在他们看来,这篇文章就是在号召对白人进行种族灭绝。当然,究其原意,作者看起来所倡议的是文化上的灭绝:终结美国的白人统治以及白人的文化。但不管怎样,结果是一文激起千层浪,作者摊上了大事。[48] 该学生报纸收到了校外的恐吓邮件,要求学生编辑下台,甚至有死亡威胁。超过2000人在请愿信上签名,呼吁停止对该学生报纸的资助。[49](个人教育权利基金会,即由本书作者之一格雷格所领导的公益组织,基于第一修正案的权利为该报纸做了辩护。)重压之下,学生编辑部迅速道歉,[50] 撤回文章,且解聘了作者。该校校长也站了出来,声称此文是一篇"种族主义的专栏文",且对学生编辑部提出期望,"在决定他们将要印刷的内容时,行使良好的判断力"。[51]

说回那篇文章,在呼吁瓦解权力结构时,学生作者所用的一整套术语和概念,在某些学科的学院派论争中,也属司空见惯;就其论证的主要思路来说,也完全符合马克思主义脉络中的社会和政治分析方法。这一套方法,是主要从权力角度来分析事物。群体为权力而斗争。根据这一范式,当权力被认为由某个凌驾性的群体所掌握时,道德上的两极就出现了：哪个群体看起来手握强权，就是坏的；而哪些群体被认为受到压迫，则是好的。在本章的开头，我们引用了萨克斯拉比的一句话，这里的道德两极，就是他所描述的病态二元论的变体。

卡尔·马克思写作的语境是19世纪的工业革命，所以他聚焦于经济阶级之间的冲突，主要发生在无产阶级（即工人阶级）与资本家（拥有生产资料的主体）之间。但马克思主义的方法可用来解释任何群体间的斗争。具体到理解今日大学校园之事态发展，赫伯特·马尔库塞可以说是最重要的马克思主义思想家，这位德裔的哲学家和社会学家，在二战期间逃脱纳粹迫害，来到美国，在数所大学做教授。20世纪60年代至70年代，马尔库塞的著述影响力至为深远，在这一历史阶段，美国左翼正在变换路线，不再坚持此前对劳资对抗的关注，脱胎变为"新左派"，重点集中在公民权、女性平权以及其他推动平等和正义的社会运动。在左翼看来，这些社会运动通常也有其左—右之维——进步主义者要的是革新，而保守主义者则希望保持现有的秩序。在此语境下，马尔库塞用马克思主义的语言分析了左与右的冲突。

在一篇发表于1965年题为《压迫的宽容》的文章中，马尔库塞指出，宽容以及言论的自由想要有益于社会，就需要极特定的、说到底几乎没有存在过的社会条件：绝对的平等。他相信，当群体之间存在着权力差距时，所谓的宽容，只会使强者愈强，使他们更轻易地主宰社会的机构，比如教育、媒体，以及大多数的沟通渠道。无差别的宽容是"压迫"，马尔库塞如是说；它堵塞了政治议程，压制了弱势群体的声音。

既然无差别的宽容并不公正，那么我们所需的，就是一种差别对待的宽容形式。马尔库塞宣称，一种真正的"解放式的宽容"（liberating tolerance），应当是抑强并扶弱的宽容。那么问题就来了，谁是弱者，谁又是强者？当马尔库塞在1965年写作时，他眼中的弱者是政治左派，而强者是政治右派。虽然当时控制着华盛顿的是民主党，但马尔库塞将右翼同商业界、军方以及其他特权利益联系起来，在他看来，正是这些右翼力量操纵权力，囤积财富，阻挠社会变革。[52]而他所讲的左派，指的是学生、知识分子和各类少数群体。对马尔库塞而言，左翼和右翼在道德上不应等量齐观。在他看来，右派鼓动战争，左派却坚持和平；右派是"仇恨"之党，左派则是"人性"之党。[53]

右翼强大，因此是压迫者，而左翼弱势，所以是受压迫的，要是接受了这种认识框架，那么也就能顺理成章地得出结论，无差别的宽容是不好的。根据马尔库塞所阐释的，解放式的宽容，取而代之后，"就意味着对右派运动的不容，而同时对左派运动的容忍"。[54]

马尔库塞也承认，他所倡议的，看上去既违背了民主的精神，又为自由主义的非歧视传统所不容，但他却主张，当社会之大多数受到压迫时，运用"压制和教化"，使"造反的大多数"（subversive majority）获得其应有之权力，就是正当的。马尔库塞的一段话预示着今日美国校园频发的事件，读来令人心惊。他在其中主张,真正的民主恰恰要求专制,对于那些主张保守派利益,或者鼓吹在他看来有进犯性的歧视政策的右派,就必须要剥夺他们的基本权利,反过来说,真正的思想自由,可能要求教授们对其学生的教化灌输:

> 造反之大多数所能发展出的道路,不应被阻拦,假若有组织的压迫和教化关闭了这些道路,那么道路之重启,显然就必需不民主的手段。有些群体和社会运动,推行的是侵略政策、军备行动、沙文主义,以及种族和宗教歧视,或者反对扩展公共设施、社会保障,以及医疗服务等福祉,对于这些群体而言,非民主的手段就是要剥夺对其言论和集会的容忍。不仅如此,自由思想之重振,恰恰要求在教育机构内对教什么、做什么施加新的严格限制,通过这种手段和观念,在话语和行为的大学体制内,将心灵封闭起来。[55]

故此,一场马尔库塞式的革命,其最终目标并不是平等,而是对权力的颠覆。1965 年,马尔库塞提出了这一愿景:

> 到此为止,应当是昭然若揭了,要让那些无权者去行使他们的公民权,其前提正是要剥夺那些侵权者的公民权,要解放全世界的受苦受难者,其前提就是要对他们从前和现在的主子都施加专政。[56]

那位以文招灾的得克萨斯州立大学的学生，也许并没有直接读过马尔库塞，然而他却继承了马尔库塞的世界观。马尔库塞被称作"新左派之父"；现如今，20世纪60、70年代那一辈大学生，已成为今天的老教授，马尔库塞的学说由他们所继受，其观点至今仍广为流传。但在《压迫的宽容》发表50年后，在我们这个国家的民权事业取得巨大进步，将公民权扩展至1965年的许多无权群体之后，在无论如何也不可能说操纵于右派之手的教育系统中，为什么马尔库塞的愿景仍在鼓动人心？即便马尔库塞的观点在1965年对许多人而言是有道理的，但他的理念在当今的美国大学里能否站得住脚？

现代马尔库塞主义

《压迫的宽容》发表后数十年来，在大学里的人文和社科院系，各种理论和方法百花齐放，提供了从群体间权力关系的视角分析社会的种种方法。（例子包括解构主义、后结构主义、后现代主义和批判理论。）其中一种理论我们不得不说，因为它的观点和术语早已成为挂在今日校园活动家嘴边的话语，信口即来。金伯利·威廉姆斯·克伦肖，加州大学洛杉矶分校的一位法学教授，曾提出所谓的交叉性（intersectionality）学说（目前她同时受聘于哥伦比亚大学，担任交叉性与社会政策研究中心的主任）。[57] 在一篇发表于1989

年的文章中，克伦肖教授指出，一位黑人女性生活在美国，其经验并非黑人经验同女性经验的简单相加所能概括。[58]她分析了一则法律案例，将自己的观点生动地表达了出来。在这个案例中，在通用汽车公司工作，黑人女性是歧视的受害者，即便公司可以证明，它既雇用了大量的黑人（在由男性工人所主导的工厂岗位），也雇用了大量的女性（在白人所主导的文员岗位）。[59]这么说，虽然通用汽车公司并没有表现出对黑人或女性的歧视，但从结果来看，它所雇佣的黑人女性却屈指可数。克伦肖的学说让我们警醒，在判断歧视时，我们不能只着眼于歧视的若干重大"主要影响"；我们还必须要看交叠之处，或者说"交叉点"。概而言之，帕特里夏·希尔·柯林斯和西尔玛·比尔奇在最近一本书中曾如此解释：

> 作为一种分析的工具，交叉性学说所考察的，指向权力关系是如何交叠的，如何相互建构的。种族、阶级、性别、性取向、残疾与否、民族、国家、宗教和年龄都是要分析的范畴，都是指涉重要社会区分的术语。而它们作为范畴，也从种族偏见、性别歧视、异性恋规范，以及阶级剥削这样的权力关系中获得其意义。[60]

交叉性理论之确立，根据在于若干我们认为有效且有用的洞察：权力是紧要事，为了保持他们的权力，群体成员有时会无所不用其极，在这种条件下，若某个人同时归属若干不同的身份群体，处在交叉点上，她就会身陷他人通常看不到的种种困境。之所以"交叉性"理论说到了点子上，如克伦肖教授在2016年TED演讲中所说，就在于"如果一个问题连名称也没有，那你就看不到它；当你连问题也看不到的时候，你大概也就无从解决它"。[61]

行文至此，我们的目标并不是要批判这一理论；我们所要做的，毋宁是探讨对交叉性的某些解读，尤其是这些解读在大学校园里正在产生的影响。人类心智生来就带有部落主义的回路，而某些交叉性的学理解读就有可能大大强化部落主义。图3.1是讲解交叉性理论时常用到的图例。我们这里的图，模仿了多伦多大学哲学教授凯瑟琳·保利·摩根的图。[62]（从简起见，摩根图上有14条相交的轴线，而我们只展示了其中的7条。）在一篇文章中，摩根是这样描述她的方法的：图例上的中心点，代表着一个具体的人，她生活在许多权力和特权维度的"交叉点"上；在其中任何一条轴线上，她可能高一些，也许会低一点。摩根如此定义她的概念："特权是指以体制化的方式加以支配的权力……压迫是一种体制化的生活经验，一个人因在若干轴线上的位置而受到支配。"[63]

从法国哲学家米歇尔·福柯的著述中，摩根汲取灵感，她由此主张，我们每个人都"在（至少）以上轴线内的每一条上占据一个点，而这个点所处之位置，就代表着'我'这个人的能力、权力、剥夺、压迫和抗争的交叠所在。就每一条特定的轴线来说，两个端点就代表着最大特权或极端压迫"。[64] 摩根教授特别分析了其中的两条轴线，即种族和性别，观察它们是如何相互作用，最终将学校建构成白人男性的场域，且这类人的观念和立场支配着学校。摩根声称，女

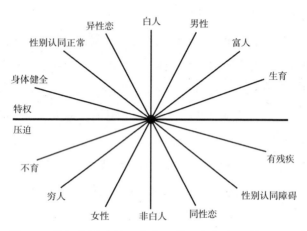

图3.1：特权和压迫的7条交叉轴。根据交叉性理论，每个人的生活经验，都取决于他或她在这些（以及许多其他）维度上的位置（我们在这里所制作的这张图，是简化版，原图可见于摩根1996年的著述。我们省去了摩根的另外7个维度，分别是性正常 vs 性变态，年轻 vs 年老，欧洲人 vs 非欧洲人，有文凭 vs 文盲，英语为母语 vs 英语为第二语言，浅肤色 vs 深肤色，以及非犹太人 vs 犹太人）

孩和妇女实际上是一种"被殖民的人群"。她们构成了全体学生中的大多数，但论及生活和学习，却无所不在地落入到由男性白人所构成的观念和制度之中。

摩根这话不错，美国的大学是谁建立的，教育体制又是谁创设的，十之八九是白人男性。大多数此类学校都曾一度将女性和有色人种拒之门外。但问题是，事到如今，这段排斥的历史是否还意味着女性和有色人种就应该视自身为"被殖民的人群"？这么想，到底是会赋予她们权力，还是催生出心理上的外控观？这会让她们更乐意同老师互动，认真读书，努力学习，在学校天天向上，还是说对之更反感？

概而言之，要是大学生们经过这一番训练，学会了从交叉轴线的立场看世界，双极轴线的一端代表着"特权"，另一端则是"压迫"，那么这些学生的头脑中会发生什么样的变化？既然"特权"被定义为"支配的"并因此导致"压迫"的权力，那么这些轴线在本质上就是道德的维度。居于上位的，是坏人，居于线下的，则是好人。有了这样的教诲，"我们 vs 他们"的谬误就被植入了学生们的心灵，编码后成为了他们的认知图式：生活是在好人和恶人之间的战斗。进一步讲，要去判定到底谁是恶人，看起来也无法回避。那些压迫的主轴线通常都指向了一个交叠方向：白人直男。

2015年11月发生在布朗大学的一件事，生动地示范了这种思考方式，一大群学生冲进校长的办公室，把他们的要求清单径直摆在校长和教务长的面前（教务长是首席学术管理者，通常居于校长一人之下）。[65] 观看这场对抗的视频，有一幕场景：教务长，一位白人男性，刚想说："我们就不能谈谈吗？关于——"话没说完，学生们就大声喊"不"，还有些则打着响指，打断了他。一位在场抗议者这样解释他们打断教务长的理由："他们的问题在哪里，异性恋的白人男性总是主宰着这个空间。"教务长紧跟着说，他自己就是个同性恋。这学生结巴了一下，但校长是女性，同时教务长是同性恋男性的这个事实并未让他却步，他讲得理直气壮："嗯，同性恋……这不重要……白人男性处在层级的最顶端。"

简言之，因为人类长期以来部落竞争的进化史，我们的心灵很容易出现"我们 vs 他们"的二分思考。但要是我们想创造友善、包容的共同体，我们就应竭尽所能，关闭部落主义，同时培养人之为人即有共性的感觉。但问题在于，观察现如今的大学，课堂内外不少理论方法都在刺激着我们体内古老的部落趋向，即便教授的本意很多时候并不在此。当然，有些人确实是种族主义者、性别主义者，或者恐同人士，而有些机构也可做如此定性，即便其运营者不乏善意的初心，但它们最终就是会歧视某些群体的成员。我们赞成要教导学生慎思明辨，识别各种形式的陈见和偏见，只有有了这一步，才能去消灭它们。交叉性的理论可以予以精彩的传授，就像克伦肖教授在 TED 演讲中所示范的。[66] 教得好，它就可以促进同情，暴露出此前看不到的不公。但不知何故，看看今天的许多大学生，他们所吸收的是一种不同版本的交叉性思维，沉浸在"我们 vs 他们"的谬误中而无法走出。

共敌的身份政治为什么会伤害学生

想象一下,又一批小鲜肉进入大学校园。在入学培训项目中,他们将受到这样的训练,首先是上述的交叉性方法的思维,还要学着如何在大学生活中发现"微侵犯"。进入大学的第一周结束时,新生们已经学会了划分他们自己以及身边同学的权力等级,发现更多不同的身份群体,看到人与人之间更多的差异。[67] 他们所学的,让他们将更多的语言和社会行为解释为"侵犯之举"。他们所学的,也让他们将侵犯、支配和压迫同特权群体联系在一起。他们所学的,还让他们只看得见自我感知的影响,而无视行动者的意图。假设在这么一所学校内,见到如教务长斯佩尔曼以及艾丽卡·克里斯塔基斯所发送的电邮那样,学生们会如何反应呢?[68]

共敌的身份政治,再加上以"微侵犯"为主题的培训,两相结合就创造出一种会滋生"揭发文化"的环境,在这种氛围里,学生们只要发现身边师生所犯下的小过错,就会公开"揭发"冒犯者,就可以以此博得名声。[69] 要是止步于同冒犯者私下谈谈,温柔以待,这么做就不会得分,不会出名——甚至反而会被解读为"与敌共谋"。揭发文化需要一种可以直达观众的便捷方法,对于那些敢于羞辱或惩罚所谓冒犯者的"勇士",则奖赏以地位。这就说明了为什么社交媒体改变了我们的生活:总有观众渴望看到有人被羞辱,尤其是做旁观者如此轻易,随时可以加入进来,继续煽风点火。

生活在揭发文化中，就要时刻保持着警惕、恐惧和自我审查。在观众群中，也许有很多人对被羞辱的那位感到同情，但他们却不敢直言，由此就造成一种错误印象，好像全体观众对这场羞辱都是没有异议的。下面的这段叙述，来自史密斯学院的一位新生，她讲到了在2014年秋是如何遭遇这种揭发文化的：

> 初到史密斯的头几天，我目睹了无数的对话，一个人告诉另一个，他的观点是错误的。在论证中几乎总是包括了"冒犯"这个词。短短数周，我们新生班的同学们就迅速吸收了这种不加思考的新思维。他们可以当场探知政治不正确的观点，然后将该"错误"揭发出来，令责任人示众。我于是开始管住自己的嘴，少发表自己的意见，怕就怕那个宣传代表着思想自由表达的群体，动辄就做评断和责难。同其他学生一样，我在这里感到如履薄冰、战战兢兢，生怕自己会说些"冒犯"的话。这就是史密斯的社会规范吧。[70]

来自全国各地的报道都似曾相识：活在今天的大学校园里，学生们都如履薄冰、小心翼翼，担心说错话，害怕点错了赞，不敢站出来为他们知其无辜的人做辩护，说到底，是他们一想到有可能会在社交媒体上被暴民揭发示众，就只能明哲保身。[71] 康纳·弗里德斯多夫，是《大西洋月刊》负责高等教育的记者，在我们 2016 年那篇谈"娇惯"的文章刊出后，他也开始跟踪调查文中的事。有同学这样告诉他："为了鸡毛蒜皮的事，学生们动不动就发怒……这就导致了校园精神的破碎和大学的分裂。"还有下面这段话，来自另一位学生：

> 我大概憋回了绝大部分原本想说的话，十之八九吧，就是害怕被揭发出来……人们揭发你，不是因为你的意见是错误的。大概你只要说，就会被人揭批。就在今天，我在"推特"上碰到人们正在嘲弄一位姑娘，原来她制作了一段视频，讲述她是多么热爱上帝，她如何为每个人祈祷。结果引来了数百条的评论，粗俗的话不堪入目，就在视频下面。甚至到了这地步，他们所嘲讽的还不只是她的立场。他们挑剔一切。她的眉毛，她嘴唇的颤动，她的声音，她的发型。这太荒诞了。[72]

在上述评论中，我们可以发现，残酷和"美德表演"（virtue signaling）在揭发文化中原本就司空见惯（所谓美德表演，是指人们说的话、做的事，都是为了彰显自己道德高尚。这有助于保持他们在团队中的好人缘），而现在，社交媒体放大了这样的残酷和虚伪。乌合之众可以让好人丧失良知，尤其是作恶者可以戴着面具（在现实的暴民中），或者躲在网名或头像的背后（化身在网络暴民中）。匿名就能助长个性的隐去——亦即个人自我意识的丧失——由此削弱人的自制力，强化他同众人合流的意愿。[73]

这种思维方式严重破坏了大学生的心智，其程度之深，可参见特伦特·伊迪（Trent Eady）的一篇报告，这位加拿大青年，是名酷儿活动家，在2014年摆脱了这样的心理模式。在这之后，伊迪写了一篇文章，即《"疑神又疑鬼"：我是如何深入黑暗政治世界的，又是如何逃离的》。按伊迪所言，这种文化有四个特征：教条主义、群体思维、战士精神，以及反智主义。在他笔下，同"我们 vs 他们"之谬误最直接相关的是：

> 以这样的方式来思考，世界就被迅速一分为二，一边是同族者，另一边是非我族类者——信众和异教徒，正义之士与邪恶的人……每一次的异见，无论多微小，都会让你进一步远离族群。当我身处这样的群体时，就种种争议问题，群内人的想法如出一辙。内部的分歧屈指可数。[74]

若论背离大学之道的校园文化，莫过于此种模样的氛围。[75]

当今共同人性的力量

在畅销书《新吉姆·克罗：无视肤色时代的严打监禁》[76]中，米歇尔·亚历山大讲述了数百万计的黑人男子的故事,通常只是因为持有或使用小剂量的大麻,他们就被拖入美国的刑事司法体制。刑满释放,他们重新进入社会,在其中挣扎着找工作,丧失了申请政府救济的资格,有时候还被剥夺了选举权,在当下的美国社会硬生生地制造出一个"低级种姓",不难让人联想到南方的"吉姆·克罗法"。

这本书对政治左派产生了巨大的影响,但它提出的议题却在整个政治光谱上引发了强烈共鸣,不分左右。市场自由派也出版了同类题材的书,如莱德利·巴尔科的《武警兴起:美国警力的军事化》,[77] 还有教育权利基金会之共同创立人哈维·希尔福格雷的《一日三宗罪:联邦政府如何攻击无辜的人》,[78] 在此类书中,面对过犹不及的警察执法和无节制的缉毒战役,市场自由派同样表达了他们的反对。保守派的组织"瞄准犯罪"也反对滥施刑罚、严打监禁,以及缉毒战役。[79] 由此可见,在有些严重但仍有解决可能的议题上,左右两个派别存在着合作的机会。[80]

对于寻求改革的实践派来说,方向在于找到共同的基础。游行和集会有助于让你的"战队"精神焕发,但如哥伦比亚大学人文教授马克·里拉在新著《过去和未来的自由派:身份政治之后》内所言,它们尚且不足以带来持续的变革。要想实现革新,我们需要赢得选举,而要赢得选举,我们就必须从不同的群体中吸引为数众多的群众。在里拉教授看来,从富兰克林·罗斯福做总统开始,一直到20世纪60年代的伟大社会时代,左翼力量都做得相当成功,但在60年代之后,左派却投入一种错误的方向,继之而起的新政

治,热衷于制造分裂,也因此算不得成功:

> 从此后,他们投身于身份的运动政治,对于我们作为公民所共有的,以及将我们凝聚成一个民族的,他们不再关注,也失去感知。是什么代表着罗斯福自由主义以及作为其政治基础的工会,是一幅图像,画着两只手握在一起。而作为身份自由主义之象征所一再出现的图像,是一个棱镜的形象;一束光照进来,就被分解为斑斓的原色,变成了一道彩虹。这说明了一切。[81]

然而,到今天为止,我们仍可效法马丁·路德·金当年所为,诉诸共同的人性。2017年9月16日,在华盛顿特区的国家广场,特朗普的一群支持者组织了一场集会,他们号称"爱国者统一战线年度大集会"(Mother of All Rallies Patriot Unification Gathering)。[82] 来自"黑命贵"(Black Lives Matter,简称BLM)的反对者也出现在现场,冲着特朗普的支持者口出狂言。而特朗普的支持者也反过来恶语相向。台上有人告诉特朗普的支持者们,别搭理闲杂人等:"把他们当空气就成!"霍克·纽瑟姆,是"黑命贵"闹场者的首领,他事后表示,当时他只想"蠢在那儿,用力挥舞拳头,同他们对骂"。形势紧张起来,有围观群众录下了这一触即发的局面。就在此时,特朗普派的一位组织者,一位被称为汤米·冈恩的男子在台上站了出来。"这事关系到言论的自由。"冈恩说道。话音刚落,他就做出了一个出人意料的举动,邀请纽瑟姆和"黑命贵"的其他支持者登上前台。"我们给你两分钟,就在我们的讲坛上,把你们想说的话说出来,"冈恩告诉纽瑟姆,"现在,他们同意还是不同意你所说的,无关紧要。事实是,你有权说你要说的话。"

纽瑟姆走上台。"我是一名美国人,"他脱口而出,台下欢呼喝彩,"美国之美在何处,就是当你眼看着自己的国家出了问题,你可以组织起来,解决它。"但接下来,当纽瑟姆谈到一位黑人男子被警察杀害时,台下的群众开始攻击他。人群里发出一阵阵的嘘声。一个女人大声叫道:"闭嘴吧!那家伙是个罪犯!"纽瑟姆解释说:"我们并不反对警察!"台下喊道:"得了吧!"纽瑟姆坚持认为:"我们所反对的,只是坏警察!"但集会群众看起来压根不买账。"我们不需要施舍,"纽瑟姆对台下说道,"也不想抢任何属于你们的东西。我们只要我们天赋的权利,自由、解放,以及追求幸福的权利。"此时此刻,台下群众又转回他这边。人群中有阵阵喝彩声。有人在下面高呼一声:"人命皆贵(All lives matter)!"这句话之用意,通常是用来驳斥那些"黑人命贵"的主张者。但这时看纽瑟姆,他坚持了保利·默里的传统,画一个更大的圈,将台下人群中的每个人都包容在内,他回应道:"对,兄弟,你说得对。太对了。人命皆贵,对吧?可当黑人丧命时,我们却得不到公正。这就是我们为什么要呼吁'黑人命贵'……如果真的想让美国伟大起来,我们要共同努力才行。"

这时候,人群里欢呼不断,高呼"美利坚,美利坚……"转眼之间,这两群人不再是"我们"和"他们"了。他们的意识形态分歧仍然存在,但在那个将他们都包容在内的更大的圈子里,彼此间的敌意融掉了。至少有那么一小会儿,他们视对方同为人类的兄弟以及同为美国人的同胞。"这多少让我重拾了几分信心,"事后接受采访时,纽瑟姆如是说,"此前水火不容的双方,在今天却有了相互倾听的进展。"[83] 集会结束后,"骑士挺川普"(Bikers for Trump)的一位领导者主动找到纽瑟姆,同他握手。两人交谈,随后摆姿势合影,照片中,纽瑟姆把这个人的小儿子抱在怀里。

小 结

❖ 人类生活在部落中,而不同部落间会陷入频繁且经常暴力的冲突中,因此一部人类的心灵史,就是适应部落冲突的进化史;我们当下的思维很容易把世界划分为"我们"和"他们",很多时候就是根据某些琐碎或随意的标准,亨利·泰弗尔的心理学实验已经证明了这一点。

❖ 身份政治有多种形式。有些形式,为马丁·路德·金和保利·默里所身体力行,可以称之为共性的身份政治,因为它的实践者不仅对对手施加政治压力,同时也视对手为同样的人,要唤起他们的共同人性。

❖ 还有些形式,与之相反,称为共敌的身份政治,这种政治动员,运用了共敌的心理来联合起一个联盟,这种心理,可见于阿拉伯民族的谚语:"起初,我,对抗我的兄弟们；继而，我联手兄弟们，对抗我的堂兄弟；最终，我联手兄弟、堂兄弟们，对抗整个世界。"践行这种身份政治的，不仅有政治极左派，也包括极右派。

❖ 交叉性是当今校园里流行的智识框架；以这种学说的某些版本来训练学生，大学生就学会了发现多条从特权到压迫的轴线，它们交织在一起。尽管交叉性的理论有无可否认的贡献，但这种理论在校园内被理解并实践的方式，有时却会主张部落化的思维，鼓动学生去接受"我们 vs 他们"的谬误：生活是发生在好人和恶人之间的战斗。

❖ 共敌的身份政治，连同微侵犯理论，就会制造出揭发文化，在其氛围笼罩下，无论说什么，做什么，都极有可能导致公开的羞辱。这就会造成学生"如履薄冰"的感觉，并教会学生形成自我审查的习惯。揭发文化破坏了大学生的教育，也伤害了他们的心理健康。揭发文化，还有"我们 vs 他们"的思维，同大学的教育和研究使命背道而驰，无论是教育还是研究，都需要自由探索、保存异见、有根据地论证，以及学术诚信。

* * * * *

本书的第一篇到此就结束了。在这三章中，我们讨论了三种非常荒谬的观念；如我们在书之序言中所讲，一种观念要被归类为重大谬论，它必须满足三个标准，分别是：违背了古人的智慧，不符合现代心理学关于幸福活着的研究，伤害了那些根据它而生活的个人和群体。我们在这三章中也分别论证了这三种观念都是达谬论之标的。在接下来的第二篇,我们将考察近年来发生在校园里的某些戏剧性事件,在许多局外的观察者看来,这些事件让人摸不到头脑。但我们将论证,只要读者理解了本篇的三大谬误及其对个体和群体的影响,这些事件的来龙去脉,就尽在把握之中了。

第二篇
错误观念在行动

第 4 章
恐吓与暴力

> 妖魔化我们的对手,不把他们视为同我们一样的人,我们也就放弃了和平解决分歧的可能,以他们为靶子的暴力遂为正义之举。
>
> 纳尔逊·曼德拉[1]

2017年2月1日,伯克利加州大学爆发了暴力事件。当晚,米洛·雅诺波鲁斯要来学校发表演讲,估计约有1500名抗议者将原定的报告厅围了个水泄不通。雅诺波鲁斯是个英国籍的年轻人,同性恋,政治上支持特朗普,此前曾担任"布赖特巴特新闻网"编辑,这网站是"新右翼"(alt-right)运动的主要喉舌,在此前一年的总统大选期间声名鹊起。2016年夏,雅诺波鲁斯在"推特"上被禁言,网站认为他违反了"推特"的政策,"煽动或者参与以他人为靶子的辱骂或骚扰"。[2] 雅诺波鲁斯是个老练的煽动者——挑起愤怒,接着又用这怒火来羞辱对手,实现他的目标,这年轻人可谓是一个挑衅艺术的大师。[3]

抗议者的目标是要把演讲搅黄。其中许多人，来自当地的无政府主义激进团体，他们自称"反法西斯主义者"或"反法行动"（Antifa）。[4] 根据伯克利校方官方宣布，[5] 在所有抗议者中，只有约150人参加了随后的"打砸抢"等暴力行为——推倒了一台照明发电机；[6] 将商用烟花[7] 射入教学楼；[8] 且以之为武器攻击警察；[9] 砸毁自动提款机；[10] 放火；[11] 拆掉路障；[12] 用卸下来的栏杆还有球棒[13] 打碎窗户；向警察掷石头；[14] 投掷燃烧瓶。[15] 将大学以及周边城镇的财产破坏加在一起，经济上的损失超过了50万美元，[16] 但再看看抗议者的暴力行径，他们是如何对前来参加演讲的学生以及社会人士拳脚相向的，结果更令人齿冷。

一个男子，因为举着写有"第一修正案保护每个人"的标语，迎面就挨了一拳，满脸是血。[17] 抗议者拳头和棍棒相加，很多人都被打得头破血流。[18] 看现场所录的视频，一位棒球帽上写着"让比特币再度伟大起来"的红色字样的年轻女子，告诉一名记者："我想着，人到现场，就是对立场的一种表达，我以为抗议者也是这么想的。对那些非暴力的抗议者，我满怀敬意，我认为这非常难得。"话音刚落，她刚转过身，摄像机却拍到这样一幕：一只戴着黑手套的手冲着她的脸，狂喷胡椒粉。[19]

所谓"反法"的抗议者蒙着面，身着黑衣，用旗杆殴打一名女子和她的丈夫，当时夫妻俩被堵在金属栏杆前，无处躲藏。这位女子名叫卡特里娜·雷德尔海默，被人用棍子猛击头部，而她的丈夫约翰·詹宁斯，伤在太阳穴上，流血不止。紧接着,暴徒们拿出催泪剂,对着这对夫妇以及他们的三位朋友一阵猛喷,迷住了他们的眼睛。当友人大声呼救时,抗议者对他们又是一阵狠揍,用棍子对准头部就打,直到有旁观者把这些受害人拖过路障。与此同时,五六名暴徒把詹宁斯拖到几英尺外,在那里拳打脚踢,当旁观者将袭击者从他身上拉开时,詹宁斯早已失去了知觉。[20]据雷德尔海默所说,警察这时已经躲进了一幢大楼,摆好了路障,拒绝人们入内——她之所以知道警察躲起来了,是因为当时有人想把她带进楼里,用清水冲洗眼睛,没想到警察却不让她们进。[21]其时,普拉纳夫·詹德拉,伯克利分校的学生记者,自称是"温和的自由派",用他的手机记录着事态的激化,被发现后,他马上就遭遇到抗议暴徒的袭击,上来就要夺走他的手机。[22]詹德拉在前面跑,他们就在后头追,追上后冲头就是拳打脚踢,拿着棍子打他,叫他"新纳粹分子"。[23]

暴徒得逞了。演讲只得取消。警方发布了"就地避难"的校园封锁令,[24]护送雅诺波鲁斯到了一个秘密的安全地点。[25]

这场大学里的血案,就发生在特朗普就职总统10日后。全国局势紧张不安,总统的就职演说,连同第一批的总统执法令(其中就有对7个伊斯兰国家的访美者关闭边境),[26]并没有使人心安定下来。故此,当一位力挺特朗普的煽动分子要来演讲时,伯克利的学生和居民做出了强烈的反应,但仅凭这一事实,还不足以证明他们头脑僵化,心智封闭,惧怕任何他们不喜欢的观点。然而纵使如此，我们仍有必要去细致观察伯克利加州大学在2月1日的这场暴乱，因为它代表着一个转折点——演讲者动辄会在大学校园引发冲突，事态愈演愈烈。伯克利事件及其余波，可谓是开启了一个更危险的新时代。自此后，越来越多的左翼学生接受了这样的观点，面对他们感到"可恨"的言论，做出暴力的回应经常就是正当的。与此同时，越来越多的右翼学生也发现，邀请煽动分子到大学来演讲，由此挑动起左翼同学的情绪，何乐不为！

有些事发后的初期报道声称，那些蒙面"黑衫"的暴力抗议队伍，并不是加州大学伯克利分校的大学生，而是外来的激进暴徒。[27] 我们现在不可能给出一个确切的数字，到底有多少伯克利学生动了手，因为校方并没有对这场校园内的暴乱进行公开调查，以确定这些黑衫抗议者到底姓甚名谁。有一位伯克利学校的职员在社交媒体上夸夸其谈，声称自己教训了一番詹宁斯——甚至贴出了一张照片，詹宁斯失去知觉，昏倒在地——也有几位伯克利的大学生承认自己动了手。[28] 一位学生曾在专栏文章中写到自己加入"反法行动"，他是这样解释"黑衫队战术"的：蒙面，穿黑衣，戴黑色手套，在行动当晚是用来"保护行动队内的队员身份"。他在文中断言："隐藏在那些头巾和黑T恤后面的，是你在伯克利的同学的脸。"

事后，伯克利校方没有公开惩戒在当晚骚乱中使用暴力打砸抢的学生，连一名都没有[29]——即便是有些学生公开承认参与了暴乱，学校也没给出个说法；而警方在当晚只逮捕了一名现场参与者，罪名还是"未能驱散"。[30] 这些事实看起来使抗议者学会了重要的一课：暴力管用。不出所料，在伯克利事件后，当保守派名人大卫·霍洛维茨、安·库尔特和本·夏皮罗收到来自大学的演讲邀请后，"反法行动"的活跃分子就释放出暴力威胁的信号，且无一未取得成功。[31]

加州大学伯克利分校的"米洛暴乱"，当即成为国内外媒体的关注焦点，不仅因为其暴力的规模，还在于这场暴乱所具有的象征意义。我们不能忘记，伯克利校园，可是大学言论自由运动的发端之地。回到 1964 年，当时左翼学生为权利而斗争，主张他们有为了政治事业而呼吁的权利，有听到有争议之政治演讲的权利，伯克利的学生马里奥·萨维奥，这场运动的领导者，称言论自由"代表了人之为人所必需的尊严"。[32] 在此前一年的夏天，萨维奥曾参加密西西比州的民权运动，看到他们非暴力策略所具有的力量，他深受启发，返校后就开始为学生非暴力协调委员会工作。正是这一活动，导致他开始同大学当局发生冲突，于是其斗志昂扬地行动起来，争取言论自由。[33] 也正因此，到了 2017 年，又是伯克利的学生发出抗议，要叫停演讲——甚至不惜动用暴力打砸抢，这事在许多观察者看来很反讽。尤其让人感到不安的，还有伯克利学生用来为其暴力行径做辩护的方法。

言词就是暴力；暴力就是安全

暴乱发生数日后，《日报加州》，加州大学伯克利分校最重要的学生报纸,策划了"以暴力作自卫"(VIOLENCE AS SELF-DEFENSE)的头版专题,组织了5篇专栏文章。[34] 其中每一篇,都少不了三大谬误的例子,也示范了我们在第2章所讲过的认知错误。

其中一篇文章,题名为《当你谴责抗议者时,你就是在纵容仇恨言论》,以下是该文的选段:

> 如果你要谴责这些行动,就因为它们搅黄了雅诺波鲁斯那白纸黑字的仇恨言论,你这么做,就等于纵容了他的存在、他的行为,以及他的观点;你关心破碎的窗户,却不关心残损的尸体。我没法去弹劾特朗普,我也无法阻止新右翼在全国上下招揽势力。我能做到的,只有战斗到赤手空拳,为了在我家乡生存下去的权利。所以现在是时候了,那些在中间观望的,要选边站了。[35]

打眼一看,这作者在文中所犯的认知错误可谓是一览无余。最明显的,要数小题大做:要是雅诺波鲁斯真有机会大放厥词,我们这方面就会有"残损的尸体",我也可能会失去"生存下去的权利"。正是因此,暴力才是有理的,因为它是自我防卫。此外,作者还犯了非此即彼的思维错误:如果你谴责我方的暴力,那就等于你放纵雅诺波鲁斯的观点。你必须要"选边站"。不同我们携手,就是与我们为敌。生活是发生在好人和恶人之间的斗争,要是你不同意我们的观点,那你当然就是恶人那一边的。

其余四篇看起来所见略同,作者主张身体暴力是正当的,因为暴力乃是叫停演讲的合理方式。文中的认知错误比比皆是。有些作者效法奥威尔,对常见的英文词汇做修辞性的变义处理。比如,有一篇文章这样写道:"要是对方理直气壮地认为你的命不值钱,现在要求你同这些人进行心平气和的对话,这样的要求就是暴力行径。"[36]

在此,有必要补充一点背景。数周前,在另一所大学,雅诺波鲁斯放出了一名变性妇女的照片,指名道姓,极尽嘲讽。[37] 而在伯克利事件发生之前,校园内已经流言四起:雅诺波鲁斯打算在讲座中指认某些伯克利学生的非法移民身份。他否认了这一指控,且抗议者对此也无法提供任何证据,更何况,若这确实是他的本意,那么搅黄他在大学里的演讲,也未必就能让他收手。(非要泄露这些非法移民学生的名字,那他可以轻易地在网上散布这些信息。)但即便如此,我们大概也可以理解,为什么人们会这样想,为什么他们认为呼吁同雅诺波鲁斯进行和平对话,是对牛弹琴,弄不好还会适得其反。在我们目前恶劣的政治氛围下,担心他的一些话会伤害到无辜者——导致对他们的网络骚扰甚至人身伤害,也不是什么杞人忧天的想法。

但问题在于,若是要求和平之对话都成为暴力的,那么"暴力"这个词在某些学生眼中看来就有了新意。我们此前谈过概念渗透,现在又有了新的例子。就在过去短短数年间,"暴力"一词,在大学校园内,连同校园以外的某些激进政治群体那里,都发生了词意的扩延,大量的非暴力行为被包含在内,比如演讲,激进的政治派系时常断言,某些演讲会对受保护的身份群体造成负面冲击。

在安全主义的文化还没有到来时,"暴力"一词就是指身体的暴力。这个词会在隐喻中出现(比如"我强烈反对"),要是给我们一个句子,"应当减少因非暴力行为而判处的监禁",我们十之八九,也包括那些宣称大学演讲构成暴力的人士,都不会产生什么理解困难。但问题是,现在既然某些学生、教授和行动派开始贴标签,将对手的言论视为暴力,他们就给自己颁发了许可证,大搞由意识形态所驱动的身体暴力。其合理根据,如伯克利专题系列的一篇文章所言,可以做如是解释:当身体上的暴力举动,是为了搅黄那些被认为可憎的言论时,就"不是暴力的行为",准确地说,是"自我防卫之举"。[38]

这在许多大学中可不是什么惊人之论。根据布鲁金斯学会在 2017 年的一项研究,当被问道,为了阻止某位讲者发表演讲,使用暴力有时候是"可接受的",在受访的学生中,接近五分之一的人对此表示同意。[39] 虽然有批评者对此提出疑问,质疑该研究所用的样本,但麦克劳林公司(McLaughlin and Associates)也做了同样的研究,得出了相似的结论:在受调查的本科生中,30%的受访者同意这一说法:"如果有人发表仇恨言论,或者做出种族主义色彩浓厚的评论,只要动用暴力就可以劝阻一个人受这种仇恨观点之鼓惑,那身体暴力就是正当的。"[40]

如果在你听来这合情合理,那就想想,由于情感推理及其所导致的概念渗透,"仇恨言论"和"种族主义色彩浓厚"的外延已经大大扩展,在这一前提下,说这句话到底会意味着什么。在揭发文化中,无论何种言行,只要有人将之理解为"对社群弱势成员造成负面影响",不管其本意如何,都可以被称作"仇恨言论"。读读哥伦比亚大学语言学家约翰·麦克沃特的研究,这位黑人学者考察了"白人至上主义者"这个词目前的运用,其方式是"变动不居的,娱乐消遣的"。这个词成为了一把"撒手锏",对任何偏离派系路线的人,都是狠狠一击。[41] 就是因为挑战了有关种族问题的定见,麦克沃特就被扣上"白人至上主义"的帽子,他的黑人身份也没有提供保护伞。[42] 但是,如果现在有学生认为,殴打法西斯主义者或种族主义者是可以的,[43] 同时只要与我意见相左,就可以被贴上法西斯主义或种族主义的标签,那么可以想见,这种修辞上的变动会在大学校园里带来什么,以及大学生们为何战战兢兢,不敢在校园里发表不同意见。[44]

伯克利事件后的暴力与恐吓

伯克利事件是否导致了后来的校园暴力频发,其中的因果关联难以论定。但在 2017 年春季学期,起因于政治的校园暴力、恐吓、破坏事件大幅增加,却是有目共睹的,抗议者师出有名,讲的就是那一套关于暴力和安全的道德论证,其目标之所在,就是要赶走本校邀来的演讲者。而其中最受媒体关注的事件之一,要数 3 月 2 日发生在佛蒙特州明德学院(Middlebury College)的抗议了。查尔斯·默里(Charles Murray),是一位市场自由派的著名学者,就职于保守派智库美国企业研究所,受某学生团体邀请,他要来学校谈谈他在2012年的著作《走向分裂》(Coming Apart)。明德学院的政治学系承办了此次讲座。默里的这本书,讨论的是一个在2017年最重要、最有话题性主题:白人劳工阶级在社会和经济意义上的破产(据许多评论者所言),正是这一问题,导致了这一群体的选民踊跃地回应特朗普所提出的反移民和贸易保护政策。[45] 但问题是,默里此前有一本书,出版于1994年的《钟形曲线》,在其中,他与其合作者理查德·赫恩斯坦曾指出,不同种族之间的平均智商差,并非全由环境因素所导致;基因差异可能也起到一定作用。[46] 明德学院有些师生据此认定,凡是敢这么讲的人,一定就是主张"白人至上"的种族主义者,于是他们联合起来,要求取消默里讨论《走向分裂》的演讲。[47]

取消演讲的努力未能成功,抗议者仍未放弃,大量的学生蜂拥至默里演讲的报告厅,他们齐声咏唱,甚至高声喊叫,声浪完全盖过了默里的声音。校方早就预见到这一可能,于是就将默里转移到另一个房间,把门上锁。这样一来,他可以在里面通过视频直播发表演讲。同他一道进去的,还有本校的政治学教授艾莉森·斯坦格,她答应作为讲座的与谈人,在其讲完后,向他发问。但学生很快就发现了他们的位置,他们猛摇墙壁,拉响楼道处的火警,继续干扰默里的演讲。直播结束,默里同斯坦格教授一道离开教学楼时,抗议者将他们包围起来。有人推搡斯坦格;另一个人揪住她的头发,大力拉扯,致其脑震荡且颈部扭伤。[48] 看到默里和斯坦格想要驾车逃离校园,抗议者们，其中有些蒙着脸，对着汽车就是一阵猛砸，又前后摇晃它，还有人跳上了引擎盖。[49] 有人在车前面丢下一个巨大的交通标识牌，挡住了他们离开的道路，安保人员随后清出了一条道，他们方才驾车离开，与事先选好的师生共进晚餐。[50] 但麻烦的是，抗议者竟然又找到了这群人聚餐之处，明德学院的管理者不得不迅速将他们转移到另一个地方，挑了一家距离校园很远的餐厅。[51]

晚餐后，斯坦格教授去了医院，以诊断她的伤势。结论是，在接下来的六个月里，她必须接受理疗。[52] 斯坦格后来在《纽约时报》上撰文，讲述她的这次经历。"最让我吃惊的是，"她写道，"望向人群，我在学生的眼神中看到了什么。那些希望活动继续举行下去的学生，他们同我有眼神交流。而那些干扰演讲的学生，则坚决拒绝眼神的交流。他们无法直视我，因为如果他们同我四目相对，就会看到我是和他们同样的人。"[53]

仅仅一个月后，海瑟·麦克·唐纳德受邀至洛杉矶附近的克莱蒙特·麦肯纳学院发表演讲，约250名学生[54]发起抗议活动，阻止他们的同学参加这次讲座。麦克·唐纳德是一名记者，兼做律师和社会评论员，[55] 在2016年出版了《向警察开战》(*The War on Cops*)。根据她在书中的观点，因为"黑命贵"的抗议活动，警方不愿去涉足并积极介入少数群体的社区，也因此导致生活在这些社区内的居民较少受到保护，更容易成为犯罪的对象。一时间，她的理论成为全国热议的焦点。如尼尔·格罗斯，一位左翼社会学家，也在《纽约时报》上撰文加入讨论："现在确实有些证据表明，当所有的眼睛盯着警察的不端行为时，犯罪就会上扬。进步人士应当承认，麦克·唐纳德的观点并不是空穴来风。"[56] 但是对某些学生来说，允许麦克·唐纳德踏足校园，陈述她的命题，就等于坐视校园"暴力"而不管，所以必须制止她。这些学生动员起来，在"脸书"上发出号召，"身着黑衣到现场"，"叫来你们的同志，因为我们要封了她"。[57] 示威学生拦下所有前来听讲座的人，不让他们进门，麦克·唐纳德只得通过直播做演讲，整个过程，一楼的讲堂空空荡荡，抗议者们敲击着透明的玻璃墙。随后，她通过厨房的门撤到楼外，躲进早已等在那的警车里。

事发后，波莫纳学院[58]（克莱蒙特五校联盟之一）的校长发表书面声明，捍卫学术自由，主张麦克·唐纳德有权在大学里演讲。看到校长的声明后，波莫纳的3名学生也起草了一封信，连同24位同学署名支持，解释了为什么麦克·唐纳德应被剥夺发言权。同伯克利事件如出一辙，抗议学生断言，言论本身就是一种暴力："这么一位白人至上的法西斯分子，警察国家的支持者，同她接触，就是一种暴力。"

这封信示范了"我们 vs 他们"谬误包含的非友即敌思维：

> 要么你就支持边缘身份的学生，尤其是黑人学生，要么就让我们组织起来，保护我们的社群，不需要你那纡尊降贵的庇护，不需要你那两头讨好的政治，也不接受你对抗争和组织的专断看法。[59]

波莫纳的学生继续写道:"如果与其对话,海瑟·麦克·唐纳德所争议的,可不是简单的意见分歧,而是黑人生存下去的权利。"这句话可以说是未卜先知了,因为学生纯属臆测麦克·唐纳德要说些什么。再读这句话,其中还有修辞上的流行语,在2017年风靡大学校园,即认定演讲者只要开讲,就会"剥夺"某些身份群体"生存下去的权利"。[60]这种思维就是小题大做,它极尽夸张演讲者言词的恐怖,使得其远远超出了实际的影响力。学生们还称麦克·唐纳德是"法西斯分子、白人至上主义者、好战派、恐同、歧视变性人,[而且]以阶级斗争为纲"。这可以说是标签漫天飞了——每一条指控都非常严重,但没有一条能拿出证据来支持。[61]

大学生这么思考问题,到底是从哪里学到的?他们在波莫纳学院上过什么课,还是说他们在入学前就这样了,我们不敢断言。但读学生的公开信,其通篇洋溢着我们在第3章所讲的共敌身份政治的思维。不仅如此,信里还大量使用了交叉性理论的语言,比如,在信件之结尾,起草学生向校长下了命令,要求他必须发送电子邮件:

> 收件人为全体学生、教师和职员,在2017年4月20日即周四之前,为先前那份傲慢的声明[亦即他为学术自由的辩护]而做出道歉,承诺波莫纳学院没有仇恨言论的容身处,也不允许将暴力对准边缘学生和受压迫族群,尤其是黑人学生的歧视言论,因为他们处在边缘身份

第4章 恐吓与暴力

的交叉点上。

我们在第3章已经发现，这种身份政治放大了人性中原有的"我们vs他们"的思维定式。它让学生时刻准备着去战斗，而不是学习。

夏洛茨维尔的暴乱

发生在伯克利、明德和麦肯纳学院的这些暴力事件，在某种意义上，都是来自政治左翼的冲击，它们接连出现，激怒了校园内外的保守派力量，让他们愈发激进。但也要看到，来自右翼的冲击也是一波尚未平息，一波又来侵袭，这同样刺激并激怒了左翼力量，所以让我们看了一年的大戏，双方你来我往，愤怒迅速升级。最令人惊恐的事件，发生在弗吉尼亚州的夏洛茨维尔。2017年8月11日晚，一伙自称"新右翼"的抗议者，包括许多新纳粹分子以及三K党成员，在弗吉尼亚大学游行，他们穿过校园内的大草坪，手里拿着提基风格的火把，高呼新纳粹和白人至上的种族主义口号，比如"犹太人别想取代我们"。如要找共敌身份政治的示例，那我们可以说是全不费功夫了。

翌日，种族主义暴民继续游行，队伍从夏洛茨维尔市中心穿过，举着纳粹党的万字旗，前去朝拜罗伯特·李的雕像，他是美国内战期间南部邦联军队的总司令。在游行路上，六名新右翼的示威者手持金属制的棍棒，殴打了一位黑人男子，致其多处骨折、多处肌肉撕伤、多处内脏受损，脑震荡则在所难免。[62]当遭遇"反法西斯"组织的反示威游行队伍时，双方还擦枪走火，场面一度不可收拾。[63]这时，一位相信白人至上的种族主义者，奉阿道夫·希特勒为偶像，[64]面对一群反示威的游行者，停下车，往后倒了一段距离，然后加速往前冲，撞向人群，把人都撞飞了，导致至少有19名和平抗议的示威者重伤，还有一名32岁的女子不幸遇难。她叫希瑟·海尔，是位律师助理，朋友们说她"是一位为无权无势的弱者代言的辩护人，听到世界的不公，时常感触落泪"。[65]海尔的母亲告诉媒体，在女儿死后，她就开始收到威胁，考虑到这些，为了躲藏新纳粹分子的亵渎，连海尔的坟墓都得选在一个秘密的地址。[66]

纳粹旗帜的再现，以及海尔之死的悲剧，深深震动了这个早已分裂的国家。这个时刻，许多身居高位的共和党人和民主党人携起手来，对白人至上和新纳粹的种族主义者发出强烈的谴责。但在这场对话中，有个人的声音显然缺席了，特朗普总统迟迟没有说话。到了2017年夏，特朗普总统早已展示出他的怒气，对于很多人，总统的谴责粗暴且迅疾，但这一次轮到夏洛茨维尔的白人种族主义示威者，特朗普的批评却变得节制而且迟钝。海尔去世的那天，大多数美国人都期盼总统出面，明确地、毫不含糊地谴责新纳粹和三K党，但特朗普却批评了"多方"的仇恨、偏见和暴力。两天后，特朗普宣读了一份书面声明，对白人种族主义者的暴行加以谴责，但仅过了一天，他却在脱稿的评论中讲到，"双方都有些非常好的人"。[67]

"very fine people"（非常好的人）[68]——用这三个单词，总统便展示出他对那些种族主义暴徒的同情。可就是这些人，主导着美国数十年来最令人震惊的种族主义和反犹主义大游行。

2017年之秋

夏洛茨维尔暴乱是一场悲剧，但也是一次机遇。事发后，为数众多的共和党、保守派，以及商界和军方高层，一时间都自觉地同特朗普总统及其发言拉开距离，[69] 时机看起来已经到来，划出更为包容的圈子，改变美国政治的版图。[70] 然而事情并未向好的方向发展，夏洛茨维尔事件爆发后，恐惧和愤怒情绪在大学校园内进一步弥散开来，在这种环境下，青年学生更常见的回应是不断强化"我们 vs 他们"的思维方式，甚至原本有可能结为盟友的个人和组织（包括许多位于政治谱系之左翼的），现在却成了敌意相向的靶子。2017年秋季学期，全美各地的大学生频频通过暴力抗议，叫停触犯他们的课程和演讲，此类事件的数量超过了此前任何学期的记录。[71] 例如，威廉玛丽学院的学生取消了克莱尔·格思里·加斯特纳加的演讲，她是美国公民自由联盟（ACLU）弗吉尼亚分部的执行主任。取消的原因是，美国公民自由联盟为夏洛茨维尔事件中新右翼游行组织者的宪法权利发表了辩护意见。[72] 考察美国公民自由联盟的历史，它为之辩护的，有穷人、少数族群、性少数群体，以及进步人士所保护的那些人。比方说，经过它的法律援助，一位非法移民的怀孕女孩获得了堕胎的权利，[73] 一位翻译者获得了将呼吁圣战的激进伊斯兰文本翻译成英文的权利,[74] 还有黑豹党人的权利。[75] 美国公民自由联盟保卫的是权利,而非意识形态。但威廉玛丽学院的学生却反复高喊,比如说"革命不支持宪法!"和"自由主义就是白人至上!"。[76]

数周后,俄勒冈大学校长在发表"校情咨文"演讲时,近50名学生站上讲台,高呼"没有我们的同意,不要做关于我们的决定",场面一度不可收拾。一名学生手拿扩音器,一口咬定,"我们不能被晾在一边","反对我们的,我们必将反对之"。另一名示威学生则控诉了对少数族群学生的压迫、学费之上涨,以及原住民的权利等问题。在他口中,之所以会有这次抗议,是因为"法西斯和新纳粹主义"。[77](校长迈克尔·希尔,其家族成员在第二次世界大战期间被货真价实的法西斯分子所杀害。他在《纽约时报》上发表评论文章,对此次学生事件予以回应,文章的标题是《误入歧途的学生反"法西斯"圣战》。[78])随后一周,在加州大学洛杉矶分校,美国大屠杀纪念博物馆资助了一场学术活动,主题是"什么是公民话语?反思自由社会里的仇恨言论",在该活动的答问环节,来自"拒绝法西斯主义"(Refuse Fascism)组织的抗议者大闹会场。[79]

接下来,好戏又轮到了俄勒冈州波特兰市的里德学院。从2016年9月开始,连续长达13个月之久,激进学生行动起来,想要取消大一新生的人文课,因为这门课的阅读主要集中在古希腊和东地中海世界的思想家(在今天,他们被认为是白人)。[80]但是,抗议者所用的策略,却经常和他们所要争取的目标背道而驰，因为每次抗争，都会使那些原本可能的盟友避之唯恐不及。举个例子，卢西娅·马丁内斯·瓦尔迪维亚是这门课的讲师之一，她要讲授的，是古希腊诗人萨福的作品，这位女性诗人生活在莱斯波斯岛，是当代女性主义和女同性恋解放者的偶像。[81] 她上课时，抗议学生就站在教室前，在她身边，不停挥舞写着挑衅且粗鄙标语的条幅，致使瓦尔迪维亚很难把课讲下去。她于是向学生透露，自己患有创伤后心理障碍，要求学生可以考虑下她的健康状况，不要在教室里抗议。但在一封公开信中，[82] 学生们表达了对此要求的不满，她这么做，"是在给创伤分高低，在这个等级中，你的创伤更要紧"，信中还谴责她"厌恶黑人""歧视残疾人"，热衷于"混淆视听"，也就是说，她会刺激受害者去质疑他们的感受或心智，以此来掌控他们。让瓦尔迪维亚感到震惊的是，校方竟然放任这些恐吓老师的学生，任由走进课堂的抗议活动继续下去。于是她下定决心，必须把自己的立场讲出来。2017年10月，她写了一篇雄辩的文章，发表在《华盛顿邮报》上，题为"像我这样的教授，面对校园内的极端局势，不能保持静默"。摘录如下：

> 一个人要讲话，并不必须要通过他人的意识形态纯度测试。若没有思想的自由交流，大学生活——甚至于公民生活——都将消亡。面对着恐吓，教育者必须发出声音，而不是保持沉默。我们在其位，就要担当起独一无二的责任：我们教给学生的，不是思考什么（思考的内

容),而是如何思考(思考的方法)。正是自觉担当起这份责任,才使我这样的教师——女性,同性恋,混血,患有创伤后心理障碍,尚未取得终身教职,随时可能被替代——意识到,无论我的处境多么危险,我都要为人师表,理解人与人之间的差异,尊重他人的想法。你要培养学生什么,你就要示范什么。如果就像全美那么多同事一样,我也不敢说出自己的真实所想,那我不就是这一问题的共犯吗?[83]

夏洛茨维尔事件是整个国家的一场悲剧,它所发出的冲击波,席卷了美国许多机构,尤其是大学。特朗普总统执政的第一年局势动荡,这一事件就发生在这个多事之秋。事发后的数月内,校外的白人种族主义组织大大增加了他们对大学的资源投放,在数百所校园里张贴种族主义的海报,散发传单和贴纸,这一方面是要刺激学生,另一方面是要招揽成员。[84] 有鉴于此,对于这么多大学生先发制人,采取火药味浓厚的抗争,我们也应当做同情之理解。但问题在于,因为他们的激进经常是基于对三大谬误之盲信,也带有攻击潜在盟友的倾向,同时又因为激烈的抗议往往恰是右翼煽动者所希望挑起的,所以我们相信,这么多学生动辄动起手来,这不仅有损他们所追求的事业,也在伤害他们自己。

告诉学生"言词即暴力",为何是个坏主意?

大多数学生是反对使用暴力的。个人教育权利基金会曾组织过一场问卷调查,其中一道问题是:你本人是否会动用暴力让他人住口?结果是只有1%的学生表示会。[85] 但只要变换提问的方式:如果你的同学基于伯克利学生前述的正当理由,那你是否会支持他们动用暴力,根据前文提到的两项调查,回答是的同学就多得多了,约有20%到30%。最常见的辩解,即认为仇恨言论就是暴力,因此有些学生相信以暴易暴,认为运用暴力来镇压仇恨言论是正当的。姑且不论道德和宪法正当性的问题,我们只问,大学生这么想会造成什么样的心理后果?

整体而言,某些身份群体的成员,较之于白人直男,其尊严无疑会遭受更频繁的侵犯。因此,一种绝对的言论自由态度——允许人们畅所欲言,完全无需担心后果——会对不同社会身份的人群产生不同的影响。正如我们在第2章中所言,在我们通常所说的"政治正确"中,很大一部分只不过是思虑周全,或者对人礼貌——讲话时用语须照顾他人之感受。[86] 但是,现在学生却将言词——即便是带着恨意讲出的话——理解为暴力,这就大错特错了。

2017年7月,《纽约时报》刊发了一篇广为流传的文章,作者是莉莎·费尔德曼·巴雷特,供职于东北大学,她是一位备受尊重的心理学教授,主要研究情感问题。该文的命题一言蔽之,便是言词可能会成为暴力。[87] 巴雷特在文中讲了一套三段论:"如果言词会导致压力,再如果长期的压力会导致身体伤害,那么话语——至少某些类型的话语——看起来就构成了某种暴力。"

我们在《大西洋月刊》上撰文回应,我们的主张是:伤害——即便是身体伤害——就等于暴力,不加分辨地接受这一判断,就犯了逻辑上的错误。[88] 巴雷特的三段论采取了这种形式:如果 A 能导致 B,而 B 能导致 C,则 A 就能导致 C。因此,如果言词会导致压力,而压力能导致伤害,那么言词就能导致伤害。但问题在于,这还不能证明,言词就是暴力。它能确证的只是,言词会致人伤害——甚至是人身伤害,而这一点我们并不置疑。若要看到区别,不妨用"同女朋友分手"或"给学生布置大量家庭作业"来替换掉"言词",然后重新来一遍这个三段论。以上两种情况都会给他人造成压力(包括皮质醇水平升高),而压力可以导致伤害,所以这两种情况都可能导致伤害。但问题在于,这并不意味着它们就是暴力的行为。

是否将校园演讲解释为暴力,选择在你我,但只要做出了选择,其不仅会增加我们经历该演讲时的痛苦,而且还会减少我们作出回应的选项。想想看,要是你将雅诺波鲁斯的演讲解读为对同学们的暴力攻击,那么我们就背负了道德上的责任,不能袖手旁观,必须要做些什么,哪怕动用暴力。煽动者之所以能把受害者操控于股掌,靠的就是这种方法。

但是,如果你慎思明辨,分得清楚言词和暴力之间的区别,那么你手里就握有更多的选项。首先,你可以采取斯多葛主义的反应，培养自己不动心的能力。正如马可·奥勒留所建议的人生经验，"勿择于害，无感于害；无感于害，汝实无害"。[89] 你的身份越是容易受到威胁，日常生活的交往都危机四伏，那你越有必要去培养斯多葛主义（或者佛家、认知行为疗法）的能力，不要感情用事，不要让他人控制你的思维以及皮质醇水平。斯多葛主义者认识到，言词并不会直接导致压力；只有一个人将言词视作威胁，言词才会调动他体内的压力和痛苦。但是否将某位远道而来的讲者判定为恶人，选择权在乎你的一心。你可以有所为有所不为，投身于真正有意义的政策变革，同时让自己面对煽动者的挑衅而不动心。互联网始终存在；极端分子总会在网上发布攻击性的图像和文字；有些群体，较之于其他群体，总会更容易成为攻击的靶子。这并不公平，但即便我们每天都在努力，减少仇恨，弥合分歧，我们大家还是要学会对某些我们看见的事当作没看见，继续过我们的日子。

不仅如此，当你拒绝了"言词即暴力"的立场后，第二种也是更彻底的回应也在于你的选择：对手的观点和论证，都可以为你所用，让你自己更强大。2017年2月，进步派名士范·琼斯（曾担任奥巴马总统的绿色就业顾问）到访芝加哥大学的政治研究所，他在对话中就表达了这种观念。在对话中，民主党内的战略家大卫·艾索洛向琼斯发问，假设你是一位进步学生，现在发现意识形态上的敌人（比如同特朗普政府有关联的保守派人士）受邀到校内演讲，那你以及进步群体应当如何应对？琼斯给出了精彩的回答，一开始，他就指出了我们在第1章所讲的身体安全和情感"安全"之区别：

> 关于安全空间，两种观点并存：一种非常之好，另一种则很糟糕。前一种讲的是在校园内的身体安全——不受性骚扰或身体虐待，不成为仇恨言论的具体靶子，比如说"你这个黑鬼"这一类的话——这我完全接受。但问题是，现在还有另一种观点甚嚣尘上，一种在我看来很可怕的观念，比如说"我需要意识形态的安全。我还需要情感的安全。我就是想要一直感觉很舒服，要是有人说了什么我不喜欢的话，那这就是每个人的问题，也包括大学行政方"。[90]

接下来，琼斯给学生群体提出了一些建议，就我们所闻，从未见过如此精彩的经验。他断然否认了脆弱性的谬误，彻底颠覆了安全主义：

> 我不希望你们**在意识形态上**平稳如故，也不祝愿你们**在情感上**安然无恙。我想要你们变得**强韧**。那可是不一样的。我不会为你们披荆斩棘，铺平道路。披挂上阵，去学习如何应对逆境吧。当你们经受锤炼时，我从不准备承担起你们全部的负重；这就是训练场的全部意义所在。这就是训练场。

琼斯理解反脆弱的意义。他之所愿，是进步的大学生不要自怜为火苗摇摆的蜡烛，风一吹就灭；而要认为自己是一团火，迎风舞动，接纳意识形态不同的讲者和观点。

小结

❖ "米洛暴乱"，2017年2月1日发生在加州大学伯克利分校，标志着校园抗议运动的大转向。抗议者的暴力行动最终如愿以偿，成功地赶走了演讲者；有人受伤，但（据我们目前所知）暴乱分子却没有付出任何代价。有些学生在事发后给出了"以暴易暴"的辩解——为了防范他们所判定的粗暴言论，暴力抗议就是一种正当的"自我防卫"。

❖只有屈指可数的学生会承认，他们自己就会动用暴力来搅黄演讲，但根据2017年底的两项调查，相当数量的学生（一项调查显示为20%，另一项则为30%）认为，若是他人运用暴力去阻止演讲者在大学内发言，通常是"可以接受的"。

❖ "右翼合众"（Unite The Right）的集会，发生在弗吉尼亚州的夏洛茨维尔，在游行过程中，一位白人民族主义者杀害了一位和平抗议的反示威人士，造成多人受伤，由此加剧了校园内的紧张局势，而在接下来的几个月中，极右翼团体又频频做出挑衅的举动，进一步推波助澜。

❖2017年秋季学期，学生动辄发起激进的抗议活动，让演讲者闭嘴，此类事件的数量之多，创下了历史纪录。

❖2017年，言论可以构成暴力（即便其内容压根不涉及威胁、骚扰或煽动暴力），这一观念四处蔓延；而在某些圈子里，人们只关注言论的影响，而非发言者的意图，这种趋势也助长了前述观念的传播。假设言词给某些群体的成员造成压力，或引发恐惧，现在也通常被认为是一种暴力。

❖言词可不是暴力。将言词理解为暴力，只是一种解释上的选择。做出这样的选择，既徒增痛苦和烦扰，同时也会压制不同的但更有效的反应，比如说斯多葛主义的反应（养成我自岿然不动的心性），或者范·琼斯所给出的反脆弱回应："披挂上阵，去学习如何应对逆境吧。"

98

* * * * *

在本章开篇的引语中，纳尔逊·曼德拉告诫我们，不要妖魔化对手，切勿对他们滥施暴力。如同圣雄甘地、马丁·路德·金，以及非暴力抗议的诸先贤，曼德拉指出，以暴力和非人性化为斗争策略，结果往往事与愿违，扼杀了和平解决问题的可能。但问题来了，假如抗争运动的目标不完全是和平解决问题，而是至少部分包括了群体的凝聚，那将会如何？也就是说，如果我们采用社会学的进路来研究这种安全主义的新文化，我们又会发现什么呢？

第 5 章
政治迫害

> 群众运动的兴起和蔓延,并不一定要相信有上帝,但却不能不相信有魔鬼。
>
> 埃里克·霍弗,《狂热分子》[1]

"麦卡锡时代""雅各宾派",最后上升至"对异见人士的迫害"。这一连串的术语经常被用于概括我们在上一章描述的事件。人们使用此类术语,就等于在主张,我们所目睹的大学校园那些事,例证了社会学家长期以来研究的一种情境。进入这一状态后,共同体就一门心思地追求宗教或意识形态的纯洁,坚信它必须挖出内部的敌人,施以应有的惩罚,这样才能让自身团结起来。

从 15 世纪到 17 世纪,欧洲经历了多次捕猎异见派的浪潮,主要起因于宗教战争以及宗教改革后的教派冲突,当然还有瘟疫频繁爆发所导致的恐惧。[2] 数以万计的无辜民众——甚至可能是数十万——惨遭杀戮。他们经常要经受滚油、夹棍和烧红烙铁的折磨,并且是在"审问"(也就是酷刑)之后,才处以极刑。[3]

在美国历史上,最出名的政治捕猎发生在马萨诸塞的塞勒姆。1692年1月,两个小女孩开始发病,身体抽筋,她们的长辈认为一定是巫术在作祟。接下来的数月中,许多人声称身受女巫折磨,或者一口咬定,他们以及他们的动物都着了巫术的道。最终,至少144人(其中38人为男性)被控使用巫术,并被送上审判庭。19人被处以绞刑;1人被巨石碾压,尸骨无存。[4]

关于巫师审判,历史学和社会学的研究已经做出过分析。这类事件之所以会在某些群体内爆发,有外因和内因之说。要么是感受到外来的威胁,要么是内部面临着分裂和凝聚力的丧失。在塞勒姆审巫事件发生的数年之前,此地曾爆发过一场可怕的边界战争,敌方是盘踞在今日缅因州地界内(当时还是马萨诸塞殖民地的一部分)的法国人及其土著人盟友。镇上居民仍心存焦虑,害怕受到外来的袭击。[5] 考察那些自2015年秋季以来占据全国新闻头条的校园事件,是不是也符合这一社会学的分析框架呢?

本书作者乔最喜爱的一位思想家,古往今来都算上,要数生活于19世纪至20世纪初的法国社会学家涂尔干(Emile Durkheim)。在涂尔干看来,无论是群体,还是社群,都是在某种意义上类似于有机体的存在——作为社会实体,它们都有一种内生的慢性需求,不仅要增强它们内部的凝聚,还要提升共同的道德秩序感。在涂尔干的笔下,人具有"双重性"(homo duplex)或者说"两个层面"(two-level man)。[6] 生而为人,我们作为个体，都很擅于追逐日常的目标［涂尔干将这一层称为"世俗的"（profane）或者平常的］。但是，我们也有能力短暂地进入一个更高的集体层面，涂尔干称之为"神圣的"（sacred）的层面。他告诉我们，我们人类还可以进入一类不同的情感，但只有在我们作为集体之一部分时才会体验到——如"集体欢腾"（collective effervescence）的感觉。在涂尔干笔下，只有当一个群体聚集在一处，达到某种合众为一的状态时，才会产生这样的社会"电流"（electricity）。（当你投身于团体竞技运动、在唱诗班合唱或者参加宗教礼拜时，你可能会找到这样的感觉。）一日之中，人们可能在这两个层面之间往返几个回合，而宗教仪式功能之所在，就是要将人们拉升到更高的集体层面，让他们和群体同呼吸，而在他们的群体身份和忠诚得到强化后，再让他们重返日常的世俗生活。人们在一起唱歌跳舞，或者齐声吟诵，这样的仪式具有格外强大的感召力。

涂尔干的理论是非常锋利的分析工具，人类历史上有时会发生突如其来的道德主义暴力，局外人如雾里看花，而涂尔干的方法就可以让我们发现其中的端倪。如柏格森所言，大多数的政治猎巫都有三个共同点：它们来势汹汹；它们所指控的，是以集体为对象的罪行；追究起来，罪行经常只是琐碎小事，甚至无中生有。柏格森如此写道：

> 1. 它们来势汹汹："政治猎巫似乎都是突然爆发出来的；它们不是社会生活的常态。好像就在一夜之间，一个共同体发现内部寄生着各种各样的颠覆性因素，对整个集

体构成了严重威胁。想一想，无论是法国大革命的恐怖统治，斯大林时代的审判秀，还是美国的麦卡锡时期，现象都是一致的：共同体高度动员起来，清除它的内部敌人。"[7]

2. 罪行是以集体为对象的罪恶："在政治猎巫中出现的种种罪行指控，归根到底，都是以作为有机整体而存在的国家为犯罪对象。危在旦夕的，是整个集体的存在；正在被破坏并颠覆的，是民族、人民、革命和国家。"[8]

3. 所指控的罪行，经常是琐碎小事，甚至是捏造虚构出来的："这些错误和罪行，看起来只涉及最为琐碎、无关紧要的行为，但却以某种方式被视为危害整个国家的犯罪。事实上，我们之所以将此类事件命名为'政治猎巫'，主要原因之一就是无辜的人经常被迫卷入其中，遭受不实指控。"[9]

在柏格森所列的三点之后，我们可以加上第四点，这也可以说是上述三点的必然结果：

4. 不敢站出来为被迫害者辩护：在公开批斗进行过程中，许多友人和旁观者知道受害者是无辜的，但却什么话也不敢讲。任何人这时候为被迫害者辩护，都是在破坏某种集体仪式的进程。同被迫害者站在一边，确实就构成了对集体的冒犯，也难逃惩罚。如果激情和恐惧无法抑制，人们甚至会揭发他们的朋友以及家庭成员。

以上是柏格森的分析，它是否有助于我们理解 2015 年以来发生在美国大学里的那些事（在上一章中，我们已经讲述了其中的某些激烈冲突）？再看柏格森的分析，他还捕捉到一个事实，大做往往起始于小题，比如耶鲁的艾丽卡·克里斯塔基斯就学生万圣节着装的电邮，[10] 又如克莱蒙特·麦肯纳学院的教务长玛丽·斯佩尔曼，在主动与学生沟通时，电邮正文用了"模式"这个词。[11] 外界观察者经常无法理解，为什么这两封电邮竟至引发如此激烈的群众运动，要求强烈谴责甚至解雇这两位女教师。

柏格森的方法同样可以用来分析明德学院的学生暴力。多部记录下抗议场景的视频显示，学生们齐声高呼，放声歌唱，间或手舞足蹈，千方百计不让查尔斯·默里讲下去。[12] 这显然就是涂尔干所谓的"集体欢腾"的表现，构建起社会电流的充电机制，群体行动一触即发。研究表明，如唱歌和舞蹈这样的同步动作，可以使团体更加紧密合作，在应对即将到来的挑战时，人们更愿意献出身体的全部力量。[13] 假设默里第一时间就撤离，抗议学生就没有那么多时间一起呼喊和舞蹈，那么对斯坦格教授的暴力攻击很可能就不会发生了。

如果我们相信，攻击的对象（如艾丽卡·克里斯塔基斯、玛丽·斯佩尔曼）是无辜的，那么我们就可以称此类运动为政治猎巫。但问题是，即便我们说对了，那也并不意味着猎巫者的愤怒和恐惧就全然没有道理。到 2015 年为止，大多数美国人都看到过警察暴力的视频，手无寸铁的黑人男子被射杀或活活勒死。目睹这些场景后，我们应当可以理解，为何如此多的黑人学生如临深渊，整个群体都感到危险当头，越来越积极投身于抗议运动，反对体制化的种族主义，尤其把矛头指向刑事司法系统。但问题仍在于，为什么大学生会倾注一腔之热情和十分之努力，不仅要改变他们的大学，还要从自己所在的社群内部找出敌人呢？说到这里，还有一个谜题与之相关：为什么在现如今的美国，越是进步力量强大的地区（如新英格兰和西海岸地区），越是因其进步政治而知名的大学内，抗议活动反而越激烈，也越普遍，这是为什么呢？[14] 这些大学，难道不是原本最致力于制定进步且包容的社会政策吗？

继续追问之，我们不妨暂且将关注点从学生身上移开。让我们来看看发生在大学教授身上的一种趋向，其看上去非常符合涂尔干理论的框架：起草并发布公开的谴责信。教授们设法纠集起数百位同行，声讨某一位他们的教授同行，或者要求将某一篇学术论文做撤稿处理（有别于对之进行学术驳斥）。看来不仅学生群体在发生变化，大学教师这个群体也在改变。（在下一章中，我们将放宽视野，在整个美国政治极化日益加剧的语境下去思考这些变化，到时候，我们就可以发现，来自校外右翼力量的挑拨，起到了推波助澜的作用，助长了发生在校园内的这些不同寻常之事。）

一篇文章引发的轩然大波

2017年3月29日，《希帕提娅：女性主义哲学杂志》

(*Hypatia：A Journal of Feminist Philosophy*) 在其网站上发出一篇论文，题目是"为跨种族主义而辩"。[15] 文章的作者是瑞贝卡·蒂韦尔（Rebecca Tuvel），任教于田纳西州孟菲斯市罗德学院，是一名哲学专业的助理教授。她在文章中将两件事相提并论：第一件事是关于跨性别的，听到凯特琳·詹纳的变性（从男人变为女人）新闻时，社会公众的反应基本上是正面的；第二件事则是关于跨种族的，瑞秋·多尔扎尔是全国有色人种协进会的前任分会主席，供职于这家民权组织，她生来是一位白人女子，但不是黑人的她却坦诚"自认为黑人"，做出上述披露后，随之而来的就是对她的"讥讽和责难"。[16] 蒂韦尔特别指出，她所关注的，并不是多尔扎尔案例的具体情节，而是"支持和反对跨种族身份的正反方理由"，故此，她文章的论题可概括如下：社会虽然总是敌视跨种族身份，对跨性别身份的态度却更加开明，但这两种身份转换却提出了许多相同的问题。

在文章中，蒂韦尔特别强调，她是变性权利的坚定支持者，她所主张的，也不是"对种族和性别做等量齐观的处理"。她之前就曾探讨过类似观点，但并未引发任何争议；她在罗德学院网页上是这么介绍的，其研究关注"女性主义哲学、种族哲学和动物伦理学的交叉地带"。在此前的研究中，蒂韦尔思考的核心问题是，对"动物、女性和低等种族群体"的三重压迫是如何相互交叠，从而"维系着错误且有害的人性观"。[17] 这是一位学者，她对当代理论争议及其阵营了如指掌，对跨性别身份的人士也并无恶意可言。

但在今日安全主义笼罩的文化中,意图是什么,已经不再重要;只有自我感受的影响才是有意义的。而由于概念渗透所导致的外延扩展,说任何话,做任何事,大概都有可能被认为对脆弱群体产生了有害的甚至是暴力的影响。根据柏格森的解释,任何一件事,只要可以被解释为构成对某团体的一次攻击,那么就可以充当一次机会,实施集体性的惩罚,并借以强化群体的团结。

文章发表后没过多久,就掀起了轩然大波,学者联名发表公开信,收件人写的是《希帕提娅》的编辑以及"广大的《希帕提娅》学术群"。[18] 按信中所要求的,该论文必须被撤回——请注意,不是要驳斥,而是要求撤稿。公开信的签署者并不是要求一个回应蒂韦尔的学术机会,从而纠正她据称犯下的错误(这才是学界之惯例);他们所要求的,是抹去这篇文章,让它从学术记录中消失无影(这种情况极少发生,通常只有学术不端或剽窃时才动用)。他们断言,这篇文章若"继续流传",势必会对有色人种的女性和跨性别的群体造成"伤害"。然而,虽然公开信的执笔人声称,"这篇论文的发表"导致了"许多伤害",但所谓的"伤害"到底是什么,却没说清道明。事实上,公开信作者说得轻巧,一封信"无法列举出该文所造成的全部伤害,难免挂一漏万",但他们此举,掩饰了自己手里压根没有证据,无法证明该文已经造成(或可能造成)的任何伤害。"[19]

紧接着,个人批评者也站定了队伍,称此文"恐惧变性身份",有"暴力"倾向,淋漓尽致地体现出"白人女性主义的所有错误"。诺拉·贝伦斯坦（Nora Berenstain），田纳西大学哲学系的助理教授，则将战火燃到了"脸书"上，详细阐释了这篇文章"东拉西扯，弥散着以从男到女之变性人为靶子的暴力"。贝伦斯坦断定，"在通篇文章中，蒂韦尔用种种方式高举暴力之大棒，造成了难以消除的伤害"，理由如下，她"用死人的名字称呼一位变性的女人"（但实情是，蒂韦尔在文中提到，詹纳还是一名男性时，曾用过"布鲁斯"这个名字，现在"废弃不用"了），[20] 她"运用'跨性别主义'这个词"，她"文中讨论了'生理性别'"，以及她"使用了'男性的生殖器'这样的概念"。值得关注的是，许多批评者所攻击的，并不涉及蒂韦尔的论点和论证，而只针对她在文中的用词。事实上，公开信给出的一项撤稿理由就是，蒂韦尔使用了"在相关领域内不为规范所认可、接受和采纳的词汇和框架"。就像斯佩尔曼教务长在邮件中用了"模式"这个词一样，我们借用柏格森的话来说，"琐碎而无关紧要的行为"却可能被认为是"伤害整个群体的犯罪"。[21]

杰西·辛格尔，一位左派的社会科学记者，看到了公开信中罗列的罪状，而后阅读了蒂韦尔引发争议的原作。辛格尔的分析文章发表于《纽约》杂志的网络版，在文中，他指出："公开信所罗织的每一条罪状，所有的罪状，都是可以验证的，而基于对蒂韦尔文章的完整解读，其所做出的指控不是错误的，就是骗人的。"辛格尔的结论如下：

总而言之，令人震惊的是，关于蒂韦尔的这篇文章，这封公开信到底搞错了多少基本的事实！要么就是执笔人对文章内容瞒天过海，要么就是他们压根连文章都没认真读。现在，在这封公开信上签字的学者数以百计，每个人都把自己的名字白纸黑字地印在这么一份文书上，它严重地（因此很可能也是恶意地）误读了一位学界同行的作品。此类事情在学术界并不常发生——它可以说是群众集体思维的一个例子，但它的发生不仅很奇怪，且令人感到不安，追根溯源，很可能来自网络羞辱和乌合之众的能量。[22]

上述因蒂韦尔文章所引发的反应，完美契合了涂尔干的框架：这是"群众集体思维"一次"不知从何而起"的奇怪爆发，在整出事件中，不值一提的小事（比如文中用了"男性生殖器"这一短语）却被当作对某一脆弱社群的严重攻击。既然攻击已经坐实，那么群体性的众口一词就构成了有理有据的回应：一封公开信，动员了数百名学者公开签名，将矛头共同对准这个被指控的"巫婆"。辛格尔也是个标题党，给自己的文章取名为"试看今日之政治猎巫"。

蒂韦尔事件还表现出政治猎巫的第四个特点：不敢站出来为被迫害者辩护。[23] 蒂韦尔读博士时的指导老师凯莉·奥利弗教授，为她此前的学生写了一篇辩护文章，因这么多同行学者的怯懦而感慨：

> 在私信中［发给奥利弗的，以及给蒂韦尔的］，有些

人表示同情，表达支持，因正在发生的事情表示遗憾，也为自己无法公开声援而致歉。正如一位学者在发给我的私信中这样写道："很抱歉，我无法公开这么讲（原谅我不想在脸书上与尖酸刻薄的女孩子们打嘴仗），但无论如何，事情在我看来毋庸置疑，你没有对边缘学者做出任何暴力举动。"

奥利弗教授还指出，有些学者更糟糕，一边私下表达对蒂韦尔的支持，另一边却又公开攻击她，这比不敢说话更让人心寒：

> 在私下交流中，这些人会为她所承受的苦难而致歉，但一到公开场合，这些人却在社交媒体上煽风点火，洒向人间的都是怨和恨。于是问题就来了，为什么这么多学者，特别是女性主义者，关起门来说的是一套，打开大门做的却是另一套呢？为什么还有那么多学者，一到公开场合就连句话都不敢说呢？[24]

涂尔干和柏格森为我们提供了答案，他们的理论直接回答了奥利弗的问题。[25] 这就是大众在政治猎巫中的所作所为啊。

不再批驳，只要撤稿

自此后，公开信成为新潮流，信件中对教授进行谴责，要求撤回他们的作品。[26] 2017年8月，两位法学教授，宾夕法尼亚大学的艾米·瓦克斯和圣地亚哥大学的拉里·亚历山大，在费城的一家报纸上合作撰写了一篇短评，其题名为《为我国中产阶级文化的崩溃而付出代价》。[27] 两位作者主张，当今许多社会问题，比如失业、犯罪、吸毒，以及代际传递的贫穷，究其原因，都部分根源于"中产阶级文化剧本"的消失。此前有此"剧本"时，美国人就必须要学会"在生育之前就结婚，然后为了孩子而努力维系婚姻。接受必要的教育，才能打工养家，任劳任怨，戒除懒惰"。作者在文中所写的一段话引发了舆论的风暴："所有的文化都不平等。或者说，至少有些方面，比如说让人们做好准备，生活在发达经济体中而能有其所能，不同的文化是不平等的。"这句话之所以会引发争议，是因为它违背了学术界之大忌：在任何情况下，无论以什么方式，都不能说，某一强势文化优越于任何非强势的文化。但是，人类学家已经形成了共识：日渐月染，各种文化和亚文化都会在其成员体内灌输不同的目标、技巧和德性；[28] 要是说，无论成长于何种文化，孩子们都能做好同样的准备，转入其他任何文化都可以走向成功，这想都不要去想。瓦克斯和亚历山大教授所主张的是，在美国这样的经济体系，亦即自由市场、服务导向的资本主义中，如要改善贫民和穷人的生活境遇，那就有必要多谈谈中产阶级文化。

一周之后，宾夕法尼亚大学54名研究生和校友发布了一份联合声明，谴责这篇文章以及两位作者，依据是，该文淋漓尽致地示范了"异性恋、父权制、基于阶级的、白人至上的邪恶逻辑"。按照相当于涂尔干的方式，公开信发出强烈的呼吁，"宾夕法尼亚大学全体校友成员，只要要求反抗体制化的不平等，就要团结起来；"信中还提出要求，大学校长应当严肃对待瓦克斯和亚历山大的种族主义，"就瓦克斯鼓吹白人至上的问题，发起调查"。[29] 瓦克斯在法学院的33名同事，约占该院教员的半数，也迅速响应了这谴责的呼声，起草了本院的公开信，向作者发难。他们压根没有做学者本该做的事：调动起他们的学术能力，证明瓦克斯和亚历山大错在何处。他们只是粗暴地"谴责"，"断然拒绝"了瓦克斯的主张。[30]

团结起来，还是保持多元？

一个群体如要协力工作，或者并肩战斗，那么团结一致就很重要。团结能带来信任、协作和互助。但反过来说，团结也会助长群体思维，确立正统立场，让群众歇斯底里地捕捉对集体的挑战。团结一致，就会干扰一个群体追寻真理的努力；而执着于对真理的追求，就会有损群体的团结。古希腊历史学家修昔底德，早在两千年前，就看清了这一切。在记录公元前5世纪的战争和革命时期时，修昔底德指出："一个人若是思虑周全，考虑问题追求面面俱到，那么思考的能力反而就意味着行动的无能，瞻前又顾后，做不成事。"[31]

为什么在任何一个学者群体中，观点之多样性是如此重要，原因即在这里。做教授的，也同普通人一样，都是有缺陷的思考者，摆脱不了人之为人在天性中的强烈倾向，相信他自己的观点就是正确的。每一位学者都带着确认偏差的眼镜——偏向于积极寻找证据，来确认他本人已经相信的东西。[32] 故此，大学之道就在于，在良性运转时，大学作为学者的共同体，就在学者之间形成作用力，相互抵消他们的确认偏差。就算教授经常不容易看清楚自己论证中的缺陷，但其他教授和学生在这时就会施以援手，帮他们找到论证的问题。接下来，学者共同体就要做出判断，究竟哪些观点经受住了辩论的考验。这个过程，我们可以称之为"体制化的反证"（institutionalized disconfirmation）。也就是说，某一体制（往大了说，可以是整个学术界；往小了说，也可以是某一学科，如政治学）就可以确保，每一项陈述是作为研究结果呈现出来的，当然也包括每一篇经同行评议的论文，都经过了这种质疑和检验的过程。虽然这并不保证它一定是正确的，但它现在确实是一条让我们相信的理由：通过学界反证的陈述，较之于其他来源的观点，比如政治色彩浓厚的智库、企业营销人员或者你固执己见的大叔，往往要更加可靠。有赖于体制的反证，大学以及学者群体才获取了目前的权威，担当起了事实问题的裁断者，比如，某些疫苗是否导致了自闭症患者的增加（答案：其实并没有），[33] 或者，很多社会政策项目，其设计之原意是要缩小穷孩子同富家子弟之间的机会差距，而这些项目是否真的有效（答案：有些有效，还有些则并不起作用）。[34]

但问题是，假如所有人都选择相同的站队，所有人都坚持相同的确证偏差，那么，这对于一所大学或者某一学术领域而言，意味着什么呢？反证的过程将会失效。研究表明，遇到站在本方政治队伍的学术论文和资助申请，评审人就会手下留情，能过就过；而反过来，要是见到同本方之价值或信念相抵牾的文章和研究计划，他们就会吹毛求疵，毫不留情。[35] 在某种程度上，自20世纪90年代起，发生在许多学术领域的这些事，凡此种种，都塑造了今日的大学文化。

总体而言，教授们左倾不足为奇。艺术家、诗人以及外国电影的热爱者，也往往是左派。同左翼政治关联至为紧密的品性之一，就是对经验保持开放（openness to experience）的特质，有此品质的人，渴望听到新观点，体会新的经验，总想着要改变传统的安排。[36] 反之，军方成员、执法部门的人员，还有那些把宿舍收拾得井井有条的学生，则往往会偏右。（说实话，从某人办公桌的照片，你可以推测出他的政治倾向，结果经常是靠谱的。）[37] 社会保守派在面对经验时往往更为僵化，因此长于审慎守责——他们追求事情井然有序，不出所料；在约会或开会时，他们会准时现身；他们往往更能看到传统安排的价值。

可以说，在自由社会中，我们不可能奢望，每一种职业都能保持政治上的均衡，而通常来说，教授群体会偏左，尤其是在人文和社会科学领域内。但只要还有那些非左翼的教授，在任何涉及政治议题的领域内，足以保持体制化的反证，那这就不能称其为问题。左派同右派教授的比例保持在2比1乃至3比1，都足以维持制度性的反证。而在20世纪的大多数时间里，左右比例大致就是如此。

图5.1显示的是教授群体的政治图景，基于一项调查，横

跨所有领域，上面那道线代表的是自认为是左派的教授，底部那道线代表认同右派的教授，中间线则对应着"中间道路"派。在20世纪90年代初，左右翼的比例约为2比1。根据我们目前掌握的、将时段追溯至世纪中叶的一些研究，教授们也往往倾向于左翼，在选举中把票投给民主党，只是左右之间并非一边倒的差距。[38] 然而，形势在1990年代末风云突变。那个阶段，正值"最伟大一代"（Greatest Generation）的教授们开始退休，取而代之的，是"婴儿潮"代际的教授群体。到了2011年，教授群体的左右比例已高达5比1。"最伟大一代"

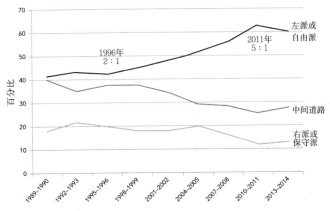

图5.1：教授们如何表述他们的政治态度。20世纪90年代中期以来，左右比例迅速增加（图片来源：高等教育研究所。[39] 数据取自对全美教授多次大样本调查。本图由山姆·艾布拉姆斯绘制）

的教授们，绝大多数是白人男性，他们在二战战场上流过血，战争结束后，得益于助推其人生的立法，他们进入了高校接受高等教育。这一波学者中有为数众多的共和党人和保守派。

同前辈相比，"婴儿潮"出生的教授们，在种族和性别构成上更多样，但在政治倾向上却更同质。发生于20世纪60年代的社会抗议大潮，在他们许多人身上留下了永远的印记；许多人当初之所以进入社会科学和教育领域，投身学术生涯，初心之所在，就是要继续为社会正义和进步的社会事业而斗争。

这就解释了我们的困惑，在那些同社会正义关切紧密相连的领域内，为何左右比例竟发生如此剧烈的变化。本书作者乔是一位心理学教授，在他所在的理论心理学这一领域内，从20世纪30年代一直到90年代中期，左右的比例都维持在从2比1到4比1之间，但自此后就开始直线飙升，到2016年时竟高达17比1。[40] 而进入人文和社会科学的其他核心领域，左右的比例几乎全都超过了10比1。具体说到新英格兰地区那些声名显赫的大学，这种失衡则更严重。[41] 而在整个人文社会研究中，唯一还能称上均衡的领域就只有经济学了，政治右翼在学科内尚存一支力量，可以做得到制度化之反证，根据一项对教授选举登记的研究，经济学中，左右比例为4比1，相对较高。[42]

政治多样性在教授群体中流失，尤其是在那些讨论政治内容的领域内，将会破坏学术研究的品质和严谨。2015年，6名社会科学家，包括本书作者乔在内，合作撰写了一篇学术论文，解释了个中缘由。[43] 比方说，当一个领域缺乏政治多样性时，研究者往往就会扎堆，围绕着那些通常会确证他们共同叙事的问题和研究方法，而对于那些并不能提供支撑的问题和方法，则视而不见。

高校教授群体在政治上千人一面，也会对学生造成负面影响，方式有三。第一，导致许多大学生很少接触到属于政治光谱另外半边的教授，或者压根没有接触过。[44] 许多大学生在毕业之时，对保守派、政治以及这个国家的许多方面，都缺乏准确的理解。特朗普当选总统出乎很多人的意料，而在他获胜的三日之后，哈佛大学学生校报的编辑们就发表社论，他们援引哈佛校训内的"*Veritas*"——"真理"的拉丁文单词——呼吁校方可以让他们生活在更多样的政治生态中：

> 对"真理"的追求，支撑起我们的智识生活，它所要求的，不仅是我们社群中的每一位成员都可以自由地讨论政治，还要求我们所有人都要保持敏感，意识到各式各样的政治观点共存于我们这个国家中。在大学校园内压制这样的讨论，就是一种伤害，既会伤害到我们同辈人中的校园政治少数派，也遏制我们自身的教育成长。[45]

第二，教授群体一旦缺失了立场的多样性，那也就意味着，关于那些政治上有争议的话题，学生们所学到的，往往就会"被偏离"实情。就许多事实性的问题而言，往往会有结论不同但却同样合理的看法。（举个例子：提高最低工资，在多大程度上会导致雇主削减低技能的员工？使用产前激素，是否会对男孩和女孩的玩具和游戏偏好产生不同的影响?)但问题是,年轻学生若是求学于政治上同质的院系,那么他们所能接触到的就主要是来自左翼的著作和研究报告,所以他们往往就只看到了真理的"左半边"。(比如说,大学生很容易低估劳动力需求的弹性,要是他们就读于新英格兰地区的名牌大学,更是如此。)有些时候,左派的观点被证明是正确的,但有些时候,被证明正确的,反而是右翼的观点。但总体看来,如果可以接触到学者之间的辩论,学生们距离真相和真理会更近一些,理解困难的问题总有不同的进入视角。

关于第二个问题,还不止于此:就在教授群体走向政治同质化的进程中,学生群体也同样如此。高等教育研究所曾对大一入学新生做过连续调查,研究表明,大约20%的入学新生自认是保守派,自20世纪80年代初以来,这一数据一直保持稳定。在20世纪80、90年代,自称"温和派"的学生在全体新生中人数约占半壁江山,但进入21世纪后,温和派的比例一直在下降(目前已经低于40%)。同期,进步派学生(自称"自由派")的比例则上升至30%出头。[46] 从2012年开始,这一转变更是以加速度进行着。[47]

左派学生在大学校园里越来越多了,我们并不认为这样有什么错误。但我们确实要呼吁,对批判性思维的发展而言,立场的多样性必不可少,反过来说,立场的同质化,无论是左翼,还是右翼,都会让某个共同体容易陷入群体思维和正统化的误区。既然自20世纪90年代以来,大学师生群体中就是温和派缩水,而自由派扩容的进程,再加上自2012年起,学生群体内的左转趋势加速推进，那么我们大可以期待，美国大学校园内的文化和社会互动会发生某些变化，在2012年后尤其如此。[48]

第三，是一个涂尔干意义上的问题。我们眼睁睁地看到，某些学术共同体，尤其是那些位于美国左派最密集地区的，其政治同质和凝聚已经达到了一种前所未有的高度，组织体也已经脱胎换骨，它们所呈现出的集体性的特质，同大学的宗旨可谓背道而驰。一个为行动而动员起来的集体组织，更愿意执行政治教条，也不太容忍对其关键意识形态信念的挑战。政治上同质的社群，更容易发生猎巫行动，尤其是当它们感受到来自外部的威胁时。

长青州立学院欢迎你

长青州立学院（Evergreen State College），是一所小规模的公立学院，位于西雅图以南，开车大约要一个小时，长期以来，就以其另类的进步主义而著称。学院坐落于自然保护区内，拥有自己的有机农场。学生在这里读书，得到的不是分数，而是评议报告。它位居全美最自由的十大院校之列。[49] 2011年，长青学院变更了它的办学目标，加入了下面这句话："从本土到全球，长青学院致力于推动社会正义、多样性、环境监管和公益服务，也因此从中受益。"[50] 2017年5月，长青学院陷入了无政府的混乱状态中，其中缘由，如果不借用涂尔干的理论，便很难讲清楚。

当年3月15日,校园的紧张局势已经在不断升级了,也在这一天,生物学教授布雷特·温斯坦(Bret Weinstein),其在政治谱系上属于自由派,向长青学院全体教员群发了电子邮件,[51] 谈及即将在4月举行的本年度"缺席日"(Day of Absence)活动,对其具体安排表达了深切的担忧。[52] "缺席日"之灵感,来自于道格拉斯·特纳·沃德的一出同名戏剧,[53] 自20世纪70年代开始,在长青学院,每年都会设定某一天做"缺席日",到了这一天,有色种族的教职员工(后来学生也一道加入)都要离开校园——通过缺席来传达出他们的存在感,显示他们对校园所做贡献的意义。然而,在特朗普当选总统后,2017年"缺席日"活动的组织者却决定要搞点新意:这一年的缺席日,不再是有色种族的师生自愿离开校园的日子,而是白人的学生和教职员接到要求,在这一天要远离校园。[54]

温斯坦教授认为这是错误的。[55] 他在电邮里写道,"一个群体或联盟,为了彰显他们总是被低估的关键角色,而自发决定,在某个共同的空间让他们自己缺席一下",同"鼓动另一个群体离开此空间",两种做法"存在着天壤之别"。[56] 在共同的空间内,温斯坦指出:"一个人说话的权利——乃至存在的权利,任何时候都不能取决于他的肤色。"他还担忧,若是有白人师生不支持此次缺席日的安排,在当天选择出现在校园内,就会被"另眼相待";仅仅是在场,就很可能被解读为,在场者并不认同这一活动的目标。[57] 此前,对长青学院的发展走向,温斯坦就曾表达过不一样的担忧,那是大约一年前,校长、行政人员连同某些教授代表发起了一项全校范围内的"公正"计划,其中包括一条政策建议:本校此后新员工入职时,必须要拿出一项基于"公正"的根据,否则不得被雇用。乔治·布里奇斯(George Bridges),长青学院的校长,已经开始在他的文件和邮件中运用"教育·团结·包容"的措辞。布里奇斯同他的"公正委员会"还开展了各种各样的"团建"活动,其中就有这么一项活动,教员们要被指名道姓,在众目睽睽下被逼上一支假想的独木舟,然后他的同事们也坐在"舟"上(应和着汹涌的浪涛与印第安人的鼓点),大家同舟共济,一道象征性地驶向"公正"彼岸。[58] 站在涂尔干的立场来看,这些仪式以及关于全院"大团结"的言辞,其意义自现。正是这些言行,使一个社群时刻准备着集体行动。

按照温斯坦教授的说法,"缺席日"到来那天,尽管并非全部白人成员都听从指挥,从校园撤离,但"基本上波澜不惊"。[59] 但到了5月23日这天,"缺席日"早已过去一个多月,在经历另外几起校园骚乱后,一大群学生,肤色各异,但都怒气冲冲,一路游行来到温斯坦的教室门口,把他逼到走廊的角落里,好一番痛斥![60] 他们咒骂温斯坦,什么难听的话都说出来了,骂他就是"一坨屎",还叫他"他妈的滚出去"。不由分说,他们指控温斯坦在电邮中发表了种族主义的言论,[61] 要求他不仅得道歉,还必须辞职。温斯坦不同意他们抓住邮件大做文章,否认其用词是"种族主义的""伤人的",拒绝道歉。但他还是想方设法,引导学生进入讨论状态,或按照他的讲法,"辩论法,这就意味着我会听你说,那么你也要听我说"。抗议学生可不是吃素的:"我们不管你要说什么术语……我们不讲白人特权那一套。"[62]

学生继续冲撞着教授,紧张局势一触即发。担心温斯坦的安危,他的学生报了警,但示威者却用身体挡住警察,让警察无法靠近他。[63] 校警则向其他警察部门请求增援。[64]

抗议学生口口声声,"为他们的生命而担忧",向学校行政大楼进发,在那里找到了布里奇斯校长,在校长办公室的门口堵住了他。该事件的视频记录下了当时的场景,抗议学生出言不逊:"滚你妈的,乔治,我们不想听你说出该死的一个字……你他妈的给我们闭嘴。"[65] 校长同意与示威学生会谈,在座的还有支持这些学生的行政职员。校长当场向学生保证,对于那些行为不当的理论教员——温斯坦就是一例——"他们非要说一些我们不喜欢的话,那么我们的工作就是,要么让这些人全都跟上来,要么就让他们都走开。我能听到,我们在说,我们正在为之而努力:把他们带进来,培训他们,要是他们还不悔改,就惩罚他们"。[66] (嗯,这就是一所美国公立大学的校长,他受宪法第一修正案的约束,有义务去保护学术自由,但现在呢,要是有教授不愿意接受强制政治再教育课程的教导,他竟提议要予以惩罚甚至解雇。)

有些抗议者坚持要求,校警局长史黛西·布朗(Stacy Brown)解除武装,加入集会。布朗放下了武器,但他不愿意身着警服,于是换上便服。才到达现场,却发现学生们正在口出秽语,咒骂他人,其中有些是直接针对她的。[67] 组织者安排了一些学生对她盯梢,尾随她去了当天的另一场集会,数百名学生在场。在这场声势更浩大的集会上,抗议学生紧贴着布朗、温斯坦,还有好几位仍在抵抗的师生。从头到尾,抗议者始终把守着所有出口。[68] 温斯坦的学生无意中听到,抗议者在讲他们随身带着催泪喷雾,打算阻止温斯坦离开这幢楼时,他们给老师发去短信,请他保持警觉。温斯坦给同为生物学教授的妻子海瑟·赫英(Heather Heying)发去短信:"听说不准我离开",然后又是一条,"不知道该怎么办"。[69]

那次集会的视频令人胆寒。[70] 从视频中可以听到,学生抗议者执意要解雇温斯坦,以防止他"散布这套错误百出的说辞"——某位白人抗议者如是说。[71] 那些有色种族的学生,如果声援温斯顿,甚至即便只是要求听一下来自非抗议阵营的声音,立马就会遭到大声呵斥,被称为"种族叛徒"。[72](至于白人学生,如果不表示抗议,那就要站在后面,不许发言。[73])

学生们不断公开嘲笑布里奇斯校长,甚至因他面带微笑而斥责他。这位校长发言时经常做手势,于是有一位学生就对他吼道,"把你的手放下吧!"与此同时,另一位学生嘲弄般地模仿他的手势,取笑道:"这就是我不爽你的地方,乔治,你手上的那些小动作总是没完没了啊。"紧接着,在周围的笑声和掌声中,这位学生围着校长转圈,宣称她在"解放这个空间",校长立马把双手藏在背后,然后回答说,"我的手放下来了"。[74]

第二天,亦即5月24日,抗议学生搜查汽车,寻找温斯坦。[75] 他们还打断了一场教员会议,抢走了原本用来为退休教授庆祝的蛋糕,却反问道:"难道不是你们教会我们这般胡作非为吗?"[76] 接下来,据学生报纸报道,抗议的学生封锁了行政大楼的正门,[77] 占领大楼长达数小时;他们把学院的领导层全部集中在一起,布里奇斯校长也包括在内,[78] 将这些高层控制在一间办公室内。扣押完领导团队之后,抗议学生充分准备,随即提出了他们的要求。这些事项包括对教职员进行强制性的再教育培训,允许抗议学生可以不按时上交作业等。[79]

在办公室外,学生们拍下视频。我们可以看到,他们正在确认这间屋没有逃跑路线,且有足够的学生"在场",以防大学领导层离开。布里奇斯命令校警别插手。抗议活动的一位组织者告诉他的手下,旁边还有个房间是供他们"休息"的,并给这些示威者支招,"保证你们休息片刻,能精神抖擞归来"。在讲完他的指示后,这位组织者立马进入校长办公室,还问这些管理者是否需要什么。视频记录下这一刻——布里奇斯校长说:"我要去小便。"这位组织者当即回复"有尿憋着",此处有数人的笑声。(抗议学生随后押送布里奇斯去了洗手间。)[80]

在校长办公室内,一名学生抗议者向被扣押的校领导们发问:"当校领导里都是白人时,难道你们不认为这就是在延续白人至上吗?"数位领导连忙点头称是。此举就确认了学生们对白人至上定义的粗暴扩张。[81] 办公室之外,学生们高唱:"好嗨哟!这些种族主义的教员必须滚蛋!"当晚,长青学院一位传媒学研究教授,向全校师生群发电邮,其中他赞许地写道，示威学生"正在做的，正是我们一直以来教给他们的"。

第三天，亦即5月25日，警方收到消息，抗议者打算袭击大学保卫处的驻地。接到暂时撤离的命令后，[82] 校警从办公室撤出，他们在校区以外设了个岗哨，通过校园内的安保摄像头以及本地一架执法直升机，对学校里剑拔弩张的局势进行监控。[83] 凡是为温斯坦教授辩护的学生，现在都遭到跟踪，抗议者还在网上大放厥词，将矛头对准他们，几乎不加任何掩饰。校警负责人布朗告知温斯坦，出于对其人身安全的考虑，他最好要离开校园。[84] 结果就是，那个学期，温斯坦余下所有的课都是在校外上的，只有一次例外。[85]

公开对温斯坦表示声援的，[86] 除了他的妻子海瑟·赫英，全校教员中就只有兽医学的迈克·帕罗斯（Mike Paros）一位教授。[87] 温斯坦后来也了解到，还有几位教授也支持他，但却不敢在公开场合表态。[88] 支援寡不敌众，警方又敦促他远离校园，再加上迄今为止，还未有大媒体爆出长青学院陷入无政府混乱的新闻，于是在5月26日，温斯坦接受邀请，现身于福克斯新闻频道的"塔克·卡尔森今夜秀"（*Tucker Carlson Tonight*），接受采访。[89]

一旦大白于天下，长青学院当即便成为政治右翼关注的焦点，"新右翼"也马上将手伸到校园里，其中的故事，容我们在下一章再深入讨论。6月1日，一个周四，新泽西州有一名男子拨打了瑟斯顿县的急救热线，告诉接线的调度员，他正在去往长青学院的路上，"一到校园，能找到多少人，我就杀多少"。[90] 执法部门告知学校，目前还未收到真刀实枪的威胁，但为防患于未然，长青学院要关闭校园，一直到6月3日星期六。[91] 周末两日，学生成群结党，开始在校园里游荡，他们手持棒球棍和电击枪，搜捕"白人至上主义者"。他们在校园内肆意打砸，还动手袭击了好几名学生。[92] 至于新泽西的那名男子，一个月后被逮捕。

这场大混乱要如何收场呢？谁应当对此负责？6月2日，全校大约四分之一的教员签署了一封公开信，要求对温斯坦展开调查，指责他之所为挑起了"白人至上主义者的激烈反扑"，而且声称，正是因为他跑到福克斯新闻频道上去谈校园那些事，才导致学生人身受到"严重的威胁"。[93] 温斯坦和赫英断然否认了这种扣帽子的指控。作为长青学院的雇员，这对夫妻向学校提出了侵权之诉，理由如下：第一，面对抗议者严重违反学生行为守则的举动，甚至是犯罪行为，校方何止是纵容，甚至还公开支持；第二，大学是工作之地，但现在却被搞得弥漫着种族对立的情绪。2017年9月，温斯坦夫妇同长青学院达成和解协议，两位教授辞职。[94] 校警负责人史黛西·布朗后来也做出了同样的指控，她声称，"学校里随处都是恶意，这让她别无选择，只有辞职"。[95]

至于那位布里奇斯校长，在这一学年度开学之初，他就批评过芝加哥大学，攻击该校保护言论自由和学术自由的政策，[96] 而现在也答应了抗议学生的诸多要求。[97] 校长宣称，看到抗议者所表现出的"热情和勇气"，他"心怀感激"。[98] 后来，他还聘用了抗议活动中的一位学生领导人，加入他作为校长的"公正顾委会"。[99] 说到这个能直达校长的顾问委员会，他们的一项主要任务就是——修改学生的行为守则。

谬论的大学

长青学院的那些事，一网打尽地阐释了我们行文至此讨论的几乎一切。事件爆发之早期阶段，就呈现出柏格森所说的政治猎巫的三大特点：运动总是突如其来；运动之起始，往往是回应某一微不足道的挑衅（在长青事件中，是一封群发全体教员的电邮，文质彬彬）；但该挑衅却被解读为对整个长青学院共同体的攻击。随着大戏一幕幕展开，它还表现出我们所说的第四个特点：即便有教职员心里想要为温斯坦辩护，也不敢公开这么做。

再看看长青学院内的抗议学生——以及鼓动学生的教职员，他们反复示范了我们讲过的三大谬误。例如，有一位教授支持抗议学生，怒气冲冠，当着她一些教员同事的面，滔滔不绝地发表独白演说，其中一句话像极了脆弱人设的谬论（凡是伤害，只会让你更脆弱）："我太累了。这屁事简直要了我的老命。"[100]

还有一名学生示范了什么叫情感推理的谬论（永远相信你的感觉），当时正在市政厅的大型集会上，这名女生以她自己的焦虑作为证据，一口咬定长青学院出了大问题："我想哭，你根本想不到，我心怦怦跳得有多快。这双腿也直哆嗦。"[101]

当然，整部大戏也向世人上演了什么是"我们 vs 他们"的谬论（生活是好人和恶人之间的战斗）。在学生抗议者及其教工支持者眼中，这所政治上属进步派的学校，连同它的领导层和教职员，都成为了示范，显示出白人至上仍在高校内为祸。通过这种解读，抗议群体投身于一场身份政治的大戏，寻找他们的共同敌人。有一名学生事发时曾拒绝加入抗议阵营，事后在学院理事会前作证，曾这样说："如果你提出任何不一样的观点，那你就是'敌人'。"[102]

长青州立学院并不是大学的典型。如果不算发生在伯克利加州的"米洛暴乱"这个例外，那么长青学院在2017年春季学期彻底垮掉，陷入某种无政府混乱，比起最近数十年发生于美国大学校园的种种事件，都要激进得多，至少就我们所知是如此。我们之所以详述长青的故事，是因为对于每一位关心大学生和大学的人来说，它都是长鸣的警钟。长青学院的故事告诉我们，当政治多样性下降到很低的水平线上，当大学领导层软弱无能，经不起三言两语的呵斥，当教授和管理者都纵容甚至鼓励三大谬论之传播时，什么事都是可能发生的。

小结

❖ 人类是部落生物，生来就会组成团体，同其他团体竞争（如我们在第3章中所见）。读社会学家涂尔干的作品，我们可以理解，人类的团体是如何参与仪式活动的——包括对越轨行为施以集体惩罚，从而增强群体的凝聚和团结。

❖ 团体若是在道德上同质程度高，凝聚力强，就更容易进行政治猎巫，尤其是在它们经历来自外部或发生于内部的威胁时，更是如此。

❖ 政治猎巫通常有四个特点：它们的爆发看似突如其来；它们涉及对危害集体之罪行的指控；再看看导致这些控诉的过错，往往是微不足道的，甚至无中生有；虽然知道被迫害者是无辜的，但知情者还是会保持沉默，在极端情况下，甚至会加入暴民的队伍。

❖ 自2015年起，那些最让观察者摸不着头脑的校园事件和动向，都准确对接着上述政治猎巫画像。从耶鲁大学，到克莱蒙特·麦肯纳学院以及长青学院，校园抗议之爆发，都始于教职员所发出的措辞委婉的电子邮件，都终于电邮作者必须被解雇的要求。（我们要再度重申，若论初心，行动者的关切可能是有根据的，但在随之展开的政治猎巫中，参与者的恐惧却蔓延开来，其传播方式是不公正的，甚至是毁灭式的。）

❖ 2017年的斗争出现新动向，教授群体合写公开信，声讨他们的同事，要求撤回或谴责这些人的作品（如本章所述，瑞贝卡·蒂韦尔、艾米·瓦克斯以及其他人遭遇到的批斗），也符合政治猎巫的模式。在以上所有案例中，被指控者的同事们都不敢公开站出来表态，为无辜者辩护。

❖ 立场多样性会降低一个社群进行政治猎巫的冲动。政治观点之多样性，决定着立场的多样性，但自20世纪90年代起，多样化的生态在美国大学校园中成为过去的历史，无论是教授，还是学生群体，同质化程度都一日高于一日。多样性的衰减，连同美国政治极化的迅速升级（这是我们在下一章的重点），在一定程度上解释了安全主义新文化的兴起——2013年前后才初现于大学校园，后竟在短短数年间如星火燎原。

* * * * *

本书的第二篇到此就结束了。在这两章中，我们关注了美国大学校园内爆发的一些冲突剧。从时间上看，它们都发生于我们在《大西洋月刊》发表同名文章后的两年间，基于此，我们敲响警钟，对高校内弥漫的认知错误不可掉以轻心。只要读者理解了我们所说的三大谬论，且能在当下社会实践中发现它们的运转，那么这些校园内新动向的来龙去脉，就不难把握了。在本书的第三篇，我们将会问：为什么，且为什么是现在？那三大谬论以及安全主义的文化，从何处而来？它们本是星星之火，为什么在过去短短数年，却在大学校园内得以四处燎原呢？

第三篇

我们何以至此？

第6章
政治极化的恶性循环

有作用力,则必有反作用力,两者大小相等,方向相反。

牛顿第三运动定律[1]

本书开篇,我们介绍了人生道路上的三大谬误——此类观念同积极向上的生活可谓南辕北辙,任何信奉它们的人士,终要为其所害。在本书的第二篇,我们讲述了发生在大学校园里的那些事,诸如此类,已经成为全美上下的焦点,有时甚至抓住了全世界的眼球。根据该篇的叙事,我们可以发现,某些学生和教授之所以卷入此类事件,追根溯源在于他们接受了这套谬论。现在,到了本书的第三篇,我们放宽视野,想一想我们是如何沦落至今天这步田地的。为什么我们称之为安全主义的文化,包括一整套相互支撑的观念,在2013年至2017年间席卷了全美许多所大学?问问2012年从大学毕业的年轻人,他们通常会告诉我们,在校园里几乎觉察不到这些趋势的迹象。但若转而调查在2013年或2014年开始就读于精英大学的新新一代，我们会得到不同的答案，他们在自己的大学四年中目睹了新文化在校园内的降临。这到底是怎么一回事呢？

这个问题无从简单作答。在第三篇，我们要展示六种相互交错的解释线索：政治极化和党派间敌意的加剧；青少年焦虑和抑郁的蔓延；父母教育方式的变化；自由玩耍的消失；校园官僚机构的生长；以及在发生国家大事后，追求正义之激情的持续高涨，连同人们正义观的变动——什么是正义，正义要求什么。我们认为，若不理解上述六种线索，则不可能理解当今高等教育之现状。但即便如此，即将要逐一讲述这些解释时，我们还是有两点要说在前面。

第一点，不同的群体经历着不同的线索。要说我们的故事之复杂，部分就在于，大学校园里的个体和群体并不是同等地参与到这些线索中来的。美国政治极化之加剧，首先是大学被日益视为左派的大本营，而这就刺激了来自校外某些右翼个体和团体的敌意和骚扰。有些校园事件符合仇恨犯罪之要件，尤其以犹太人和有色人种为靶子。我们将在本章讨论这一线索。青少年抑郁和焦虑的比例不断增加，男生和女生都受到影响，但年轻的女孩尤其会受到打击（第7章）。过度保护或"直升机式"父母的增多（第8章），连同自由玩耍的消失（第9章），主要影响的是来自富裕家庭的孩子（尤其是白人和亚裔家庭），[2] 相比之下，工人阶级或贫穷家庭的子弟所受的负面影响就不那么大。校园官僚人数在增加，其职责范围在扩展，可能对所有学校都会产生一定影响（第10章），但至于新正义观以及高涨的追求正义之热情，它们的影响力往往取决于一所大学内学生的政治参与程度（第11章）。

第二点，本书讲的是好心却办了坏事。在本篇的六章中，你每每会读到一些人，他们做事情，首先都是出于善良甚至高尚的动机。在大多数情形下，他们的初心所指，是要帮助或保护孩子们或者那些被认为脆弱或受到伤害的人们。但众所周知，好心时常办坏事。我们在本部分的目的，不是去追究，而是要理解。只有辨明这六种解释线索，并予以剖析，我们才能讨论可行的对策，而这将留给本书的第四篇。

爆发点

在前两章中，我们讲述了发生在大学校园的许多事，面对言词，学生同教员做出回应的方式看起来却难称恰当、极尽夸张，某些时候显得咄咄逼人。无论是一封电邮所引发的反应，还是让演讲者闭嘴的怒斥，抑或是谴责一位同事的请愿，在本书作者的笔下，校园内的问题看起来都主要是发端于政治左派那部分。有些时候，矛头直指右派（如海瑟·麦克·唐纳德和艾米·瓦克斯），但更多时候，枪口却调转过来，对准了左翼自己人（如克里斯塔基斯夫妇、瑞贝卡·蒂韦尔、布雷特·温斯坦，以及在里德学院讲授人文课的教授们）。如果我们的分析视角仅限于校园那些事，那么故事大概也就到此为止了。近年来，极左翼的人士接受了一整套关于言论、暴力和安全的新观念，也因此，发生在校园内的风波，基本上只是一场左派内部的辩论，受批判的主要是年长的自由派，他们往往对言论自由有更广义的理解,发难方则主要是年轻的自由派,他们时常以包容之名来行限制言论之实。[3]

但是,如果我们后退一步,视美国大学为复杂机构,本身又嵌入在一个更大的社会之内,而这个社会正在日益分裂,越来越愤怒,政治陷入两极对抗,我们就会发现,左派和右派已经陷入一场彼此挑衅且相互侮辱的游戏中——如何解决这一谜题,正是我们在本书中所要做的。还记得艾莉森·斯坦格吗,明德学院的那位教授,因抗议者的暴力竟致脑震荡,她在《纽约时报》上发文,题名为"当我们在谈论明德学院那些使我脑震荡的愤怒暴民时,我们到底在谈论什么",所讲的就是这一点。[4] 她在文中这样写道:

> 在暴力发生后的日子里,有些人把这故事讲成了我们所犯的错,关于精英的本科学院和大学,关于我们被娇惯的青年,或者关于不宽容的自由主义。但这些分析都不完整。整个美国的政治生活和话语都处在一个爆发点,大学校园在其中更是风口浪尖,对它们的回应可谓是一触即发。

接下来,斯坦格教授列举了特朗普总统的种种手法,分析了他如何一手冒犯甚至侮辱边缘群体之成员,另一手则鼓动他的众多追随者去发表仇恨言论。然后斯坦格补充说:"这就是默里博士所走入的语境,在那里,他从头到尾都遭到误解。"

我们赞成斯坦格的思路,如要讲述近年来发生在大学校园里的那些事，国家的政治是不可不谈的语境。在美国，事态确实处在某个"爆发点"。看下文的两幅图，你就能感到局势在一天天升温。

图 6.1 来自皮尤研究中心（Pew Research Center），自 1994 年起，该中心开始了一项在全国范围内取样的民调，调查人员向受访群众陈述 10 项政策问题，受访者要回答他们的同意程度，每隔几年，调查就重来一遍。这些政策陈述包括："政府对商业的管制通常弊大于利"，"移民在今天已经成

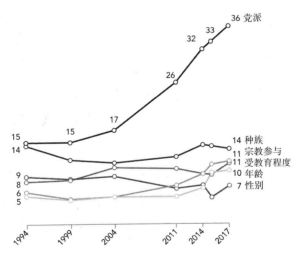

议题的极化

图 6.1：在 10 个政策问题上，共和党与民主党的政见差值越来越大，尤其自 2004 年之后迅速扩大。而由种族、性别、受教育程度和年龄所标示出的差异，自 1994 年以来，变化却不大（图片来源：皮尤研究中心）

为我国的负担，因为他们夺走了我们的工作、住房和医疗"，"军事力量是和平得以保证的最佳手段"。[5] 接下来，皮尤中心对受访者按群体身份进行分类，计算出不同群体成员在每个议题上的分歧距离，然后就 10 个议题差异绝对值加总后取平均数。如你所见，图 6.1 中右列最后一项标示为"性别"，从 1994 年到 2017 年，男性同女性之间的政见差值几乎未变，1994 年是 9 分，2017 年为 7 分。而表现出明显增幅的，只有两道线。现如今，定期参加宗教活动的群体较之于从不参加的人士，政见差值为 11 分，远远高于 1994 年的 5 分*。但这 6 分之增幅，若是同共和党和民主党在此阶段政见分歧之加剧相比，可谓相形见绌，两党之间的差值增加高达 21 分，而且几乎都发生在 2004 年之后。

如果"另一边"的人在一整套道德和政治议题上同你渐行渐远，那么理所当然，你对他们的感觉也会越来越负面。图 6.2 就表明，这一切正发生在我们面前。美国全国选举研究课题组会每两年测度美国人对各种议题的态度。在该调查过程中，研究者运用了一种"情感温度计"，亦即他们向受访者提出一组问题，要求受访者在从 0 到 100 的尺度内对各种群体和机构进行打分，其中"0"分被定义为"极其冷漠或令人生厌"，而"100"分则是"非常温暖或讨人喜爱"。根据图 6.2，顶部的两条线显示出，当共和党人和民主

---

* 如图 6.1 所示，1994 年宗教参与分值应为 6，与 2017 年的分差为 5。——编者注

党人给本方政党打分时，两条线始终处于正区间内，且自20世纪70年代以来变动不大。[6] 下面的两条线则表示他们是如何看待对方政党的。可以看到，这两条线一直处在负区间，但许多人难免大为吃惊，从20世纪70年代一直到1990年，政党间的交叉评估并没有那么负面——始终徘徊在40分以上。直到90年代，这两条线才开始下跌，伴随着从2008年至2012年的跳水（对应着茶党崛起和"占领华尔街"的日子）。

情感的两极分化

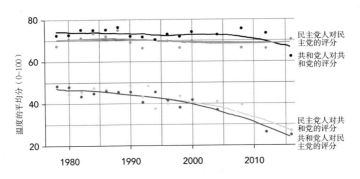

图6.2：两党之间的情感分化。美国人对本方政党的情感，自20世纪70年代以来几乎没有变化，但自90年代起，美国人对对方政党的态度越变越"冷漠"或敌视（图片来源：美国全国选举研究课题组[7]，由延加和克鲁本勤绘制，2018年）

何以如此？原因很多，但为了搞清楚美国当前之困境，我们首先必须意识到，20世纪中叶乃是历史上的一段例外——这一时期，政治极化同政党间敌意就其程度而言，都低得异乎寻常，[8]而社会信任度以及民众对政府的信任则始终维持在高水平上。[9]从20世纪40年代起，到大约1980年止，美国政治温和取中，两党精诚合作，在整个美国史上都是空前绝后的。主要原因之一是，在此期间及此前阶段，全体美国人遭遇到一系列共同挑战，面对着一连串的共同敌人，包括大萧条、二战期间的轴心国，以及冷战时代的苏联。别忘记我们在第3章讲过的部落主义心理，苏联解体后，大敌之崩溃就可能制造更多的内部冲突。

主要原因之二：自20世纪70年代以来，美国人日益自我区隔开来，分化成政治上同质的诸社群，关于这一趋势，可详见比尔·毕肖普（Bill Bishop）出版于2008年的名著《大归类：明明同类相聚，却为何四分五裂》。后续的研究也证明，我们生活在经济和政治上日渐隔离的社群当中，分裂甚至延伸到城市街区。[10]共和、民主这两大党也以类似的思路做自我归类：一方面，共和党人越来越老，越来越白，越来越农村，越来越男性，越来越基督教；另一方面，民主党人却日益年轻化，日益非白人，日益城市化，日益女性，日益不信教。[11]结果正如政治学家尚托·延加和玛莎·克鲁本勤所言，"现如今，世界观有何差异，个人对其社会和文化身份的感知有何差异，就决定了政党归属有何差异"。[12]

主要原因之三，在于媒体环境，其种种变化方式助长了分歧。人人都收看三家全国电视网的时代，早已一去不复返了。到了20世纪90年代，无论你居于政治谱系上的哪个点，大都可以找到至少一家对应的有线新闻频道；走过2000年，你所能想到的任何利益集团和诉求，都有相应的网站或讨论组。进而到2010年之后，大多数美国人都在用脸书和推特这样的社交媒体站点，人也因此很容易自我封闭在一个回音室里。接下来出现的是"过滤气泡"（filter bubble），搜索引擎和YouTube从算法上就已经过设计，会给你推送更多看起来你感兴趣的内容，结果就是，无论保守派还是自由派，都落入到同外界隔绝起来的道德矩阵之中，支撑起它们的，是彼此对立的信息世界。[13] 对于那些我们无法苟同的人们，可以同他们永不相见，无论在物理世界还是电子空间。这就让确证偏差、团体思维和部落主义有了可乘之机，将我们进一步驱散开来。

原因之四，是国会山内火药味渐浓的敌对状态。民主党曾控制众议院长达约60年之久，在20世纪中后期仅出现过短暂的中断，但他们的主导地位在1994年成为历史，那一年，共和党在纽特·金里奇（Newt Gingrich）的旗帜下大获全胜。在成为众议院议长之后，金里奇强力推行了一系列改革，借此阻止新任的议员跨越党派界线来结成人际关系，从而一改先前数十年的常态。[14] 比方说，金里奇改变了众议院的工作议程表，确保所有的公务都要在周中完成，接下来，他鼓励众议员不要举家从所在家乡选区迁往华盛顿，而是每周飞到华盛顿待个几天。金里奇想要一支更有凝聚力和战斗力的共和党队伍,他也如愿以偿了。这套更有战斗力的议事规范,随后也渗透至参议院(只是程度有所弱化)。自1995年以来,由于国会主导权在两党之间几经易手,每次权力交接又利害攸关,议事礼仪的规范以及两党合作的可能性,也近乎消耗殆尽。如政治学者史蒂文·列维茨基和丹尼尔·齐布拉特所言:"政党之间,已不再将彼此视为合法的对手,而是危险的敌人。失败,不再是政治过程中可接受的常态,而成为了一种灭顶之灾。"[15]

上述四种趋势,再加上其他很多原因,[16] 共同导致美国政治生态出现了一种非常不幸的变动,政治学家称之为"负面的党性"(negative partisanship)。在最近一篇评论"情感极化"(对于对方政党,两党成员在情感上否定之程度)的数据报告中,延加和克鲁本勤如此概括了这一变化:

> 在极化时代之前,团体之内的偏爱,亦即党员对其所在政党或本党候选人的热情,是政治参与背后的动力。然而,最近这段时期,是什么使得人们更愿意参与政治?是对于非我族类者的敌意。[17]

换言之,时至今日,到底是什么驱使美国人从沙发里起身,参与到政治活动中?不是对本党候选人的爱,而是对他方候选人的恨。所谓负面的党性,就意味着驱动美国政治的并不是希望,而是"我们 vs 他们"的谬论。"他们"必须被阻止,为此可不惜任何代价。

这是我们的故事中不能不讲的一部分。美国人现在对彼此怀有发自内心的敌意，就好像很多美国人都举着个牌子，上面写着："请告诉我关于对方的坏事吧。讲什么，我信什么！"如今的美国人很容易被收割智商税，正是看到这一点，一个庞大的网络，由趋利的媒体网站、政治活动者以及外国情报机构所构成，正在攻击我们的软肋。

这一软肋还伴随着一种不幸的政治不对称：如我们上一章所述，自20世纪90年代以来，美国大学的教员和学生都发生了左翼转向，但与此同时，脱口秀广播、有线新闻网以及阴谋论网站的"激怒产业"（outrage industry）却在右翼这方更成熟，也更奏效。[18][主流媒体总体而言偏左，[19]但问题是，左派偏偏找不到一种宣传形式或路线，在影响力上能赶得上拉什·林堡（Rush Limbaugh）、格伦·贝克（Glenn Beck）和肖恩·汉尼提（Sean Hannity）。]右翼的媒体长期以来都热衷于嘲弄教授，抓住在大学校园里随处可见的"政治正确"惯习做文章，撩拨怒火。但随着校园激进主义在2015年逐步升级，戏剧般的手机视频开始不断流出（包括学生大声咒骂教授，或者大闹教室，让演讲者闭嘴），右翼媒体开始将更多的注意力投放在校园事件上，对于左翼的动乱，他们乐见其成，描绘时难免幸灾乐祸，通常省略掉事发的来龙去脉。校园左派的愤怒不断升级，很多时候直指保守派的演讲者，由此导致校园外的右翼以牙还牙，有时将威胁对准左倾的教授和学生，而这又反过来点燃起校园左派的更多怒火……如此，循环往复。

校园以外，右翼的愤怒

在前两章中，我们关注了发生在大学校园的游行、抗议、公开信以及政治"猎巫"，它们来自左翼，因为抛开宗教和军事院校不谈，在美国大多数高校内，左派都是主流势力。但如果我们将视角从校园抽离出来，放眼社会，就会发现，右翼的某些人和团体也打着道德旗号，参与了挑衅和恐吓的行为，目标直指校园。

我们讲过了长青州立学院的故事，但当时留了个尾巴没有说，就是要等到这一章再做分解。如前所述，长青学院的暴乱起始于温斯坦教授的大门前，事发三日后，仍未见全国性的新闻媒体来报道这场混乱，于是温斯坦就答应了福克斯新闻的邀请，现身于"塔克·卡尔森今夜秀"。节目播出后，好戏连台登场。温斯坦露面三日后，一名学生抗议者在"媒介"（Medium）网上发帖，文中声称，在教学楼的外墙上，有人用喷漆涂鸦出纳粹党的万字符，与此同时，她和抗议伙伴们也受到"新右翼"的人肉搜索。这位女生在帖子里写道："学生组织者的照片、姓名和电话号码都被发在网上，点击那些用来骚扰左翼力量和有色人种的版面，就能找得到。"[20] 数周后，该女生又在《纽约时报》上发文，讲述了抗议学生如何反被骚扰，"成百上千的电话、匿名短信和暴力威胁，信息详尽得让人不寒而栗，摆明了他们知道我们住在哪儿，又在哪儿上课"。文章还透露，在网络留言板上，这名女生收到了强奸威胁，指名道姓要侵犯她。[21] 长青学院的副校长桑德拉·凯瑟，在学校负责公共关系，她告诉记者，学院被卷入了"最疯狂的社交媒体骚扰浪潮，你能想到的，我们都收到过"。[22] 然而，暴民们并不只是从距离遥远的地方"打电话进来"。虽然很快就确认，新泽西州男子的那通电话威胁只是唬人而已，但右翼的极端组织确实造访过长青学院的校园。比如，新纳粹团体"核武分部"就在校园到处贴标语，口号如"黑命不贵"和"加入你们本地的纳粹党吧"。他们后来还公布了一段视频，他们的成员身着黑衣，蒙头遮面，趁夜色在校园里游荡，张贴那些标语。[23]

牛顿定律告诉我们，在物理世界中，每个作用力都会产生它的反作用力，两者大小相等，方向相反。然而，在政治极化的漩涡中，凡有一个行为，便会有更加激进或急剧的反应。回到2015年，许多人批评校园抗议者，指责他们小题大做（比如在克莱蒙特·麦肯纳学院的事件中，斯佩尔曼教务长那封引发争议的电邮）。但自2016年岁末起，我们开始发现更多发生在校园外的过度反应，看到左派教授发表某些言论，右翼人士便不放过任何一个机会，非要把小事搞大。

丽莎·德登是新泽西州纽瓦克市埃塞克斯郡立学院的兼职教授，2017年春季学期，她受聘主讲《大众传播与流行文化》这门课，也指导论文写作。在来到埃塞克斯学院之前，德登女士是位励志演说家，主持过自己的脱口秀，以流行文化专家的身份出没于各种网络，还做过电视和电影制片人。2017年6月6日，她现身于塔克·卡尔森的节目，议题围绕着"黑命贵"组织在纽约布鲁克林举办的一场"白人不得入内"(all-black)的纪念日派对。虽然德登没有参加那次活动,可她仍为之辩护。节目进行到某个节点,卡尔森的质问咄咄逼人,德登的反击也锋芒毕露:"噢噢噢……你们白人很生气,之所以如此,是因为你们没法用自己的'白人特权'卡,拿到邀请。"[24]

无法否认,德登女士的话也很伤人。但问题是,"白人不得入内"事件并不发生在大学校园里,所以德登所辩护的,并不是白人学生被排斥在外——事实上,从头到尾都没有人指控她有歧视学生的行为。尽管如此,德登的节目播出后,还是立刻招致了右翼的满腔怒火;她收到了恐吓邮件和匿名威胁,话语粗鄙不堪,比如"我会到你家,杀了你这个黑人愚蠢婊子",还有"要是你敢像对福克斯新闻上的那家伙那样对我说话,我会打得你满地找牙,滚他妈的你这个种族主义恶魔"。德登给我俩看的还有许多,这里就不一一重复了,但一言蔽之,情况很清楚,他们都是些可怕的种族主义者、性别主义者、危险分子。

恶毒的攻击同暴力威胁如弹幕般袭来,德登因此身心俱疲。"每当我想到或谈起这件事时,还是会心头绞痛,"她在写给我们的电邮中这样说,"人们总是说事情会好起来,这是因为在同处于我这般境地的人交流时,这么说是政治正确的。但事情并非总是好转,有时候明天会更糟。而这就是我现在的感受。"[25] 祸不单行,学院勒令德登暂时停职,且就此事发起调查,他们声称,投诉如雪片飞来,"立即将校方淹没"。[26] 个人教育权利基金会随后申请查询记录,要看看校方口中所说的投诉,但埃塞克斯学院却置之不理,直到基金会提起法律诉讼。结果令人吃惊,那所谓出现在停职之前的铺天盖地的投诉,总共只有一封电子邮件而已。[27] 即便如此,到了6月23日,埃塞克斯的校长还是宣布,德登已被解雇。[28] 面对这一切,德登还是明确告诉我们,她并不因自己的直言而后悔。

德登教授的故事并非个例。2016年的平安夜,乔治·奇卡美瑞欧-马赫(George Ciccariello-Maher),任教于费城德雷塞尔大学的一名教授,发出一条挑衅推文——"圣诞节,我的全部心愿就是白人灭种"。推文全网疯转,在此过程中,一个佯装位于田纳西州,但实则与俄罗斯有关联的推特账号,不断推波助澜。[29] 只看文意,这条推文便令人惊骇,但要是你知道,所谓"白人灭种"(white genocide),其实是白人种族主义团体用来表示心头忧虑的一个术语,他们担心,大规模的移民连同跨种族的通婚最终将导致白人的消失,那么马赫教授的推文也就有了同字面不同的解读。马赫本人后来也有解释:"'白人灭种',是白人至上主义者发明出来的一种观念,它被用以谴责一切,从跨种族关系到多元文化政策……它是种族主义者臆想出来的问题,理当人所共弃,我很荣幸,嘲讽了它一回。"[30] 一开始,德雷塞尔大学向马赫承诺,他不会因这条推文而受到处罚,但到了2017年2月,校方还是静悄悄地启动了调查,此后以"安全问题"为由,禁止马赫涉足校园。大学的调查在2017年12月底宣告结束，但这是因为马赫已从学校辞职，此时距离他发出那条推文，正好过去整一年。[31] 马赫说，他同家人都收到过"死亡和暴力威胁"，他遭受到"右翼分子、白人种族主义的媒体以及网络暴民的骚扰，几乎整整一年无休"。[32]

2017年5月20日，普林斯顿大学教授基安雅-雅马塔·泰勒（Keeanga-Yamahtta Taylor），《从"黑命贵"到黑人解放》一书的作者，在汉普郡学院的毕业典礼上致辞，她在发言中称特朗普总统"是个种族主义、性别主义的自大狂"，威胁着学生的未来。数日后，福克斯新闻公开了她毕业致辞的片段，称之为"反总统的檄文"。[33] 到了5月31日，泰勒说她已经收到"超过50封充斥着仇恨的威胁电邮"，有些邮件写到"具体的暴力威胁，包括谋杀"，还要"对她处以私刑，用点44口径的手枪，把子弹射进［她的］脑袋"。[34] 考虑到自己和家人的安全，泰勒取消了接下来的演讲安排。

保守派的读者可能不会承认我们刚刚呈现的三个案例，他们当然可以认为，这些话从教授嘴里讲出来，确实带有攻击性，或是有意挑衅，最终惹祸上身，不过是求仁得仁罢了？自由派人士也许可以从"白人灭种"中发现笑点，但若是你非要在推特上拿"灭种"开玩笑，你就得做好心理预期，有些人就是会从字面意思来理解你。这样说，有人或许会得出这样的结论：如果这三位教授在表达时能选用更审慎的话风，像个教授的样子，大概他们就不会引火烧身了。但问题是，以学术的方式来表达，也不足以保证安全。2017年6月，莎拉·邦德，爱荷华大学的一位古典学助理教授，在

《超敏》(*Hyperallergic*)这个艺术学在线杂志上发表了一篇文章,题为"为什么我们要戴上有色眼镜观察古典世界"。[35]文章的题目道出了一个鲜为人知的事实,回到古希腊罗马时代,雕塑通常绘有皮肤的色泽和鲜亮的色彩,但这些雕像后来被掩埋风化,等到文艺复兴时期重见天日之时,原来的色彩早已磨损干净。文艺复兴时期的艺术家及其赞助人相信,朴素的白色大理石是出于审美的意图,于是乎,这些艺术家便运用他们错误理解的希腊罗马造像典范,创造出了新时代的雕塑作品(比如米开朗基罗的"大卫")。[36] 将错就错,文艺复兴时期的白色大理石雕像,就塑造了我们当下对古典世界模样的想象:随处可见的,都是白色大理石雕像。

按照邦德的论述,这种错误的观点,即认为罗马人选择白色大理石来表达理想的人体,到了19世纪就使许多学者相信,罗马人就是"白种人"(尽管在古代社会尚且没有什么"白人"种族的概念)。邦德在她的文章中这样写道,因白色雕像所导致的误解,"给今天鼓吹白人至上的种族主义者提供了进一步的弹药,包括如'欧罗巴身份'这样的团体,就用古典雕塑作为白人男性统治的一种象征"。[37] 对我们来说,邦德的观点既新奇又有趣,更重要的是,她还用抓人的照片以及学术论文的链接做了论证和展示。但问题是,无论邦德的呈现多么慎重,并未越出学理之边界,但愤怒的机器还是运转起来了。

一家报纸头条这么写道——大学教授如是说:用白色大理石做人像雕塑,是种族主义的,造成了"白人至上"。[38]

另一家报纸头条也做出呼应——爱荷华大学的教授声称，"白色大理石"实际上催生了"白人至上"的观念。[39] 在推特上，邦德教授被叫作"白痴的社会正义战士"，人们发推文说，巴不得她被解雇，或干脆让她去死。[40] 她还收到了死亡威胁、解聘她的呼吁，当然还有网络上铺天盖地的谩骂。[41] 一份报纸的头条就刻画出右翼眼中政治极化漩涡是何等模样：自由派教授大放厥词——反而因保守派媒体的报道而发难。[42] （而站在左派的立场，局面大概是如此这般：自由派教授有话就说——且看保守派媒体之报道，教授们发疯了。）

自 2017 年起，政治极化的循环渗透大学生活的日常，其进展顺序通常如下：[43]

1. 某一位左翼教授，在社交媒体、主流媒体上，在讲座或者（较为少见）学术出版物中，说了或者写了某些煽风点火的内容。之所以有此表达，经常是一种回应，起因于校园外的右翼团体或政客做了某些被认为不公正的行为。很快，相关的视频或截图就会在社交媒体上刷屏。

2. 右翼媒体抓住这个故事，添油加醋，重新讲述，以放大民众的愤怒，报道往往是断章取义，有时甚至会歪曲事实。[44]

3. 数十位甚至数百位抗议者在听闻此事后，在社交媒体上写下愤怒的帖子或评论，也会给当事教授发电邮，其经常包含种族主义或性别主义的污蔑，有时甚至发出强奸或死亡的威胁。有些人公开呼吁，要求大学开除当事教授。

4. 在此过程中，大学校方未能担当起保护教授的职责。有些时候，调查随之展开；有些时候，教授被要求离校休假。如果当事教授还未获得终身教职，那么就很有可能被解聘或者合同到期后不续约。

5. 大多数派性人士，只要听到这故事，哪怕只言片语，就会发现这确证了他们向来不吝以最坏的恶意去判断对手。右翼人士会抓住当事教授的言论或文字不松手，而左派势力则紧盯着由此引发的种族主义或性别主义来回应。怒火不断升级，两方人士陷入极化之循环，形势一触即发。

上述模式，不同于此前所述的校内模式，也就是教授在大学校园里招致学生的怒火；同样，给某人贴上种族主义者的标签，或者要求校方取消对他们的演讲邀请，与发出强奸或死亡威胁，也绝不可等量齐观。其间的区别，也得到了法律的承认；第一修正案保护言论自由，但并不保护言之凿凿的强奸或死亡威胁。这些都是犯罪。但问题在于，无论激烈的反应是来自校园内的左翼，还是校园外的右翼，大学领导层的回应往往绵软无力，经常无法给处在困境中的教授施以援手。事态恶化，迅速失控，左右两边的观察者都得出了同样的结论：对方罪恶昭彰。

许多教授表示，他们如今在上课和演讲时，务必要更加谨言慎行，因为某个不经意的脱口而出，或者纯粹的误会，都会招致污蔑中伤，甚至是来自四面八方的威胁。[45] 让形势更糟糕的，还有一个潜伏的新问题：教授们正在因为他们的政治主张而受到密切监视。"转折美国"，一家保守派的校园组织,甚至编出一份"教授监视名单",就是为了"揭发并记录下"某些教员,"他们歧视保守派的学生,在课堂上推销反美价值观,宣扬左派立场"。[46] 许多言论自由的倡导者,忧心忡忡地看着"转折美国"将他们的监视名单公之于众——不要忘记,在名单上记录下那些不受欢迎的观点,写上持此类意见者的名字,这种做法在美国可有着一段国人皆知的丑陋历史。[47] 此类名单意在警告,凡是上了榜的人,说话时要长点心。身为一名教授,其职责担当就是要激发出某些令人不那么舒服的思想,但现如今的教授却有理由担心,这种发人深省的教育风格和质疑方法可能会毁掉他们的名誉,甚至终结其职业生涯。

威胁来到校园

统计报道出来的仇恨犯罪事件数量,经历了持续25年的下降之后,在2015年开始抬头。[48] 到了2016年,根据美国联邦调查局的追踪,仇恨犯罪的数量又增加了5%。[49] 一项关注美国主要城市的研究显示,2017年1月至8月,相比2016年同期,报道出来的仇恨犯罪增加了20%。[50] 在统计仇恨犯罪时,要获取准确的数据往往极其困难,有些事件可能广为人知,但最终却被证明是恶作剧。[51] 然而,大学校园里目前流行着一种看法,认为仇恨犯罪在特朗普时代开始增长,对此,我们综合了现有的研究,可以认定,这种看法不无道理。

在校园里，威胁可以是赤裸裸的，有时甚至骇人听闻。2015年，密苏里科技大学的一名白人学生，因在社交媒体上发帖而被捕，当时黑人学生正在密苏里大学抗议，而他在帖文中宣称，自己要到密大主校区去，到那里见到一个黑人"就开枪打一个"。[52]密大事件发生5个月前，在位于南卡罗来纳州查尔斯顿的一间教堂里，迪伦·鲁夫杀害了9名黑人教区居民。2017年10月，马里兰大学的一名白人学生被指控因仇恨而犯下谋杀罪，他捅死了一位名叫理查德·柯林斯三世的黑人学生，这位原籍鲍伊州立大学的访问生，显然就是因为黑肤色而成为了攻击的目标。[53]

经历了白人种族主义者在夏洛茨维尔的暴力大游行，尤其是看到希瑟·海尔被杀害的那一幕，在许多观察者眼中，如果说此前还认为新右翼不过就是在网上叫嚣，图逞口舌之快，那么现在，新右翼同新纳粹群体所发出的人身威胁就变得真真切切。2017年10月，夏洛茨维尔大游行的两个月后，理查德·斯宾塞，公开承认自己是白人建国主义者后，在佛罗里达大学发表了一场演讲。演讲结束一个半小时后，三名男子也自称白人建国主义者，把车开到一处公交站台，一群抗议者聚集在那里，二话不说，就对抗议者呼喊新纳粹的口号。当时，一名抗议者用警棍击打这辆车的后窗，三人立马从车里跳了出来，据报道，他们吼叫着"我他妈的要杀了你！"和"射死他们！"。其中一名白人种族主义者叫泰勒·坦布林克，身上带着枪。他对着人群就是一枪，但没有打中抗议者，人群作鸟兽散。这三名白人后来都被逮捕，被控意

第6章 政治极化的恶性循环

图谋杀。[54] 数月后,在位于密歇根州的韦恩州立大学,某团体正在校园内分发小册子,支持移民权利,这时一名学生同这群人发生争执,拔刀相向。他当时高喊,就是要"杀掉所有的非法移民,他们不属于我们的国家"。[55]

有色种族的学生面临着人身安全的威胁,又看到四处都是频频发生的威胁事件,这并不是新现象;美国的种族史,就是一部歧视和恐吓的历史,也同一部进步史交错而行。然而,恰恰因为近年来的进步,这一波新兴起的种族恐吓浪潮,反而令人格外心灰意冷。2008年,巴拉克·奥巴马当选总统,为数众多的美国人都感慨万千,在美利坚同种族主义斗争的历史中,这个国家已经翻开了新的一页。[56] 到了2016年下半年,在这个选出了一位黑人总统的国度内,美国大学生们已经度过了8年时光,而现在,大多数专家和评论人士都告诉他们,期待着史上首位女总统诞生吧。特朗普的胜利举世震惊,也让许多黑人学生和左翼女性如梦初醒。现在,一方面是总统三番五次的种族挑衅,另一方面则是新纳粹之流在光天化日之下的胡作非为,恶不单行,要是说所谓"白人至上"的种族主义,即便取其严格定义,也不再是遥远过去的残骸,而是正出现在我们身边。这话要比此前很长一个历史阶段都更真切合理。

在此,我们再次引用艾莉森·斯坦格的评判,以之为本章作结:"整个美国的政治生活和话语都处在一个爆发点之上,而大学校园在其中更是风口浪尖,对其反应总是一触即发。"这就是现如今的语境/背景,大学生群体身处其间,他们在尝试搞清楚那些震动全国之校园事件的来龙去脉，也对那些看起来微不足道的生活小事做出自己的反应。这本书从头到尾，我们始终坚持，对于大学里的那些事，有一些解释要比另一些解释更有建设性。但在本章中我们却主张，学生为什么会如此行事，是有其原因的。这里有背景故事。这里有全国性的语境。政治极化已形成漩涡，以及上述负面派性在滋长，正在影响着全国各地的政治活动，驱使许多美国人去拥抱"我们 vs 他们"的谬误。

在接下来的三章中，我们将展示，并不只有大学校园在发生着变化；现如今，来到大学的年轻人也换了一茬。无论是青少年的心理健康，还是美国孩子的童年生活，都在发生着变化，这就导致了新一代的大学生入校后，只要看到他们所认为的"爆点"，怒火就将在校园内燎原。

小结

❖ 20世纪80年代以来，美国一直经历着至少一种政治的极化：情感的（或情绪的）两极分化。这意味着，在民主党和共和党两大党之间，若是认同其中一党，就会愈发仇视另一党，恐惧该党成员。为了帮助我们理解校园里发生的那些事，我们提出了六条解释线索，而这就是其中第一条。

❖ 美国的情感极化是大致对称的，但在政党间敌意不断升级的时期，随着大学学生和教员普遍左转，在某些保守派的右翼组织那里，大学所获取的信任越来越少，遭遇的敌意却越来越多。[57]

❖ 自2016年起,因在接受采访时或社交媒体上发表某些言论,而遭到右翼组织骚扰甚至撕咬,教授这样"一夜成名"的案例越来越多。

❖ 日益加剧的政治极化,连同右翼加重种族和政治挑衅的火力——通常将目标从校外开始转移到校内,在讲述大学生何以如此行事,尤其是自2016年起发生的变化时,是不可不谈的章节。

第7章
焦虑和抑郁

> 抑郁之人常常自绝生路。然而,有意识的干预是可能的,不必坐以待毙。
>
> 安德鲁·所罗门,《正午恶魔:抑郁症纪实》[1]

在我们所发现的六条解释线索中,位居第二的是,进入21世纪的第二个10年后,美国青少年患抑郁和焦虑症的比例出现了大幅激增。这些情绪失控,同本书开篇所论的三大谬误存在着千丝万缕的关联。

以下是一篇以第一人称为视角的抑郁症叙述。它并非出自青少年之手,但也阐明了安德鲁·所罗门的陈述,有意识的干预是如何可能的:

> 我花了一整天时间,在网上搜寻自杀的方法。每次我要动手时,就会发现没有什么方法万无一失,故事的结局是,你仍然活着,但却会留下永远的伤残。连吞枪自杀都有未遂的。我不能冒这种险,于是我去了街对面

的五金店，想找些结实的塑料袋和金属丝。我的想法是，把所有的安眠片、镇静剂和抗焦虑药混在一起，一次吃完，然后把头紧紧裹住，这样的话，哪怕是这些药没弄死我，窒息也会让我丧命。但这要求塑料袋要足够结实，即便过程中我有一丝回心转意，也没法挣脱开来。

我必须现在就动手，越快越好。因为……为什么呢？因为这么做是对的，而如果我耽搁了，我可能就不会如此干脆利落，趁着我意志坚定这会儿，我得把自己结果了。要是我随后感觉好一些，那不过也只是一种错觉。我有种强烈的感觉，我已触及某个更大的黑暗真理：我要去死。

我不知道，是不是自己转念一想，感到自杀的想法实在怪异，才让我有了片刻的冷静，拨打了911。一开始，我如同事不关己，交代了自己的计划，但很快，我就哭了。电话那头的声音告诉我，马上去医院。我照做了。

那是2007年12月，接下来的三天，我都在费城北区的一家精神病院度过。遵照医嘱，我搬离费城，那里我孤单一人，回到纽约市，这里有我的朋友和家人。我又碰到一位医生，多年以来，只有他减少而不是继续增加我的用药量。而且，搬回纽约后，我就开始了认知行为治疗。

起初，这似乎也没啥用。但医生一次又一次地向我演示，我是如何千方百计地维持一种自我认知的，也就是一种心理图式，告诉自己，我这个人是如何失败的，简直无可救药。每天，我自己也进行两次认知行为疗法的练习，逐渐地，我开始意识到，我的心理之所以愤怒、凌乱，充满戒备，就是为了保护那个令人生厌的自我想象。

没有什么"灵光一现"的时刻。我的理性让我明白，头脑中的想法经不起推敲，但一切都没有改变——直至我的心理形成新习惯，虽然脑海中仍回响着最残暴、最疯狂、将要摧毁一切的声音，但我已经不再听信它们的忽悠。当我不再让那些声音去洗脑时，它们也就消停多了。多亏了认知行为疗法，我现在已经有了新的心理习惯，只要听到心底最坏的想法，就好像它们是愚蠢的卡通腔。虽然我仍会感到抑郁，但发作的频率和严重程度都要缓和很多了。

这段自白，来自本书作者格雷格。他相信，是认知行为疗法救了他的命。不过短短数月，他就已经学会了如何抓住自己的心理扭曲。而且，一旦学会了如何在自己身上找毛病，也就不难发现他人的思维误区了。只要一个人养成思维习惯，去找到这些心理障碍，那么距离发现诸如小题大做、二元对立、乱贴标签这些错误，也就不远了。

早在2008年，几乎是一开始进行认知行为治疗的同时，格雷格就在他主持个人教育权利基金会的工作中留意到，大学管理者时常会给学生群体去模拟认知错误。观察校方行政职员的行事作风，常常给人以如此的印象，好像大学生总是身处危险之中，他们需要保护，远离各种各样的风险和不适（对此，我们将在第10章中展开讨论）。然而，回到当时，虽然校方人员时常小题大做，但"千禧世代"的大学生却往往不以为然。一直到2013年前后，也就是"互联网世代"最早的一批学生进入大学时，格雷格才开始发现，这种面对言论而惶恐不安的态度，更多地出自学生群体。解析围绕着安全空间、预先警告、微侵犯和言语暴力所展开的新讨论，大学生常用的论证和论据，看上去就像从认知行为疗法的训练手册中照抄而来的。正是发现了这一点，格雷格才在2014年邀请乔共进午餐，我们的讨论也形成了2015年首发于《大西洋月刊》上的文章。

在那篇同名文章中，我们简单地讨论了童年生活在美国所发生的变化，比如孩童不受看管的时间在减少，社交媒体近年来的兴起，但我们的注意力集中在了年轻人进入大学后发生的事。那时候，我们只是听到了由大学心理教员所发出的第一波警报，他们告诉世人，大学生心理健康的问题极其严重，已经使他们不堪重负了。[2] 我们在文中指出，很可能是校方目前在做的某些工作，初心在于保护学生群体不受语言和思想的侵扰，但好心却办了坏事，让学生动辄陷入认知扭曲，最终反而增加了对心理健康服务的需求。

然而，等到2017年，事实已经很清楚了，我们此前误解了大学校园的那些事。大学生群体这一波的心理疾病来势汹汹，但大学却不是问题的罪魁祸首；毋宁说，这些伸手求助的大学生，其自身也处在一个席卷美国的大潮之中，青少年陷入了普遍的焦虑和抑郁，其程度可谓史无前例。正是因为患有心理疾病——主要是情绪障碍——的学生人数迅猛上升，才导致了校方疲于应对。[3] 之所以会出现安全主义的新文化，某种程度上就是一部分学生、教师和行政人员共同努力的结果，他们为了应对上述新风向而改造校园环境。如果为数众多的学生在控诉，他们因某些类型的言论而感觉到威胁，那么提供更充分的保护，就是顺理成章的。而在本书中，我们想要传达的基本信息就是，这种思考问题的方式恐怕是错误的；高校学生并非脆弱到不堪一击，他们是反脆弱的。有些善意的保护举措可能会适得其反，长远看来，甚至会使局面更加恶化，伤害了我们原本意在保护的青年学生。

在本章，我们将探讨关于美国青少年心理健康问题的近期研究发现。有证据表明，类似的趋势也发生在加拿大[4]和英国[5]，尽管这两国的证据就其程度和整体趋势来说赶不上美国。[6] 在上述三个国家中，女孩子受影响的程度要高于男孩子。简言之，在校园内外，年轻学生的心理健康发生了怎样的变化？为什么安全主义的新文化要到2013年之后才浮出水面？

互联网世代

《互联网世代》是一本出版于2017年的著作，我们在第1章曾做过简要讨论，该书的作者简·特温格，是任教于圣地亚哥州立大学的一位社会心理学家,她在书中为我们展示出一幅细致入微的图景,呈现了当代青少年和大学生的行为、价值观和心理状态。作为一名学者,特温格的研究关注代际之间心理上的差异,总结模式并追寻原因。在她的笔下,千禧世代之后的美国青少年被称为"iGen"(构词如同iPhone),也就是"internet Generation"(互联网世代)的缩写,因为他们是破天荒的第一代,成长于互联网触手可及的环境中。[有些人使用了"Z世代"(Generation Z)这个词。]无可否认,千禧世代一开始的孩子们,也就是那些出生在1982年的年轻人,到了20世纪90年代末,家里已经用上了康柏(Compaq)电脑,他们在家用电脑上开始用网景浏览器(Netscape)和远景搜索(AltaVista)来下载音乐、搜索黄页地图了,但问题是,搜索引擎并不会改变社会关系——而社交媒体却会。

找到一个时间分水岭,以此划分出不同的代际,从来都是很困难的;但根据年轻人的心理肖像,特温格确定了1994年这个时间坐标系,以之为千禧世代出生的最后一个年份,认为从1995年开始,出生的就是互联网世代的孩子。从千禧世代到互联网世代,青少年对心理态度和特征的自我描述存在着代际间的断裂,其中一个可能的原因可追溯至2006年,也就是互联网世代的头生子长到11岁的那一年,"脸书"改变了用户注册的要求。注册时,你不再需要证明自己是在校的大学生;现在,任何一位年满13岁的青少年——或者实际年龄不足,但声称自己年满13岁的孩子,都可以加入"脸书"。

但"脸书"以及其他社交媒体的平台开始并未吸引太多的中学生,一直到 iPhone 于 2007 年问世,然后短短数年风靡全美。因此,对于这段从 2007 年起至 2012 年前后的时间,我们不妨理解为一个短暂的变革期,在这五年间,美国普通青少年的社会生活发生了天翻地覆的变化。社交媒体平台如雨后春笋般涌现,十岁出头的青少年就开始使用"推特"(Twitter,创立于 2006 年)、"汤博乐"(Tumblr,创立于 2007 年)、"照片墙"(Instagram,创立于 2010 年)、"色拉布"(Snapchat,创立于 2011 年)等各种各样的社交媒体。年复一年,这些公司越来越擅长抓住并留住顾客的"眼球"——此处借用了他们业内人士的说法。社交媒体可以使人愈发沉溺其中,无法自拔。2017 年,"脸书"的首任总裁肖恩·帕克接受采访,他对那些初始阶段发展的回顾,读来令人心惊胆战:

> 在开发这些应用时,"脸书"可以说走在头一个,所内置的思维过程……说到底不外乎是:"我们如何做,才能最大限度地消耗你们的时间和注意力,多多益善?"……这就意味着,我们必须时不时地给你一点多巴胺的刺激,你会看到,又有人给你的照片点赞了,又有人给你的帖子评论了,诸如此类。而这就会让你发布更多的内容,然后,你就能获得更多的赞、更多的评论……这在本质上就是一种社会确认的反馈循环……正好是像我这样的黑客所能想到的主意,因为你正是要利

用人类心理的某一弱点。[7]

在道出上述一番言论之前,帕克还说过:"这对我们孩子的大脑会造成什么,只有老天知道。"

简言之,进入互联网世代之后,人类的成长就发生了破天荒的变化,十岁出头的孩子正值塑造品格的人生阶段,现在他们却沉浸于由社交媒体所编织的社会和商业试验中,如庞然大物一般,无处可逃。这会导致什么问题呢?

特温格的书,基于她所进行的四项深入调查,跨度达数十年的周期。其中一项调查是针对大学生群体的,而另两项则关注更广泛的青少年,还有一项则扩展至全美的成年人口。《互联网世代》这本书,包括了作者从上述四个数据库内所绘制的大量图表,展示出青少年行为和态度自 20 世纪 80 或 90 年代开始发生的诸多变化。看这些图表,图中的曲线基本上波动不大,但到了从 2005 年至 2012 年期间,在某个点上,原本水平线上下的线条,突然向上抬头,或者骤然向下俯冲。有些趋势是相当积极的:生在互联网世代,青少年不爱喝酒了,也不怎么抽烟;开车上路时,他们相信,道路千万条,安全第一条;就连他们初次性行为的年龄都向后推了。但还有些趋势就不那么乐观了,有一些甚至让人颇为担忧。特温格以一个长长的副标题总结了她在书中的发现:为什么今日的孩子即时互联,但在成长过程中却更少叛逆,更多柔顺,更不快乐——并且对进入成年毫无准备——对于我们来说,这又意味着什么。

按照特温格的分析，代际之间的两项主要变化，可能推动了安全主义自2013年以来在校园内的兴起。第一项变化：现如今，孩子们的成长要缓慢很多。有一些活动，被公认为标志着从童年期转向成年期的事件，比方说打工、开车、饮酒、约会和性爱，现在发生得更迟。若是同他们的前辈相比，互联网世代的孩子们要更晚熟，他们从一开始就不愿尝试，而且也没有表现出前辈们的热情。你看现在十来岁的青少年，他们不愿意参与这些活动（此类活动通常需要同他人进行面对面的交流），而宁可用更多的时间来独处，同屏幕互动。[8] 值得特别指出的是，"直升机父母"的教育方式，对子女人身安全的担忧，再加上屏幕那无法阻挡的诱惑力，均造就了互联网一代的新问题：同前辈相比，互联网的新一辈很少在没有大人看管的情况下同朋友们外出玩耍。

归根结底，当互联网的新一辈抵达大学校园时，亦即自2013年秋季开始，同此前任何一代大学生相比，他们所积累的线下生活经验和无人看管时间都要少得多。如特温格在书中指出："现在18岁的孩子，其举动像极了过去15岁的孩子，而13岁的孩子就好像10岁的孩子。青少年的人身比从前任何时候都更为安全，然而他们的心智却更脆弱了。"[9] 上述这些趋势，大部分是不分社会阶级、种族和族群而一起出现的。[10] 所以说，若同此前时代的18岁相比，互联网的新一辈平均而言还没有做好上大学的准备。这大概就能解释，为什么一夜之间，大学生群体要求更多的保护，在他们的事务以及人际冲突中要求成年人更多地介入。

第二项发生在代际之间的主要变化,是焦虑和抑郁症比例的急剧上升。[11] 在本章余下部分,我们运用特温格在《互联网世代》内所给出的数据,绘制了三个图。这些图直截了当,讲述了一个能让听者流泪的故事。

关于心理病症的研究向来有一定论,女孩要比男孩更容易抑郁和焦虑。[12] 这一性别间的差异,在青春期到来前,可以说是微不足道,甚至并不存在,但自打进入青春期,差异就显现出来。21世纪之初,青春期男女之间的差距相当稳定,但大约从2011年开始,青春期女孩的抑郁比例迅速增加,由此导致差距扩展开来。如图7.1所示,到了2016年,

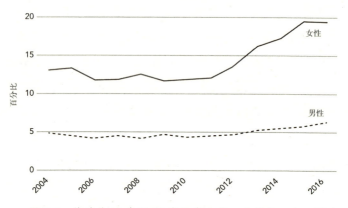

图 7.1:统计从12岁至17岁的青少年,在此前一年,至少出现一次严重抑郁症状的百分比。自2011年起,比例一直在上升,尤其是女孩子的状况(资料来源:全国药物使用和健康调查数据)

根据受调查女生所提供的信息，大约有五分之一的症状符合了我们的标准，也就是在过去一年中经历过严重的抑郁症发作。[13] 男孩子的抑郁比例也有所增加，但相对而言要慢很多（从2011年的4.5%上升到2016年的6.4%）。

七年不过转瞬即逝，难道青少年的心理状况竟至发生如此的变动？说不定，图7.1所反映的，只是诊断标准出现了变化？也有可能，只是做出抑郁症之诊断的门槛被降低了，但假设更多的青少年因此获得帮助，大概也能算是好事一件吧？

不排除以上可能，但也要想到，降低抑郁症诊断的标准，鼓励更多的"病人"使用治疗和心理疾病的语言，也可能导致某些不良后果。给人贴标签，会制造某种所谓的循环效应：一旦被贴上标签，人们会因此改变自己的行为，诊疗于是变成了自我应验的预言。[14] "乱贴标签"之所以构成如此强横的认知错误，部分原因即在于此。如果抑郁症成了你的一种自我认同，那么等着吧，你就会形成相应的心理图式，关于你自己还有你的前途（我一无是处，没有未来可言）。这样的心理图式会成为你的负担，你因此难以调动能量，专心致志地应对挑战，而反过来说，若是你能够从容应对，就会克制抑郁症对你的掌控。我们这样说，并不是否认抑郁症的真实性。我们永远不会告诉抑郁症患者，只要"坚强些"，这些症状压根不是事——格雷格有过切身的体验，深知这么做毫无帮助。我们只想指出一点，在分派心理健康的标签时，若是降低诊断的门槛（或者说鼓动"概念渗透"），就会增加"患者"的人数。

但悲剧在于，图 7.1 所示的青少年抑郁症的激增，并不仅仅是诊断标准变化的结果，我们这么说，是有坚实证据可以作证的：十来岁的青少年的自杀率也在增加，其趋势与抑郁症比例一致。如图 7.2 所示，我们可以看到，美国每 10 万名年龄在 15 岁至 19 岁之间的青少年的年度自杀人数。自杀率和尝试自杀率是两回事，因性别而异；女孩尝试自杀的次数更多，但死于自杀的男孩却更多，究其原因，在于男孩通常会选择不可挽回的自杀方法（比如吞枪或者从高层建筑跳下）。数十年来，青春期男生的自杀率上下波动，在 20 世纪 80 年代，因当年犯罪和暴力的高潮而迅速上升。但随后，进入 90 年代，犯罪的浪潮突然消退，所以青春期男性的自杀率在 1991 年到达历史高点。尽管自 2007 年开始的自杀率上升还未至历史最高点，但目前来看，它仍然高得可怕。再看青春期女生这一边，可用的数据开始于 1981 年，从这一点起算，女生的自杀率始终保持稳定，虽然与同年龄段男性相比，女生的自杀率要低出许多，但只看女生这条线，自 2010 年起自杀率稳步上升，便已经到达女生自 1981 年有记录以来的历史最高水平。若同本世纪初相比，现如今选择结束自己生命的少女则增加了一倍之多。在加拿大，十来岁少女的自杀率也在上升，只是没有如此快速，与此同时，青春期男生的自杀率却有下落。[15]（而在英国，不论男女，自杀率近年来都没有出现明显变化。[16]）

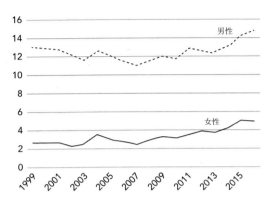

图 7.2：按性别划分，年龄在 15 岁至 19 岁的青少年，每 10 万人的自杀率（资料来源：美国疾病防控中心，《致命伤害报告》，1999-2016[17]）

近期有一项研究着眼于"未致命的自残伤害"，它用另一组数据也确证了同样的趋势，心理疾病问题愈演愈烈。[18] 在这些案例中，青少年被送进医院的急救室，因为他们自己动手，伤了自己的身体，比如用剃刀割伤自己，拿头撞墙，或者饮下毒药。研究者所用的数据，来自遍布全美的 66 家医院，时间从 2001 年开始，因此他们可以估算出整个国家的自残率。他们的研究发现，青春期男生的自残率保持稳定，在 15 岁至 19 岁这一年龄范围的男生中，每 10 万人有大约 200 人自残。而比较同年龄段的女生，自残率则要高出许多，但从 2001 年至 2009 年间也保持相对稳定，每 10 万名女生中每年大约有 420 名自残。但从 2010 年开始，青春期女生的自残率逐步上升,在2015年达到了每10万人中有630人。年龄再小一点的少女(10岁至14岁),自残率的增长速度甚至更快,从2009年的每10万人中110人,到2015年的每10万人中318人,几乎增加了3倍。(而在此阶段,10岁至14岁年龄段的男孩的自残率保持大致稳定,每10万人约有40人。)由此可见,自2010年开始,女孩们的日子就过得很糟心。

反社会的社交媒体?

心理疾病和自杀行为为什么出现激增?幕后推手是什么?特温格相信,自2007年前后,智能手机和社交媒体开始迅速渗透进入青少年的生活,而到了2011年前后,心理健康出现大面积危机,因此,前者是主因,后者为果。在《互联网世代》一书中,特温格给出了一些表格,显示出数字媒体的使用同心理健康问题之间的正相关关系:近年来,两者协同共增。就此而言,以数字媒体为罪魁祸首的解释,要比其他因素更合理,比如说自2008年开始的全球金融危机及其引发的经济衰退。到了2011年,美国的国内经济和就业市场已经企稳,且稳中有进,因此经济因素不太可能是主因,没有经济已经向好而青少年心理健康却在之后恶化的道理。[19]

简单的相关性固然可以给出提示,但只凭它们,我们还是无法搞清楚前因如何得出后果。在既定的时间段,许多事情都在发生着变化，因此我们不乏机会去碰到所谓的伪相关（spurious correlations）。比方说，在美国，奶酪的年度人均销量和每年因被床单缠住而致死的人数，存在着近乎完美的正相关，但我们不能由此认定，吃奶酪会导致人们有不同的睡姿。[20] 两种现象之间的相关性是"虚假的"，因为两项数据在同一时期内的稳步增长，不过是个巧合。

为了防止落入伪相关性的陷阱，我们必须要考虑其他的变量——若是某种特定的因果解释是正确的，则可以预判这些变量也会发生相应的变化。为了完成这项检验，特温格考察了个体学生所报告的全部日常活动，用了包含此类指标的两个数据库。特温格发现，一方面，同抑郁和其他自杀类似的结果（诸如想自杀、计划自杀或者尝试自杀）存在显著相关的，只有两种活动：一是使用电子设备（如智能手机、平板电脑或电脑），二是看电视。而另一方面，还有五种活动，同抑郁症存在着负相关（也就是说，孩子们每周花在此类活动上的时间越多，则抑郁症的可能就越小），它们分别是：体育运动和其他形式的锻炼，参加宗教活动，读书（也包括其他印刷载体），面对面的社会交往，以及做家庭作业。

比较一下正相关和负相关的两列，留意一下，它们之间存在着什么区别吗？屏幕，还是没有屏幕。若孩子们每天闲暇时盯着屏幕不超过2个小时，他们患上抑郁症的风险并不会升高。[21] 但只要每天的屏幕时间超过2小时，那么盯着屏幕每多1个小时，抑郁症的风险就会大大增加。与之相反，孩子们若长时间远离屏幕，特别是如果他们能参与到无屏幕的社会交往中,那么他们就不太可能患上抑郁症或滋生出自杀的念头。[22](特温格也指出,反向因果关系也不是没有可能,也就是说,抑郁症是因,而抑郁导致了孩子们会在屏幕上花费更多的时间。但她也表明,这种情况的可能性并不大。[23])

为何会这样,一部分原因在于,电子设备让我们离群索居。人类是"彻底社会"(ultrasocial)的物种。黑猩猩和狗都有非常活跃的社会生活,但人类作为彻底的社会物种,远非诸如猩猩此类的"社会"动物所能及。[24]就像蜜蜂一样,人类可以形成大规模的群体,分工明确,通力合作。人类喜欢成群结队,热爱团体运动或彼此呼应的活动,只要能给我们带来"我为人人、人人为我"的感受,人类就热衷于此。(这种彻底的社会性,让我们联想到第3章所讲的部落主义心理。其中的门道一言蔽之,便是既要满足人性对归属和交往的需求,又不能激发起部落主义中更封闭甚至暴力的基因。)无可否认,社交媒体的出现,使创建大型群体变得前所未有的容易,但问题是,那些"虚拟"团体同面对面的社会联系相比,可不是一码事;可以想见,它们也无法用相同的方式来满足人性对归属的需求。特温格教授及其合作者就道出了个中关键:

> 千万不要忘记,人类的神经构造是如何进化而成的,不可脱离的条件就是与他人进行紧密的、通常是连续不断的面对面接触(包括非视觉和非听觉的接触,比

方说触摸或者嗅闻），因此，若是减少或者删除该系统的关键输入，就有可能导致整个系统的不稳定。[25]

特温格的研究支持了上述的观点，她发现，对于那些更社会化的孩子，也就是比一般孩子更热衷于参加面对面的社会交往的孩子，在电子设备上花时间通常来说并没有伤害。[26] 换言之，屏幕和社交媒体是否会显现出它们的负面影响，取决于十来岁的青少年同他人相处的时间长短。但电子设备之所以有害，并不仅仅是因为它们让孩子们上瘾，不愿意进行面对面的交往；它们还有一些更潜移默化的效应，会更强烈地应验在青春期女孩子的身上。

为什么受伤的总是女孩子？

前文的图表已经显示，进入互联网时代后，青春期女生的心理健康要比男生更糟糕。进一步讲，既然社交媒体要承担一部分责任，那这一块的后果大概只应验在了女孩子身上。特温格通过研究发现，对于男孩子来说，总共的屏幕时间同不良的心理健康结果是相关的，但具体到使用社交媒体的时间，却同心理问题并不相关。[27] 问题于是来了，为什么社交媒体会伤害女孩子，却放过了同龄段的男孩子呢？

这里至少存在两个可能的原因。第一个原因是，社交媒体所呈现出的，是那种"展示"版的生活，而这种存在于表象和现实之间的差距，会对女孩子造成更大的负面影响。许多观察者已经指出，较之于男孩，女孩更热衷以接纳和排斥为中心来组织她们的社交生活。[28] 社交媒体就如同大功率的发射器，把同龄人的日常都展现在青春期少男少女的眼前，她们打开屏幕，看到的就是那些她们所认识的朋友，如何一起玩乐，一起做事——包括有些她们本人没得到邀请的活动。一方面，这会加重所谓的"错失恐惧症"（FOMO，担心自己错过了），不分性别，同样受到影响，但另一方面，刷到令人眼花缭乱的"展示"版的照片，女孩子受到的冲击就远大于同龄男性，归根到底，按照乔治城大学语言学教授黛博拉·坦纳所言，这种所谓的"被遗落的恐惧"（FOBLO，亦即害怕自己被踢出圈子）会给女孩子造成更多伤害。[29] 当女孩子看到朋友们在一起的照片，若是她收到邀请但却因故无法参加，这叫"错过"，但若是她连邀请都没收到过，这就是"被遗忘"，这会造成两种完全不同的心理状况。此处正如特温格所言："女孩子更常使用社交媒体，当看到同学和朋友三五成群，而自己却一人独处时，她们就更常感受到被排斥，感到孤单。"特温格在这里用数据来说话，她的结论是，不论性别，青春期的少男少女们自认为受冷落或被遗忘的人数，目前处在历史的高点，但就变动的走势而言，女孩子患此恐惧的增幅更大。从2010年到2015年，统计10来岁的男孩子，他们承认自己经常感到被冷落的比例从21%增至27%。女孩子则从27%跃升至40%。[30]

社交媒体的内容分享还会造成另一个后果，青春期的女孩子打开自己的手机应用，马上就会受到人造美女或自动美颜照片的连番轰炸，让她们对自己的外貌更缺乏自信。现如今，并非只有时尚模特的照片才会被修图；色拉布和照片墙这样的平台自带"滤镜"，让女孩子修饰自拍造型，编辑修图，甚至连她们的朋友在照片中也更漂亮。这些滤镜可以让鼻子更小，嘴唇更丰满，还可以磨皮祛斑，皮肤变光滑。[31] 这导致了一种新现象：眼下，有些年轻女性想要做整形手术，让自己看起来如同美颜自拍照中的样子。[32]

社交媒体之所以跟女孩子过不去，第二个原因在于女孩和男孩都有攻击性，但行为方式却各有不同。心理学家尼基·克里克的研究表明，男孩子的攻击性更多地表现在身体上——他们会互相推搡、打架斗殴，也更热衷于以身体侵略为题材的故事和电影。与之相对，女孩的侵略性更多发生在"关系"层面；她们会想办法去破坏对手的人际关系、名声和社会地位——比方说，使用社交媒体，务必要让对手知道，她已经被踢出了小圈子。[33] 总而言之，就整体而言，男女两性在攻击性上没有什么差异，但他/她们在伤害他/她人时会首选什么样的方式，男女之间却一贯存在着巨大的差异。（说到底，克里克是在20世纪90年代得出了上述研究结论，那时候社交媒体可连影也没有呢。）更不必说，既然男孩子的攻击一般而言是直接对人的，那么在他们各回各家后，受攻击的目标就有了避难之所。但在社交媒体的笼罩下，女孩们无处可逃。

给定男女之间所首选的攻击方式有上述差异，若现在有一个大恶魔，在美国全体青少年的口袋里，都放入一把上了膛的手枪，结果会如何？谁会遭受更多的伤害，男孩，还是女孩？大概会是男孩子，原因很简单，他们会发现枪战更刺激，更倾向于用枪来解决冲突。话说回来，假如这个大恶魔所送赠的不是枪，而是在每个青少年的口袋里放了一部智能手机，里面装满了各种社交媒体应用，那么结果又会如何呢？抛开恶魔的设定，以上大概就是从 2007 年至 2012 年这五年间所发生的事。现在已经水落石出，女孩们更受伤。社交媒体给孩子们带来了很多好处：它不仅会破坏人际关系，同样也可以加强交际，在很多方面，它让青少年有了宝贵的实践，以锻炼他们社交的技艺。但问题在于，社交媒体的出现，可以说是继人类发明语言以来，进行人际关系之进犯的最大利器，而当前可用的证据已经表明，女孩子的心理健康因之深受影响。

互联网一代进大学

2013 年 9 月，互联网世代的头生子进入大学校园；到 2017 年 5 月，当打头的第一批开始毕业时，美国高校已经基本上由互联网世代之子所占据（至少在择优录取的四年制住宿本科生院校是如此）。也正是在这短短数年之间，安全主义的新文化像是从天上掉下来的一样。

同样是在这一阶段，大学内设的心理咨询诊所发现，学生的需求来势汹汹，仿佛一夜之间，它们就已经不堪重负。根据许多报纸和杂志文章所披露的，在全美各地的大学里，等待心理咨询的学生名单越拉越长。[34] 一开始，这些报道聚焦于个别大学的危机事件，读起来多少像是捕风捉影的记录。在我们合写那篇刊发于《大西洋月刊》的文章时，尚且找不到在全国范围内取样的调查，可以记录这种趋势。但现在，三年过去了，这样的全国性调查已经陆续出现。

2016年，大学生心理健康中心曾发布一份报告，运用了来自139所大学的数据，该报告得出结论，在所有接受调查的大学生中，仅在2015至2016学年度，就有半数的学生表示他们曾因心理健康问题去做过咨询。[35] 该报告还指出，近年来，日趋严重的心理健康问题只有一个，就是焦虑和抑郁。图7.3使用了另一个数据库，但同样确证了上行的趋势。[36] 该图所展示的，是自称患有心理疾病的大学生的百分比。从2012年到2016年，在大学男生中，比例从2.7%增至6.1%（增幅达126%）。再看女大学生，增幅更迅猛：从5.8%跃升到14.5%（增幅高达150%）。这些学生是否确实达到了严格的诊断标准，在此暂且不论，但问题是显而易见的，关于如何认识自身，互联网世代的大学生已经表现出明显的不同，有别于他们出生在千禧世代的前辈。女性承受了最大的变动：在现如今的美国大学，每找到7位女生，就会有1位认为自己患有心理疾病，而在千禧世代的尾巴处，这一比例尚且只有1/18。

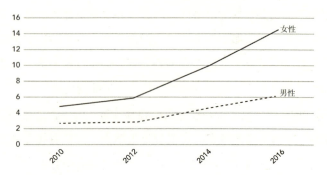

图7.3：在被问到"你是否患有某种心理疾病（比如抑郁）"这一问题时，回答"是"的大学生的百分比（资料来源：高等教育研究所）

这些年来，因自感焦虑而主动寻求心理咨询的帮助，也成为愈加常见的行为模式。根据一项针对大学心理咨询中心的大规模调查，在2009年及此前，在前来做心理咨询的大学生中，只有37%的学生自认有焦虑之困扰——大致相当于另外两大心理问题，亦即抑郁和人际关系。[37] 但自2010年起，因焦虑困扰而前来求助的学生越来越多。同比数据在2013年达到46%，此后继续攀升，至2016年已经高达51%。到目前为止，心理焦虑，已经成为大学生寻求心理治疗的首要问题。同样，这些年中，大学生群体的自残和自杀比例也出现了大幅上升，[38] 可以这么说，这一数字之所以增长，一如既往，部分可以归因于学生更愿意进行心理问题的自我诊断，但我们还是可以确知，心理疾病的比例确实在一路上升。在这些孩子进入大学之前，他们青春期的生活和思考已经出现了某些改变，自2013年开始，这样的学生一级又一级地进入大学校园，抑郁颓丧、焦躁不安，这势必会冲击到大学的文化和规范。

你现在可以明白，为什么我们很难做出如下强势的论断，正是因为大学给学生传授了错乱的思维方式，才导致大学生们变得焦虑和抑郁。对于这些十来岁的青少年来说，在他们还未进入大学之前，焦虑和抑郁的比例就已经增加了，而对于那些没机会进入大学的同龄人来说，问题也是一样的。显而易见，导致这场全国性心理健康危机的，并不是大学；大学所做的，只是响应了一场危机。这也能解释，为什么安全主义的信念和行动在2013年之后会如此迅猛蔓延。但问题在于，大学生若是已经身陷焦虑和抑郁之困，安全主义无能为力。事实上，贯穿本书的主要观点便是质疑安全主义，在学生苦苦挣扎于情绪障碍之时，安全主义的救助往往会雪上加霜。安全主义还连带破坏了大学里自由探索的风气，因为在它的教导之下，学生视言论为暴力，在解读思想和演讲者时，动辄套用要么安全、要么危险的两分框架，而不是单纯追问对或错。一旦以这样的方式来思考言论，就有可能助长揭批文化，而这无疑又给学生增添了焦虑的理由。

抑郁和焦虑，往往会祸不单行。[39] 这两种心理都会营造出强烈的负面情绪，由此滋生情绪化的推理。焦虑似乎无孔不入，它可以改变一个人的脑回路，以至于在他脑海中，威胁好像会凭空跳出来，哪怕情况并不明朗，甚至全然无害。[40] 所以说，较之于正常的同龄人，一旦受困于焦虑，大学生就可能发现，危险无处不在，无论是在无害的问题上（导致他们接受微侵犯这个概念），在某部小说的某段文字里（导致他们要求课前的警告），抑或某位嘉宾所做的演讲中（导致他们呼吁取消演讲，或者要求校方设立某种安全空间，以躲避讲座），焦虑者都能感觉到危险。同样，抑郁也会扭曲一个人的认知，使患者产生更多不必要的负面看法，无论是对自己、他人、世界或者未来，都感到一片灰暗。[41] 于是，问题日益凸显，也愈发扩散。而一个人用以对付这些问题的资源，却日渐枯竭，看上去微不足道。事已至此，他所感知的心理控制点也就开始外部化[42]——所有这些都会导致意志消沉，无力行动起来解决问题。自以为身陷逆境，三番五次地逃脱却终归于失败，就会造成一种心理状态，心理学家马丁·塞利格曼称之为"碰壁后懂得了无济于事"（learned helplessness）。一旦进入这种状态，人们就会相信逃脱是不可能的，因此就坐以待毙了，即便情景有了新的变化，努力就有回报之时，他们还是不会去做任何尝试。[43] 进一步说，人一旦消沉抑郁，或者焦虑使自身的威胁—回应系统处于高度警戒时，他们就会成为"敌意识别偏差"的受害者，也就是说，即便是在善意的情境或者与善良的人士交流时，他们也有可能发现敌意。[44] 误解因此成为常态，甚或激化为大规模的冲突。

关于屏幕时间：三思而后行

近年来，青少年心理疾病激增，已成不争之事实，相应证据在许多数据库内都不难找到。但是，该问题多大程度上要归咎于智能手机和观看屏幕的时间，相关的证据则比较间接，可以得到确证的比例，也算不上很大。特温格在书中使用的只是现成的数据，细看她的数据组，所呈现的只是粗略的指标，对应着孩子们做了些什么——基本上就是粗略做些估计，每一周，他们在各种活动上所花费的大致小时数，包括使用电子设备的时长。特温格的研究发现，这两者的相关性在统计学上讲得通，但整体而言关联仍非常有限。但这并不意味着智能手机的破坏性微不足道；它只是表明，依靠现有数据，我们目前所能解释的那部分心理疾病变动还非常有限。如果我们能找到更好的指标，模拟孩子们在做些什么以及他们的心理健康发生了何种变化，那我们对心理疾病因何而激增，就能做出更充分的解释。这些问题都是崭新的，我们还需要大量的研究，才能最终搞清楚，为什么自2010年后青少年心理健康竟会如此迅速恶化。

我们在此几乎可以断定，未来的研究想必会证明，智能手机和社交媒体的作用是复杂的，利弊混杂，至于有多少利，又有多少弊，要具体问题具体分析。不仅要看是什么样的孩子，还要看他们所从事的是什么样的线上活动——以及由此替代了什么样的线下活动。我们看到一种因素，现有的研究已经开始将它作为核心变量,这就是青少年人际关系的品质以及技术对这类社会关系的影响。近期,社会心理学家珍娜·克拉克、莎拉·阿尔贡和梅兰妮·格林总结了目前关于社交媒体之效应的研究,她们提出了如下原则:"社交网络网站的作用要一分为二地看,当用户以之为工具来构建有意义的社会联系(social connection)时,此类网站是有益于用户的;反之,当用户不这么做,那么社交网站就到处隐藏着隔离和社会攀比(social comparison)这样的陷阱,由此伤害它们的用户。"[45]

所以说,我们在这里并不想制造什么道德恐慌,使天下父母都焦虑不安,进而禁止孩子们接触所有的电子设备,直到他们年满21岁。这些都是极其复杂的问题,还有待更多更好的研究。尽管如此,正如我们在接下来的第12章中所言,现有的证据已经坐实,家长们应当对子女使用电子设备设定时间限制(青少年每天大概不超过2小时,更年幼的孩子还要递减),与此同时,对于那些会放大社会攀比而不是构建社会联系的网络平台,家长也应当限制甚至禁止子女登陆。还应指出,考虑到当前社会所流行的父母教养哲学,特别是孩童们天性中对玩耍的需求,我们还有更进一步的充分理由,来反思电子设备的使用。在接下来的两章中,我们将着手讨论这些问题。

小结

❖我们给出的第二条解释线索，是自 2011 年开始，青少年心理健康普遍恶化，焦虑和抑郁症状在全国范围内蔓延。

❖互联网世代（有时也称"Z 世代"），亦即在 1995 年至 2012 年这一阶段出生的一代人，在很大程度上有别于千禧世代，即他们的前辈。简·特温格是一位专攻代际差异研究的学者，如她所言，两代人之间的一项大不同便是，互联网世代的青少年成长发育更缓慢。整体而言，同样是 18 岁，较之于他们的前辈同龄人，现如今的孩子很少有机会摆脱大人们的看管，因此他们所经历的自由玩耍时间更少，在走向独立自主的道路上，他们所达成的成长成就（比如说找工作或考驾照）也更少。

❖第二个区别：互联网世代的孩子普遍表现出高得多的焦虑和抑郁率。在这一问题上，性别表现出重大的差异，女孩和年轻女性的心理问题恶化要远高于男孩和年轻男性。心理问题之加重，并不只是因为病症之定义或诊断标准发生了变化；自杀率的增加，因自残而入院抢救的人数比率也在增加，这些都真切地反映出青少年心理的危机。目前，青春期男生的自杀率仍高于同龄女生，但自 2007 年起，青春期女生的自杀率却翻了一倍。

❖如特温格所论，心理疾病之所以蔓延，主因就是人们现在智能手机不离手，各种电子设备不离身。每天屏幕时间少于两小时，看起来就不会毒害身心；但必须指出，孩子们进入青春期，若每天花上好几个小时同屏幕互动，那么较之于少用电子设备，常做面对面社会交流的同龄人，他们的心理健康会更糟糕。一般而言，沉溺于电子屏幕的年龄段越早，问题往往就越严重。

❖ 女孩更容易受到伤害，原因在于，无论是社会攀比（比如那些数字美颜后的自拍照），还是她们已经被遗忘的种种信号，以及人际关系上的攻击，都会给女孩子造成更严重的冲击，尤其是在智能手机和社交媒体已经唾手可得之后，伤人者只需动动手指，受伤者便往往插翅难飞。

❖ 从2013年至2017年，互联网世代的孩子们进入大学，同样在这段时间，安全主义的校园文化出现并蔓延，时间上正好交叠在一起。在许多大学的校园内，安全主义的文化向大学生提供了过犹不及的保护。也正是因为这些学生出现大面积的严重焦虑和抑郁，互联网世代的孩子们才如此应和这种安全第一的文化。无论抑郁还是焦虑，都会导致认知上的变化，比方说，在他们的眼中，世界到处都是危险，敌人四面埋伏。

第8章
焦躁不安的父母

> 太多孩子只有十来岁,却已失去了同困境和不确定讲和的能力,之所以如此,一大原因就是我们为人父母者是如何教养他们的。
>
> 凯文·阿什沃思,
> 美国西北焦虑症研究所临床主任
> 俄勒冈州波特兰市[1]

第一个孩子出生后,格雷格夫妇刚从医院回到家中没过几天,就收到了一份邮来的包裹,里面装着一份不同寻常的礼物:一个红色灭火器,闪闪发光。请注意,这可不是那种玩具消防车,而是一个货真价实的灭火器。这礼物之所以意义特殊,是因为它来自丽诺尔·斯科纳兹,她生活在纽约市,是一位作家兼记者,也是两个孩子的母亲。你可能听闻过她的大名,她是"美国最恶毒妈妈"。

斯科纳兹的声名狼藉之路,起始于2008年,那一年,她的儿子伊兹只有9岁,但她竟允许这男孩独自搭乘纽约地铁。好几个星期了，伊兹都在央求妈妈，把他带到一个从未去过的地方，然后搁下他，由他自己想办法回家。于是，等到一个阳光明媚的星期天，斯科纳兹觉得时间正好，便带伊兹去了布鲁明戴尔商场。反复确认伊兹能找到回家的路，操练了在需要时向身边的陌生人求助，这位妈妈给儿子准备了一幅地铁路线图、一张纽约市交通卡、一张 20 美元的钞票，还有几个 25 美分的硬币，以便遇到投币电话就可以拨打给父母。做好这一切，就让他自己走了。45 分钟之后（正好准时），伊兹回到了家（爸爸留在家里等他回来），他因自己做到了这件事而开心不已——迫不及待地想要再来一次。

在《纽约太阳报》上，斯科纳兹发表了一篇专栏文章，[2] 讲述了这个关于孩童独立性的小实验，在文章中，她讲述了伊兹的欢欣，也描写了父母群听闻此事之后的惊恐反应。两天后，她的事迹就上了《今日秀》，紧接着还有微软全国广播（MSNBC）、福克斯新闻以及国家公共电台（NPR）。在线讨论区上灌满了帖子，基本上都是对她所作所为的谴责，当然也有一些人表示赞赏。很快，斯科纳兹就获得了一个封号——"美国最恶毒妈妈"。[3]

若是获得这样的称号，大多数母亲可能会因此羞愧难当，但斯科纳兹却坦然接受了这个头衔。她让儿子所实现的那种独立，其实就是她（也包括今天大多数为人父母者）回到 20 世纪 70 年代，回到他们的孩童时代所享有的独立，即便犯罪率在当年要高得多。那么，为什么她的决定会招惹铺天盖地的怒火和谴责呢？斯科纳兹意识到，现如今父母的教育方式已经严重走入误区。无法坐视不理,她创建了一个博客,用以解释她的哲学,呼吁人们去关注美国家长的焦虑多疑和过度保护,这些已然成为做父母的常态。她给自己的博客起名为"放养孩子"(Free-Range Kids)。从那时起,放养孩子逐渐声势浩大,发展成一种全面开花的运动,包括一本同名著作,一部电视真人秀,就叫"世上最恶毒妈妈",还有一个非营利的社团组织,名为"让他们成长"(Let Grow,可参见 LetGrow. org)。

那个由斯科纳兹所赠送的灭火器,实在是一个恰如其分的礼物,她还附了张便笺,上面写着"看到没,我是在乎安全的!"。因为这份礼物浓缩了她的主张,简言之:我们为人父母者,都要采取合理的防范措施,保护孩子们的人身安全——比如说,家里要放灭火器——但是我们不应该屈从并受制于安全主义(高估危险,迷信安全,不愿意承受一丁点儿的风险)。那么做,就等于剥夺了孩子们童年时某些最宝贵的经历。

在本书的第 1 章中,我们曾讨论过纳西姆·塔勒布所提出的概念:反脆弱。我们以之解释了一种社会现象,为什么我们好心好意,让孩子们远离花生以保"安全",但就其结果而言却适得其反:它导致许多孩子的免疫系统无法获得锻炼,认识到花生蛋白是无害的,而这又最终会造成更多的孩子对花生过敏,甚至是因接触到花生而过敏致死。我们认为,自 2013 年前后安全主义在大学校园内全面抬头,部分也应归因于上述机制。在第 7 章中,我们讨论了简·特温格的研究发现：较之于从前的孩子，以 1995 年为分水岭，在这之后出生的孩子，亦即互联网世代的成员，有着与前辈大相径庭的童年，也承受着更普遍且更严重的焦虑和抑郁。在本章中，我们将展开更细致的观察，看一看美国人的童年在晚近数十年间发生了什么样的变化。我们认为，现如今父母对孩子的教养，很可能在不经意间让儿女们学会了人生谬论；我们还将揭示，家长和小学虽然并非自觉协同，但就结果而言，却联手将孩子引向了安全主义的文化。父母在对待孩子时更为忧虑，转向过度保护的教养方式——这一趋势起始于 20 世纪 80 年代，并在 90 年代达到高点，尤其盛行于受教育程度高的家长中间——是我们所提出的第三条解释线索。

为了更充分地认识父母教育和童年，我们在写作时咨询了三位专家。我们访问的，首先是丽诺尔·斯科纳兹，然后还有朱莉·利思科特-海姆斯（Julie Lythcott-Haims）和艾丽卡·克里斯塔基斯（Erika Christakis）：利思科特-海姆斯曾为美国家长写了本畅销书，《如何让孩子成年又成人》；克里斯塔基斯则是研究幼儿发育的专家，著有《用孩子的方式对待孩子》。（在第 3 章中，我们讲过克里斯塔基斯的故事，正是因本职工作而关注过度监管的后果，她才就耶鲁大学的万圣节服装问题群发了电邮。）三位专家殊途而同归，得出了一致结论：当下父母的教育方式让孩子们难以成长，无法坚强且独立。结论相同，但得出结论的路径却各异：斯科纳兹是通过前述的教育经验；克里斯塔基斯则是通过她的学前教育工作以及对幼儿教育的研究；至于利思科特-海姆斯，她在斯坦福大学做了十多年的新生院长。她们三人也都是妈妈，养育着自己的孩子。

为人父母者，最恐惧的事

1979年5月25日，距离纽约大学不远，从校区往南数街区开外，6岁的男孩伊坦·帕茨征得了父母的同意，让他自己从公寓出发，穿过两个街区，前往校车站。从此后他就再也没有回来，活不见人，也始终找寻不到他的尸体。[4] 当年居住在纽约的人，十有八九还能记得那时寻人启事遍布全城，也许还想得起那对父母出现在晚间新闻上，他们痛不欲生，恳请全城市民如有线索就站出来。

但改变美国孩子之童年的，还要等到两年之后，发生在1981年，第二起震惊全美的谋杀案。此案掀起了一场旷日持久的社会运动，致力保护孩童们不受陌生人的伤害。亚当·沃尔什当时只有6岁。妈妈带着他，一起到佛罗里达州好莱坞的一家西尔斯百货买东西，有一处售货点正在推销最新款的雅达利电子游戏，妈妈就把亚当放在那里。当时，那个柜台吸引了一群年龄更大些的男孩子，亚当的妈妈就让他待在那里看，而她自己则离开一会儿，到灯具部转几分钟。男孩们因为下一个轮到谁发生争执，继而大打出手，西尔斯百货的保安因此把所有的孩子都赶出了商场。接下来发生的大概是，大孩子们都四散而去，只有亚当胆子小，不敢开口，说妈妈还在商场里。他孤单一人，站在商场外，成了一个流窜作案的杀人犯的猎物，用玩具和糖果做诱饵，将亚当引到了他的车上。两周后，在130英里以外的运河里，发现了亚当的头，未见尸身。

亚当的父亲约翰·沃尔什，自此后以毕生之力来救助儿童，保护他们免遭此类毒手。他创建了亚当·沃尔什儿童资料中心（Adam Walsh Child Resource Center），该组织呼吁立法改革，到了1984年，成功推动美国政府建立了全国性的走失和受虐儿童国家中心（National Center for Missing & Exploited Children）。沃尔什还和制片人合作，创作了在电视台首映的电影《亚当》，首播时吸引了全国3800万观众。1988年，沃尔什发起了一档基于真实犯罪的电视节目，名为《全美通缉令》，报导尚未侦破的犯罪案件，包括儿童诱拐，由此向社会公众寻求帮助。他还设法推广一种巧妙的新方法，散播失踪儿童的照片：将照片印在牛奶纸盒上，上面标上醒目的大写字母"MISSING"（失踪）。[5] 这样印制的纸盒最早出现在1984年，首批中就有伊坦·帕茨的照片。到了20世纪90年代初，这一计划如雨后春笋，在购物袋、广告牌、披萨盒，甚至是水电费的账单上，都印上了失踪儿童的照片。习惯改变后，恐惧也与日俱增，许多家长开始相信，无论什么公众场合，只要他们的眼珠错开孩子片刻，他们的孩子就可能被夺走。而放手让孩子在自家社区周边闲逛，只要没有成年人的监管，家长的心就是吊着的。

陌生人绑架并谋杀孩子，可以说是我们所能想到的最可怕的罪行。但谢天谢地,这种罪行,也是最罕见的。根据美国联邦调查局的数据,在所有的失踪儿童中,接近90%的是因为沟通有误,或者搞错了方向,而主动离家出走,[6]最后回到家中的失踪儿童,更是高达99.8%。[7]在儿童被诱拐的案例中,绝大多数都是被失去监护权的某一方父母所带走的;真正被陌生人所绑架的,只占上报失踪儿童总数的不到1%——美国有超过7000万名未成年人,这意味着整个国家每年大约有100个这样的孩子。[8]自20世纪90年代以来,统计所有以儿童为对象的犯罪,其比率都在下降,[9]与此同时,儿童在被绑架后劫后余生的概率则有所增加。[10]

现实的风险,还是想象的风险

回想当年,在互联网世代的父母们还小的时候,他们从小长大的城市和市镇要比如今危险得多。无论是婴儿潮的孩子们,还是在此之后的X世代人,他们的成长背景就是不断恶化的犯罪狂潮和骚乱。[11]拦路抢劫,当时是城市生活的常态,民众居住在城市中,有时就学会带一个便宜的钱包,里面装着"给劫犯的钱",这样被抢时就不用交出真钱包了。[12]海洛因注射器和后来的可卡因瓶随处可见,成为城市里的一道景观。如果你把这么几件事放在一起看,自20世纪60年代开始的犯罪大潮,到80年代期间有线电视的迅速铺开,其中有些新闻频道甚至不分昼夜,对儿童失踪案件进行全天候的报道,[13]你就能理解,为什么美国家长到了

90年代会变得担惊受怕、处处设防了。

犯罪浪潮到了90年代初戛然而止,当时几乎所有犯罪的发生率都在全国范围内开始大幅下降。[14] 举个例子,到了2013年,谋杀率已经下降到60年之前的水平。[15] 但即便如此,因犯罪而产生的恐惧,却没有随着犯罪率的下降而有所减缓,无时无刻不提心吊胆,这种为人父母的新习惯看起来已然成为新的全民规范。如今美国父母的育儿方式,同陌生人给孩童们造成的现实风险,已经完全错位脱节了。

让我们看一看,有些家长在安全主义这条道上已经到了走火入魔的地步:2015年,密苏里州的一家人自导自演了一出好戏,他们"绑架"了自家6岁的儿子。父母想要"给他上一课",让他有切身的体会,原来对陌生人友好是最危险的。下了校车后,这个男孩就遇见等在那里的姑妈的同事,被诱骗上了一辆皮卡车。据警长所述,这名男子随后向小男孩宣布,他永远不会"再见到妈妈"了。警方还披露,男子用夹克上衣蒙住男孩的脸,这样他就看不出自己实际上是被带到了自家的地下室。下车后,孩子被五花大绑,那名男子用枪威胁他,大意是他将被卖去做性奴。[16]

当然,这样的父母确实天下少有,竟想到以这样恐怖的方式来"教育"孩子。但这只是冰山一角,安全主义还以不那么极端的形式,通过比较微妙的方式来教导着下一代。利思科特-海姆斯和斯科纳兹都和我们分享了一样的故事,现如今的父母们不敢让十来岁的孩子骑自行车去邻居家。在为"健康儿童网站"(HealthyChildren.org)撰文时,一位心理学家曾提到,"走失和受虐儿童国家中心认为,任何年龄段的孩童都不应被允许单独使用公共卫生间"。[17] 这位心理学家还以她9岁的儿子为例,给出了如下建议:

> 不要让孩子独自去公共卫生间。
> 教你的孩子别用小便池,而是用单人隔间。
> 尽量不去有多于一个出入口的公共卫生间。
> 当孩子在隔间里方便时,要守在门外,全程不停地跟他们说话。

我们可以理解身为母亲的担忧,害怕儿子在公厕里会碰到变态。但问题是,如果说,一种做法是如这位心理学家所提示的,教育男孩子只懂得惜命,每次上公共卫生间时都要同父母保持口头联络,另一种做法是教会他识别洗手间里的变态或不当行为,万一他将来真的遇到变态,也能懂得摆脱,两种办法,到底孰优孰劣呢?

安全主义的诸危险

如果你经常在"脸书"上打发时间,没准就会碰到这样的标题党帖子,比方说"70年代孩子早该死光的8条理由"。[18] (理由之一:草坪飞镖……理由之四:爱用助晒油,而不是防晒霜。)我们这辈70年代的孩子,看到此类帖子就喜欢转发,因为我们在嘲弄当今父母们的安全顾虑。借此也可以指出，在我们这代人的成长岁月中，没有人系安全带，戴自行车头盔，那年头大部分成年人都抽烟（孩子在身边也不怕），油漆和汽油都是含铅的，人们会鼓励孩子自己去公园和游乐场，那些随便是谁都能绑走他们的场所。

虽然这些帖子难免充满了嘲讽和蔑视的腔调，但它们还是凸显了在追求儿童安全的道路上某些重大的成绩。安全带的普遍使用，挽救了许多的生命；[19] 自行车头盔降低了脑部创伤的风险；[20] 身边有儿童时不吸烟，有益于孩子们的身心健康；[21] 无铅油漆和汽油做到了防患于未然，预防了无数的医疗问题和死亡。[22] 综合上述因素，从 1960 年到 1990 年，统计 5 至 14 岁的儿童，因意外伤害和事故而致死的人数减少了 48%，而在年龄更小的孩子（1 至 4 岁）中，死亡数则下降了 57%。[23] 儿童安全运动的成功，也有助于解释为什么现代父母常怀安全之忧，甚至走到了安全主义的极端。毕竟，既然关注重大威胁就能产生这样的红利，那么何不更进一步，让童年尽可能安全，做到万无一失呢？

这种思考问题的方式存在一个大问题，当我们试图构建完美无缺的安全系统时，我们就会制造出新的、不可预见的问题，这几乎无可避免。比方说，通过救助危难公司来预防金融动荡，可能到不远的将来，就会导致更大规模也更有摧毁力的经济崩盘；[24] 为了保护森林，扑灭林中的小火，结果枯木堆积起来，最终导致了灾难性的火灾，即使把此前预防的小型火灾都加在一起，也远不及一场大火烧得干净。[25] 安全规则和规程，正如大多数要改变复杂系统的尝试一样，经常会产生意想不到的后果。有些时候，此类非预期的后果会尤其恶劣，导致原本计划中的受益者状况反而每况愈下，还不如啥都不做，顺其自然。

我们相信，保护孩子远离环境危害或交通事故，这样的举措当然是对孩子好。在日常生活中接触到铅，或者吸二手烟，显然没有什么好处可言；遭遇到车祸，却没有系安全带，当然也不会让孩子们在以后撞车时变得更皮实。但很多时候，为了保护孩子远离危险，所选择的方式却会阻止他们获得经验，比如步行上学、爬树或使用剪刀。而这样的努力是不同的。保护会付出代价，孩子们因此错失了习得技能、学会独立或者进行风险评估的机会。（就是让他们待在室内，也会增加肥胖症的风险。）斯科纳兹一句话道出真相："这种认为'一切都很危险'的三观有问题，因为过度保护本身就是危险的。"[26]

利思科特-海姆斯也所见略同：

> 我见过好多家长，他们不准自己17岁的孩子独自乘坐地铁。于是我就问他们："你们对女儿有什么长远之计吗？"……我周围到处都是这样的事。我发现孩子们不敢孤身走在人行道上。他们不喜欢一个人去散步，也不喜欢骑着自行车去兜风。要说原因，大概是他们被彻底养成了这副模样，感到自己随时都可能被坏人绑架。[27]

正如塔勒布在《反脆弱》（*Antifragile*）一书中所揭示的，

为我们的孩子罩上保护之盾,我们这么做,反而会在无意间阻碍他们的成长,剥夺他们所必需的人生经验,似乎舍此就无法使他们变成有所作为的大人模样。15年来,记者哈拉·埃斯特洛夫·马兰诺一直在发声,呼吁人们警惕这一趋势。"父母们正在不遗余力,为他们的孩子拔除生活中可能碰到的钉子,"她说,"然而,来自父母的过度关注,只会导致一个结果,就是孩子们变得更脆弱。"[28] 某种程度上,大多数家长对此心知肚明,但他们仍会盘旋在孩子周围,一眼不错地保护着他们。就连利思科特-海姆斯自己也无法免俗:

> 所以说,我曾严厉批评过那些父母,孩子都读大学了,他们竟然还不会放手。然后直到某一天,我的孩子那时已经10岁了,晚餐时,我侧身过去,开始切他盘子里的肉。那一刻,我突然意识到:我的天呐!我居然在帮他切肉,可他已经10岁了呀!10岁的时候,我已经在照管其他娃娃了,但我自己的孩子,10岁了,还要人给他切肉。这可真是活见鬼了![29]

安全主义文化的生成,这锅不能全由个体家长来背。归根结底,为人父母者过犹不及的育儿以及安全主义,都是"进步所导致的问题",在本书的导言中,我们曾提过这个概念。谢天谢地,一家人通常要有五个或者更多的子女,难免其中一个或者好几个要早夭,这样的日子已经一去不返了。当国家实现物质繁荣,妇女获得教育平等,享有充分的政治权利，有渠道享用良好的医疗和避孕工具时，出生率就会大幅下降，大多数夫妇都只有一两个孩子。他们也因此投入更多的时间，来照看这些数量更少却也更加健康的孩子们。[30] 事实便是，尽管较之于1965年，今天的母亲们生育的孩子更少，外出工作的时间大幅增多，但她们用来照顾孩子的总时间却更多了。[31] 父亲们陪伴孩子的时间，就增幅而论，甚至还更大。

父母花时间陪孩子，通常而言是件好事，但问题在于，严密监管和保护往往过犹不及，太多就会变形为安全主义。孩童们就其天性来说是反脆弱的，但一旦为安全主义所攻克，就会成长为更脆弱也更焦虑的忧伤青年，也因此更容易接受前述的"人本脆弱"的谬论：凡是伤害，只会让你更脆弱。

过度保护，实乃情非得已

当为人父母者聚在一起讨论育儿问题时，对"直升机家长"的谴责总是不绝于耳。许多父母也想要少些盘旋，给孩子更多的自由，但往往只能想想而已，做起来太难；压力从四面八方涌来，有同辈做父母的，有学校的，甚至连法律都在施压，驱使父母做出越来越多的保护，很多时候远远超出其所愿。斯科纳兹这么说，社会压力经常促使父母去做"优先最坏结果的思考"。[32] 为人父母者，要为最坏的可能结果做足准备，做不到这一点，就会被其他父母连同老师们看不起,视之为"坏父母"(甚至是"美国最恶毒妈妈")。在人们的预期中,好父母应当相信,一旦无人监管,他们的孩子就会身处险境。

情况愈演愈烈。有些父母曾拒绝这种不分巨细的育儿方式,给孩子以更多的自由,结果竟真的被捕。2015年,佛罗里达州一对父母被控犯有"疏于照顾儿童"的重罪,只因他们回家晚了。[33] 他们11岁的儿子,由于进不去家门,只好在自家院子里打了90分钟的篮球。邻居给警察打了电话。父母双双被戴上手铐,脱衣搜身,采集指纹,在拘留所被关押了一整夜,随后因疏于照顾儿童而被捕,而那个11岁的男孩,连同他只有4岁大的弟弟,被送进看护中心,待了整整一个月。即便在回到父母身边后,这俩孩子仍被要求参加"游戏"治疗。而这对父母,此前从无疏于照顾孩子的前科,也被强令要求接受治疗,参加课程,学习如何做父母。

2014年,在康涅狄格州的布里斯托,一位女士走进一家西维士连锁药店,将女儿单独留在车里。这听起来可能很恶劣,尤其是此时正值夏日,这位妈妈还把车窗都关上了。一位警觉的路人打电话报警,警察赶来打开了车门。据警方讲,这孩子"反应灵敏",并没有遇险。但整个事实却是,这女孩已经11岁了。她先前告诉妈妈,自己不想下车到店里,宁愿待在车里等。[34]

在这种歇斯底里的育儿方法尚且不存在时,孩子们到了11岁,就可以为邻居家当保姆,照看更年幼的孩子来赚点零花钱,且学会承担责任,回想20世纪70年代,本书作者乔和他的姐妹就是这么做的。但现如今,在某些警察部门和热心邻人看来,11岁大的孩子自己还需要保姆。这位母亲收到了一张法庭传票,被控行为不端,要出庭接受聆讯。

当警察也支持安全主义时,家长就不得不事无巨细地保护孩子了。俄亥俄州新奥尔巴尼市的警察局长建议,在无人监管的情况下,孩子们不应被允许外出,直到他们年满16岁。[35] 当你把这些情况综合在一起考虑,有来自朋辈的压力、公众的羞辱以及被捕的风险,那这一切也就不足为奇了。美国竟有这么多的父母不让孩子离开自己的视线,即便是一转眼的时间,虽然在这些家长中,很多人谈起他们最美好的童年回忆,便是同小伙伴们一道外出冒险,而没有大人们的监管。

给乖孩子的安全书

丽诺尔·斯科纳兹指出,伟大的儿童读物,所讲的大都是没有成人的看管,孩童们外出历险。对于那些不想给孩子植入危险思想的家长们,斯科纳兹同她的读者列出了一份"经典戏仿"的书单,专治这个安全主义的时代:

《啊,你不要去的地方!》(*Oh, the Places You Won't Go!*) [原作为《噢,你将去的地方!》(*Oh, the Places You'll Go!*)]

《哈克贝利·费恩游戏会》(*The Playdates of Huckleber-*

ry Finn）［原作为《哈克贝利·费恩历险记》(The Adventures of Huckleberry Finn）］

《阿罗有条紫沙发》(Harold and the Purple Sofa）［原作《阿罗有支紫蜡笔》(Harold and the Purple Crayon）］

《"百科"布朗解习题》(Encyclopedia Brown Solves the Worksheet）［原作为《"百科"布朗解谜题》(Encyclopedia Brown Solves Them All）］

《哈利·波特与静坐挑战赛》(Harry Potter and the Sit-Still Challenge）（原作为哈利·波特系列）

《坐在福特探险者里的朵拉（如果父母不在，就别上车！）》［Dora in the Ford Explorer（But Not Without a Parent！）］［原作为《爱探险的朵拉》(Dora The Explorer）］

认真对待阶级分层

不同的解释线索会以不同的方式影响到不同的人群，而在今日之美国，生活经验的最大区隔机制，大概就是社会阶级了。要理解社会阶级是如何影响父母育儿之道的，我们不妨参考两本书，它们点面结合，既有对美国家庭的个案深描，也给出了社会学的理论和数据：第一本是《不平等的童年：阶级、种族与家庭生活》，作者是宾夕法尼亚大学的社会学家安妮特·洛罗；第二本是《我们的孩子：危机中的美国梦》，由哈佛大学著名政治学家罗伯特·帕特南所著。两位学者均发现，就父母教育子女的实践而言，社会阶级较之于种族要重要得多，所以我们不妨搁置种族的因素，而将关注集中在阶级这一点上。要理解眼下发生在大学校园里的那些事，育儿方式上存在的阶级差异是不可不察的。从简起见，我们借用洛罗的术语，即"中产阶级"和"工人阶级"：不过要指出，此处的"中产阶级"指的是中产及其以上，包括了上层阶级；而"工人阶级"这个词则被用以指称中产以下的所有人，也包括贫困家庭。

为人父母者教养子女的巨大鸿沟，最鲜明地体现在两类家庭的对比之中：一类家庭，父母双方共同养育子女，两人都有四年制大学的文凭，且在孩子的童年时期一直维系着婚姻关系；另一类家庭，父母并没有读过四年制的本科，孩子由单亲或离异后的父母之一方（或者其他亲戚）所养大。前一类的家庭，在社会经济梯级的上层很常见，这样的家庭成婚率高，离婚率低。按洛罗所言，这些家庭通常采用一种"精心栽培"（concerted cultivation）的教养方式。父母运用这样的方式，就会担当起栽培的任务：既激发孩童们认知和社交技巧的发展，又培养孩子的才能和天赋。他们会把孩子的日程表塞得满满的，在成年人指导下不间断地活动，参与课程和训练，且密切关注校园里发生的事。他们会同孩子进行大量的交流，循循善诱，晓之以理；反过来说，他们也极少动手打孩子，几乎从不会体罚。后一类的家庭，则常见于社会经济底层中间，在这些家庭中，孩子多由未婚妈妈所生。这一类家庭通常采用另一种育儿方式,也就是洛罗所说的"自然放养"(natural growth parenting)的教育。工人阶级的家长往往认为,孩子们总会长大成人,而无需太多来自大人的指导或干预。也因此,成长在这些家庭中,孩童们会体验到"大段的空闲时间、儿童自发的游乐、成人和孩童之间清晰的分隔,以及与亲戚的日常互动"。[36] 若是较之于中产阶级的家长,这些父母同孩子交流的时间更少,而同孩子摆事实讲道理的场合则更是少之又少;面对孩子,他们更习惯于下命令,做指示,有时候甚至上来就是一巴掌,体罚如家常便饭。

从以上描述来看,工人阶级的孩子们似乎有一种优势:他们可以获得更多不被设计且无人照管的游戏时间,而这一点,如我们在下一章中所讲,对发展社交能力和培养自主意识,实在大有裨益。事实上,诚如帕特南教授所言,这种阶级间的差异,既是相对晚近的发生,也是非常重要的。帕特南指出,婴儿潮那代的父母们信仰的是育儿专家本杰明·斯波克博士(Dr. Benjamin Spock)的教导,那时候的父母都知道,"孩童们应当按照他们自己的节奏来发展,不应揠苗助长,驱赶着他们去适应成人生活的安排和规则"。[37] 斯波克鼓励父母们放轻松,放手让孩子做回孩子,回想当年,婴儿潮一代和随后 X 时代的孩子们确实都是自由的,即便没有成人看护,他们也可以在邻里社区周围闲逛和玩耍。但帕特南也指出,自 20 世纪 80 年代开始,且到了 90 年代更加速前行,"关于怎么做才是好父母,社会的主流观念和规范已经发生了转向,此前是斯波克的'放任教育',现在变成了一种'精密教育'的新模式",[38] 这所说的其实就是洛罗的精心栽培教养方式。这一变化主要发生在中产阶级父母当中,他们打开报纸,到处可见宣扬早教之重要性的新闻报道(比方说,世人皆知的一个错误观点,听莫扎特的宝宝会更聪明),[39] 看到进入好大学的竞争日益激烈,他们就也想尽一切办法,希望孩子可以赢在起跑线上。反观工人阶级的父母,这样的转变却未发生在他们身上。中产阶级父母之育儿规范的转变,在我们的故事中乃是至关重要的情节。根据帕特南教授的判断,这一转向之启动,恰好赶在互联网世代出生之前。故此,如要解释互联网世代的大学生因何表现出与前辈们迥异的行为模式,一项变量因素可能就是,到了互联网世代(甚至也包括千禧世代的尾巴),中产阶级的孩子们在童年时代难逃家长彻底的安排以及无微不至的教养,其程度之深远远大于他们前辈在同龄时所经历的。

然而,如若就此认定工人阶级的孩子们具有某种整体上的优势,那就大错特错了。帕特南和洛罗都列举了一系列因素,因为它们的存在,工人阶级的孩子们要取得一般意义上的成功,早已是难上加难,即便他们有幸被精英大学录取,要想在大学里出人头地,也绝非易事。第一个因素:中产阶级的孩子们参加这些安排得当的活动,就会帮助他们去熟悉成年人的行事作风,无论是在专业领域内,还是由成人所运转的机构中。父母就是最好的榜样,孩子们有样学样,就会意识到,若是他们可以在正确的时机向正确的人提出正确的理由，体制就可以被用以满足他们的需求。相比之下，工人阶级的孩子一般而言难以接触到成年人的机构，在他们的成长阶段，也没见过父母以同样的力量、资格或要求良好待遇的权利，游刃有余地同体制谈判。所以说，进入大学后，工人阶级的孩子，更容易感到难以适应，如浮萍一样无依。（还记得我们在第 3 章中所讲的故事吗，发生在克莱蒙特·麦肯纳学院，这就会导致奥莉维亚所说的无归属感。）

较之于中产阶级的孩子，还有一大劣势始终伴随着工人阶级子弟，他们往往难以摆脱旷日持久的高压逆境。20 世纪 90 年代，一组研究人员开展了一项调查，想要由此推动"恶性童年经验"之评估的标准化。[40] 在参加调查时，受访者需要回答，从一个包括 10 种指标的清单中，选出哪些经验是他们在童年时曾经遭遇过的，比方说"父母分居/离异"；"你曾缺衣少食，或父母曾酗酒吸毒，无暇顾及你"；"从未感受过来自家庭成员的关爱或支持"；"曾被成人性侵"。如果做"是"之回答的项目超过 2 种，则此人成年后的健康和成功指标往往会下降。发现这种相关性，就会为此前所讲的反脆弱故事添附一层新的含义：若孩子们在幼年时曾遭遇恶劣逆境之重创，尤其是生活全无安定可言，也缺乏来自成年人的关爱，那么这样的困境并不会让他们变得更坚强，相反只会越来越脆弱。漫长的高压逆境会导致"恶性压力"（toxic stress）。它会重置孩童们的压力反应机制，导致其在日后一触即发，启动后就停不下来。帕特南教授曾这样总结这方面的研究发现：

适度的压力并不必然是有害的，在父母的关照之下，压力甚至可能是有益的，因为压力有助于培养孩子的应对能力。但是，长时期的高压，特别是没有辅之以关爱孩子的家长，就会干扰大脑最基本的执行功能。但麻烦的是，大脑的各个部分之所以可以协调运转，应对挑战并且解决问题，靠的就是大脑的执行功能。正因如此，儿童如果成长在恶性压力之中，则他们就很难集中自己的精力并控制冲动的行为，也不太服从管教。[41]

按照"恶性童年经验"的调查，在中产阶级以下的家庭里长大的孩子，平均而言，其所得到的分数要高得多。他们的家庭状况往往更不稳定；他们的经济生活也经常岌岌可危；他们更有可能目睹暴力，或者成为暴力的受害者。凡此种种都意味着，即便他们进了大学，却仍可能随身带着创伤和缺陷，若要在大学里成长且有所发展，他们就需要不同形式的支持，因为他们的头脑就不同于同龄的富家子弟，而后者成长于父母精心栽培的环境中。

以上简要综述了有关社会阶级和教养方式的研究，我们可以得出教义：虽然孩子们就其天性而言是反脆弱的，但论及对儿童发育之伤害，存在着两种截然不同的方式。一种是疏忽照顾，在这种环境中长大的孩子无所谓保护可言，他们从小要承受着长时期的高压逆境。这种情况发生在当代一些大学生身上，尤其是那些来自工人阶级或贫穷家庭的孩子。

另一种却是过度监管,将孩子们完全保护起来,使得他们在成长过程中无缘面对不计其数的小挑战、风险和困境;但过犹不及,这些原本是孩子们需要凭借自己的力量去应对的,他们不仅要长大成人,还要真正地长成大人。

现如今美国的精英大学,举目望去皆是上层和中上层阶级出身的孩子。近期一项研究发现,统计全美 38 所一流大学的本科生,其中包括大多数常春藤盟校,来自经济收入之顶尖 1%家庭的学生人数,已经超过后 60%家庭的本科生总数。[42] 这也就意味着,在精英大学的校园里,年轻学生之所以脆弱到不堪一击,一个重要的原因就在于家长做得太多了,而不是太少了。

安全,但愚蠢

做父母的焦虑不安,且迷信安全主义,小孩子在成长过程中也就学到了某些形式的认知错误(关于认知错误的具体类型,我们曾在第 2 章做过讨论)。我们曾问过斯科纳兹,在同家长群体长期共事的过程中,她最常碰到的是哪种类型的认知错误。"几乎每一种",这是她给我们的回答。[43]

斯科纳兹发现,父母若是时刻管着孩子,那么就会导致无视正面因素。"因无人监管的自由时光所导致的种种好处,比如欢乐、独立、解决问题以及学会坚强,都被认为是微不足道的,相形之下,要是你不在场,孩子所遭遇到的伤害却要多大有多大。安全才是王道,此外皆可抛。"父母们也经常陷入负面过滤,斯科纳兹如是说。"做父母的总是在说,'看看所有这些食物/活动/言论/人吧,任其一类都会伤害我们的孩子!'反之,他们从来不会这样想,'我们终于战胜了白喉、脊髓灰质炎和饥荒,普天同庆吧!'"斯科纳兹还指出,父母们特别擅长运用二元对立的思维:"如果某件事做不到百分之百的安全,那它就有十足的危险。"

这种育儿方式听风就是雨,孩子们耳濡目染,就一站式地学会了人生的三大谬论。是我们让孩子们相信,这世界到处都是危险;罪恶如影随形,暗藏在街道对面,潜伏在公园和公厕里。在这种方法下长大的孩子,从情感上就已经做好准备,接纳"我们 vs 他们"的人生谬论:生活是好人和恶人之间的战斗,世界观如此,这样的孩子就会恐惧并怀疑陌生人。我们也教孩子们保持警惕,随时自我监控,但他们"不安全的感觉"已经到达何种等级?然后他们就因这种感觉惶惶不可终日。如此一来,孩子们可能会开始相信,感到"不安全"(出现不安或焦虑的感觉)就是再可靠不过的明证,显示出他们确实身处危险(情感推理的谬论:永远相信你的感觉)。最终,感受到这些情绪,并非什么愉快的经验;所以说,孩子们可能会就此断定,这样的感觉本身就是危险的——压力不会杀人,但会伤人(脆弱人设的谬论:凡是伤害,只会让你更脆弱)。

如果孩子们打小就养成这样的思维习惯,他们就可能发展出相应的心理图式,指引他们以相应的方式去理解高中和大学的新环境。于是,在自身所处的环境中,他们会看到更多的危险，在他人的行动中，他们却能找到更多的敌意。同从前的同龄人相比，现如今的孩子们更愿意去相信，人活在世，应当逃离或避免所有的危险，哪怕只是我们头脑中所构想出来的小小威胁。面对言论、书本和观念，他们的理解框架却走不出"安全还是危险，是善还是恶"，从而放弃了那些可以推进学问的认知维度，比如真实或者错误，发人深思或者乏味无趣。显而易见，这种思维方式，一旦被带入大学校园，就会引导学生群体提出要求，他们需要安全空间、事前警告、微侵犯的课程训练，以及回应偏见的团队；但反过来说，这种思维方式如何能培养出受过良好教育的大学毕业生——使他们勇敢而开放，却是前景渺茫。

小结

❖ 为人父母者歇斯底里的育儿方式，是我们的第三条解释线索。

❖ 当家长把子女完全保护起来时，反而是在伤害他们。儿童天生就是反脆弱的，过度保护会导致他们在日后更软弱，缺乏必要的韧劲。

❖ 现如今的孩子所能享有的童年，较之于他们父母那一代，可以说是处处被设限。他们的父母辈，成长于一个真正危险的时代，然而却获得大量的机会，他们反脆弱的本性也由此得到锻炼并发展。同此前数代人相比，出生在千禧世代尾巴上的年轻人，再加上生于互联网世代的孩子们（1995

年以及其后出生），在他们的成长过程中，就被剥夺了无人监管的游戏和探险时光。也因此，这一代人就错失了许多挑战、逆境考验以及轻微的危险，但正是经过它们的锻炼，孩子们才会成长，被炼成坚强且独立的成人（具体可参见下一章）。

❖在当今的美国以及其他发达国家，孩童们的人身安全程度要超过历史上任何时期。然而，由于种种历史形成的原因，美国父母仍高度警惕着绑架案，许多家长早就相信，孩子们绝不应脱离成年人的监管，哪怕是一眨眼的工夫。成年人循循善诱，就是要引导孩子们相信，这个世界到处都是危险，他们独自一人无力面对。看到这么多孩子以之作为人生信条，我们也不必大惊小怪。

❖如今的法律和社会规范让孩子们无法再有自由的童年，再加上直升机式的教养方式，正在伤害着青少年的心智健康和性格中的那股韧劲。

❖在父母的教养方式上，社会阶级之间存在着极大的差异。中产阶级（及以上）的家庭，往往采用社会学家安妮特·洛罗所说的"精心栽培"方式，与之相对，工人阶级（及以下）的家庭却只能"自然放养"。有些大学生出身优渥，他们之所以脆弱不堪，要归咎于父母无所不至的爱护和照看。再看那些家境贫困的大学生，他们却面临着截然不同的危险，包括有可能承受长时期的高压逆境；此类经历也会特别损伤青少年品格中的那股韧劲，尤其是如果孩子缺乏来自成人的关爱，身边无人帮助他们缓冲压力，在逆境中成长。

❖为人父母者在教育子女时听风就是雨,在此环境内成长的孩子往往成为人生三大谬论的信徒。这也意味着,当他们这一代走入大学时,他们从心理上已经做好准备,投身于安全主义文化的潮流。

第 9 章
玩耍的消失

只工作不玩耍,聪明的孩子也变傻。

谚语,17 世纪

为什么凡是孩子,都不愿意当"鬼"(it)?为什么每次玩捉迷藏,游戏开始时,所有孩子都会大喊,"不是我!",谁是最后喊的,谁就输了,就必须扮演那个抓人的"鬼"?

观察各类哺乳动物的玩耍,其中大多都有某种形式的追逐游戏,我们由此可以得出一个发人深省的解释。在像狼这样的掠食动物中,它们的幼崽似乎更喜欢扮演追逐方。反过来,在被捕食的物种中,比如老鼠,其幼崽就更愿意被追逐。[1] 而我们的灵长类祖先,既是猎物,又是捕食者,但相对而言,他们做猎物的时间要长得多。或许这就解释了本章开头提及的现象,人类的小孩特别享受练习逃跑和躲藏的技能。[2]

远距离鸟瞰,孩童的游戏是件怪事。缅因大学的发展心理学家彼得·拉弗尼埃尔就指出,孩子们在玩耍时"既要消耗大量的精力，又要承受明显没有意义的风险"。[3] 但问题在于，既然几乎所有哺乳动物都是如此，且其中某些还会在游戏中受伤，或成为捕食者嘴里的肉，那么游戏一定要能够提供某些相当重要的好处，才能弥补风险。

确实如此。游戏至关重要，它可以引导哺乳动物的大脑发育，使其长大成年。若是没有玩耍的经验，哺乳动物就无法获得充分的发育。有一项实验证明了这种影响，幼鼠宝宝被分为三组，其成长环境各不相同：（1）将幼鼠单独关在笼子里；（2）幼鼠被单独关在笼子里，但每天让它同一只顽皮的正常幼鼠待在一起一个小时，并且在这段时间内，让两只小鼠追逐打闹；（3）同第二种情况相同，只不过这次给这只来访的幼鼠注射一种药物，使它不会追逐嬉闹，但能进行其他社交行为，比如用鼻子嗅探、互蹭。当这三组幼鼠随后被放入新环境时，曾经追逐嬉戏过的那组幼鼠就不怎么恐惧，忙不迭地探索着新环境。[4]

发育生物学中有一个基础概念，叫"经验期待型的发育"（experience-expectant development）。[5] 人类大约只有 22 000 个基因，但我们的大脑却有约 1000 亿个神经元，还有以数百万亿计的突触连接。我们的大脑是如此复杂，这也就意味着我们的基因绝无可能提供构建大脑的编码本或设计图。对于人类这样因迁徙而要面对种种环境的物种来说，即便我们的基因中遗传了一份设计图，它也不可能收放自如，将人类幼童塑造为能够充分适应种种环境以及问题的物种。大自然找到了一种更好的方式，引导我们的大脑发育，其过程大致如下：基因是必不可少的，从胚胎期即让各种不同的细胞系开始发育，且基因也会引导胎儿大脑的发育，在胎儿仍处于母体子宫中时就形成一份"初稿"。但是，经验也至关重要，即便是在胎儿尚处母体中时；而在胎儿出生后，经验就变得更加重要了。经验对于引导大脑之发育是如此关键，以至于大脑在"初稿"阶段就含有一种强烈的动机，由此激励我们去实践那些将给大脑提供正确反馈的行为，使其最大限度地优化自身，最终使我们在所处的环境中获得成功。这也就解释了为什么哺乳动物的幼兽会不顾危险，也热爱玩耍。

以人的语言能力为例，我们不难看出其运转机制：基因推动大脑中语言结构的发育，但孩子必须要真正接触并操练一种语言，才能完成这个过程。大脑中的语言模块"期待着"某些类型的输入。为了获取这种输入，孩童们就有动机，同他人进行你来我往的互动和交流。对孩子们来说，同他人进行语音和词语的交流，是愉悦的行为。小孩子如果一直没有机会进行此类语言互动，那等他到青春期时，也无法完全掌握一门语言，甚至学不会正常说话，因为他们错过了语言学习的"关键阶段"。这原本是常规发育过程的一部分。[6]

至于体格技能（如躲避猎食者）和社交技能（如就冲突进行协商以及合作），其发展也遵循着同样的逻辑。基因起草了大脑中的"初稿"，但大脑发育"期待着"孩童参与数千小时计的玩耍，甚至包括数以千计的跌跤、擦伤、冲撞、辱骂、结盟、背叛、地位竞争以及孤立排斥。孩童如果缺乏玩耍的经验，就不太可能成长为体格健壮、善于交往的青少年。[7]

1980年以来，关于游戏的研究渐成学界热点。如今，玩耍有益已是证据确凿的命题，越来越多的学术研究将缺乏玩耍和成人后的焦虑、抑郁联系在一起。虽然结论做不到板上钉钉，但也言之成理。[8] 一篇对此类文献的评论文章这样指出：

> 研究已经表明，焦虑的孩子可能诱使他人如父母或看护者做出过度保护的行为，而这又会加重孩子对威胁的负面感受，减弱他们对危险控制的感知程度。由此，过度保护就可能导致过度焦虑。政府管控儿童游戏的场地就构成过度保护，连同对游戏场地事故的过分担忧，都会助长社会焦虑之蔓延。**我们必须为孩童们提供更有刺激的环境，而不是妨碍他们的发育。**（强调为本书作者所加）[9]

根据这类研究，以及我们在第7章中所讨论的，青少年日益严重的焦虑、抑郁程度和高自杀率，使我们应该反思教育体制和父母育儿的方式，我们应当给孩子提供更多的自由玩耍时间。但事实却恰恰相反。

在本章中我们将考察，为什么自20世纪70年代起，最有益身心的游戏形式不再常见且数量急剧衰减；我们也将追问，童年的这种变化，可能会对青少年及大学生群体带来怎样的影响。自由玩耍的衰落,其中包括无人监护、许多承受微风险之机会的流失,是我们的第四条解释线索。

自由玩耍的衰落

彼得·格雷是游戏研究的权威专家,他将"自由玩耍"定义为"这样一种活动,由参与者自由选择并自由导演,且纯粹是为玩而玩,而非有意去追求可以同活动本身区分开来的目标"。[10] 钢琴课和足球训练不能算作是自由玩耍,但随意地弹弄钢琴,或者临时起意来踢一场足球比赛,却属于自由玩耍。格雷和其他研究者都注意到,并非所有的游戏都相同。同伙伴们一起,在户外追逐打闹,这种让身体动起来的自由玩耍,就是一种关键的游戏方式,是我们进化而成的大脑所"期待"的活动。而且据孩子们讲,这也正好是他们最喜欢的玩耍方式。[11](研究已经充分证明了假想或者装扮游戏的意义,[12] 相关的证据不仅存在于相对安静的室内游戏中,在室外自由玩耍的打闹推搡中也多有体现。)

格雷指出,在户外自由玩耍时,孩童们总是会搞出一些危险举动或有风险的行为,比如他们会上墙、爬树,或者从楼梯和栏杆上滑到地面:

> 他们似乎给自己配置了一定剂量的适度恐惧,好像是在有意识地学习,在自身行为导致身陷某种危险处境后,要如何应对身体和情绪上的挑战……所有此类活动

都充满乐趣，原因在于它们有着恰到好处的惊险。如果引发的恐惧微不足道，那么活动就会显得沉闷无聊；反之，若是引发的恐惧过多，它就不再是游戏，而成为恐怖事件了。只有孩子自己才知道，多少剂量的恐惧才是恰当的。[13]

遗憾的是，在美国儿童的生活中，户外身体游戏恰恰是衰退最多的一类活动。1981年，密歇根大学的社会学家展开了一项研究，对相关趋势进行了明晰的图景绘制。研究者选择了13岁以下孩子的父母，要求他们在随机选择的日子里，详细记录子女是如何安排时间的。到了1997年，他们重复进行了这项研究，结果发现，整体而言，孩子们花在玩耍上的总时间减少了16%，同时，大部分的玩耍活动都已转入室内，且经常是对着电脑，也没有其他孩子陪伴。[14] 这种游戏并不能强身健体，也无法有效地培养心理韧性或社交能力，因此，就真正的、健康的、社会性的自由玩耍而言，下降的幅度可远不止16%。这项研究对比了X世代（生活在1981年的孩童）与千禧一代（生活在1997年的孩童）的情况。同样，特温格的研究关注着互联网世代，而根据她对当代儿童的分析，自由玩耍正在呈加速度消失。较之于千禧一代，互联网世代的孩子同朋友外出的时间更少了，同父母待在一起的时间则更多了，与屏幕为友的时间更是大大增加（如我们在第7章中所论，这也是一种形式的社会交往，但它能产生某些负面作用）。[15]

简言之,同此前数代人相比,互联网世代的孩子很难拥有在无人监管的条件下自由玩耍的体验,但这恰恰是格雷认为最有价值的活动形式。一步接着一步,孩子们被剥夺了"以身试险"的机会。互联网世代非但未能享受那些恰到好处的风险,较之于前辈的同龄人,他们更愿意躲避风险。根据特温格的研究,向受访者提出如下命题,"在做有一些危险的事情时,我能感受到真实的兴奋",孩子们的回应表现出一目了然的变化。从1994年到2010年,就此命题表示同意的青少年保持着稳定的百分比,始终在50%出头。然而随着互联网世代的孩子被纳入受访样本,同意的比例就开始下降,到了2015年跌至43%。如果互联网世代的孩子被剥夺了以身试险的经验,也因此变得更加厌恶风险,那么在他们眼中,到底什么是困难或威胁,这一代人很可能会降低判断标准。在他们看来,很多日常生活的任务却成为超出能力范围的挑战,无法自行处理,必须要靠成年人施以援手。如此一来,当互联网世代的青少年进入大学,学生的焦虑程度和抑郁率就会开始急剧增加和升高,这也就不足为奇了。

还是同一项关于时间使用的研究,不仅发现了自1981年至1997年间玩耍时间的减少,它还得出结论,孩子们的在校时间增加了18%,而用于做家庭作业的时间则增加了145%。[16] 根据杜克大学心理学家哈里斯·库珀的研究,只要目的明确、负担适中,在初中和高中阶段布置家庭作业,对孩子是有好处的,但在小学阶段的家庭作业却收效甚微。要是作业在篇幅和难度上不切实际,它对孩子的学业甚至会导致适得其反的效果。[17] 但问题是,在过去20年间,小学生的家庭作业却越来越多。[18] 甚至连幼儿园也开始布置家庭作业了。(丽诺尔·斯科纳兹告诉我们,当她疑惑不解,向儿子的老师发问,为什么在幼儿园就要布置作业,得到的答案是:"这样他们就能做好准备,适应一年级的家庭作业了。"[19])

这到底是怎么回事?为什么我们剥夺了最有益孩子身心的玩耍方式,且反其道而行,给他们布置更多的作业,并对他们严加看管?各种形式的无人监管户外活动无疑都在衰减,其中一项主要原因就是我们在前一章已经有所讨论的,经媒体渲染放大,父母们捕风捉影,他们形成了不切实际的恐惧绑架心理。在2004年发布的一项大规模调查中,受访母亲中有85%的人表示,她们的孩子在户外玩耍的频率在降低,同她们当年根本没法比。至于原因,82%的母亲选择了"安全考虑",其中包括对犯罪的恐惧。[20]

但是,在解释玩耍之消失时,还有第二项原因紧随"安全"之后,那就是萦绕在美国父母和孩子们(特别是中产阶级及以上家庭)心头的一大焦虑:大学录取过程。它导致的恐惧是20世纪后半叶的家长所不可想象的。

备考的童年

回头看,当千禧世代和互联网世代的父母还是孩童的时候,幼儿教育方式与今日相比可以说是天壤之别。不妨看一份来自1979年的清单,[21] 当时它的作用在于帮助父母们做出判断,自己年满6岁的孩子是否已经准备好,可以去读小学一年级了。这份清单只有12项,几乎每一项都关系着身体和情感的成熟和独立,其中第8条,放在今天是可以让父母进监狱的。

小学一年级,你的孩子准备好了吗?(1979年版)

1. 当你的孩子入读一年级,并开始接受阅读教学时,他是否已年满六岁半?

2. 他是否有2到5颗恒牙?

3. 他是否能说出家住哪里?且表达方式可以让学校交管员或警察理解无误?

4. 他是否能画画、涂色,并且将颜色控制在着色图案的线条以内?

5. 他是否能闭着眼睛,单脚站立保持5到10秒?

6. 他是否会骑不带辅助轮的儿童两轮单车?

7. 他是否能分辨左右手?

8. 他是否能独自一人走到周边的商店、学校、操场或朋友家,范围在4到8个街区以内?

9. 他是否能离开你一整天,不感到难过?

10. 如果你只说一遍,他是否可以重复一个包含8到10个单词的短句,比方说"这男孩从商店一路跑回家"?

11. 他是否能正确地数出8到10个硬币?

12. 他是否能试着书写或抄写字母或数字?[22]

让我们做一下今昔之对比,看一份由得克萨斯州奥斯汀市某小学开列的清单。这上面总共有 30 项之多,几乎每一项都是学术要求。列举如下:

> 读写 100 以内的数字;
> 数 10 的倍数到 100,数 2 的倍数到 20,数 5 的倍数到 100;
> 解释并填写图表上的数据;
> 读出幼儿园水平的所有常用词;
> 有能力阅读每页 5 到 10 个单词的图书;
> 在纸上用语音拼写出完整的句子(比如说写日记和讲故事)[23]。

回到 1979 年,那时幼儿园主要致力于引导社交互动和自主游戏,间或讲授一些艺术、音乐、数字和字母表的知识。艾丽卡·克里斯塔基斯指出,在组织幼儿园的课堂时,应围绕着构建社会关系,促进动手探索(比如搭积木或林肯积木)和想象或象征游戏(比如放置着道具和服装的商店或"家务角")来进行。那时候,上幼儿园对大多数孩子来说只是小半天的事,大概就像今天高大上的学前课程,包括"开放性的自由玩耍,吃点心,唱些可以让孩子们接触点口语的押韵歌,讲故事,也许还有做手工,或者为培养数学感觉的某种排序游戏和搭积木"。[24] 而现如今，幼儿园成为组织森严的地方，课堂也要求井然有序，孩子们大多数时间坐在课桌前，接受各个学科的授课指导——这就是人们所谓的"练习和技巧"（drill and skill）的教学方法。但很多老师并不这么想，他们把它戏称为"练习并扼杀"（drill and kill）。[25] 对于年龄更大的孩子，此类方法有时候是卓有成效的学业交流方式，但它并不适用于幼儿。越来越多的证据表明，对于幼儿来说，这些方法有可能适得其反，既妨碍孩子们的社交和情感发展，也会破坏他们的创造力。[26]

弗吉尼亚大学的学者做了一项比较研究，他们对比了1998年和2010年的幼儿园课程，前者正好是由最后一波千禧一代所组成。研究发现，到了2010年，幼儿园开始更普遍地使用标准化测试。教学方法和课堂组织都有所变化，花在进阶阅读和数学上的时间大大增加。这项研究还发现，到了2010年，教师对幼儿园孩子的学业期待，已经远远超出了1998年，[27] 且这一趋势看起来仍在继续。比方说，根据当前的"核心课标"（Common Core）要求，幼儿园的数学标准包括"建构可行的论证和批评他人的推理"，[28] 而阅读技能标准则包括"主动阅读并理解幼儿启蒙的文本"。[29]

从2010年"一个孩子都不能落下"法案（No Child Left Behind Act）、州立的学前教育标准、社会上下对考试的普遍强调，到"核心课标"的设定，为了回应上述种种新状况，学前教育和幼儿园的风气也发生了巨大的变化。[30] 克里斯塔基斯为之痛心疾首，因为在学前教育阶段，为了追赶幼园学生的学业期待，人们选择让孩子牺牲社交时间和自由玩耍；而根据她的调研，幼儿园老师们仍然相信，幼儿最重要的技能并不在学业，而是社交和情感能力（比如说学会听人讲话，有序排队）。[31]

从学前班开始，一直贯穿整个小学阶段，孩子们的每一天现在都要受到更严格的安排和设计。自我学习、社会探索和科学发现的机会都要统统让位，取而代之的是在核心课程上的教学指导。学校在这一过程中也经常推波助澜，因为它们必须集中精力培训学生，才能满足州立标准化测试的要求。与此同时，特别是对出身富裕家庭的孩子来说，放学后邻里孩子约在一起三五成群自由玩耍的时光是不再有了，他们要参加各种各样的课外活动，比如音乐课、团队运动项目、补习班，以及其他有人组织并监管的活动。[32] 对于更年幼的孩童，父母也会给他们安排玩伴聚会，[33] 通常有一位家长全程看护。

有些孩子出生在富裕家庭，父母受过良好的教育，通常他们的下午和周末就不要再想和朋友外出玩耍，或休息放松一下，不在校的时间现在也要被安排，培养各种技能，以便日后能在大学录取的竞争中脱颖而出。如此一来，父母们挖空心思，全盘规划子女的时间，也就不足为奇了。试想，哪家的 8 岁孩子竟会有如此远见，要去学习演奏大号或者女子高尔夫——这些在大学录取官员眼中可以加分的项目？[34] 又是谁家的 13 岁孩子，小小年纪就有了非同一般的组织技能和前瞻思维（甚至缜密翔实的规划），要按照《普林斯顿评论》的指导来安排生活——因为这本宝书告诉学生，要加强他们在申请大学时的竞争力，不妨尽早挑选一项社区服务工作——于是年复一年坚持下来，到了中学毕业那年，每周做两个小时的义工。[35]

履历的军备竞赛

想要进入美国的顶尖大学，竞争是越来越残酷了。以耶鲁大学为例，20世纪80、90年代，耶鲁的录取率始终保持在20%上下。而到了2003年，录取率下降至11%，2017年甚至只有7%。[36] 这一切也就因此合乎情理，父母要同子女通力合作，帮助小孩子选择课外活动，且多多益善，把简历塞得越满越好。这就是威廉·德雷谢维奇，这位此前曾担任耶鲁大学英文教授的全职作家所说的"履历的军备竞赛"。任何家庭，若不齐心协力加入这场游戏，他们的孩子就会落入不利的境地。在《优秀的绵羊》这本书中，德雷谢维奇曾这样写道："拥有更多，唯一的意义就是超过其他每个人。没有哪个国家非得要20 000颗核弹头，除非别国有了19 000颗。同样，没有哪个孩子必须要参加11项课外活动，想一想，要这么多到底能有什么用？——除非已经有学生参加了10项。"[37]

残酷的竞争当前，某些社交圈里的父母表现出一种恐慌感，紧跟着孩子的成绩，甚至从初中阶段就寝食难安——好像少拿一个"A"，就会影响孩子的一辈子。通常来说，很明显这是小题大做的一个例子,但在某些竞争高度激烈的学区内,这么想也并非全然捕风捉影。朱莉·利思科特-海姆斯就说过:"假设这是数学课。如果他们在六年级的数学课上拿不到'A',就意味着他们赶不上趟,到中学后就无法进入数学的第一方阵,而这就意味着他们进不去斯坦福大学。"[38] 所以我们已见怪不怪了,这么多家长守在孩子身边,眼睛不眨地监督着他们,并不只是为了人身安全,还要确保孩子们做好功课,认真准备考试。[39] 有些父母可能会认为,不计代价,让他们的孩子竭尽所能,在进阶课程中取得成功,这么做有助于培养他们的"坚毅"(grit)。但是,"人们常常会误解坚毅,把它当作无需热情的耐性,这是可悲的",《坚毅》一书的作者安吉拉·达克沃思告诉我们,"坚持不懈,却没有热情,这纯粹是在服苦役。"这位心理学教授期待年轻人"全身心投入,追求那些能给他们带来内在满足的事业"。[40]

但问题在于,当前的大学录取程序,使中学生很难享受校园乐趣,更奢谈追求内在满足。这一过程"扭曲了学生的价值观,让他们身陷于竞争的狂热",同时也"伤害了他们的心理健康",[41]《纽约时报》专栏作家弗兰克·布鲁尼如是说,他曾著有《大学并不决定你的人生:大学竞争狂热的一剂解药》一书。要证明这一点,只需关注一下竞争残酷的中学里接二连三的学生自杀事件,如发生在加利福尼亚州帕洛阿尔托市和波士顿郊区的悲剧,《大西洋月刊》[42] 和《纽约时报》[43] 对此都做过深度报道。根据 2015 年的一项调查，在马萨诸塞州的列克星敦高中，95%的受访学生表示，他们对课程感到"压力很大"甚至"压力极大"。而在2016年的一项研究中，美国疾病控制中心得出结论，在加利福尼亚州的帕洛阿尔托市，十来岁青少年的自杀率高出全国平均数据的4倍。[44]

但正是这些富裕的、充满高度竞争的精英学区，给美国顶尖大学输送了最大部分的生源。[45]"学生在学业上准备好了，但如何应对日复一日的生活，他们压根没有做好准备，"格雷如是说，"这种状况要归因于他们缺乏处理日常问题的机会。"[46] 一个悖论发生在美国中上阶层的生活之中：为了帮助子女拿到大学的录取通知，家长和学校必须去做一些事，而一旦孩子们开始读大学，这些事却反过来变成制约他们成长的因素。

童年，为民主政治而预备

玩耍被剥夺，并时刻处在大人的监管下，它所造成的影响可能早已逾越校园。史蒂文·霍维茨，一位执教于印第安纳州鲍尔州立大学的经济学家，以我们在本章中所评论的"玩耍"为题，进行了一项研究，他的结论指出了玩耍之消失对自由民主之未来所可能带来的某些后果。[47] 在进行这项研究时，霍维茨从政治学家埃莉诺·奥斯特罗姆[48] 和文森特·奥斯特罗姆[49] 的作品中受益良多，这对学术伉俪研究的是自治的社群如何和平地解决冲突。成功的民主体制能做到这一点,关键在于培育出一系列制度和规范,人们生活在其中,虽然怀着不同的诉求和相互冲突的私欲,但仍能通过这些制度和规范来解决他们的问题,而不必事事诉诸警察或国家,动用强力来实现公民同胞的服从。这就是"结社的技艺"(art of association),就是这种"自治",让托克维尔在1835年游历美国后,对之念念不忘。

生活在民主体制内的公民,并非等到18岁生日那天,就能一夜之间生长出这种技能。培育这些技能,需要经年累月之功,而就这些民主所需的能力而言,它们同彼得·格雷坚持认为的能在自由玩耍中习得的种种技能存在着相当范围的交叠。关于自由玩耍,最重要的一点就是,它从头到尾都是自愿的;任何人在任何时候都可以退出,游戏随时可能因此被打断。所以说,孩子们若要游戏一直进行下去,就得密切注意他人的需求和关注。他们必须靠自己去解决有关公平与否的种种冲突;不能指望着成年人介入他们的冲突,站在某个孩子一边而反对另一方。

霍维茨指出,在成年人监管的各种活动挤占了自由玩耍的时间后,孩童们就不太可能发展出结社的技艺了:

> 否认小孩子有进行自发探索的自由,也就剥夺了他们宝贵的学习机会,但这些机会至关重要,它们所锻炼的,不仅是孩子的独立性和责任心,还包括一整套的社交技能,舍此就无法在一个自由社会同他人共处。如果上述观点是正确的,那么今天父母教育的手段以及法律

不仅让孩童不再有机会自由玩耍,还会严重威胁我们的自由社会,因为我们从前的预设是"想办法靠自己解决这个冲突",现在却反转成"只要发生冲突,就诉诸武力和/或第三方"。如文森特·奥斯特罗姆所言,这就是"民主的脆弱性"之一。[50]

如此下去,民主可能会走上一条不归路,尤其是对美国这样的民主政体来说,两党之间的敌意不断加剧,[51] 同时民众的制度信任感却屡创新低,[52] 美国民主本已身染顽疾。下面这段话,霍维茨道出了他的心头恐惧:

> 一个社会中,若孩子们学习社交技巧的机会被削减,他们也就随之丧失了和风细雨地打交道的能力。这会导致社会交往的粗鄙化,会造成一个充斥着冲突和暴力的世界。生活在这样的世界里,人们遇到问题的第一反应就是诉诸他方的强制力,以此解决他们本应能够自行解决的冲突。[53]

这解释了格雷格自2013年起的所见所闻:大学生发出愈发强劲的声音,要求校方和教授介入,就学术事务进行管控——关于谁能站在讲台上,在课堂上能讲些什么,谁能受邀到校园里发表演讲,甚至包括在私底下,学生之间应当如何交往。学生群体呼吁管控多多益善,以及校方务必做出严密管控的官僚冲动,是我们下一章的主题。

然而，在此我们以更积极的态度来为本章作结。孩子们经常要承受各种愚昧的教导，三大谬误就是代表，但若反其道而行，我们可以找到一个更好的方法，去表述童年和青春期的经验。2017年6月，约翰·罗伯茨，美国联邦最高法院的首席大法官，受邀在儿子的中学毕业典礼上致辞。同范·琼斯一样（在第4章中，我们引用过他的话），罗伯茨理解反脆弱的意义。在致辞中，他祝愿即将毕业的同学们能拥有种种痛苦的经历，因为唯有这样，他们才能锻炼成更卓越的人、更适格的公民。[54] 下面这段话选自罗伯茨的那场毕业致辞：

> 我希望，在未来将至的岁月里，你们能时不时地遭遇到不公对待，唯有如此，你们才能懂得公正的价值。我希望你们能尝到背叛的滋味，因为这会教你们领悟忠诚之重要。抱歉，但我还要说，我希望你们会时常感到孤独，这样你们才不会把良朋益友视为生活之当然。还要祝愿你们有时候背运连连，这样你们才能意识到机遇在生命中扮演的角色，进而理解，你们的成功并非天经地义，他人的失败也不是命中注定。当你们遭遇生命所安排的失败时，真希望你们的对手别浪费每一次机会，报以幸灾乐祸的嘲弄，有过这样的体会，你们才能理解竞技品格之重要。我希望你们会被人冷落在旁，这样才能知晓倾听他人是多么美好。也祝愿你们体味到那切肤之痛，从而学会怜悯和同情。无论我祝愿与否，这些事

迟早会发生。至于诸位是否能从中获益,则取决于你们是否能参悟不幸,在困难中发现人生的经验。[55]

小结

❖ 自由玩耍的衰落,是我们的第四条解释线索。同各类哺乳动物一样,我们的孩子也需要自由的玩耍,才能完成复杂精细的神经发育过程。小时候缺乏自由玩耍,这样的孩子在成年后有可能变得体格羸弱,不善交际。他们的风险耐受力更低,也更容易患上焦虑症。

❖ 根据彼得·格雷的定义,自由玩耍是"这样一种活动,由参与者自由选择并自由导演,且纯粹是为玩而玩,而非有意去追求可以同活动本身区分开来的目标"。在游戏研究的专家看来,正是这种形式的玩耍,最有益于孩童的身心。但问题是,它也恰恰是在美国儿童的生活中衰落最多的那种活动。

❖ 自由玩耍之衰落,究其原因可能在于如下几个因素:毫无来由地恐惧陌生人和绑架(自20世纪80年代以来),顶尖名校日益激烈的招生竞争(过去数十年以来),越来越重视测验、备考和家庭作业;以及与之相对的,淡化身体素质和社交技能的现象(自本世纪初以来)。

❖ 智能手机日益普及,社交媒体唾手可得,同上述发展趋势交织在一起。诸多因素之汇聚,极大地改变了美国儿童安排时间的方式，也颠覆了他们此前的身体经验和社会经验方式，而正是这些经验方式，引导着神经发育的复杂过程。

❖ 自由玩耍可以锻炼孩子合作和解决纠纷的能力，而这些能力则同民主政治所依据的"结社的技艺"密切相连。若是公民无法熟练掌握此项技艺，他们就不太能够解决日常生活中司空见惯的冲突。于是，他们动辄诉诸官方权威，寄望于强制暴力去压制他们的对手。也因此，他们更欢迎安全至上的官僚治理。

第10章
安全至上的校园官僚

最高权力［或柔和的君主］张开手臂，将整个社会包揽在内；

它用繁杂琐碎但又齐整入微的规则，精心编织了一张网，覆盖在社会之表面……

它所施以的不是暴政，而是压抑，是压制，使之被消耗，使之萎靡，使之麻木，直至它将每一个民族都驯化为怯懦胆小、任劳任怨的羊群，

而政府则是牧羊人。

阿勒克西·德·托克维尔，《民主在美国》[1]

还记得第2章讲的思想实验吗，你走进校园心理咨询中心，那里的心理医生非但没能缓解你的焦虑，反而让你更加不安了。

现在继续设想，咨询后未过几天，你就收到一封电子邮件，发件人是学生处的副处长，标题栏里写着"行为规范提醒"（Conduct Policy Reminder）。你百思不得其解，提心吊胆

地点开邮件,思索为什么副处长要提醒你注意行为准则。你实在想不起自己做过什么事,有可能会违反它。邮件是这么写的:

> 我近日接到一份报告,有人担心你的健康。我很想与你会面,讨论一下你需要什么样的支持,看看我能做些什么……切勿与身边同学讨论自杀或自残的想法和行为,因为这么做会干扰他们对教育的追求,或妨碍社群的秩序。再次提醒,你必须克制自己,不要和其他同学讨论这些问题,并运用以下所列的合适的资源。如果你影响到他人,致使同学也产生自杀或自残的想法甚至举动,你将受到纪律处分。我希望,这封信可以让你知悉不当行为及其后果,避免使自己陷入上述境地。[2]

你困惑不已。在进行心理咨询时,你从头到尾都没有提过什么"自杀或自残的想法和行为",也绝无伤害自己的意图。千万个念头一时间涌入脑海:这位学生处的领导是如何得知你去过咨询中心的?治疗难道不是应该保密吗?为什么副处长要给你发邮件,以示警告和威胁呢?难道他真能告诉你,什么是可以对朋友说的,什么则不能说?

这一场景并非虚构。2015 年,在北密歇根大学,一名学生因一年前所遭遇的性骚扰事件,前往校园咨询中心寻求帮助。面对心理医师,她并没有提到任何有关自杀或自残的想法,然而,事后她却收到本校学生处副处长的电子邮件,其中就包括了上文引用的内容。而这位女生也并非特例；每个学期，在北密歇根大学，都会有25名至30名学生收到这样的信，无论他们是否表达过自杀或自残的想法。[3] 这就是这所大学的规矩，若是有学生向身边同学透露出这类想法，他就会受到纪律处分（甚至有可能被开除）。考虑到这种错误政策会给学生强加莫须有的罪名，甚至会加剧学生的自杀风险，心理健康专家强烈谴责了这一政策。然而，在接受一家当地报纸的采访时，这位学生处的官员竟为这种做法加以辩护，"依赖你的朋友，可能会给他们造成很大的困扰"。[4] 不妨再读一遍这句话。这位处长似乎相信，如果学生们谈论他们自己的痛苦，就会伤害到他们的朋友。从这个例子中，我们能看出脆弱谬误（凡是伤害，只会让你更脆弱）压倒了人之常识和人性。

到底是什么使得一所大学，具体而言是其学生处官员，变得如此冷酷无情？正是这种行政上的杀威棒，使本书作者之一格雷格开始思考，大学为何成了扭曲认知的传授者。2008年开始学习认知行为疗法时，格雷格就发现，在管理学生时，大学行政人员的行事方式会鼓动学生产生一种错觉，即认为自己缺乏韧性——就好像学生无法自行应对彼此间令人不适的对话，或者并不严重的轻慢。为了理解三大谬误为何在校园里"大获全胜"，我们必须先理解，这些年校园官僚日益发展壮大，而他们是如何在无意间助长了这些不良的思维习惯的，且时至今日仍不收手。这就是我们的第五条解释线索。

大学的公司化

1869年，联邦政府的教育署才开始收集数据，那个时候，整个美国就只有63 000名高等教育在册学生；若以当时美国18岁至24岁的人口为分母，这个分子只占1%。[5] 而今天，据统计美国高等教育的注册学生有2000万之多，人数约占全美18岁至24岁人口总数的40%。[6] 根据我们所能获取的最新统计数据，在2015至2016学年度，美国高等教育机构的总收入高达5480亿美元。[7]（请感受一下这个数字，GDP达到这个数的国家，在全球国家中能排到第21位，居于阿根廷和沙特阿拉伯之间。)[8] 截至2015年财政年度结束时，美国大学拥有120项超大规模的捐赠基金，共持有5470亿美元。[9] 美国的精英院校吸引了大量的国际学生，[10] 在全世界排名前25位的大学，其中17所都在美国。[11] 这些大学从规模、领域到财富都在迅猛扩张，这就要求学校职业化、专业化，以及拥有规模庞大的支持员工。

1963年，加州大学系统的主席克拉克·克尔，将由此产生的组织结构称为"巨型大学"（multiversity）。在这样一所"巨型大学"中，校内存在不同的系科和权力结构，它们并驾齐驱，追求不同的目标，例如科研、教育、筹资、品牌运营以及法务合规。[12] 按照克尔当年的预测，随着教员越来越专注于各自所在的系科，非教学类的职员将接手大学的领导，管理起整个机构。结果亦如他所见，大学里行政人员的规模一路攀升。[13] 与此同时，行政职责范围也逐渐向外延伸。[14]

某种程度的行政化，既有必要也是合理，但问题是，当行政扩张的速度数倍高于教员招聘时，[15] 就会导致显著的负面效应，其中最明显的就是大学学费的上涨。[16] 还有一种不那么直观的堕落：随着大学越来越像大型公司，这一趋势经常被哀叹为"公司化"，某些和学术上的卓越无关的目标却成为最重要的事。[17] 2011年，政治学者本杰明·金斯伯格曾出版《教员之衰落：行政化大学的兴起及其后果》一书。他在书中认为，过去数十年间，随着行政之扩张，此前在大学治理中扮演主角的教师队伍，已将大部分管理权拱手让给非教学的行政团队。[18] 金斯伯格指出，一旦行政管理者独立为一个阶层，且同教师阶层渐行渐远，那么几乎可以断定，他们会不断膨胀；不同于教授群体，管理者更有可能认为，只要校园内出现新问题，则解决方法就是成立一个新部门去处理它。[19]（与此同时，尽管教授们也会因大学之公司化而牢骚满腹，但通常说来，他们还是会因为能摆脱行政任务而乐见其成。）

消费者永远是对的

观察始于2015年的这波校园抗议运动，一大特征就是大学领导层优柔寡断且放任不决。抗议的学生大声喧闹，打断演讲或扰乱课堂，即便这些行为违反了学校规定的学生行为守则,也极少有学校会因此处分学生。还记得长青学院的校长乔治·布里奇斯吧,许多大学校长都效法他,接受学生的最后通牒,想方设法去满足学生的很多要求,与此同时又习惯一声不吭,不敢批评学生的策略。[20] 有评论者批评校方的做法,他们指出,当某些组织的管理精神是"为消费者服务"时,它们就会有上述那些反应。

埃里克·阿德勒,马里兰大学的古典学教授,2018年他在《华盛顿邮报》上撰文,精炼地阐释出这一论点。"追究[校园不宽容的]根本原因,"阿德勒指出,"不在于学生的极端左翼主义,抑或其他任何政治意识形态",根源在于"数十年之前,大学所做出的以市场为导向的决定,即将学生当作消费者——他们每年支付高达6万美元的费用,以获取课程、精致的美食、舒适的住宿以及丰富多彩的校园生活"。当谈到有些学生非要取消某些受邀的校园演讲时,他这样写道:

> 即使在公立大学,这些18岁学生所购买的,就其本质而言仍是一种奢侈产品。他们因此感到有权利去控制自己的校园经验,又有什么可奇怪的呢?……学生们既然已习惯了掌控他们大学生活的方方面面,那么现在,他们想要让学校能够反映(mirror)他们的观点。如果学生作为消费者有权决定课程,有权如其所愿地打造校园环境,那么也有理由认为,他们有权决定邀请哪些讲者来校演讲,在他们中间可以表达出什么样的观

点。有人会这么说，对今天的大学生来说，演讲者不过是校园设施罢了。[21]

当大学为了吸引优质生源而陷入激烈竞争时，校方经常会选择在学生生活设施上增加预算开支，消费者理论也能完美地解释这一趋势。从2003年至2013年，公立研究型大学在学生服务方面的开支增加了22.3%，远远超出了科研（9.5%）和教学（9.4%）方面的支出增幅。[22]许多大学校园已经改头换面，不再像学术的修道院，而成了豪华的"乡村俱乐部"。[23]路易斯安那州立大学的一项工程就是一个绝好的示例，该校从学生学费中支出了8500万美元，修建了一条长达536英尺的"漂流河"。水波荡漾，轻柔的水流缓缓推动漂流的学生，送他们穿过造型曲折的水池，其形状正是校名的首字母缩写"LSU"。[24]在庆祝漂流河启用的剪彩仪式上，听校长一席话，就可以窥见他的教育愿景——如何挖空心思地将消费主义和安全主义结合在一起："说真的，我不希望你们离开校园半步。所以说，我们要竭尽所能，让你们待在校园里，在这里，我们会保证你们的安全。你们需要什么，我们就提供什么。"[25]

校园管理者如何催生扭曲思维

学生现如今被视作消费者，这一转变可以解释很多问题，但它无法解释发生在北密歇根大学的事，也无从解释当管理者限制"消费者"的言论时,他们到底在想些什么。要把握这些事件,我们必须理解大学管理者时刻都要面对着各种力量,其中就包括担心被卷入丑闻爆料和吃官司。从校内的法务人员,到校外的风险管理专家,甚至学校的公关团队以及校方高层,各种指令纷至沓来,最终交织在具体管理者身上。无论处理什么事务,他们都务必要控制大学的法律责任,从人身伤害的官司到不当解约,从知识产权到非正常致死的诉讼。这就是管理者如此急于管控学生之言行的原因之一。

迈入21世纪后,在第一个10年中,个人教育权利基金会在全美范围内是独一无二的组织,它全身心投入大学校园内的言论自由、学术自由和正当程序。在这10年里,大众对校园言论自由缺乏关注,也是可以理解的,因为考察那些年处在风口浪尖的言论,往往毫无同情心,令人不快——比方说,2001年9月11日,一位教授开玩笑说:"不管他是谁,谁能把五角大楼炸飞,我就把票投给他。"最终,他因出言不慎而丢掉了工作。然而,站在宪法第一修正案的立场,这些事件都不难处理。支撑起第一修正案之基石的理念是,仅因言辞冒犯,并不能作为禁止或限制言论的正当根据,在校园内尤其如此。[26]

回顾格雷格的职业生涯,大部分时间校园内的学生总是最宽容且最支持言论自由的群体,其程度之深甚至超出了教职员。然而,到2013年前后,格雷格开始发现世道变了。越来越多的学生似乎站在了管理者这一边,双方已经达成了共识,认为学生并不安全;认为学生生活的许多方面,都必须受到成年人的细心管制。并且他们认为,面对潜在的风险和威胁,应对不力是错误,但反应过度则正确得多。如此一来,校园管理者常常好心办坏事,他们的行事方式正在塑造着扭曲的思维。[27]

在校园环境里,直接鼓动扭曲思维的,是两种类型的第一修正案案例,分别是过度反应和过度监管。

过度反应的案例

顾名思义,我们可以这样定义过度反应的案例:感觉受到冒犯,却做出了不相称的反应。考察过度反应的案例,几乎每一件都存在着小题大做的心理习惯,且认定若没有管理方的介入,就会酿成大祸。[28] 这里举两个实例:

卑尔根社区学院(新泽西州,2014):一位艺术学教授被停薪留职,送去接受心理治疗,起因仅是一个发在社交媒体上的帖子。帖子里有一张照片,照片中,他的小女儿穿着一件文化衫,上面画有一条龙,还写着一句话"我会拿回属于我的东西,用火焰和鲜血",校方坚持认为这构成"威胁"。该教授解释道,衣服上的话引自热门剧集《权力的游戏》,但一位管理者却并不松口,主张"火焰"可以指代一把 AK-47。[29]

欧克顿社区学院(伊利诺伊州,2015):一位教授收到一封来自校方的警告信,起因是他此前曾以某些同事为收件人，发送了一封电子邮件，内容只有一句话。在邮件里，这位教授指出，五一劳动节快到了，"是时候让全世界的工人庆祝他们争取工会权利的斗争，铭记发生在芝加哥的干草市场暴动了"。学院声称，邮件提及那场发生于1886年的暴乱，意在威胁校长，因为她是这封邮件的收件人之一。何出此言？因为那次事件"导致11人丧生，70余人受伤"。[30] 当然，追溯美国的许多重大节日，就其牺牲伤亡人数而言，它们比这一事件惨重得多，但在提及这些节日如阵亡将士纪念日、退伍军人节，甚至是七月四日独立日时，却没人认为是威胁。

过度监管的案例

所谓过度监管，就是要防患于未然，首先不是管制已发生的冒犯，而是压制潜在的苗头。这种管理作风，同直升机式父母的过度保护是一以贯之的：为了确保学生们的"安全"，管理者对他们要严加控制。言论，仍是过度监管最常见的对象之一，尽管自"政治正确"之言论规章在20世纪80年代末出现后，挑战此类言论规章的法律诉讼可谓此起彼伏，多达70余起。几乎所有的言论规章，只要在法庭上受到挑战，其结局不是被修改、废弃，就是被裁定违宪。

我们在此讨论两类言论控制的规章，它们虽然极尽荒诞之能事，但眼下在美国大学校园里却不断出现，如雨后春笋：

1. 模糊且过于宽泛的言论规章：早些年间，康涅狄格大学曾颁布一部言论规章，禁止"带有不适当之指向的笑声"。以这部校园规范为例，我们就可以理解现代"政治正确"言论规章之第一波浪潮（时间大致在20世纪80年代末至90年代中期）及其在内容上的模糊性和宽泛性。随后康涅狄格大学吃了官司。1990年，作为和解协议的一部分，该校取消了这部言论规章，但在15年后，费城德雷塞尔大学照搬了这部规章，一字未改。而在个人教育权利基金会将之评为"本月言论规章"之后，康涅狄格大学校方最终还是收回了它的规章。[31]与之类似，亚拉巴马州的杰克逊维尔州立大学通过了一部言论规章，其中有条款规定，"凡在学校财产之上，任何学生都不得冒犯其他任何人"，而西亚拉巴马大学也有规定，严禁发送"刺耳的短信或电子邮件"。[32] 在这些规章的引导下，学生们可能会学到一种过于宽泛且全然主观的标准，并以之判定行为是否不当。它们还示范了情感推理的谬误：**永远相信你的感觉**。如果你感到不适，那一定是有人冒犯了你，一定要有人因此受到惩罚。诸如此类的言论规章还会传授脆弱人设的谬误。它们传达出这样的理念，惹人不快的言论或不恰当的笑声可能会造成极大的伤害，于是这就要求管理者必须介入其中，保护容易受伤的脆弱学生。不仅如此，这些规章还让校园管理者放手去干，要做到在发生言辞冲突时，总是有权威人物在场"解决"问题。

2. 言论自由区:大学看起来总在乐此不疲地创设出"言论自由区",以此将某些类型的言论和表达限制在狭小的区域内,且通常是校园里的偏远一角。考察"言论自由区"的历史,最早可追溯至20世纪60年代至70年代,如其名所示,一开始,这是学生可以全天候自由发表言论的光荣之地,如同伦敦海德公园的演说者之角。但到了20世纪90年代,许多大学改造了"言论自由区",使之成为了学生在校园内可以自由发表言论的唯一区域。在受到公众的监督和批评后,有些大学对其进行了调整,比如在路易斯安那州的麦克尼斯州立大学,按照此前的规定,学生团体使用"言论自由区"要受到限制,每学期只能有一次机会。[33] 还有些"言论自由区"的规范则被法院撤销,比如辛辛那提大学的"言论自由区",面积只占整个校区的0.1%,而且演说者如要使用该区,必须提前10个工作日做登记。[34] 然而即便如此,还有很多大学维持着"言论自由区"的设置。

翻阅现如今的大学生手册,你会发现,政策早已控制着校园生活的方方面面,比如说他们在社交媒体上可以发什么,在宿舍里可以说什么,以及在校外可以做什么——也包括他们可以加入什么组织。[35]

过度反应和过度监管,通常是管理者的工作方式,他们身处官僚构架之内,已经发展出一套我们通常所说的"明哲保身"(Cover Your Ass)的思维定式。他们心知肚明,其管辖范围内出现任何问题,他们都有可能会被问责,尤其是当他们未能采取任何措施,甚至对问题坐视不理时。所以通常他们都会保持一种防御的立场。在他们的心目中,"过"好于"不及",与其反应不足,毋宁反应过度;与其监管不力,毋宁监管过度;与其勇往直前,毋宁谨小慎微。这种态度就助长了许多学生从孩童阶段就能学会的安全至上思维。

发现可疑,及时报告

现如今的美国大学生都出生在2001年"9·11"恐怖袭击之前后,成长于自此后担惊受怕的日子里,这显然毫无益处。自从那可怕的一天开始,美国政府就一直在告诉我们:"如果你发现可疑状况,要及时举报。"如图10.1所示,即便是成年人,也时刻会被提醒,要遵从他们最焦虑的感觉。这是新泽西州火车站的一个灯箱广告牌。在这幅图里,新泽西捷运正在向乘客灌输情感推理的谬误:永远相信你的感觉。"如果感觉不对劲,那很可能是真的",广告牌上如是说。但问题是,感觉不太可能成真。在美国这个国家,每年都会有数以百万计的时刻,某个美国人在某处"感觉不对劲",担心遭到恐怖袭击。然而,统计美国每年发生的恐怖袭击数量,各种类型加在一起基本上也屈指可数,[36] 因此我们可以认为,在几乎所有"可疑"情形内,感觉都是错的。当然,在搭乘新泽西捷运时,旅客若是看到被遗弃的背包或行李箱,不应视而不见,但这并不意味着他们的感觉"很可能"是准确的。

图 10.1 新泽西州斯考克斯枢纽站的灯箱广告牌(丽诺尔·斯科纳兹摄)

年轻人开始相信,危险无处不在,甚至在教室里,在私人交谈中,都有危机四伏。每个人时刻都要保持警惕,遇到威胁就向当局报告。举个例子,2016 年,纽约大学的管理者在洗手间里贴上告示,主张每个人对其听到的言论都应采取"发现可疑即举报"的方法。这些告示还提醒纽约大学这个群体的全体成员,如果他们遭遇到"偏见、歧视或骚扰",应当如何匿名举报,其中包括拨打"偏见回应专线"。[37] 纽约大学并非特立独行;根据个人教育权利基金会 2017 年的一份报告,该基金会"聚焦言论规章"数据库共收入 471 所教育机构的数据,其中有38.4%(181所)维持着某种形式的偏见举报系统。[38]

当然,我们应当维持一种简便的通道,在发生真正的骚扰和就业歧视案件时供受害人举报;因为此类行为既不道德,也违反法律。但是,仅有偏见并不构成骚扰或歧视。"偏见"这个词,在纽约大学的偏见回应网站上并未被定义,但心理学实验却始终显示出,是人,就会有偏见。我们无法摆脱偏见,对我们自己和我所在族类,对魅力四射的人物,对曾向我们施以援手的朋友,甚至是对那些同名、同日出生的人,我们都心存偏见。[39] 至于那些接听偏见回应专线的管理者,最能引起他们关注的大概是负面的偏见,基于种族、性别和性取向这些身份范畴所形成的偏见。但问题在于,鉴于概念渗透在大学校园里存在程度之高,以及认为微侵犯无处不在,且暗藏危险的观念之广,想必就会有一部分学生动辄在他人身上觉察到偏见,且把模棱两可的表达一律按偏见处理。

大环境如此,要培养在教授和学生之间的那种信任感,就变得愈发困难了。有了偏见回应专线,学生就可以举报教授在课上讲了什么,展示了什么,甚至都不必等到下课。现如今,很多教授坦言,他们是在"提心吊胆地搞教学"或者说"如履薄冰"。[40] 这也就意味着,不再有教授愿意在课堂上讲什么有争议的内容——哪怕是布置重要但却难读的课程材料。哈佛大学法学院的教授珍妮·石·格森曾在《纽约客》上撰文,讲述了她在教授性侵法律时的经历,她留意到:"在讨论关于强奸的法律时,组织学生讨论,挑战并质疑对方,已变得寸步难行,于是教师开始放弃这个题目……如果性侵这个题目被驱逐出法学院的课堂,损失将是巨大的——首当其冲的就是性侵受害者。"[41]

我们在此只举一例,来说明偏见回应系统是如何抑制风险之承担的:迈克·詹森,是北科罗拉多大学的兼职教授,负责一年级写作课程的教学,然而只因在一次关于有争议主题的讨论之后,有且只有一名学生提交了一份"偏见事件报告",詹森教授便三番五次被约谈。[42] 这门课布置的第一篇阅读材料,就是我们发表在《大西洋月刊》上的文章《娇惯的美国心灵》。教授要求全班同学阅读这篇文章,然后让他们自行选择一个有争议的话题视角进行讨论。学生们选出的讨论题目是跨性别议题。[该学期最大的新闻之一就是凯特琳·詹娜(Caitlyn Jenner)由男变女的亮相。]詹森推荐学生去阅读一篇文章,内容是关于父母反对一位变性的高中生使用女更衣室的。按照他的解释,虽然大多数同学可能不同意此类持怀疑态度的观点,但就学术论学术,抓住并应对一些难解且有争议的立场是题中应有之意,所以说,即便只是讨论这些立场和观点,也是很重要的。詹森后来回忆道,那场对话是"一次非常愉快的讨论,发现了不同的角度"。[43]所以在得知一位学生提交了"偏见事件报告"并将他告到学校时,詹森大吃一惊。[44] 校方做出建议,在这学期余下的时间里,要回避任何跨性别的话题,而且学校最终也没有再次雇用詹森。[45]

在开发这些"偏见回应"的新工具时，官僚也许是出于好意，[46] 但它们却造成了意想不到的负面效果，催生出一种"我们 vs 他们"的校园氛围，导致人人自危，提心吊胆，信任正在流失。有些教授权衡利弊，最终得出的结论就是不值得冒险，没必要面向官僚组成的调查小组做自辩；所以更好的做法就是调整他们的教学大纲或课堂内容，将那些有可能会导致投诉的材料统统删掉。接下来，只要见到有可能引发争议的材料和讨论题目，越来越多的教授会选择主动退避三舍，而他们的学生也就因此错失机会，无法发展出智识上的反脆弱。最终，这些学生动不动就认为课程材料有所冒犯，甚至要求更密不透风的保护。

骚扰与概念渗透

大学担负着一项重大的道德和法律义务，就是防治校园内的骚扰。然而，到底什么算骚扰，这一概念的定义近年来发生了相当大的变化。关于"歧视性的骚扰"（discriminatory harassment），其现代观念可以追溯至1964年《民权法案》第六章和第七章。根据1972年《教育法修正案》第九章，前述《民权法案》的立法规定得到扩展。依据新立法，只要大学接受了联邦资金的资助，则不得在提供教育机会时歧视女性。这一迟到的保护，借用"骚扰"这个概念装入了"歧视"。[47]

根据这些国会立法，到底什么算作骚扰，其门槛是相当高的：它是一种恶劣的行为模式，"有效地剥夺了教育机会，或拒绝赋予教育权益"。[48] 不仅如此，这种行为模式还必须是歧视性的——也就是说，这种行为所针对的，必须是在立法中所列明的某个受保护群体内的成员，比如性别、种族或宗教。[49] 但问题是，实践中定义"骚扰"的门槛却被降低了；许多大学运用骚扰这个概念，作为惩罚某些一次性言论的根据，但细究起来，这些言论虽然可以被理解为一种冒犯，但无论如何也跟骚扰不挨边——有些时候也无关种族或性别。举个例子，2005年，在佛罗里达中央大学，一名学生被控犯有以"人身攻击"为手段的骚扰行为，起因就是他建了个"脸书"群，将某位学生会候选人称作"蠢货加傻瓜"。[50] 你大可认为这么做是缺德或无理的，但校园管理者是否就应当时刻准备着，一旦有人感受到被冒犯，就要动手干预?[51] 不妨再看另一个例子，一位曾在学院打工的学生现在受到处罚，原因就是有人看到他在读一本书，书名是《圣母大学和三K党之争：战斗民族爱尔兰是如何击败三K党的?》。这本书讲述了一段往事：20世纪20年代，当三K党在圣母大学游行时，他们是如何被击败的。而作者为三K党的失败感到高兴。（该书封面所用的图片让两名举报者感到心慌不安。）[52] 骚扰只要是真实的，就能够给学生所受的教育制造真实的伤害——通常也确是如此。那么现在如此大幅度降低"骚扰"的标准，就会导致真实的伤害反而被轻描淡写。[53] 追究这些法律，它们的目的是要保护学生免受不法行为之侵害，而不是授权审查。

即便如此，回到20世纪80年代，在制定最早期的言论规章时，大学还是在用反骚扰的修辞来打扮这些校园规章并为之辩护。但法院一眼就能看穿这种辩解，于是开始惯例式地推翻这一时期的校园言论规章，[54] 最早的判例是在1989年涉及密歇根大学的言论规章，该校严禁"侮辱或伤害个人"的言论以及由此等言论所造成的"有损人格的"校园环境。[55] 但问题是，即便在多次败诉之后，各大学仍声称，遵照教育部的要求，为了落实《教育法修正案》第九章以及其他民权立法，校园言论规章是必需的。[56]

2013年，教育部和司法部联合发文，重新定义了"骚扰"：任何"不受欢迎的、带有某种性色彩的行为"，包括"语言的、非言语的，或肢体的行为"。[57] 根据这一全新的定义，"骚扰"并不限于那种会对某理性人造成冒犯的言论，也不要求所谓的被骚扰者事实上受到冒犯——以上两项要求，都是传统骚扰诉求成立的必备要件。由于取消了传统所要求的理性人标准，现在如何定义骚扰，就完全交给了大学社群内每一位成员自述的主观体验。实话实说，这是用联邦规制的瓶子装入了情感推理之酒。

如前所述，"骚扰"概念之扩展，根源在《教育法修正案》第九章，而关于这一立法扩展如何威胁到言论自由和学术自由，最好的例子就是西北大学教授劳拉·吉普尼斯所引发的事件。2015年5月，在《高等教育年鉴》上发表的一篇文章中，吉普尼斯教授批判了她在校园内所目睹的"性别妄想"（sexual paranoia），由表及里地分析了性态度的变化，

并批评了女性主义发展出的新观念。在她看来,这些新观念只会使女性更无力。吉普尼斯这样写道:

> 当我还是一名学生时,我所认同的女性主义强调的是独立和坚韧。但这些年来,学生的脆弱性已经成为虚伪的大气候,这风气现在如此浓厚,可以说是密不透风。无人胆敢对此提出质疑,生怕被贴上"反女性主义"的标签。[58]

吉普尼斯的文章批评了西北大学校方关于不当亲密行为的政策,尤其是禁止成年学生同教职员工恋爱的规定。在文章中她还提到,本校有一位研究生,根据《教育法修正案》第九章,发起了对一位教授的投诉。文章刊出后,吉普尼斯当即成为学生激进分子抗议的靶子,他们扛着床垫满校园地逛,要求校方发表谴责此文的声明。随后,两名研究生向校方正式投诉吉普尼斯,声称她的文章造成了一个充满敌意的环境。这由此导致校方根据"第九章"对吉普尼斯进行了秘密调查,整个过程持续长达72天。[59] (在这次调查结束前,她还在《高等教育年鉴》发表了另一篇文章,即《我的"第九章"审查》。) 事后,吉普尼斯就这场经历写了一本书。结果可想而知,她又一次受到基于"第九章"的调查,这一次,校方收到了西北大学4名教员和6名研究生的投诉。投诉者称,她在书中讨论了第九章以及不实的亲密行为指控,这种做法违反了校方调控报复和性骚扰的政策。[60]

第二次调查持续了整整一个月。调查组针对这本书提出了80多个书面问题,吉普尼斯被要求一一做出回应,并且必须要交代她的资料来源。[61] 虽然这两项调查最终都被撤销,但从事发到终了,整个过程持续了两年多之久。[62]

经历此番磨难后,吉普尼斯做出如下感言:

> 我感觉,所有这些保护措施并不是在减少脆弱,相反是加重年轻人的脆弱……当大学生离开校园,步入外面的世界,他们马上就会遭遇种种困境,没有人会站出来保护他们,那些我们在日常生活的过程中不得不去面对的伤害、轻慢和争端,他们也要去承受。[63]

"道德依赖"是如何养成的?

2014年,两位社会学家布拉德利·坎贝尔和杰森·曼宁合作了一篇文章,他们敏锐地预见到这种新的脆弱文化,解释了它从何而来,分析了行政为何越帮越忙从而助长了这种脆弱文化。[64] 他们称之为"受害心态文化"。根据他们的解释,这是一种新的道德秩序,同旧有的"尊严文化"存在冲突,但在美国和其他西方民主国家的大部分地区,尊严文化仍是主流。

尊严文化若运转得当,人们身在其中,就有人之为人的尊严和价值,无论他人怎么看;也因此,面对些许的轻慢,人们通常并不会做出过激的反应。诚然，曾几何时，完整的尊严仅属于白人成年男性；发生于20世纪和21世纪的权利革命改变了这一切，它将尊严扩展至每一个人。尊严文化与更古老的"荣誉文化"形成了鲜明对比。成长于荣誉文化，男子就会执迷于捍卫他们的声望和名誉，结果就是，即便只是对他们或其身边亲近者略加冒犯，他们也必须要做出激烈的回应，很多时候就是下战书进行决斗。然而在尊严文化中，决斗看起来荒诞可笑。在奋斗于人生道路上时，人们应当有足够的自控力，心无旁骛，将挑衅轻慢、龃龉不快都置之度外。身陷严重的冲突或者个人权利受到侵犯时，我们应当信赖法律或行政的救济，但若是为了鸡毛蒜皮的小事就寻求这种帮助，则有失体面，因为我们本应自行解决这些小问题。明察事理，是尊严文化的一项关键要素；面对异见分歧、无心之轻慢，甚或直接的冒犯，人们不应视之为对自身尊严的威胁，以至于非要做出回应不可。

比如说，尊严文化常见于一种教育方式，我们经常这样告诉孩子："棍棒和石头会打断我的骨头，但闲言碎语却永远伤害不到我。"非要在语义上较真，这句童年谚语当然值得商榷——人言可畏，人们可以因为听到某些话而体会到刻骨之痛。（反过来说，要是从来没有人因人言而受伤，那这样的谚语又是从何而来的呢？）但成长于尊严文化中，"棍棒和石头"就是一面盾牌，孩童们可以用它来驳回侮辱，对抗漠然的视而不见。这好像是在说，"请便吧，随你怎么说。你都无法搅扰我。你想什么，我真的毫不在乎"。

早在2013年，坎贝尔和曼宁就开始觉察到校园内发生的变化，同格雷格一样，他们也看到，从微侵犯、课前警告到安全空间，这一系列新观念在大学校园内连锁出现。他们指出，这种受害心态文化构成了一种正在出现的新道德，迥异于此前的尊严文化。根据他们的定义，这种受害心态文化具有三个特征：第一，"个体和群体表现出高度的敏感，遭遇轻慢便一触即发"；第二，他们"倾向于通过向第三方控诉来处理冲突"；第三，他们"试图塑造出一种应当获得帮助的受害者形象"。[65]

第二个特征，和我们在本章所关注的问题息息相关。坎贝尔和曼宁指出，受害心态文化之所以出现，其前提之一就是管理者或法定权威的存在，经过说服，他们会站在某一方一边，并插手干预。他们进一步写道，当行政救济唾手可得且人们并不以请求权威干预为耻时，"道德依赖"（moral dependence）的状况就会出现。人们于是选择依赖外部的权威，来解决他们的问题，久而久之，"他们选用其他形式的冲突管理方法，无论是意愿或者能力，都会大大减弱"。[66]

这就是吉普尼斯的忧虑。她大声呼吁，过度保护的政策使学生变得更脆弱，而不是勇敢起来；学校正在营造一种脆弱性的文化。这也是艾丽卡·克里斯塔基斯的忧虑，她认为"培养学生身上脆弱的那一面的做法愈演愈烈，就会导致现在无法察觉的代价"。因此她劝诫学生彼此间要多沟通，不应动辄依赖管理者的干预。[67] 这也是丽诺尔·斯科纳兹的忧虑，正因看到过度保护的问题，她才发起"放养孩子"的运动。

这也是史蒂文·霍维茨提出的问题，如我们在第9章结尾所讨论的，过度监管会抑制结社技艺的发展。一所大学若鼓励道德依赖，那么它就很可能要经历更慢性的校园冲突，于是就会形成对行政干涉和保护的更多的需求，进而造成更严重的道德依赖。

小结

❖校园官僚的扩张及其保护职责的扩展，是我们的第五条解释线索。

❖行政人员通常都出于好心；他们所做的，就是想保护大学以及它的学生。但好心可能办坏事，有时反而会导向对学生有害的政策。北密歇根大学发生的事就是一例，我们也认为校方的政策旨在保护大学免于担责，但这却使得寻求治疗的学生遭到有悖人情的对待。

❖为了应对包括联邦政令和诉讼风险在内的种种因素，大学聘用了越来越多的行政人员，其增长速度超过了教授人数的增长速度。而在大学的行政管理中，教授群体所发挥的作用也在逐步减小。其结果就是我们所知的大学"公司化"的趋势。

❖与此同时，市场压力，连同逐渐深入人心的高等教育消费思维，使大学在竞争时专注于服务设施之提供。在校方看来，学生就是消费者，必须想办法取悦之。

❖校园管理者必须身兼多种职责保护大学，以免惹上各种麻烦。因此，他们倾向于采用一种"宁可事先谨慎有余，不要事后追悔莫及"（或者说"明哲保身"）的态度，遇事就颁布新规。久而久之，校规堆积如山，并传达出一种危险迫在眉睫的感觉，即使真正的威胁连个影也没有。这样一来，管理者就催生了多重的扭曲思维，助长了脆弱人设的谬误，加重了安全主义的文化。

❖在管理者所颁布的学校规章制度中，有一些是用来限制言论自由的，很多时候，这些校规会以高度主观的标准来定义关键概念。这些规定助长了校园内的"言论寒蝉效应"，部分是因为基于这些校规，只要同学在情绪上感到不适，就可以或应当限制言论自由。这示范了什么是小题大做、以己度人（以及其他扭曲思维），助长了情感推理的谬误。

❖校园管理者近期的一项行政创新，就是设置"偏见回应专线"和"偏见回应系统"，有了这一机制，校园社群内的成员就可以轻易提起匿名举报，要求处罚对方的"偏见"。这种"发现可疑，及时报告"的方法，很可能会腐蚀社群内部的信任。同时教授们也会因此不太愿意尝试新颖或激发式的教学方法；他们同样会形成一种"明哲保身"的态度。

❖一般而言，通过创设官僚手段来解决问题，处理冲突，以此来保护学生，可能会带来意想不到的后果——无论是学生在读书时还是毕业后进入社会时，这都会助长道德依赖，最终削弱他们独立解决冲突的能力。

第 11 章
追逐正义

> 正义是社会制度的首要美德,如真理是思想体系的首要美德。
>
> 约翰·罗尔斯,《正义论》[1]

关于美国政治,有件趣事要说一说:在选举总统时,大多数美国白人都会把票投给共和党,但有两类例外,一类是1981年后出生的美国白人,另一类则是出生在1950年至1954年之间的美国白人。为什么1981年后出生的孩子成年后在选举投票上会有不同,这不难理解。他们属于千禧一代或互联网世代,在大多数社会议题以及许多经济问题上,都会表现出左翼倾向(恰如伯尼·桑德斯所见)。较之于前几代,他们不那么笃信宗教,同时共和党也以各种方式成功失去了这些人的支持。但我们的问题是,那些出生于1950年至1954年间的美国人呢,他们的故事又要怎么讲?一直到20世纪80年代,这些人都强烈支持民主党,但自80年代后,他们的投票情况有所变化,两大党在这些人中间大致可维持"五五开"的支持率,总体上他们稍微倾向民主党。〔你们可以自己去看看,在网上搜索"How Birth Year Influences Political Views"(出生年份如何影响政治观点),你就会发现这也许是史上最好的政治信息互动网站。[2]〕

为什么出生于20世纪50年代初的美国白人,在人口统计意义上会构成民主党的一个小孤岛?为什么甚至到了21世纪,他们的出生年份还在某种程度上左右着他们在选举中的投票,且较之于上世纪中叶早出生或晚出生数年的同胞,这些人的投票模式就是有如此大的变化和不同?

答案可能在1968年。或更确切地说,是1968年以及以该年度为中心向前后做推延(大约是1965年至1972年)的历史阶段。那个激情燃烧的岁月里发生了一连串震动美国的政治事件。[3] 政治学家亚伊尔·吉特扎和安德鲁·格尔曼考察了美国人的投票模式,以此来研究"童年时的政治事件或政治氛围,成年后是否会给其政治倾向留下某种印迹"。[4]他们发现,在漫长的成长过程中,有一段更容易受到影响的窗口时期,大约就是从14岁到24岁这10年,其高峰又正好落在18岁左右。在这一人生阶段所遇到的政治事件,或者说所能感知的整体时代精神,较之于这一年龄段以外的经验,就更有可能"定型"(stick)。

对于出生在20世纪50年代初的美国人,要唤起内心深处对1968年的回忆,你只要提示一下:马丁·路德·金、罗伯特·肯尼迪、黑豹党人、新年攻势(Tet offensive)、美莱村屠杀(My Lai)、召开于芝加哥的民主党全国代表大会、理查德·尼克松。要是这些时代词汇还无法使你百感交集,那就上网搜一下"Chuck Braverman 1968"(恰克·布雷弗曼1968)。那段5分钟长的混剪视频,[5] 会令你千言万语却不知从何说起。想象一下,你就是那个时代的一名年轻人,正在找寻自己的政治认同,或许你刚刚进入大学校园,重大的道德斗争、悲剧和胜利都出现在你周围冲击着你,想想那会是个什么样子。

今天,我们再次身处于这样的时代。如果吉特扎和格尔曼是对的,那么近年来的事变和政治风气就会影响到今天的大学生,他们往后余生的投票模式也会因此发生变化。假设你出生在1995年,也就是美国社会进入互联网世代的第一年,2009年,你14岁,正好进入政治上可塑度最高的成长阶段。这一年,巴拉克·奥巴马宣誓就任美国总统。一两年后,你有了人生中的第一部苹果手机,这时,智能手机在青少年中间日渐普及。如果你有机会读大学,那么你走进大学校园的时间大概是在2013年,也就是你满18岁的那一年。那些年,究竟是什么政治事件,成为你和一众新朋友们关注的焦点,让你们发帖争辩,甚至以行动抗议?究竟又是哪些议题,让你们必须用推文、帖子或者"点赞"来亮明立场?是联邦政府在2013年10月的关门,还是股票市场的长期上涨?

不太可能是这些。十来岁孩子们的关注点和热血沸腾之处,往往不在于纯粹的经济或政治问题,而更多在于社会议题或不公正事件。而自2010年至今,这类议题或事件可说是层出不穷。我们整理出一份表格,时间起始于2009年,亦即互联网世代的"头生子"年满14岁的那一年,分年度选取一部分通常会被归类为"社会正义"的重大新闻报道。2009年和2010年,美国重大新闻报道主要围绕着金融危机、医疗改革以及茶党的兴起等话题展开。但你可以发现,自2011年起,大约就是互联网世代的"头生子"准备离家读大学时,事关社会正义的新闻事件常常能成为社会焦点。

年份	有关社会正义的重大新闻报道
2009	巴拉克·奥巴马就任总统
2010	泰勒·克莱门蒂自杀事件 (唤醒社会对同性恋青年被欺凌的认识)
2011	占领华尔街运动 (强化社会对收入不平等的意识)
2012	特雷沃恩·马丁被杀案;巴拉克·奥巴马连任;桑迪胡克小学枪击案(激起枪支管制的辩论)
2013	在特雷沃恩·马丁被枪杀一案中,乔治·齐默尔曼被判无罪;"黑命贵"组织成立
2014	在密苏里州弗格森市,警察枪杀迈克尔·布朗;在纽约市,警察扼死埃里克·加纳(有视频);"黑命贵"抗议活动席卷全美;密歇根州弗林特市的饮用水含铅,此事件提高了全社会的"环境正义"意识

续表

年份	有关社会正义的重大新闻报道
2015	联邦最高法院裁定同性婚姻合法；凯特琳·詹纳公开其女性的性别认同；在南卡罗来纳州查尔斯顿，白人至上主义者迪伦·鲁夫屠杀了9名黑人礼拜者；南卡罗来纳州议会大厦的"邦联旗"被移除；警察枪杀沃尔特·斯科特（有视频）；全美范围内的大学爆发了种族歧视抗议活动，始于密苏里大学和耶鲁大学，并很快扩散到数十所大学
2016	在佛罗里达州奥兰多市，恐怖分子奥马尔·马丁袭击了一家同性恋夜店，屠杀49人；警察枪杀奥尔顿·斯特林（有视频）；警察枪杀费尔南多·卡斯提尔（有视频）；5名警察在达拉斯被杀；四分卫科林·凯珀尼克拒绝在奏国歌时起立；北卡罗来纳州通过立法，要求跨性别者按照出生证明上的所载性别来使用卫生间；达科他输油管道穿过立石印第安人保护区，引发抗议事件；唐纳德·特朗普获得共和党之提名，并当选总统
2017	特朗普就职总统；特朗普颁布各种"禁穆令"；华盛顿女性大游行；在加州大学伯克利分校和明德学院，校园演讲者遭到暴力抗议；特朗普禁止跨性别人士服兵役；特朗普赞许参加夏洛茨维尔游行的"善良的人"，但在游行期间，一名新纳粹分子开车冲向人群，撞死希瑟·海尔，撞伤多人；拉斯维加斯发生了美国史上伤亡最惨重的枪击事件，58人丧生；以揭露与制止性骚扰和性侵犯为宗旨，#MeToo 运动开始

续表

年份	有关社会正义的重大新闻报道
2018 （截至3月）	在佛罗里达州帕克兰市的一所高中，一名曾有情绪和行为障碍病史的学生尼古拉斯·克鲁兹，被开除后杀死了17人；多地学生组织罢课和游行，要求进行全国范围内的枪支控制

重大的、刺激的、扣人心弦或令人震惊的事件，年年都有，但就各种事变的剧烈程度而言，2012年至2018年看起来最接近1968年至1972年的那段岁月。如果你还是不相信，我们刚经历的这几年就客观指标而言是异乎寻常的，那么就加入社交媒体的放大作用吧。自20世纪60年代的越南战争和民权运动以来，美国历史直至近期就再未见过如此景象，那便是层出不穷的视频几乎从不间断地骚动着围观群众——这些视频的内容就是无辜的人，且大多数是有色人种，被国家暴力的代理人殴打、杀害或者驱逐。今天的大学生群体亲身经历了这个特殊的时代，也因此，许多当代大学生生发出异乎寻常的热情，要为社会正义而斗争。正是这种热情，驱动了我们所目睹的近年来发生在大学校园内的某些变化。在此意义上，追逐正义构成了我们的第六条解释线索。

本章的讨论围绕着社会正义。接下来我们要探讨社会正义的词义，在此过程中，我们将接纳社会正义的某种定义，同时批判另一种定义。在左右之间的文化内战中，社会正义这个词可以说是主战场之一,所以对于我们来说,现在也是时候亮出我们的底牌了:格雷格认为自己是一位自由派,但对某些放任自由的论调也有所同情。在加入个人教育权利基金会之前,他曾供职于某一环境正义团体;也曾亲赴中欧,为某一呼吁难民权利和保护的组织工作。他早先曾在美国公民自由联盟的北加利福尼亚分部担任实习生。乔认为自己是个中间派,在绝大多数议题上,他都站在民主党这一边;但从保守主义知识分子的著述中,从埃德蒙·伯克到托马斯·索尔的观点里,乔也受益良多。在国会和总统选举中,我们俩从未把选票投给共和党的候选人。对于社会正义积极分子孜孜以求的目标,我们俩大都心向往之,包括全面的种族平等、终止性骚扰和性侵犯、彻底的枪支管制,以及负责任的环境监管。我们也相信,在当前的大学校园里,我们用以定义并追逐社会正义的方式,却在制造各种各样的问题,并激起抵抗和怨恨,其原因恰恰是某些社会正义的鼓吹者未能认识到的。在本章中,我们将讨论社会正义概念的某些版本。我们还要提出一种思考社会正义的方法,它不仅可以使我们距离社会正义更近一些,而且也和大学的传统目标相和,这目标便是追求真理。

"社会正义"到底是什么?关于这个问题,目前尚且没有一个得到普遍认同的定义。接下来我们要做的,就是从"正义"出发,就概念论概念,探讨"社会正义"在哪些方面与之相异,在哪些方面又与之相同,并以此勾勒出社会正义的意义。

直觉正义

我们可以认为，正义是西方哲学史上最重要的道德概念。从柏拉图的《理想国》到约翰·罗尔斯的《正义论》，哲学家们都致力于提出某些规则和原则，并以之为基础来建构一个公正或者"正义"的社会。在这里，我们不是准备回顾历史，追根溯源，从而得出一种正义的哲学定义，而是要抄一条捷径，向你们展示心理学研究的两个主要领域——只要将它们结合在一起，就能给我们提供一种有效的定义，据以理解人们日常的、平凡的或"出于直觉"的正义观。一个领域是分配正义（认为人们得到了其所应得的），另一个领域是程序正义（认为物品分配和规则执行的过程是公正的、可信的），而两者结合，就是直觉正义。我们将展示，在那些关于社会正义的诉求中，哪些与直觉正义相符合，又有哪些与之相悖。

分配正义

在孩童的道德生活中，分享扮演着重要的角色，他们要受到大量的训练，学会平等地分配物品。假设有 4 个孩子，12 粒软心糖豆，那么每个孩子应该分到 3 粒。这是毫无疑问的。但假设糖豆是打扫教室的奖励，其中有个孩子做了大部分的工作，而另一个则什么也没干，那这些孩子又要如何分糖豆呢？即使是在蹒跚学步中的幼童，似乎也会意识到相称

（*proportionality*）的重要性。在某一实验中，我们假设有两个人，其中只有一人做了些工作，但两人却得到了同样的奖励，即便是只有2岁的幼儿，对此也会有惊讶的反应。[6] 长到6岁时，孩子们就表现出一种明确的偏好，要优先奖励团队中最努力的那个同伴，即使平等均分仍是可能的选项。[7] 在年幼的时候，如果孩子们发现遵从直觉有时就意味着他们自己分得更少，他们往往会心不甘情不愿；等到了青春期，孩子们就学会将相称原则施于自身了。[8] 发展心理学家克里斯蒂娜·斯塔曼斯、马克·谢斯金和保罗·布鲁姆都对儿童公平意识研究做过文献综述，她们的结论是，"人类就其天性而言倾向于公正的分配，而非平等的分配"，"当公正和平等发生冲突时，人们更愿意选择公正的不平等，而不是不公正的平等"。[9]

我们应当指出，有些时候分配正义要求平等。比如说，美国人看起来共同享有一种普遍的直觉，从已故父母那里继承的金钱，应当在兄弟姐妹间平等均分，而不是去评估哪一位为父母做得更多，或者谁更需要这笔钱。还有些时候分配正义就要求不平等。比如说要关注需求，特别是在家庭或者有某种集体感的团队中，将资源分配给最需要它们的人，人们会认为这才是公正且适当的方式。但如斯塔曼斯、谢斯金和布鲁姆的研究所示，当孩子和成人在家庭范围之外分配奖励时，相称或功绩（merit）应是最常见且最优选的依据。

相称是"公平理论"（equity theory）的核心，而"公平理论"又是社会心理学中关于思考分配正义的主要理论。[10]

所谓"相称",其核心主张是,当获得与投入的比率在全体参与者中间是相等的,人们就会认为这种分配是公平的或公正的。[11] 我们可以用一个简单的方程式来阐释这个理论,如图 11.1 所示:

$$\frac{你的获得}{你的投入} = \frac{玛丽的获得}{玛丽的投入} = \frac{鲍勃的获得}{鲍勃的投入} = \cdots\cdots$$

图 11.1:公平理论。人们会密切关注每个人获得与投入的比率。比率相等时,人们就会认为是公正的

纵观"公平理论"研究,有一个发现可以说是一以贯之的:在大多数关系中,人们都会密切关注较之于他们所做出的贡献(亦即他们的投入,比如工作时间和他们带来的技术或资质),每个人能获得多少回报(亦即他们的结果,比如薪水和津贴)。不同关系的区别是,在工作关系中,人们会更关注比例是否做到了均衡;而在亲密关系中,人们就会有所放松。但即便是在夫妻之间,人们也不会全然无视获得与投入的比率。不仅如此,在自我偏见的影响下,人们还经常会有这样的感觉,在某些甚至所有工作上,他们认为他们所做的超出了其"公正份额"。[12] 当每个人都感到各方面的比例是平等的,那么他们就会认为社会是公平的,和谐社会就不再遥远了。反过来说,当人们坚信某些人的获得/投入比率过高时,他们就会心生怨恨,因为这些人得到的奖赏同付出不成正比。他们也可能对老板、公司或允许这种不平等持

续存在的制度感到怨恨。这不是说人们都贪婪。在验证"公平理论"时,一项早期的研究发现,如果人们受引导而相信他们在某份工作上得到了过高报酬,他们就会更努力地工作,为的是对得起这份收入——使他们自己的获得与投入的比率重返正常水平。[13]

程序正义

直觉正义不只关乎每个人得到了多少。它还关乎过程,亦即分配(以及其他事务)的决策是经由何种过程而做出的。社会心理学家汤姆·泰勒是"程序正义"研究的一位开拓者。[14] 他最重要的发现就是,哪怕结果对自己不利,只要人们认为做出决策的过程是公正的,那么他们就更愿意接受这一决定或行为。

在就程序正义做判断时,人们通常会带入两个基本的关注点。第一个是决策是如何做出的。其中包括决策者是否尽力做到了客观和中立,从而值得信赖,或者他们之间是否有利益之冲突、偏见或其他因素,可能导致他们偏袒某个具体的人或特定的结果。公开透明也是题中之意——决策之过程是如何运转的,是否所有人都能看见。第二个关注点在于,观察整个决策之过程,个人是如何被对待的。这主要是指,人们是否得到了有尊严的对待,以及他们是否发出了自己的声音——亦即他们是否有机会充分陈述自己的观点,且在表达时得到了认真地对待。

泰勒的研究成果很有意义,它尤其帮助我们理解了人们在面对警察时的诸多反应。若是人们相信,警察在执法时遵循公平的程序,尊重他们及所在族类的众人,他们就会更愿意给警察以支持,帮助他们打击犯罪,甚至偶尔被警察拦下、搜身,他们也愿意配合,因为在他们眼中,警察这样做是在保护所在社区之安全。但反过来,若是人们认为,警察是有种族偏见的,他们挑人搜身,凡是像他们这样的人,都会受到无礼且充斥着敌意的对待,且稍有不慎就会被暴力伺候,那可以想见他们就会因此而愤怒,将警察视为敌人。2002年,泰勒和心理学家霍元合作发表了一项研究成果,以加利福尼亚州的两个城市为样本,他们发现,在思考什么是程序正义时,白人居民和非白人居民有着大致相同的观念,但在认知警察是如何对待民众的问题上,他们却经验各异,这也使他们对此产生了全然不同的看法。若要解释为什么不同种族在对待警察时有不同态度,归根结底便在于这一差异。[15]

综合上述两种正义形式,我们可以说:直觉正义包含对分配正义(参见公平理论)和程序正义的感知。若想以正义之名,动员人们支持一项新政策,或者加入一场运动,你就必须唤起他们心中的一个清晰的认知或直觉,让他们确信有人并未得到他所应得的(分配不公),或者有人成为不公正过程的受害者(程序不公)。如果你无法激发出这些情绪中的任何一种,那么人们在面对现状时往往会随遇而安,哪怕是在这个现状中某些人或某些群体最终攫取到了更多的资源,爬到了更高的位置。[16]

相称—程序的社会正义

总有些保守派和放任自由论者坚持认为,"社会正义"这个词百无一用——这世上只有正义,加上"社会"这个前置词不过是画蛇添足。[17] 对于这种看法,我们不敢苟同。在我们看来,放眼西方世界的现代政治辩论,我们可以分辨出两种不同的社会正义观,一种属于直觉正义的范畴,另一种则非直觉正义所能包容的。

美国社工协会曾给"社会正义"下定义,"社会正义作为一种观念,认为每个人都应获得平等的经济、政治和社会权利以及机会。作为社会工作者,我们的目标就是要为每个人,特别是那些最需要它的人,打开通往机会的通道和大门",[18] 可以说,以上这一定义是嵌入在直觉正义观之内的。大多数美国人都会同意,人人都应有平等的权利和机会,对每个人,大门都应敞开。[19] 左右两翼虽在社会政策上存在严重分歧,但究其差异之所在,大部分仍涉及政府到底应当"走多远"才能为出生在不同环境中的孩子提供平等的机会(以及实现机会平等究竟是哪家政府的责任——联邦政府、各州政府,还是地方政府)。

参照上述的定义,我们可对相称—程序的社会正义(proportional-procedural social justice)做出如下结论,由于出身贫寒或者属于社会低端群体,而被剥夺了分配正义或程序正义,这种情形应发现一起,解决一起。有些时候,情况可谓彰明较著。直至1965年，美国南方关于种族隔离的法律还在光天化日之下违反程序正义：警察、法官和立法者都是种族主义者，他们粗暴地罔顾美国黑人的尊严，残忍地侵犯黑人的权利。这些种族主义的恶行，不仅违反了程序正义，还直接导致了对分配正义的严重侵犯，且在社会生活的各个领域随处可见，包括种族隔离但极不平等的学校，以及从预算上就极不平等的公共投入。

民权运动，作为一场旷日持久的斗争，其初心就是为了争取相称—程序的社会正义。并非所有人从一开始就能看到不公正之处，很多白人都有理由对其视而不见。[20] 基于此才能解释为什么共性的认同政治最终如此有效——它以一种包容的共同人性为主旨，同时也在呼吁关注那些有人被剥夺尊严和权利的情形。这次运动并没有强制美国白人去接受一种新的正义观念；而是努力帮助白人去看见，他们的国度正在践踏他们据以立国的正义观。这些观念，在建国之父的口中曾有过崇高的表达，但落实的过程却步履维艰。

在我们的叙述中，相称—程序的社会正义，完全属于直觉正义这个大范畴。但这并不意味着我们应当放弃"社会正义"这个概念。有些不公正是显而易见的，如基于种族、性别或其他因素（以及它们的交叉点）的不公正。但很多不公正则更隐蔽，人们没有身受便难以感同。（金伯利·克伦肖就曾指出这一点。）[21] 这么说来，在正义研究的这个领域内，有学者专攻这一类不公正问题是大有裨益的。即便此类不公正被放到台面上，多数群体的成员往往也会选择视而不见或矢口否认。[22] 而作为一个民主社会，为民众和各类群体提出有关正义之新诉求而广开言路，是民主最重要的一项要求。开放的民主社会认真对待这些诉求，讨论之，辩论之；对于那些在辩论过程中脱颖而出的诉求，若有令人信服的论证，又结合了有效的政治压力，则以它们为新的行动纲领。如果新的社会规范得以推而广之，新的法律也会在此基础上得到确立。民权运动在20世纪60年代所力图实现的民主体制内的道德和社会进步，不外乎就是这样的过程吧。

我们举个例子来说明什么是隐蔽的不公正。假设有一所高中，其中80%是白人学生，余下20%是黑人学生。为了筹备毕业舞会，学校成立了学生委员会。现在要由这个委员会来决定舞会现场播放什么歌，而且这所学校音乐品味是因种族而异的。到底怎么办？委员会对各种方案进行了表决，获胜的方案如下：由学生自己来提名一份尽可能长的歌单，接下来再由全体学生对全部备选歌曲进行投票。所谓民主，不就是关于投票吗？难道舍此之外还有他法？而且这个程序本身也是经由民主决定的。所以我们刚刚见证了程序正义，不是吗？

1994年，哈佛大学法学家拉尼·吉尼尔曾著有《多数的暴政》一书，她在书中探讨了类似的案例。[23] 吉尼尔指出，有些过程虽然看起来公正，但运转之后，时常会导致处于少数的群体被完全排除在过程之外。在上述例子中，最终选出来的毕业舞曲，很可能全部来自白人学生的投票。如果这个例子在你看来实在无关紧要，那不妨设想一下，你投票的对象并不是毕业舞会的那些歌，而是本州的议员们。吉尼尔提出了某些改革方案，若能替换现有的选举制度，就能使社群在分配选举权力时不会排斥少数群体，或者置他们于不利境地。

吉尼尔的观点激怒了某些右翼政客，特别是她提出的改革方案会改变"每个席位，一人一票"的基本制度，一时间成为争议焦点。在《华尔街日报》上，她被称为"配额女王"（quota queen）。[24] 随后克林顿总统提名她担任联邦司法部长助理负责民权事务，但其观点形成的巨大争议搅黄了总统的这次任命。[25] 然而我们必须承认，即便吉尼尔的方案有待商榷，她所阐释的原则却是合理的。民主体制必须保护少数群体的权利这一原则，正是美国宪法前十条修正案（亦即《权利法案》）第一时间被增补的原因之一。（在民主政治中，要保护多数人的权利，一部"权利法案"并不是必需的，因为选票就可以完成这一任务。）

所以，当社会正义指向发现并终结对人权或公民权的侵犯，尤其是这些行为发端于受害者某种群体性的社会身份时，社会正义就能够消除障碍，创造机会平等。这也正是社会工作者所呼吁的，如前所述，他们将社会正义定义为一种追求，"为每个人，特别是那些最需要它的人，打开通往机会的通道和大门"。相称—程序的社会正义，就是正义，而正义从来都不是真理的敌人。要实现正义，我们就必须以真理和诚实为前提，也因此，正义与大学的宗旨、价值和日常生活是完全兼容的。但问题是，当社会正义的行动派一叶障目，只盯着他们所欲求的某种结果状态，且以违反分配正义或程序正义的方式去追求目标之实现时，大学校园会成为什么样子？

结果平等的社会正义

当本书作者之一乔在弗吉尼亚大学任教时，他时常会雇用本校男子赛艇队的队员，让他们帮他打扫庭院。每年春秋两季，年轻的男子运动员会在所有教员的信箱里逐一投放传单，推销他们的"出租划桨手"的服务。乔曾一度认为，他所雇用的正是本校男子赛艇队的队员。但在和桨手们交流后乔才得知，校园里压根就没有"男子赛艇队"这个组织，而只有"弗吉尼亚赛艇协会"。在这个协会旗下划船的人全部是弗吉尼亚大学的学生，但学校官方却不为他们这项运动提供资助，一分钱都没有。要想加入赛艇协会，每位会员每年必须支出超过1000美元的费用，在此基础上，他们还必须参加"出租划桨手"的计划，为他们的赛艇、教练组、比赛差旅和其他开支筹集资金。在距离校园不远的里瓦纳水库，这些男队员同本校女子赛艇队共享一个训练基地——而女子赛艇队的各项支出，包括差旅、教练薪资甚至训练场地的零食费用，都由学校全额资助。

为什么会这样，为什么同是弗吉尼亚大学的学生，都想要赛艇，却因性别不同而受到如此赤裸裸的区别对待？答案在于《教育法修正案》的第九章，具体而言就是它的执行在近年来发生了变化。追溯这部立法,其初衷在于为女性和男性提供平等的受教育机会,但它却在实施过程中走样了,成了一个项目,驱使大学实现平等的结果。至于付出有多少,却一概不论。

从文本表面上看,《教育法修正案》的相关条款非常公平,也非常合理。根据立法之规定,大学只要接受了联邦政府的资金,就不得在"教育机会"方面歧视女性。1979年,卡特政府在将《教育法修正案》第九章适用于高校体育领域时,就采用了一种"机会平等"的解释:奖学金之发放,应"根据该校运动项目的男女参与者的人数,按大致相称的比例来分配"。在此基础上,"在本领域内,指导原则应是,男女学生的体育兴趣和能力,应当得到有效的平等照顾"。[26] 也就是说,结果(如奖学金和校队名额)必须要与投入(如参与的兴趣)成正比。根据这种机会平等的解释,在申请一份体育方面的奖学金,或者争取一个校队名额时,男女生之间应维持大致相同的竞争难度。

但到了1996年,克林顿政府开始向学校施压,要求它们实现结果的平等。[27] 这一年,联邦政府教育部民权办公室,以所有接受联邦资金的学校为收件人,签发了一封名为"致我亲爱的同事"的函件(相当于实施《教育法修正案》第九章的指导意见),[28] 重在阐释学校应如何做才能符合《教育法修正案》中的义务规范。[29] 对于高校来说,如要合规,一种选择就是做出证明,本校的体育项目(全部加在一起)对应着全部学生的性别比例。根据教育部这封文函,如要合规还有两种选择,[30] 但实践中,如果学校选择了后两种选项,它们就会陷入守法所致的灰色地带,招惹民权办公室进行监控,甚至可能是调查,所以几乎没有学校会按照后两种选项来行事。再者,在媒体及各种组织的密切注视下,无论如何,学校都会因其运动项目的总量而被品头论足。[31] 所以,学校开始谋求平等的结果。为了提升男女性别比例的平衡,有些学校干脆裁掉男子项目的运动队,并将《教育法修正案》的相关规定作为关停的理由。[32] 更常见的是,学校会增加女子项目的队伍,因为这样做和《教育法修正案》的原初精神更相符,但有时这也会导致不平等的待遇。这就是曾在弗吉尼亚大学发生过的事:1994 年之前,无论性别,男子和女子赛艇队都属于俱乐部性质的运动,并不存在校方的赛艇队项目。但仅仅为了符合《教育法修正案》第九章,弗吉尼亚大学便把女子赛艇队升格为校方代表队,对男子队却未能一视同仁。

当然,假设男生和女生对参与运动保持同等程度的兴趣,那么上述两种形式的社会正义就会殊途同归,最终都落脚在结果平等的状态上。也就是说,让每个人都有同等的运动机会,那么大学中各个运动队的人员组成就会折射出整体的学生构成。但请注意,就大学体育运动而言,"结果平等"并不必定意味着男女各占一半;所谓"平等的结果"要求整个学生群体应按人数比例获得代表,而众所周知,大学生群体就男女比例而言通常是"阴盛阳衰"的。但"结果平等"意味着,统计所有参加体育运动的学生,其男女比例应当严格对接全体学生的男女比例。推而广之，在推进这种结果平等的社会正义时，激进派似乎坚信各行各业以及各种机构都应当成为美国人口总体构成的缩影：50%是女性，约15%是非裔美国人，还有15%是拉丁美洲人……凡有偏离这些数字的，就意味着某一群体"未得应当之代表"，而代表性不足也常常被当作直接证据，证明其存在着制度性的偏见或不公正。

但问题是，男性和女性对不同的事物有着完全不同的兴趣，体育就是一例。大河谷州立大学（密歇根州）的心理学家罗伯特·迪纳尔，曾广泛研读文献并研究发现：男性，无论是孩童阶段的还是成年的男性，较之于女性，对参与体育运动和观看体育比赛都会表现出更高的兴趣，而且无论其具备何种文化背景、身处什么时代抑或年龄段，这一性别差异的结论都是适用的，也无论研究者是通过做访谈，还是观察运动行为的方式。[33] 当然，这些差异也可能只是反映出一种普遍的跨文化现象，劝诱女孩远离体育活动，甚至剥夺她们的运动机会。若这一论断是真实的，也就是说女孩子天性也爱运动，但现在却被劝阻住了，那么可以期待，在非正式的场景中，比如孩子们在公园玩耍时，较之于在学校环境内，性别差异就应该会小一些。但事实恰恰相反。在校园里，性别差异相对更小。统计全美中学在册的体育运动队，女生占据了大约42%的名额，但若是观察公园里玩耍的青少年，或者对他们"如何利用闲暇时间"进行调查，我们发现性别差异反而要大出许多。[34] 现有的研究表明，男女之间的性别差异并不在于是否热爱锻炼身体,而主要是女性经常对参加团队运动没什么兴趣而已。[35]

若实情如此,即一般而言男性更热爱团队运动,那么只是通过提供平等的机会,大学还是无法实现结果平等这一目标。于是大学所能做的,就是加倍努力去招募女队员,或许同时还要设法去劝阻男孩子。事实上,为了满足结果平等所设定的目标,多家大学不得不动用某些在伦理意义上很可疑的手段。这些被统称为"名单管理"的潜规则,有时候已近乎欺诈了。2011年,《纽约时报》曾刊发了一篇揭秘文章,[36] 据其报道,在女子项目的花名册上,掺杂着从不参加训练的女生名字,有时候甚至是连本人都不知道自己已经"被报名"的女生。这种伎俩在大学里已屡见不鲜。有些学校会邀请男生和女生一起训练,然后把男生算在女队的名单上。这次曝光令人印象深刻,好像美国的大学都躲在阴暗处企图瞒天过海,正如我们上一章所述,这是可以预见的官僚体制反应。起因是联邦政府强行施压,要求大学在投入即不平等的领域内实现结果平等,于是大学管理者便会千方百计地保护学校。即便这么做会使他们背离程序正义和分配正义,甚至有背信弃义之嫌也在所不惜。

如图11.2所示,只要完成公平理论的公式,问题出在哪里就一目了然了。在投入这一侧,弗吉尼亚大学的男生想要划艇,所付出的要远远超出女生(每年交1000美元甚至更多的费用,再加上出卖劳动来支付运动花销)。然而在结果这一侧,男生所获得的支持却明显低于女生(女队坐享多得多的预算）。男女之间结果和投入之比相差甚远。

$$\frac{\text{男生的结果}}{\text{男生的投入}} \begin{matrix} < \\ > \end{matrix} \frac{\text{女生的结果}}{\text{女生的投入}}$$

图 11.2：男队员必须自行筹集资金，而女队员的开支由校方资助，所以男生的结果和投入比要远远低于女生

当然，如果我们观察整所大学全部的体育运动，那情况不同了。在弗吉尼亚大学，男子足球项目体量巨大，开销惊人，同时该校并没有校方的女子足球队。整体而论，弗吉尼 227
亚大学在男子运动上所投入的资金量，仍远远超出女子运动。如果你支持结果平等的社会正义观，你大可以认为，由于校方在许多男子运动项目上的资金投入更多，因此作为一种补偿，赛艇队员的不平等待遇反而是必要的。

但是，在离开校园这个语境后，上述论调就谈不上有公信力了；非要将它与公平理论或程序公正联系在一起，在道德直觉上难以令人信服。多数人都追求在个体意义上能得到善待，与此同时，他们也畏惧为了实现某种集体意义上的平等而对个人施以不公正的对待的这种状况。这就是“配额”通常会导致强烈的反弹之原因所在：设定配额，是为了追求某种具体的结果平等状态，但这么做势必会侵犯程序正义（人们因种族、性别或其他因素而受到区别对待），也会背离分配正义（结果和投入不成正比）。

应予指出：偏离平等，有时确能表明，某种不公正或偏

见正在发生。在某些机构或公司内，某些群体的成员往往更难获得成功，根源就在于大环境之使然。近期已有书和文章讨论过这个问题，如批评蔓延在硅谷的"兄弟文化"（bro culture），[37] 这种男权文化侵犯了女性的尊严和权利（程序不公正），同时又剥夺了女性基于其工作原本应得的地位、晋升和薪酬（分配不公正）。当你发现身处某一境地，某些群体无法得到应有之代表时，那就要加倍留心，不妨去调查这一处境是否存在着障碍、敌视的氛围或者系统性的因素，将这些群体成员笼罩起来并影响着他们。但问题是，你如何能确知，只要有不平等的结果，就可以倒推出存在违反正义的行为呢？

相关性，并不意味着存在因果关联

社会科学研究者都知道，相关性并不意味着存在因果关联。如果 A 和 B 看起来有关联，也就是说，A 和 B 会随着时间之变迁而发生变化，或者在某一群体中，A 和 B 共同出现的频率要高于随机所能预测的限度，那么可以肯定，有可能是 A 导致了 B。但也有可能是 B 导致了 A（反向的因果关系），或者是存在着第三变量 C，这个 C 分别导致了 A 和 B，而 A 和 B 之间则没有直接联系。[还有一种可能，如我们在第 7 章中所述，这只是一种"伪相关"（spurious correlation），亦即 A 和 B 之间并无关联，相关性纯属巧合。]

例如，一项覆盖了 7500 个德国家庭的研究发现，每周有四次以上性行为的人，较之于每周只进行一次性行为的，其收入要多出 3.2%。也就是说，性生活的频率同工资收入存在着（轻微的）相关性，但这到底是为什么呢？因果关系的路径又是怎样展开的？"吃瓜群众"网站（Gawker.com）曾在头条推荐过一篇讨论这项研究的文章，标题党用的就是：为钱而"啪"：性生活越多，赚钱越多。[38] 这个标题，很清楚就是表明 A（性）导致了 B（金钱），如果你的目标就是要吸引眼球，制造点击量，那么这个标题无疑选择了一条最好的因果路径。但只要将上述的相关性摆在社会学家面前，他们立刻就会想到反向的因果解释（是否越有钱就越有性?），接着还会转入根据第三变量的解释，而在性和金钱的关系上，似乎只有这种解释才能揭示出真相。[39] 网站所讲述的故事已经指出，那些更外向的人，既获得了更多的性，也赚到了更多的钱。由是观之，第三变量 C（外向性格，或者社交能力强）才是原因所在，是这个 C 导致了 A（更多的性）和 B（更多的钱）。

社会学家就是这样，他们会条件反射地去分析相关性（因此也让家人和朋友不胜其烦）。他们乐于扮演对话裁判者的角色，只要有人想把某种相关性解释为因果关系的证据，他们就会掏出黄牌，以示警告。但近年来，大学校园内却发生了一桩趣事。现如今，如果有人指出结果意义上的差距，并委婉或明确地主张这种结果差距本身就构成了证明系统不公正的证据，社会学家经常只是点头附和，同在场的其他人士一样明哲保身。

结果差距是一种相关性。但如果有人引经据典，或以其他方式做出论断，某一群体在某个职业内占比过多，或者存在着明显的收入差距，其言下之意往往就是，身为该群体的成员为因，在录用时占得先机或者拿到更高的薪水则是果。若是除了群体成员身份这一因素，再找不出其他原因来解释结果上的差距，那么结果之差距确实就可以构成不当或非法歧视的证据。比如说，如果有人把话挑明，顶尖科技公司的程序员大多是男性，那么这一论断的言下之意就是，身为男性本身就使得他们作为求职者更有可能被聘用，作为员工则更可能受提拔。若是在程序员这个工种中，再也找不到男女之间的其他任何差异，那么这种状况就明显有失公正。

　　但问题在于，是否存在着其他的差异？或者说，是否还有支撑不同解释的因果路径？若是你不同意讲者的论断，提出解释这种差距的别样因果路径，那么旁人可能会猜测你内心的潜台词，你一定是在说问题并非如此严重，讲者只是一厢情愿地想象而已。如果在场有人因你的说法感到不快，那你甚至可能因言获罪，被认为有"微侵犯"的举动［具体地说是"微反驳"（micro-invalidation）[40]］。若是你提出的假设包含一种推测，即在某一根本因素上存在诸多差异，也就是某项同结果相关的投入确有明显不同（比如在参与运动之兴趣或计算机编程方面，男女之间确实存在着基于性别的差异），[41] 那么你就摊上事了，你触碰到了某个严重的禁忌。

　　在《"不可思议"的心理学》这篇文章中，社会心理学家菲利普·泰特洛克给上述机制起了个名字,他称之为"作为禁区的根本因素"(forbidden base rates)。[42] 但如果这种方式的思考变为不可涉足的禁区,那么,面对着那些在政治上受欢迎的理论,社会学家难免会畏手畏脚,不敢站出来挑战,最终"体制化的反证"即挑战并验证观点的过程就会失效。如果教授和学生都如履薄冰,不愿对结果差距提出不同的解释,那么有关结果差距的诸多理论,就有可能被固化,成为正统的教条。某些观念之所以可以被广为接受,并非因为它们是真实的,而是因为政治上起主导作用的那个群体想要它们是真实的,目的在于宣扬本集团所构建的叙事并推销其所选择的解决方案。[43] 事情若到此地步,某些学术理论即便存在缺陷,但以行动派热情而笃定的支持为后盾,也终将越出学院的象牙塔,在中学、公司和其他组织中大行其道。但不幸的是,归根结底,构成这些理论之基础的,仍是那些对现实因果机制的错误或不完整的理解。故此,当改革者试图以这些理论为指导干预复杂机构时,他们的改革努力不太可能让世界变得更美好,相反只会让社会变得更糟糕。

如今的大学生们身处一个不平凡的时代,其中很多年轻人都已经展示出不一样的热情为社会正义而奋斗。他们所做的就是确认继而挑战社会中的种种不公。长期以来,这些现象虽不乏详尽的记录,却未能得到成功的处理。回忆20世纪60年代,青年学生为了许多事业挥洒血汗,以今人的视角来看,这些事业无疑是很崇高的,比如结束越南战争,为黑人及其他弱势群体争取充分的公民权,以及保护自然环境。而今天的大学生也积极投身于许多事业，我们相信，他们为之奋斗的事业，同样是高尚的，包括终结法律体系中和警察执法时的种族暴力；为每个人提供平等的教育及其他机会，使其出身及原生家庭不会成为成功路上的绊脚石；将那些主张或容纳性骚扰和性别不平等的文化惯习连根拔起。在这些以及其他许多议题上，我们相信学生抗议者站在"历史的正确走向"上，而我们也支持他们的目标。但问题在于，在学生行动起来之后，如果他们不加保留地接纳了"结果平等"的社会正义论，如果任何偏离群体基准的结果在他们眼中都成为坐实体制性偏见的证据，他们就会因此纠缠于无休止的学生运动，且劳心劳力但往往适得其反，甚至会把同道中人当作敌人来反对。在整个过程中，他们也会不断强化本书反复描述的那些不良心理习惯。

在此，我们奉劝年轻的学生们，一旦发现这些偏离群体基准的结果，务必记住只有进一步调查才能有发言权。你们不妨追问，这种结果意义上的偏差，究竟是发生于某份工作的求职过程中，还是根源于申请人这个群体自身的差异？如果过程存在问题，那么就更多关注整个过程的起点，而非终点，并且自觉思考这种可能性——人们性别不同，或成长于不同的文化传统中，可能就有不同的选择偏好。不能只关注分配正义，对程序正义也要抱以同等重视：人们分属于各种身份群体之中，但他们是否得到了同等尊严的对待？这一问题的复杂之处在于，在一个组织中，即便已经实现了统计学意义上的平等，答案也可能是否定的；另一方面，还是这一组织，即便某些群体在结果意义上并未得到相应的代表，但答案也许是肯定的。到底什么样的最终状态才是有意义的，以及为什么会这样，这些问题不能含糊，要能够讲清楚。只要青年学生在行动时能做到以分配正义和程序正义为指引，如前所述，它们共同组成了我们所有人发自内心的直觉正义，他们就能把好钢用在刀刃上，最大限度地改变世界，赢得更广泛的社会支持。

小结

❖ 从2012年至2018年，政治事件不断冲击着人们的情绪，其程度之深和范围之广，可谓自20世纪60年代末之后所未见。面对这一连串的事件，现如今的大学生及学生抗议者也做出了自己的回应，那就是积极投身于为社会正义而斗争的运动。这就是我们的第六条也是最后一条解释线索。

❖ 关于什么是正义，人们都有日常的、平凡的和"出于直觉"的理解。这种"出于直觉"的正义观包括了两种主要类型：分配正义（即认为人们得到了其所应得的）与程序正义（即认为物品分配和规则执行的过程是公正的、可信的）。

❖ 在思考分配正义时，"公平理认"是关于它的主要理论，该理论认为，当获得与投入的比率在全体参与者之间保持平等时，人们就认为该状态是公正的。

❖ 程序正义，首先是指决策是如何做出的，当然也包括人们在整个决策过程中，在逐步展开的程序中受到了怎样的对待。

❖ 在当今的校园生活中，社会正义是一个核心概念，其呈现形式非常多样。当社会正义的斗争契合分配正义与程序正义时，我们称之为相称——程序的社会正义。这时候，努力的目标通常在于消除机会平等的障碍，确保每个人都能得到有尊严的对待。但是，当社会正义的斗士将目标指向群体间的结果平等，甚至为此甘愿侵犯某些个体的分配或程序公正时，他们的做法就会侵犯许多人的直觉正义感。对此我们称之为结果平等的社会正义。

❖ 相关性并不意味着存在因果关联。然而，观察近年来发生于大学校园内的许多讨论，我们发现，只要某一人口统计特征或身份群体成员同某种结果差距之间存在相关性，那么就能构成证据，证明是歧视（结构性的或个体意义上的）导致了结果差距。有时候确实真有歧视，但很多时候只能说是欲加之罪。然而问题在于，人们害怕引火烧身，因此不愿意提出其他可能的因果解释，这样一来，整个共同体就不太可能形成对问题的准确理解。当然，没有对问题本质的把握，也就看不到解决问题的希望。

*****

到此，本书的第三部分告一段落。在第一部分，我们绘制了安全主义的新文化图景，第二部分则记录下近年来充满戏剧张力的事件，而在本部分，我们从现象倒追原因，展示了许多缠绕在一起的社会趋势和解释线索。近年来它们逐一登场，在校园内形成了安全主义的新文化，并激起一连串的冲突。这些线索，往前可以追溯到历史中，具体来说植根于童年里；向外延伸则涉及国家政治层面。在解释了我们何以至此之后，现在我们就转向新的问题：接下来，我们又将何去何从？

第四篇
该觉醒了

第12章
救救孩子

美国的青少年已如迷途羔羊，看一看有关抑郁、焦虑和自杀的统计数据，我们便一目了然。全国上下，许多大学校园问题丛生。近年来，我们目睹了揭发文化在滋长。学生动辄采取行动，要求校方取消已经发出的演讲邀请，或者呵斥来访的演讲者；还有言论规范的变动，[1] 其中包括一种近期出现的趋势——根据安全和危险来评估言论。这种安全主义和以惩罚作为保护措施的新文化，既伤害了学生，也败坏了大学。我们要做些什么才能拨乱反正呢？

在接下来的一章，我们将建言献策，讨论如何改革大学，但在此之前，首先让我们看看孩子们的童年。在第8、9章中，我们发现父母的教养方式已经发生了转向，尤其是在中产阶级以及更上层的家庭中，无微不至和精心保护变成了新风尚。从某种程度上说，父母这样做是一种回应——对子女被绑架的无端恐惧，出于对孩子能否挤进名牌大学的严重焦虑，且后者是更现实的担忧。我们已经论证，自由玩耍的衰落，也许是导致孩子们愈发脆弱的部分原因。在本章中，我们将结合此前的章节给出建议，如何才能培养出更聪明、更强壮并且反脆弱的孩子，这样的孩子会茁壮成长，在大学及之后的人生道路上也能变得更独立。

我们当然没有忘记，儿童期的成长路径，因国家、年代、社会阶级和其他因素而各有差异。我们在本书中所提出的建议，严格来说是一种"量身定制"，适用于那些采用"精心栽培"之教养方式的美国家长（具体可参见我们在第8章中的描述）。这种教养方法，根据社会学家安妮特·拉罗的研究，全美的中产阶级父母都在身体力行，无分种族；按照政治学家罗伯特·帕特南的说法，自进入20世纪90年代起，这种教养方式就已成为中产阶级及以上家庭的规范。这种教育策略耗时耗力，其要点在于对孩子们过度的保护、规划和教养，从而使他们在竞争社会中抢占先机。压力当前，整个社会都忘记了玩耍的意义，以及无人监管之成长经验的价值。

但是，即便这些建议植根于我们对美国当下社会趋势的分析，我们也有理由期盼其中大部分能关联着其他国家的为人父母者和教育工作者。举个例子，在子女教育问题上，韩国家长可谓当世无双，他们常常为子女能否读大学惶惶不可终日，甘愿牺牲孩子们几乎全部的自由玩耍时间，填充以成本高昂且令所有人精疲力竭的备考培训。[2] 再举个例子，说起安全压倒了常识，美国学校和英国学校相比可谓小巫见大巫。就在我们将要完成本书时，伦敦东区一所小学的校长颁布了一条新校规，学童们不准用手去触碰刚落下的雪。理由是小孩子摸到雪，就可能会团雪球。校长对此新规的解释是："问题在于，只需要一个学生，一次莽撞，一块雪球里的石子，一次不小心造成眼睛受伤，我们就会改变自己的看法。"[3] 这就是安全主义的缩影：只要我们所做的可以防止一个孩子受伤，我们就应当做下去，即便这样会剥夺所有孩子玩略带风险之游戏的机会。

我们也没有忘记，就像我们在第 1 章所说的，儿童是"复杂的适应系统"。孩子们可不是简单的机器。本书行文至此，从一开始的"为了保护儿童远离过敏而禁止花生进校园"，我们已经展示了许多"事与愿违"的案例，其初心是善意改革，结果却适得其反。因此，在提出这些建议的同时，我们也要提醒各位注意，任何改革，只要想着改变孩子们生活的某一方面，就有可能在其他方面造成意料之外的结果。虽然研究总是多多益善，但我们认为，基于现有的成果，这些建议还是会有所帮助。同时，我们希望开启一场家长、教师和研究者之间的对话，也会在为本书专门创设的网站（TheCoddling.com）上跟进这一对话。

我们将所有的建议按照六项原则组织起来，其中前三项原则正是三大谬误的反面。

（一）与其为孩子铺好路，不如让孩子学会如何走好路

在本书扉页，我们引述了三句箴言，其中第一句就概括了本书最重要的一条人生建议：与其为孩子铺好路，不如让孩子学会如何走好路。这是亘古不变的人生经验，自从有了

互联网，人生道路部分地变为虚拟空间后，这条建议就更切中肯綮了。面对互联网，想要为自己的孩子扫清道路，这种想法何止是迂腐，现如今简直就是痴心妄想。回到一开始所讲的"花生过敏"的例子：面对生活中日常的刺激和挑衅，包括网上世界的种种是非，孩子们需要形成正常的免疫回应，而不是什么过敏的反应。

"反脆弱"不可言传，但我们可以给孩子们的最好的礼物就是经验——他们必须经过经验的千锤百炼，才能成长为坚韧的、自主的成年人。这种经验的养成，起始于我们的认知：孩子们需要一些散漫的、无人看管的时间，否则就不足以学会如何判断风险，并操练如何应对生活中的不如意，如挫折、倦怠和人际冲突。在这些属于他们的时间里，孩子们所能做的，最重要的事就是玩耍，尤其是在户外和其他孩子一起的自由玩耍。在有些情况下，为了孩子们的人身安全考虑，可能要有成年人守在附近，但他不应该以成人的姿态介入一般的争端和争论。[4]

本着这种精神，我们给出一些具体建议，供父母、老师和所有关心孩子的人参考：

第一，假设你的孩子每个月都在长大，这个月比上个月更有能力。请每个月都问问他们，他们认为自己能独立完成哪些任务，或可承担起什么挑战——比如独自走到位于数街区外的一家商店，自己做早餐，或者是开始遛狗挣钱。看到孩子们遇到瓶颈，做事方法似乎出了错，不要急着介入，撸起袖子去帮忙。和手把手教导相比，试错法虽然收效慢一些,但通常却是更好的老师。

第二,放手让你的孩子经受更多的小风险,让他们体会一些磕磕绊绊,并从中汲取经验。如彼得·格雷所言,孩童们需要一些"以身试险"的机会。乔的孩子们很喜欢去位于纽约市总督岛上的"废品游乐场",[5] 那里允许孩子们玩建筑材料,其中有废木料、锤子和钉子(在进场前,家长需签署一份冗长的免责协议)。全家人第一次来这儿的时候,乔就站在围栏外,看着两个 10 岁的男孩把钉子砸进木头里。一不小心,一个孩子被锤子砸到自己的大拇指。他疼得龇牙咧嘴,手甩了甩,然后又回去继续敲钉子了。这样的事发生了两次,但这孩子都没有却步——他学会了怎样敲钉子。

第三,关注丽诺尔·斯科纳兹的"放养孩子"运动,试着把她的经验融入你的家庭生活当中。还记得那份来自 1979 年的清单吗,用以检查孩子是否做足了入读小学一年级的准备?其中一个问题是这么说的,你家 6 岁大的娃是否能"独自一人走到周边的商店、学校、操场或朋友家,范围在 4 到 8 个街区以内"?只要你认为孩子能做到了,那就放手让他们出去走走,到户外去玩耍吧。让他们和兄弟姐妹或朋友们结伴出去。告诉孩子们,可以同陌生人交谈,向他们寻求帮助或问路,这样是安全的,只是绝对不要跟着陌生人走掉。不要忘记,如今的犯罪率已经回落到 20 世纪 60 年代初的水平了。

第四,访问 LetGrow.org。斯科纳兹联手本书作者乔、彼得·格雷,以及投资者兼慈善家丹尼尔·舒克曼(Daniel

Shuchman）共同创建了该组织，这是官方网站。[6] 在这个网站上，你可以随时了解到最新的研究、新闻和理念，可以学到给孩子们什么样的童年，才能让他们坚强。在这里我们抛砖引玉，提供一个最简单的想法：打印一份下面这样的"放养许可"（Let Grow License），[7] 然后把你的孩子送出家门，让他们在你家所在的邻里街区自由玩耍，别担心会有爱管闲事的家伙留下他们拨打911。[8] 在这个网站的搜索框里输入"州法"（state laws）一词，你就能获知本州的相关法律的要求。

我是一个"放养"的娃！

你好！我的名字是＿＿＿＿＿＿＿：我没有走失，也不是没人管。我学过也学会了怎样过马路。我也知道，绝对不可以跟着陌生人走……但我可以和他们（也包括你！）说话。根据本州法律，父母可以自行决定，他们的孩子年满几岁就可以独立地做一些事情。我也相信，让我去探索我身边的世界，是安全、健康且充满乐趣的。如果你不相信，不妨给下面的号码打电话或发短信。要是你仍然认为我这样一个人并不合适或者违反法律，那么就请：

（1）阅读《哈克贝利·费恩历险记》。

（2）回想一下你自己的童年！小时候，你是无时无刻不在大人的监护之下吗？如今的犯罪率已经重归1963年的低点了，所以说现如今在外面玩耍，比你当年那时要安全得多了。

(3) 访问 LetGrow.org 网站。

家长姓名＿＿＿＿＿＿＿＿
家长签名＿＿＿＿＿＿＿＿
家长电话＿＿＿＿＿＿＿＿
备用电话＿＿＿＿＿＿＿＿

第五，鼓励你的孩子步行或骑自行车上学和回家，在上学路程、交通状况和犯罪率这些本地状况允许的情况下，越早越好。要求学校以某种适当的方法记录学生的到校和离校情况，这样家长就能定位独自上学孩子的行踪，而不需要给他们一部智能手机，实时追踪他们。

第六，帮助你的孩子找到一个邻里同龄儿童的社群，是这些孩子的家庭都与你所见略同，反对过度保护孩子。想方设法让孩子们在附近的公园中或操场上聚在一起。家长们首先要划定界限，给出指引，确保孩子们的安全，远离严重的身体风险，同时教导孩子们要懂得团结一致，互帮互助，如果有谁受伤了，他们也要知道该怎么做。比起在大人监护下的游戏会或由成人安排的活动，在这样的团体中自由玩耍，孩子们更有可能收获成长，变得成熟和坚韧。

第七，送你的孩子去参加在外过夜的森林夏令营，不提供设备，待上几周。"说起让孩子发展出他们自己的兴趣，我们发现，没有什么比得上那种老式的综合露营，"艾丽卡·克里斯塔基斯如是说,"在那里,孩子们要做出选择,什么是他们要做的,什么是他们不能去做的。"[9]基督教青年会的过夜夏令营通常就属于这种类型。此外还有某些范围更窄些、以兴趣为导向的夏令营也在此之列,并且许多夏令营还提供奖学金。克里斯塔基斯指出,关键在于,让孩子们远离成人的"指导",并且从成人对"技能养成"的关注中解放出来。放手让他们去玩,做他们有兴趣做的事。在这一过程中,他们也能练习托克维尔在1835年所说的"结社技艺"。

第八,鼓励你的孩子参与更多的"有建设性的争论"。如心理学家亚当·格兰特所言,那些最有创造力的人,都是在讨论氛围浓厚的家庭中长大的。然而,如今却很少有家长会教育孩子该如何参与有建设性的争论;相反,"我们会对兄弟姐妹之间的争执进行劝阻,我们自己有争论时,也会先把房门关起来"。但问题在于,学会如何交换彼此间的批评意见,同时双方又不至于受伤害,这本是生活必备的技能。严肃的思考者如果尊重对方,就会愿意同对方展开一场严谨的讨论。谈到有建设性的争论,格兰特提出了如下四条规则:[10]

> 把它设定为一次辩论,而非一场冲突。
> 论证自己时,要像真理在握;但倾听对方时,却要虚心求教(并且要有改变自己观点的气度)。
> 对他人的立场,要抱以尽可能善意的理解。

若你在某些方面也同意辩论对手，且从他们身上有所学得，要勇于承认。

(二) 最大的敌人莫过于你自己的想法，一不留神，它就会对你形成暴击

孩子们（和成年人一样）容易陷入情感推理。他们必须学习认知技能和社交技巧，学会抑制情感推理；面对生活中的种种挑衅，引导自己做出更有效的反应。特别是在今天这个网络时代，互联网使得孩子们将无法在人生道路上逃脱糟粕，所以对他们来说，学会留意并管理自己的情绪反应，懂得选择以何种方式来回应，就变得至关重要。

本书开篇所引的第二句箴言来自佛陀："最大的敌人莫过于你自己的想法，一不留神，它就会对你形成暴击。然而，一旦掌控了自己的思想，那它就能成为你最大的助力，即便你的父母也不可比。"我们的建议便是基于这一洞见。

第一，教会孩子最基本的CBT方法。所谓CBT，指的是认知行为疗法（cognitive behavioral therapy），但在很多方面，它可以称得上是"认知行为技艺"，因为它所传授的智性习惯有益于每一个人。不论孩子多大，父母都可以向子女传授认知行为疗法的基础，由浅入深，循序渐进。比如经常让小孩子观察大人的行为，看父母如何"治愈"他们自己不切实际的夸张念头。本书作者之一格雷格就学会一招，每当自己心生焦虑，莫名陷入穷途末路的情绪时，他就练习着把它们当作滑稽的声音在讲话，比如卡通片中的爱发先生或达菲

鸭。这听起来有些傻，但很见效，这样一来，一个原本焦虑或沮丧的时刻，很快就会变得诙谐可笑。在他们两岁孩子面前，格雷格和妻子米歇尔时常练习这种方法，行之即有效，它可以让压力当前的人平静下来。

美国认知疗法研究所的负责人罗伯特·莱希博士[11]曾有如下建议，当孩子们心烦意乱，有可能陷入认知扭曲时，父母可以带领孩子进行这样的练习：

> 让我们看看你的这个想法，问一些问题。有时候，我们会对某个人有看法，并认为自己是绝对正确的。但问题是，这种思维方式会使我们心神不定、愤怒不已，或是郁郁不乐。人的想法并不总是对的。可能我以为外面正在下雨，但当我走到室外，却发现一片艳阳天。我们必须查明真相，不是吗？有时候，我们仿佛在透过一块墨色的镜片看世界，眼前的一切都昏暗无光。那就不妨试试不同的眼镜吧。[12]

莱希博士著有《治愈忧虑》一书，书中对认知行为疗法做了简明易懂的概括，是可供家长阅读的入门书。此外，塔玛·琼斯基的《让你的孩子远离焦虑》，[13]曾受贝克研究所[14]推荐，也是关于认知行为疗法研究的一项重要资源。训练认知行为疗法，还有很多书籍、博客、[15]课程，乃至手机应用程序可参考。根据美国焦虑与抑郁协会的测评，有两款手机程序获得了特别推荐，分别是 CPT Coach（适用于正在积极接受心理专家治疗的人群)[16] 和 Anxiety Coach。[17]

第二，教孩子学习正念/静观（mindfulness）。根据马萨诸塞大学医学院荣休教授乔·卡巴金的说法，所谓"正念"（mindfulness），指的是"以一种特定的方式集中注意力：怀有目的的，在于当下的，不带任何偏见的"。[18] 研究表明，正念练习有助于减少焦虑，弱化压力反应，提高应对力，集中注意力，增强同情（以及自我同情），提升情绪管控的能力。研究人员还发现，儿童的在校行为、考试焦虑、换位思考能力、社交技巧、同理心，甚至是考试成绩，在进行正念练习后，都会有所改善。[19] 学过正念练习的儿童和青少年，可以更快地使自己平静下来，也更有"在场感"。[20] 如欲获悉更多的信息，学一些家长孩子都适宜的简易正念练习方法，可参考大卫·盖尔斯发表于《纽约时报》的"儿童正念"指南[21]，以及埃默里大学作为主办方的"认知同情训练项目"。[22]

（三）善与恶的分界线，存于每个人的心间

本书开篇所引的第三句箴言出自《古拉格群岛》，这是亚历山大·索尔仁尼琴的回忆录，作者是俄罗斯人，苏联时代的不同政见者。1945年，在致友人的私人信件中，索尔仁尼琴抨击了约瑟夫·斯大林。他因此遭到逮捕，被判劳改，遭送至遍布西伯利亚的古拉格劳改营群。在那里，很多犯人被冻死、饿死或殴打致死。最终，索尔仁尼琴获释，踏上了流亡之旅。在书中，索尔仁尼琴以一段动人的文字讲述了他

被捕后不久的经历：他同几位狱友一起被押游行数日。当时他想到，自己也曾差点就加入安全部门（当时称"内务人民委员部"，后演化成"克格勃"）。索尔仁尼琴反省了自己的美德，就是他对祖国"无私的奉献"。他终于意识到，他同样可能变为一位处刑者，而不是现在被游行并等待被处刑的受刑人。于是，索尔仁尼琴告诫他的读者，要警惕"我们vs他们"的谬误：

> 要是这么简单就好了！如果这世上就是某些地方出产坏人，阴险地干着邪恶的事，那么只需要把"他们"和"我们"隔离开来，肉体消灭就好。但其实善与恶的分界线是存在于我们每个人心间的。[23]

我们要怎样做才能培养出通情达理的孩子，使他们不会受到"我们vs他们"谬误的蛊惑，并且对于由此滋生的自以为是的揭发文化，他们可以自觉说"不"？又该怎样做，青少年和大学生群体才能生成并维系一种高扬共同人性的思考方式呢？

第一，宽以待人。践行"善意原则"。它本是哲学和修辞学中的一种方法。根据这一原则，在解释他人的表达时，我们应抓住其表达所容纳的最好的或最合理的东西，而不是盯着最恶劣或最具攻击性的素材。父母也可以示范善意原则，将这一方法运用到家庭讨论和辩论中。

第二，养成"在智性上保持谦逊"的美德。所谓"在智性上保持谦逊",是指我们要承认,我们的推理可能存在缺陷,可能为偏见所蒙蔽,因此我们不能确信自己就是正确的。对于那些还在读初中或高中的孩子们,在此我们推荐TED演讲《论犯错》。[24] 演讲者凯瑟琳·舒尔茨一开场就抛出一个问题:"犯错是什么样的感觉?"从听众席里,舒尔茨收集到一些答案:"糟糕透了""差劲极了""尴尬死了"。但紧接着她指出,在座听众所描述的感受,实际上是他们意识到"自己错了"的那一刻。而在这一刻之前,错和对在感觉上是无从区分的。我们无时无刻不在许多事情上犯错,但在认识到"我错了"之前,我们却常常深信不疑,认为自己就是对的。身边能有直言不讳、据理力争的朋友,是难能可贵的人生财富。所以说,当你意识到自己错了时,就坦然承认你错了,同时也要感谢批评你的人,是他们帮助你看到了自己的错误。[25]

第三,仔细观察,认识你所在学校的身份政治。你看到了什么,又听到了什么?你的所见所闻,是我们在第3章中所讲的"追求共性的身份政治"吗,还是更像寻找敌人的身份政治?其鼓动孩子们不将彼此视为一个个体的人,而是某些群体的一分子,好群体里是好人,坏群体则出产恶人。如果学校使用了由校外组织所开发的课程体系,那就查明是哪一家,并跟踪该机构的网站,判断他们灌输其中的到底是什么,是共同的人性,还是共同的敌人。如果你担心学校正在引导学生走向"我们 vs 他们"的思维误区,那么作为一位家长,请直接向校长表达你的忧思。如果你是一位高中生,那就看看身边的同龄人是否也有相似的疑虑。开动脑筋，集思广益，为你的学校营造追求共同人性的思考方式。

（四）助力学校，对抗谬误

如果学校和家长分担着同样的忧虑，则也要克服这三种谬误，那样的话家长的努力就能事半功倍，见效的可能性会更大；反之，如果学校坚持落实谬误，那么家长的努力也会大打折扣。既然如此，如果你是一位老师、一位学校管理者或一位家长，身处可以影响学校政策的位置，那么你就可以发挥自己巨大的影响力。在此，我们提出几点教育改革的建议方案，它们均关系到我们在本书中讨论过的问题。从头开始，我们先说给小学的建议：

第一，小学低年级时，家庭作业应当控制在最少。在低年级时，我们始终要鼓励孩子阅读，可以同家长一起读书或者独立阅读；但除阅读之外，家庭作业不应侵占孩子的玩耍时间或家庭时光。对幼儿园和小学一年级的学生，尽可能减少甚至取消他们的家庭作业，只要鼓励阅读就好。升入高年级后，家庭作业应以必要为限，也不应占用太多时间。哈里斯·库珀是杜克大学的心理学家，也是家庭作业的研究专家，如他所言：

> 读小学时，简短的家庭作业有助于强化孩子的基本技能。此外，这样的作业还能帮助小孩子开始学习时间管理、培养组织能力及某种责任感，并且有助于家长了

解孩子们的进步。但必须指出,对于小学生而言,指望他们通过长时间的作业训练取得成绩的大幅提高,无异于揠苗助长。[26]

第二,给孩子更多的休息时间和更少的监管。通常而言,在校的休息时间为自由玩耍提供了理想的安全环境。然而,正如我们所注意到的,如果成人守在一旁,随时准备着解决争端,或者看到他们冒些小风险时就出手阻止,孩子们就会形成道德依赖。举个例子,在课间休息时,若放手让孩子享有更大的自主权,可以带来什么样的积极影响?上网搜索一段名为"No Rules School"(无规则的学校)的视频:[27]在一家新西兰的小学,校长逐步取消了成人对课间休息的监管,如此一来,孩子们就能进行"无人过问的冒险玩耍"。我们可以看到,孩子们会爬树,会创造他们自己的游戏,也会玩木板、碎木料和废弃物。孩子们会估算风险,尝试下自己的运气,然后体验真实世界中的行动后果。当然,不出意外,校园里存在着风险。因此如要执行这一政策,在人身安全及预防校园欺凌方面,还有大量的工作要完成。但是,若校方在讨论课间休息政策时,可以先播放一段这个视频,那么,其所达成的结论就可能更趋向于"反脆弱"的理念。(事实上,根据这所新西兰学校校长的报告,自从实行"无规则"休息以来,校园欺凌已经减少了。)要在保证人身安全的环境中给孩子们创造更多的自由玩耍时间,一个简便易行的办法是,创建一个课外游戏俱乐部,每天放学之后,让操场或体育馆继续开放几个小时，[28] 让不同年龄的小学生混在一起玩耍。这样的自由玩耍，可能比许多已安排好的课外活动更有益身心。（这无疑要好过放学后待在家里，与屏幕做伴。）

第三，控制"安全的"或"安全"一词的使用频率，且仅限于指称人身安全。乔最近收到一位由朋友转发的电子邮件，这邮件原本是一位小学三年级任课老师群发给家长的，讲的是课间休息以及孩子们结成"小团体"的问题。（一到课间休息，有些孩子会"抱团"玩在一起，而且不允许"非成员"加入其中。）关于是否应当强制要求孩子们在课间休息时保持开放，平心而论可能会有不同的意见。但问题出在这封邮件的最后一句话上，它给乔敲响了警钟："我们正在思考，要怎么做，才能让每个孩子在课间休息时都感到安全，感到自己是被包括在内的。"这就种下了安全主义的种子。感到自己被排斥在外，当然是痛苦的经验，要是这位老师能好好运用这种排斥案例，以之作为讨论的基础，引导孩子们去思考为什么包容是好的，那就坏事变成了好事。但问题就是，偶尔被排斥在外的痛苦，并不会使孩子们不安全。如果我们做出强制要求，无论何时孩子们都必须要包容，并且给他们灌输"排斥即危险"的观念——也就是说，一个人只要被排斥在外，他就应当感到不安全——那么就会让他们在未来经受更多的痛苦，并且使他们形成某种期待，只要被排斥在外，就有理由寻求权威人士介入，叫停这种行为。

第四，规定"禁止电子设备"的政策。有些父母会给孩子配智能手机，一是用来在孩子独自上学时追踪他们，二是有助于放学后接孩子，也包括课外活动这些杂七杂八的后勤安排。但学校应当通过校规加以规范，在校期间，智能手机必须放在储物柜里，或者存放在其他不易拿到的地方。[29]

以下是对中学和高中的一些建议：

第五，保证甚至增加中学的休息时间。进入中学后，学业变得越来越重，有些中学因此取消了课间休息。但在2013年，美国儿科学会在一份声明中严正指出："认知处理和学业表现，不仅取决于全神贯注的课堂，同样取决于有规律的课间休息。这一判断，既适用于青少年，也在年龄更小的学童身上得到了验证。"[30]

第六，培养学生的智性美德。所谓智性美德，指的是要成为一位有批判性的思考者、一位高效的学习者所必备的品质，包括好奇心、开放的心态和思想上的谦逊。培育智性美德的过程必须趁早开始，等到学生进入大学校园那一刻再动手，就一切都晚了。2013年，加利福尼亚州的长滩市经特许创建了一所名为"智性美德学院"（Intellectual Virtues Academy）的中学，顾名思义，这所学校所要做的，就是培养智性美德。[31] 这所学校的日常运转，基于三个核心价值而展开，同前述情感推理的谬误相比，可谓反其道而行之：思考的文化（勤提问，求甚解，养成良好的思维习惯），认识你自己（不断进行自我反省并培育自觉意识），开放与尊重（努力营造一种强烈的共同体意识，致力于培育合作、赋权，以及自觉地接纳并尊重他人的思考;这也是克服"我们vs他们"谬误的一剂良方)。关于如何培育智性美德,如何在学校智育工作中加入德育部分,如果你想学习更多这方面的内容,可以访问 intellectualvirtues.org;并请阅读杰森·贝尔的著作,贝尔是洛约拉玛丽蒙特大学的哲学教授,也是智性美德学院的创建人之一。[32]

第七,教授辩论技巧、组建辩论社。对中学生来说,如要学习公民论争的技巧,一个绝好的方法就是参与有组织的正式辩论。在辩论过程中,尤其重要的是,学生不得不去练习,如何为同自己观点相悖的立场而辩论。从学习辩论技巧到参与正式辩论的过程,所有的学生都能从中获益。参与辩论,学生可以学会如何为某观点做有理有据的论证,还能懂得如何做出分辨,什么是集中于观点的批判,什么属于人身攻击。关于如何在校内创建辩论社,国际辩论教育协会已经给出了相关建议。[33] 学生(以及家长和老师)还可以观看辩论节目《智力平方》(Intelligence Squared),通过研究训练有素的辩手是如何辩论的,来从实战中学习。[34]

第八,布置能促进理性讨论的阅读材料和课程作业。若孩子们的阅读材料和作业能帮助他们养成良好的思维习惯,同样会助推全校范围内的辩论氛围。我们建议,学校可开设媒介素养课程,教会学生如何区分证据和意见,如何就信息来源的正当性进行评估。此外,"异端学会"(这是一家教授协会,由本书作者之一乔和他人共同组建,旨在促进观点的多样性)制作了一个插图版的 PDF 文件,内容是约翰·

斯图亚特·密尔的经典著作《论自由》的第二章,可免费下载。[35] 可以说,密尔的《论自由》提供了有史以来最令人信服的论证,揭示出为了发现真理,为什么我们必须同那些持不同意见者进行交流。异端学会还开发了一个免费的交互式程序,名为"开放心灵"(Open Mind),通过它,人们可以迅速学习基本的社会和道德心理学,以此为基础,就可以进阶至对话沟通技能的学习,以此弥合我们的分歧。[36] 另一条建议是,阅读安妮·杜克在2018年出版的《对赌:信息不足时如何做出高明决策》。杜克是一位成功的职业扑克牌手和决策咨询顾问,这本书凝结了她的职业经验。她在书中详细介绍了某些做法,学生读后就可以理解,要养成良好的思维习惯,为什么必须摒弃情感推理的谬误。通过对"tilt"(失控,扑克手的术语,用以形容某人因情绪上头而无法做出正确的决策)的考察,杜克在书中揭示了一个道理:我们不能总是相信自己的感觉。(如需更多资源推荐,请访问TheCoddling.com。)

(五)限制并优化孩子使用电子设备的时间

如果放任不管,如我们眼下所见,许多孩子就会把绝大部分空闲时间用在电子设备上,盯着屏幕,眼珠都不错开。根据非营利组织"常识媒体"(Common Sense Media)的报告,十来岁的青少年花在屏幕上的时间,平均起来,大约为每天9个小时;而8至12岁的孩子则约为每天6个小时。多得可怕?这还没有算上他们在校期间花在屏幕上的时间。[37] 越来越多的研究已经表明,青少年对屏幕的过度使用,与不良的社会和心理健康后果紧密相关。由于这个话题太过复杂,能够支撑政策建议的研究基础仍显薄弱,我们以下只提出三条一般性的建议。在我们看来,这三条是合理的,也切中了大多数家长和许多青少年的心思。

第一,明确限制孩子使用电子设备的时间。每天 2 小时,看起来是一条合理的上限——这么设定是因为考虑到,目前在研究中还没有证据表明,在此范围内心理健康也会出现负面结果。对年幼的孩子而言,家长应考虑在上课日禁止电子设备,想尽一切办法,尽可能延迟电子设备进入孩子们的日常生活的时间。

第二,不仅关注孩子们在电子设备上花了多长时间,还要留意他们用电子设备做了些什么。在第 7 章中,我们提出了用以评判社交网站和手机程序的原则,即要看它们到底是有助于青少年建立并维持密切关系,还是会破坏孩子们的努力。[38] 放下这本书,和你的孩子聊聊,他们及其小伙伴们都在使用哪些应用程序,又是怎么用的。哪些社交软件已经成为他们彼此间交流所不可或缺的?又有哪些社交软件,会触发用户的"错失恐惧症"(FOMO),使用户陷入社会攀比,或者失真地展示同龄孩子的生活?读一读特温格的《互联网世代》(如果可以的话,全家一起读),合上书本,与孩子们一起讨论,怎样做才能将过度使用电子设备的潜在危险降到最低?这些电子设备以及社交软件,诱惑力十足,最懂得如何让用户上瘾,故此,指望着孩子可以自控是不切实际的。做父母的可能需要通过家长限制应用,[39] 或者在孩子的电子设备里植入家长限制设置,由此来管理并监控子女的使用情况。[40] 同时,也反观你自己正在做些什么。你对电子设备的爱不释手,是否正在降低你同孩子们共处时的质量?[41]

第三,保卫孩子的睡眠。睡眠充足,好处多得说也说不完,睡得好可以帮助你的孩子在学校里获得成功,避免意外事故,驱散抑郁。[42] 然而在美国,大多数青少年都没有充足的睡眠,原因之一就是,太多的孩子熬夜盯着屏幕,经历着令人痛苦的社会攀比,屏幕光打乱了自己的睡—醒周期。[43] 为了拥有更好的睡眠,在睡前30分钟至60分钟,应停止使用电子设备;此时,所有设备都应全程放在厨房的柜子或抽屉里(或者远离孩子卧室的某个地方)。

(六)建立一项新的国民规范:上大学前,先工作或服役一年

如我们在第7章中所述,这些年来,孩子们的成长愈发迟缓。[44] 这一趋势,即孩子们需要更长的时间,才能到达成人的界碑,已经持续了数十年之久。[45] 随着互联网世代登上历史舞台,一切都变得格外显著。成年的实际年龄在推迟,这本身无所谓过错,但问题是,若它已经构成这些年来的社会趋势,难道我们不应该做出相应的变革,考虑推迟大学入学的年龄吗?同千禧一代以及从前任何一代的大学生相比,如今的在校学生患上焦虑症或抑郁症的比例要高出许

多,自残和自杀的人数也高得吓人。许多大学生信仰安全主义,很多书以及观念,在千禧一代读大学时都可谈笑风生的,现在却让新一代心惊胆战。无论我们做什么,都不怎么见效。

我们在此提议,美国人应严肃考虑,是否可以接受一项新的国民规范:在高中毕业之后,休学一年,过一个"间隔年"(gap year),如玛利亚·奥巴马在2016年所示范的。这一观念已经获得广泛的支持,无论是中学咨询老师、青少年发育的专家,还是大学招生官员,都有该观念的推崇者。[46] 高中毕业后,若孩子们可以离开家长,用一年的时间来工作和学习,探索他们的兴趣,培养人际交往的能力,那么他们通常就可以在进入大学之前,变得成熟起来。对于许多年轻人来说,高中毕业后的那一年,也是服兵役的绝佳时机,可以此作为公民的成人礼。[47] 退役将军斯坦利·麦克里斯特尔,是服务年联盟(Service Year Alliance)的主席,该组织旨在为近期的高中或大学毕业生提供支持,帮助他们寻找全职、带薪的机会,让这些年轻人用一年的时间从事服务美国社区的项目。[48] 麦克里斯特尔将军身先士卒,他代表着一种新的力量,致力于创造一种全民性的期待:所有的美国人,在18岁至28岁之间,都应付出一年的时间,从事某种公共服务。他说:"通过这样的服务,全美的年轻人,虽然来自不同的收入阶层,属于不同的人种或民族,拥有不同的政治立场和宗教信仰,却能学会协同合作,一起把事情做好。"[49] 我们赞许将军的努力;我们同样也相信,无论这个

"间隔年"是用于公共服务还是工作，只要青年人愿意离开他们从小长大的地方，到一个和自己熟悉的美国环境截然不同的地方去，踏踏实实生活一年，美国民主政治的极化状况就能得到改善。[50]

* * * * *

罗伯特·齐默，芝加哥大学校长，在2018年接受采访时曾谈及该校标志性的学术声誉——追求智识卓越，鼓励自由探索。齐默校长指出，许多学生踏足大学校园时，对大学的言论自由文化尚未做好准备：

> 高中训练学生做好准备，去学习更高深的高等数学，也训练学生做好准备，如何写作历史论文……但高中是否训练学生做好准备，成长为一名大学生，适应言论开放且论辩自由的大学？[51]

如果家长和老师能锻造出反脆弱的孩子；如果中学可以培育学生的智性美德；如果所有高中毕业生，在19岁上大学之前或者之后的某阶段，都能花上一年的时间，远离家门，从事公共服务或者有偿的工作；那么我们相信，大多数学生就能做好准备去应对大学校园内的一切。

第 13 章
改革大学

亚里士多德常常根据"telos"(目的)来评价事物——所谓"telos",即事物的用意、终点或目标。比方说,刀的目的就是用来切割,如果一把刀不能很好地切东西,那它就不是把好刀。又比如,医生的目的是保健或治疗,如果一位医生无法把病治好,那他就不是个好医生。如此说来,大学的目的是什么?

"真理"(truth),最显而易见的一个回答,看一看,这个词出现在多少大学的校训或校徽上。例如,哈佛大学的校训就是"Veritas"(真理),而耶鲁大学的校训则写着"Lux et Veritas"(光明与真理)。如果我们把"知识"(knowledge)作为"真理"的近义词,那么我们还能加入一大批的大学校训,比如芝加哥大学的校训,从拉丁文翻译过来,就叫作"益智厚生"。(就连电影《动物屋》里虚构的菲博学园,也有句校训是"知识就是美善"。)[1]

当然,今日的大学已经是庞杂的综合性大学,有许多院系和研究中心,利益涉及方方面面,功能也是多多益善。大学校长所追求的，不只是真理，还有许多目标；体育部和学生健康中心也同样如此；甚至学生和教员也不例外。但追问大学创设之初心，这所有的人、财、物聚在一起，究竟是为了什么？为什么人们会认为大学的存在意义重大，且直至近期，大学还是深得群众信赖的机构，[2] 人们认为大学配得上高达数十亿美元的财政支持？原因在于，公众普遍相信，发现真理并传播真理，既是一个高尚的目标，又是一项功在社会的事业。

如果大学的目的在于真理，那么一所大学若不能为人类的知识体系添砖加瓦，或者无法将最好的知识传授给学生，那这就不是一所好大学。如果学者不能在其所在领域内推进前沿知识，或者他们为了追逐其他目的（如谋求不义之财或鼓吹某种意识形态）而背叛真理，那他们就算不得好学者。如果教授不能传道授业解惑，丰富学生对真理的理解，跟得上学科前沿的探索，同时授人以渔，培养学生的认知技能和习惯，让他们在离开校园后也有能力发现真理，那么他们就称不上好教授。

当然会有异议，有人会认为大学的目的在别处。根据最常见的、用以替代"真理"追求的大学目的论，大学要追求的是进步、变革，或者说让世界更美好。卡尔·马克思曾这样批判学院派："哲学家们只是用不同的方式解释世界，而问题在于改变世界。"[3] 现如今，有些学生和老师似乎认为，学术的目的是引导社会变革，而教育的目的则是训练学生，让他们更有实效地促进变革。[4]

对这种社会变革论,恕我们无法同意。真理虽然是强大的,但到达真理的过程,却很容易遭到腐化,无论是追寻者自身的欲望,还是整个社会以及各个社群的力量博弈,都会堵塞我们追求真理的道路。如果一所大学上下一心,围绕着变革或者社会进步的目的而联合起来,那么学者们就会感受到压力,须要得出符合社会进步之愿景的研究结论;与此同时,学者若得出了不一致的结论,就势必会受到由所在社群施加的社会成本——甚至有些学者只不过是提出了错误的问题,也会遭遇到来自同侪的压力,如我们在第4、5章所见。对任何的政治议程而言,多少总会有些难以严丝合缝的事实,而评判一所大学或者一个学术领域,我们不妨看看它是如何对待持不同意见者的。

在此,我们同意艾丽斯·德雷格的观点。这位女教授,此前任教于西北大学,规劝激进的学生和教授们要"睁眼看数据"(Carpe datum)。[5] 在《伽利略的中指》这本书中,德雷格主张,好的学术必须"把追求真理放在第一位,其次才是寻求社会正义"。根据她的解释:

> 证据(Evidence),是无可否认的伦理问题,在现代民主中,是最重要的伦理问题。如果想要正义,那么你首先必须获得真理。但如果你想要获得真理,你所做的,就不能只是许下正义的愿望,还要做更多。[6]

在德雷格的设想中,有一种大学,是以真理为目的的,在此，根据本书前文所讨论的观点以及相关研究，我们抛出一些建议，供那些想要在这种以真理为本的校园里学习、任教或供职的朋友参考。我们将全部的建议按照四项原则组织起来，即便是在当下这个充满愤怒和政治极化的时代，这些建议和原则仍能促进大学健康发展。高中生在申请大学时，应当考虑这些原则；升学咨询师在向学生及其家长推荐学校时，也应考虑这些原则。我们也希望，学生、教授、校友和校董们也能同大学的领导和管理层一起坐下来，讨论这些建议。

（一）让自由探索成为你身体力行的品质

第一，支持《芝加哥声明》（*Chicago Statement*）。大多数学院和大学，无论公立还是私立，都承诺支持言论自由、学术自由以及探索的自由，话说得冠冕堂皇。[7] 但问题是，这些对言论自由的承诺，很多起草于20世纪初，都成了老皇历，现如今已经无法充分保护教授和学生，防止他们因言获罪，遭受惩罚。正因此，我们在此建议，美国每一所大学都应仿效芝加哥大学的做法，用官方声明的形式来重申对言论自由的承诺。这份发布于2015年的《芝加哥声明》，由宪法学家杰弗里·斯通领衔的一个委员会起草，考虑到现如今流行的取消演讲邀请、闹场抗议和言论规章，该声明与时俱进，重申了对言论自由和学术自由的保障。迄今为止，已有40所大学的管理者或教员团体采纳了《芝加哥声明》，其中包括阿默斯特学院、哥伦比亚大学、约翰·霍普金斯大学、普林斯顿大学和范德堡大学。[8]

个人教育权利基金会以《芝加哥声明》为基础,修改形成了一个新的版本,作为可供其他院校使用的模板(见本书附录2)。下面是其核心段落:

> [机构名]在此郑重承诺,坚持如下原则:所有的辩论和审议,即便其所发表的观点在[机构名]范围内为某些人甚至大多数成员所反对,被认为是轻率的、愚蠢的、不道德的甚或彻底错误的,也不应因此受到压制。不压制我们所反对的言论,而是在开放和激烈的辩论中去检验各种观点,由[机构名]社群内的个体成员,而不是作为一个整体的[机构名],为自己做出判断,并基于已做出的判断展开行动。

大学也应当审查本校的政策,确保它们符合宪法第一修正案。按照美国法律,公立大学必须保护学生和教师在校的表达权,就此而言,保证学校政策没有侵犯言论自由,不仅学生受益,也能使校方防患于未然,免得吃了第一修正案的官司且败诉。至于私立大学,若它们向世人承诺言论自由、学术自由,以及探索的自由,那么修订(甚至取消)言论规章就是一个很好的信号,表明它们是认真的,没有忘记自己的承诺。在决定申请哪些大学时,年轻人应当将学校的言论规章考虑进来,作为一项选择因素,而在校的大学生也应当了解本校的言论政策。[9]

第二,养成任由公众愤怒,我自不乱于心的习惯。即便校方已经出台明确有力的政策,用以保护言论自由和学术自由,但若是身居高位的校方领导无法坚持这些政策,特别是当大环境变得紧张,而校领导又遭遇施压运动(无论来自校内,还是校外)时,书面上的政策就可能成为一纸空文。如果每年伊始,大学校长赶在争议尚未爆发之前,就未雨绸缪,对全校师生公开承诺遵守言论政策,那么校方就更有能力去坚持写在里面的原则。当然,如果有师生的言论或行为——无论是在网络上、课堂中,还是在其他校园环境里——包括了确切的威胁、骚扰、对即刻不法行为的煽动,或者其他不受第一修正案保护的言论类型,那么大学就应当采取行动。但即便是在上述情形中,大学校长也不应贸然行事,而是要遵循他们自己写下的政策和惩戒程序,在设计这些政策和程序时,初衷之一就是要确保每一位教职员或学生在受到指控后,都能得到公正的听证。当怒火在校园内外燃起,要求进行审查和惩罚的声音响起时,校方的回应越是积极,就会遭遇越多的愤怒以及更夸张的审查要求。在这个时代,怒火来得快,但去得也快,校方应该留出时间,坐等人们的情绪冷静下来。这个策略很重要,有助于保护青年教师以及兼职教师,因为相比那些拿到终身教职的教授们,解雇"青椒"要容易得多。

第三,不允许"强行叫停"。大学校长必须申明,无论是谁,都无权阻止校内的其他成员去参加或旁听一场讲座。抗议活动,只要没有妨碍他人的表达自由,就是受保护的言论,是一种正当的"建设性争论"。甚至,某些喧闹的抗议,即使短暂地干预了校园听众的权利,也应在允许范围内。但是,如果抗议者的行动严重干扰了听众的听讲,或者演讲者的演讲,那么抗议行为的组织者应当对此负责,接受一定的惩罚。如果有些大学允许闹事者胡闹,任由他们扰乱学术活动却不予处罚,那么,在申请大学时,年轻人应当对这样的学校退避三舍。[10]

(二) 为大学的使命而选择最好的学生

第一,录取年龄大一些的学生,他们更成熟,也形成了独立生活的能力。如我们在前一章中所言,成年的脚步如今越来越迟,且这一走势已经持续了数十年之久。[11] 我们相信,如果可以形成一种全国范围内的新规范,在读大学之前,中学毕业生最好先过个间隔年,做一年的公共服务,或者服兵役。这样做,对学生、对大学,乃至对整个国家,都大有裨益。要推动这种新风气,正是精英大学可大显身手之处。比方说,校方可以宣布,在录取新生时,他们会更青睐那些有间隔年履历的学生,因为他们用自己的方式为独自生活做了更充分的准备。想一想,如果大学能少招录一些考试机器,少一些从童年开始就被投入到备考以及简历填鸭的年轻人,在录取时更看重心智成熟的、展现出一定程度独立性的年轻人,那么校园文化很可能就会大为改观。

第二,在那些教授"智性美德"的中学里,录取更多的学生。如果精英大学可以调整它们的录取政策,在生源上更重视教养智性美德的学校,如我们在前一章所讲的加州某校,或者让学生在辩论中得到锻炼的学校,那么美国的基础教育很快就会有所改观,越来越多的中小学会重视智性美德。如此一来,下一代大学生就能得到更充分的锻炼,同那些刺痛自己的观点和谐共处,与形形色色的同学谈笑风生。

第三,将立场的多元纳入多元化政策。多元化的政策之所以能造福社群,很大程度上是因为它将立场各异的人们聚在一起,在思考问题时,就会纳入不同的视角。但这数十年来,如我们在第五章中所指出的,考察教授和学生群体的整体组成,一方面,在种族、性别和其他人种特征上,多元化日益加深,但另一方面,看这些高校人士的政治立场,却变得越来越单调。因此我们建议,在表述其多元化的战略时,大学应当将"立场的多元化"增补进来。这么做,并非要求各类政治立场应在全体师生中得到绝对平等或成比例的代表,也不是要求所有的立场都要得到代表,但它确实要求大学应做出承诺,尽力去避免政治观点被定于一尊。[12]

(三)引导并教育学生进行"建设性的争论"

第一,明确抵制脆弱人设的谬误:凡是伤害,只会让你更脆弱。大学若致力于追求真理,就必须教育学生,让他们从容面对冲突、争议和论争。自己最珍视的信念遭受挑战,对许多学生来说,这本身就是大学生活的一部分,他们必须认识到,这不是骚扰,也压根谈不上人身攻击;我们恰恰是通过彼此间的观点交锋,纠正了自身原有的确证偏差。大学生还必须要学会理性地提出观点,然后给出有理有据的论证,在交锋时务必要避免人身攻击,因为这种批评是对人而不对事的。在为新生定制的暑假推荐阅读以及入学指导材料中,校方应坦荡亮出本校的态度,正如布朗大学前任校长、同时也是常青藤盟校里的首位黑人校长鲁思·西蒙斯所言:"正是在遭遇反对意见时,人的声音才能愈发响亮……观点的冲突、意识形态的碰撞,深植于学术事业的基因里。在大学里,我们不需要任何规避碰撞的技巧。"[13] 校方要对新生讲清楚,在你的大学里,课堂和公共讲座可不是智识上的"安全空间"。(当然,这并非否认学生有结社自由的权利,在他们可以自己支配的时间、在课堂和讲座之外,学生可以自由地创建或加入社团。[14]) 校方还要抑制"不安全"概念的泛化,不要用"不安全"这个词来指代"不舒服"。也别忘记推荐学生去看范·琼斯的短视频,我们在第四章中曾讲过,琼斯敦促当代大学生摒弃情感"安全",摆正心态,把大学当作"训练场"。[15]

第二,明确拒绝情感推理的谬误:永远相信你的感觉。在入学培训时,大学应当多讲讲问题,确证偏差会如何控制我们的思考,认知扭曲又是如何无处不在的。现如今,要做个健康的思考者,可不是件容易的事,无论是我们的情绪,还是对所在群体的忠诚,都会轻易把我们带偏。在这个时代,社交媒体、网络挑衅和虚假新闻通行无阻,跟着感觉走从来没有如此轻易过,人们乐此不疲地以恶意来想象他们的敌人,哪怕是荒诞不经的怪谈,他们也愿意相信,这是一场美国的危机，也是全球范围的危机。若在一个社群内，成员之间相互制约，每个人都要用证据来充实他们的主张，那么在这个愤怒的年代中，这就是一个能共同追求真理的社群。要向学生强调批判性思维的意义，然后授之以渔，传授他们展开批判思考的工具。方法之一就是认知行为疗法。我们要追求简便易行，比方说，直接为学生提供认知行为疗法的训练课程，或者给学生提供可免费使用的网站和手机应用程序，这样他们可以根据安排自行学习（参见附录1）。另一个方法就是"开放心灵"程序，运用这个程序，学生可以养成驾驭困难对话的技艺（参见 OpenMindPlatform.org）。

第三，明确反对我们 vs 他们的谬误：生活是好人和恶人之间的战斗。仔细观察，搞清楚大学一年级的新生是如何接触到身份政治的，他们在暑期的推荐阅读以及入学时发放的指导材料，尤其值得分析。有些著作在解读社会问题时搁置了道德主义的立场，采纳总揽全局的系统路径，这才是应当推荐给学生阅读的。考虑到入学新生形形色色的多元性，包括国际学生在内，校方不妨设计一个环节，谈一谈进入校园后，学生一不小心就可能以某种方式冒犯或排斥身边的同学，尤其是在这个技术填充了生活的时代，这种不经意间的伤害可能防不胜防。鼓励学生以礼相待、推己及人，不要动辄把问题上纲上线，定性为微侵犯。作为青年人，不妨戴上一副更宽厚的眼镜，就像是家庭成员之间，产生分歧时首先应反求诸己；若是问题仍然出现，那么他们也会首先尝试私下解决，而不必对簿公堂。

(四) 画一个更大的圈,把整个大学都包括在内

自始至终,本书都在强调社会心理学的一项基本原则:我们越是在彼此间制造区隔,越是凸显彼此间的各种差异,我们就越会分裂,信任感越来越稀薄。[16] 但反过来说,我们越是强化共同的目标或利益、无法割裂的命运,以及普遍的人性,就越会以彼此为手足同胞,同舟共济,更能看得到每一个小我对大我的贡献。保利·莫莉道出了这一原则的力量,她是这么写的:"当我的兄弟们画一个圈,将我排斥在外时,我就要画一个更大的圈,将他们包括在内。"[17] 在扩展上述圈子方面,无论是学生,还是教授或管理人员,都大有可为。

第一,锻造校园精神。在新生入学的前几周,有些学校会设法营建"校园精神",打造共同的身份认同。校园精神听起来也许虚无缥缈,但它能构建出一个信任度更高的社群,成员彼此间互信互让,很多难题就并非无解。

第二,保护人身安全。我们在本书中始终坚持一个观点,情感上的舒适,不应同人身安全混为一谈。但正如第6章中所述,我们生活在这样一个时代,极端分子愈发熟练地运用互联网和社交媒体,以之为武器去威胁、骚扰学生和教授,而那些属于历史上边缘群体的成员,却更容易成为被攻击的靶子。很多时候,此类威胁会从网上发展到线下,变成校园里的现实危险。大学必须从人、财、物等诸方面保障校园的安全;校方还必须应对有力,同校警、本地警力、联邦

调查局以及其他官方机构保持通力合作,调查并惩处威胁和暴力行径。他们必须居安思危,警钟长鸣。近年来,全美各地不时会见到有色人种学生对外宣称,校警和当地警察虐待他们如家常便饭,考虑到这个问题,警方务必要多加注意,别把有色人种的学生当作潜伏的罪犯来对待。归根结底,所有学生,不论其身份背景如何,都应是安全的。这里的安全是指远离人身攻击,并且使他们能够相信,本校的校警在这里是保护他们的。

第三,为学生举办跨党派的民间活动。在学校社团邀请校外演讲者时,如果邀请方并不关心演讲者的思想品格,而是看中了他们的惊人之语,甚至语不惊人死不休,那么,这就会加快我们在第6章中讲过的泄愤升级的过程。当然,也有很多组织,它们可以提供帮助,将有趣的、在意识形态上色彩斑斓的演讲者带到大学校园。这样的活动多起来,也就将证明接触政治多元性的价值所在。假如你是一名在读的大学生,那么就设法争取牵手校园内的共和党和民主党,让两党人士联合举办活动吧。给自己一个挑战,不要在乎结果的成或败。尝试着发起"连接美国"(BridgeUSA)组织在校内的分会吧,这是一家由学生运营的组织网络,旨在主办有建设性的政治对话。[18]

如何识别一所开明的大学

下面五个问题,校友、家长、升学咨询师以及正在填写志愿的学生应该问问大学:

1. 在开始学业课程之前,学校是否有所准备,对刚入学的新生进行有关学术自由和探索自由的培训?

2. 假如某位教授在所发表论文或接受采访时表达了某种观点,使一部分人因此受到深深的伤害,于是发起了解雇该教授的要求,校方将如何应对?

3. 假如某位备受争议的人物已经排好日程,即将到学校发表演讲,与此同时,大规模的抗议活动也在计划中,可以确信其中包括了暴力威胁,这时校方会怎么做?

4. 眼看学生中间患上焦虑症和抑郁症的人数日益增多,校方是否要有所作为?

5. 为了培养一种共同体的身份认同,你的大学都做了些什么?

若是一所好大学,在对上述问题的回答中应表明,校方对激烈的异议能做到宽容以待,但对暴力或威胁行为却绝不姑息。还应表明,校方认为学生是反脆弱的。学校还要认识到,如今许多大学生需要被施以援手,才能走向情绪管理的成熟。还应表明,校方正设法画出一个更大的圈,将其成员都包括在内,在这个共同的社群内,分歧可以获得某种创造性的转化,得到有益的处理。

许多美国大学现如今都面临着重重困境，但我们仍相信，本书讨论的问题是可以解决的。连同我们在前一章中给出的改革建议，本章所提出的大学改革之道，有望使大学实现其存续所基于的目的，那就是追求真理。这里有一所大学，它把探索的自由作为使命所在，选拔那些以追求真理为己任的学生，教育学生，让他们懂得从建设性的争论中学习，然后画出一个将整个大学都包括在内的圈，其中每一位学生和老师都知道他们在人身上是安全的，也明白他们就是这共同体的一分子，那么这样的一所大学，才是教授的家园、学生的乐土，以及社会的福音。

结论
明天会更好？

本书讨论的是人生的智与不智。在书中，我们研讨了三条心理学原则，也检讨了一个现状，为人父母者以及教育工作者出于一片好心，却实施了违背前述三原则的教育方式，年轻人如何会被培养成失败的一代。下面这个表格，通过对比本书开篇所引的三则箴言和三大谬误，概括了整本书的框架。

心理学原则	智慧	谬误
年轻人是反脆弱的	为孩子铺好路，不如让孩子学会走好路	凡是伤害，只会让你更脆弱
我们都可能陷入情感推理和确证偏误	最大的敌人莫过于你自己的想法，一不留神，它就会对你形成暴击。然而，一旦掌控自己的思想，那它就能成为你最大的助力，即便你的父母也不可比	永远相信你的感觉

续表

心理学原则	智慧	谬误
我们都可能进行二元对立和部落主义的思考	善与恶的分界线,存于每个人的心间	生活是好人和恶人之间的战斗

在本书第一篇中,我们阐释了这三条心理学原则,并检讨了近来许多大学的政策和做法,在它们的鼓动下,当代大学生正在拒绝智慧,反而成为谬论的信徒。在第二篇中,我们记录下发生在大学里的那些事,年轻的学生成为上述三大谬论的拥趸,与此同时,大学校园也出现了新的变动,包括师生立场多元性的降低、校方领导软弱无力,年轻学生的危机感却日益加重(部分是因为政治极化和来自校外的挑衅在不断升级),我们的大学到底怎么了?在第三篇中,我们追根溯源,结论表明,对正在发生的情况无从简单作答。我们必须着眼于六种彼此间相互作用的趋势:政治极化的加剧;青少年抑郁和焦虑的蔓延;中产阶级及以上家庭在育儿问题上愈发焦虑,把孩子保护起来,采用精心栽培型的教育方式;互联网世代的孩子们普遍被剥夺了自由玩耍的机会,也因此无法获得童年冒险的经验;大学的官僚机构不断膨胀,同时以不断升格的保护态度来介入学生事务;追求正义的热情持续高涨,再加上在所有领域内争取"结果平等"的声音日益强大。在第四篇中,我们基于这三条心理学原则给出建议,以期对育儿、基础教育和大学都能有所裨益。

在本书中，我们讨论了一些令人担忧的趋势，尤其是在第6章和第7章，我们分别讨论了美国日益加剧的政治极化与青少年抑郁、焦虑和自杀的蔓延。这些问题都很严重，有些难免触目惊心，不仅如此，我们至今看不到任何迹象，可以表明上述趋势在下一个十年中能得到逆转，哪怕一个都没有。然而，认知心理学家史蒂文·平克的观点鼓舞并且说服了我们。在《当下的启蒙》这本书中，平克教授指出，长远来看，大多数情况都是越变越好，明天会更好，并且是迅速的、全球一道的。平克告诉读者，在面对未来时，人们总是会将问题放大，从前是，现在是，一直都是，这里面存在着许多心理原因。比方说，我们在这本书中所讨论的一些问题，不就是我们在序言中所说的"进步所带来的问题"吗？当我们在安全、舒适和宽容等领域内获得进步后，我们的期望值也就随之更上一层楼了。因此，进步是真实存在的，只不过是我们适应了得到改善的条件后，却日用而不自知罢了。

确实，我们不能陷入悲观的自我循环，我们必须行动起来，寻找相反的证据以及反向的方式，评估我们当下所处的状况。这里有一剂良药，专解悲观主义的毒——在科学作家马特·里德利出版于2010年的《理性的乐观派》中，我们第一次读到这句话，它令人过目不忘：

>总有些人告诉我们，社会已经走到了一个转折点，我们已经见到了全盛的好日子——我们无法确证他们是

错的。但我们的前人也都是这么说的,而且他们也总是有理有据……如果说,当我们回首来时路,所见到的只有进步而不及其余,但在展望未来时,面前却除了堕落而别无他物,这到底有什么道理可言呢?[1]

上面这些话写于1830年,它的作者是托马斯·巴宾顿·麦考利,一位英国历史学家、下议院议员。想当年,英国的全盛日还在前头等着呢。

无论是平克,还是里德利,某种程度上,他们都将自己的乐观建立在一个简单的观察之上:问题变得越严重,激励也就会越强大,促使大众、公司和政府去寻找创造性的解决方案,暂且不论驱动力究竟是来自个人信念、市场力量,还是政治压力。

事态将如何变化,明天会怎样?现在,让我们借助某些已经可见到的"萌芽",草描出一个可能的未来图景。就在今天,在本书即将交稿于出版社的2018年5月,这些要反转过来的趋势正在破土而出。

1. 社交媒体。社交媒体是导致当下难题的主犯,无论是全社会心理疾病的暴发,还是政治极化的加剧,社交媒体都难逃干系。但也要看到,在持续两年的丑闻、公愤以及呼吁政治监管之后,大公司终于有所反应了;至少,它们开始调整算法,就某些身份进行验证,并且采取措施以减少网络骚扰。在剑桥数据分析公司(Cambridge Analytica)的丑闻被曝光之后,政府很有可能会施加更多的压力。家长、学校和学生也会做出反应，逐步转向更好的应对之法，这就好比面对着被垃圾食品和香烟环绕的世界，我们的生活方式已经做出了调整并能更好地适应，虽然并不是完美的。

转机：目前，"脸书"[2]和推特都已聘请社会心理学家，向全社会发出呼吁，探索它们的平台要怎样去改变，才能"助益公众的健康，扩大开放性，并提升公共对话的文明程度"。[3]我们希望，在接下来的几年能见证一些实质性的变化，社交媒体目前诸多的恶果，如加剧极化、诱发抑郁，以及便利骚扰，都能得到有效的控制。常识媒体（Common Sense Media）和人文科技中心（Center for Humane Technology）（该中心由"脸书"和谷歌的早期员工所联合创建）已经结成合作伙伴关系，它们正在同技术产业携手，设法减轻电子设备使用的负面作用，尤其是对儿童的可能伤害。它们共同发起一场运动，名为"技术的真相"（The Truth About Tech），使学生、家长和老师认识到各种科技产品对健康的影响，并意图实现行业改革，使科技产品对用户来说能更健康。[4]

2. 自由玩耍和自由。终于，青少年的心理健康危机抓住了全社会的眼球。越来越多的家长和教育工作者开始意识到，过犹不及，过度保护反而是在伤害孩子。同时，20世纪70、80年代的犯罪浪潮，也已离我们远去，印象越来越模糊，在这种条件下，也会有越来越多的家长与时俱进，努力尝试着放养，让他们的孩子到户外去，在没有成人监督的情况下，同小伙伴们一起玩耍。

转机：2018年3月，犹他州通过了"自由放养教育"

法案，该法得到了州内两党的一致支持，犹他州也因此成为美国首个在法律上允许放养教育的州。[5] 如我们在第 8 章中所言，在美国很多地方，家长放手让孩子在无人监管的情况下独自外出，目前是要冒着被刑事起诉的风险的。犹他州的这部立法则确认了孩子们的权利，孩子们有权享有一些无人看管的时光，也确认了做家长的权利，家长可以放孩子去自由玩耍，而不会因此受到惩罚。设想如果越来越多的州都通过了此类法律，那么家长和学校也就更有意愿去尝试新的政策和做法，给孩子更多的自主权，让他们学会对自己负责。

3. 更通达的身份政治。自 2016 年起，新右翼和白人民族主义在美国抬头，随之出现的是，越来越多的学者开始撰文论述，在一个多种族的社会里，动辄拿出种族身份来说事，反而会以种种方式导致糟糕的结果。我们愈发可以看清，在左右两翼都有操纵身份话语的极端分子，他们互相依存，抓住对方最粗野的举动，围绕着共同的敌人来把本方团结起来。这种身份政治的过程也并非美国所特有，在朱莉娅·艾伯纳的新书《狂暴之怒：伊斯兰主义者与极右翼的恶性循环》中，我们也能见到同样的机制。艾伯纳是奥地利人，现居于伦敦，是供职于战略对话研究所的研究人员，为了写作此书，她在田野调查中历尽艰辛，无论是极端组织"伊斯兰国"（ISIS）的成员，还是极右翼组织如英国防御联盟（English Defense League）的成员，她都以诚相待。在某次接受采访时，艾伯纳这样概括自己的结论：

我们所能看到的现状就是,在极右翼这一边,他们把伊斯兰教的极端分子描述成整个穆斯林共同体的代表,而在伊斯兰教极端分子那一边,则把极右翼说成是整个西方世界的代表。随着极端分子鼓动起更多的群众,让他们偏离政治谱系的中间,这些观点就将成为主流,而这一切的结果就是,文明冲突的叙事将变成一个自我应验的预言。[6]

转机:越来越多的作家,尽管背景各异,都在发出同一个声音,呼吁反思身份政治。土耳其裔的美国政治学家第默尔·库兰,[7] 华裔的美国法学教授蔡美儿,[8] 同性恋作家、活动家乔纳森·劳奇,[9] 在此仅列举这几位,他们已经敲响了警钟,揭示出极右翼和极左翼的身份政治如何相互激荡,它们彼此以对方为敌人,实则是用仇恨来养肥了自己。这些作者都在求索新路,以避免走上这种极化的进程,并且转向一种发现共同人性的视野;一般来说,他们最终所得出的,虽然表述各异,但都没脱离我们在本书中讨论过的社会心理学基本原则。在盛赞蔡美儿教授的新书《政治部族:群体本能与国家命运》时,劳奇就有如下评论:

> 心理学的研究表明,通过团队合作,可以制衡并克服部落主义:在平等的基础上,让个体加入到某些项目中,为了某一共同的任务而付出。结果表明,参与此类项目,有了共同的任务,就可以减弱部落主义。换言

之,通过自觉的努力,人类可以打破部落的回路,也确实有很多人正在这么做。"只看有线电视新闻,或者沉浸在社交媒体中,你永远不可能知道,"蔡美儿写道,"但在全美各地,到处都有迹象表明,人们正在想方设法,跨越分歧,突破他们所在的政治部落的束缚。"[10]

4. 大学应将追求真理当作一个过程。说起学术文化的强度,芝加哥大学长期以来都是一个异类。(芝大曾自豪地宣称"这里是玩乐的坟场",且以此为其非官方的校训。[11]) 当安全主义席卷美国许多顶尖大学时,芝加哥大学却岿然不动。再想一想,近年来关于表达自由最精彩的声明,就出自芝加哥大学教授的手笔,这也并非完全巧合(见本书附录2)。

转机:许多大学正在采纳《芝加哥声明》,开始抵制安全主义的蔓延。如果大学发现,这种立场可以使其重新卓越起来,使它们在各种排名和榜单上提升位置,那么就会有更多的大学加入这一行列。

综上所述,我们预测,接下来的几年里,事态将有所改善。也许就在某一时刻,变化会突然到来。从私下的交谈中,我们至少可以探知,大多数的大学校长都反对安全主义的文化。他们明明知道,安全主义既害了学生,也破坏了大学校园内的自由探索,但他们同时也发现,要公开批评安全主义,在政治上就是自讨苦吃。通过我们与年轻学生的沟通,我们也确信,大多数高中生和大学生都是鄙视揭发文化的，要是有得选，他们宁可在一所没有这种文化的学校里读书和生活。大多数年轻学生并不脆弱，他们不是"雪花"，也不会因面对某些观点而心生恐惧。如是说，假如有几所大学率先摸索，发展出一种不同的学术文化——以种种方法去营造新的学院环境和风气，让来自每个身份群体的学生都能感受到包容，而不必采用制造区分的方式，虽然这在许多校园里似乎都导致了事与愿违的恶果——至于接下来的事情，我们认为，市场力量可以去解决。这些学校的申请和入学人数将会激增，校友捐款也会大幅增加。再往后，就会有越来越多的中学，它们在学业上让学生做好准备，去竞争这些大学的录取名额；同时，还有越来越多的家长，培养自家的孩子，去申请这些大学。久而久之，这就意味着更少的考试和备考，保护也不再过犹不及，取而代之的，是更多的自由玩耍、更多的独立。从城镇到学区，居民全体也将自行组织起来，支持并鼓励自由放养的教育方式。他们之所以这么做，首先考虑的并不是让学生顺利进入大学，而是要扭转在青少年中间蔓延的抑郁、焦虑、自残和自杀的趋势。心理健康的恶化深深地伤害了我们的孩子。在全国各地，人们都愈发清醒地认识到，安全主义充满了危险，它正在打压着我们孩子的发育成长。

美国最早的大学诞生于英属北美殖民地期间，有些学校之创建，起初是为了培养神职人员。但随着美国发展出一种独特的、以实用为导向的文化，大学的目的也为之一变——创设大学，是为了培养年轻人的技能和美德，若非如此，便不足以实现一个自治的公民社会。1750年,当本杰明·富兰克林创办后来的宾夕法尼亚大学时,他在给塞缪尔·约翰逊的信中这样写道:

> 对公众福祉来说,重中之重莫过于培养和教化青年的智慧和美德。在我看来,人的智慧和美德,才是一个国家力量的源泉:其势能远远超过任何财富或武器,因为一旦为无知和邪恶所控制,金钱和武力往往只会带来毁灭,而无法保障一个民族的安全。[12]

本书讨论的是教育和人生智慧。如果我们能慎思明辨,更好地教育下一代,那么他们将变得更加坚强、更为富有、更有德性,也包括——活得更安全。

致　谢

自始至终,本书都有一个未曾言明的前提,即思考都是社会性的。作为个体在思考时,我们每个人都不是什么天纵之才,因为我们都有认知扭曲和确认偏差的倾向。但如果人置身于恰当的群体和关系网络中,在其中交流、批评并最终改进原来的想法,那么一切更美好也更真实的内容就会浮现出来。在此,我们想要感谢许多同道中人,在不同的团队和网络中激荡想法,是他们使这本书变得更美好,也更真实。

首先要感谢帕梅拉·帕莱斯基（Pamela Paresky）,在本书作者格雷格所执掌的个人教育权利基金会中,她担任首席研究员,从一开始,帕梅拉就加入了我们的写作项目。帕梅拉在芝加哥大学人类发展委员会获得了跨学科的博士学位,同时也是一位成绩斐然的作家。在加入我们的项目之前,她就本书所关切的主题写过文章,讲过课,也曾参与相关的讨论。作为《今日心理学》的在线专栏撰稿人,帕梅拉成为我们在很多问题上都要请教的专家,其研究范围覆盖许多领域。不仅如此,她还对整部书稿进行了全面的编辑,帮助我们整合两种文风,合二为一。我们尤其要感谢帕梅拉深厚的学养和专业知识。自始至终,她都扮演着"反方律师"的角色，步步紧逼，促使我们不断打磨观点，完善论证，同时也为本书贡献了许多重要的观点——包括提炼出"安全主义"这个词。

格雷格要感谢个人教育权利基金会的许多同事，首先是董事会允许他承担起这个项目，完成这本书。还要特别感谢基金会的现任董事长，丹尼尔·舒克曼（Daniel Shuchman），他阅读了本书在不同阶段的书稿，并在写作全程中提出了许多宝贵建议。还要向以下两位表示特别感谢，首先是他的行政助理伊莱·费尔德曼（Eli Feldman），他永远处惊不乱；其次是曾同他一道共事的海莉·哈德勒（Haley Hudler），一位出色的研究助理。伊莱是耶鲁大学2016届毕业生，就读于心理学专业，本书从大纲到定稿，他全程参与，他为我们提供的，不仅是心理学知识的洞见，还有对互联网世代亦即他自己这一辈人的敏锐观察。海莉，作为一名研究助理，见证了我们写作《大西洋月刊》那篇文章以及本书的筹划，在她离开个人教育权利基金会，进入乔治亚大学法学院之前，海莉还为本书做了数月的调研。我们同样要感谢个人教育权利基金会的律师亚当·戈德斯坦（Adam Goldstein），在过去数月的编辑流程中，他提供了迅速但却缜密的研究。此外，我们也想感谢个人教育权利基金会的全体成员。从执行主任罗伯特·希布利（Robert Shibley）［还有他的妻子阿拉兹·希布利（Araz Shibley），她帮助我们调查了几个案例］，到基金会最资深的老员工，再到我们最新加入的学生"合作者"［他们是阿莉莎·贝内特（Alyssa Bennett）、凯莉·库什纳（Kelli

Kushner）和马修·威廉姆斯（Matthew Williams）］，这一路上，他们每个人都以自己的方式提供了各种帮助。原谅我们无法一一列举基金会内所有帮助过我们的人，但我们必须感谢莎拉·麦克劳林（Sarah McLaughlin）和瑞恩·韦斯（Ryne Weiss），他们对当今大学校园的气氛有着敏锐的观察，也为本书修改提出了精准的反馈。感谢威尔·克里利（Will Creeley），他用自己高超的写作技巧帮助我们提升了书稿的品质。此外，我们还要感谢劳拉·贝尔茨（Laura Beltz）和辛西娅·迈耶斯伯格（Cynthia Meyersburg）以及她们提供的研究支持，以及彼得·博尼拉（Peter Bonilla）、妮可·佩里诺（Nico Perrino）、邦妮·斯奈德（Bonnie Snyder）和基金会的律师（也是基金会非官方刊的主编）萨曼莎·哈里斯（Samantha Harris），感谢他们的阅读反馈和修改建议，他们的火眼金睛和精益求精的态度，在本书定稿的最终阶段，是无价的帮助。

乔首先要感谢的是卡罗琳·梅尔（Caroline Mehl），她刚从耶鲁大学和牛津大学毕业，早在本书写作开始前，乔就聘请她做研究助手。卡罗琳贡献了许多观点以及本书的多数图表。不仅如此，她还促使我们从多角度展开思考，且为我们找到了五位审读者，他们对校园事件的看法迥异于我们。约翰·密尔若泉下有知，也一定会对此举大加赞赏。我们要感谢这五位审读者，他们真正懂得如何进行建设性的精妙批评，他们是特拉维斯·吉多（Travis Gidado）、马德琳·海伊（Madeline High）、以太·奥尔（Ittai Orr）、丹妮尔·汤姆森（Danielle Tomson），还有想保持匿名的第五位。我们还要感谢以下各位朋友，他们阅读了整部书稿，在此基础上发表了翔实且宝贵的评论，来自左翼的批评有海伦·克雷默（Helen Kramer）、舒利·帕索（Shuli Passow）和哈利勒·史密斯（Khalil Smith）；来自右翼的批评有史蒂夫·梅辛杰（Steve Messenger）和威廉·莫达尔（William Modahl）；还有一些评议则来自难以用左和右定位的朋友，他们是拉里·安塞尔（Larry Amsel）、希瑟·海英（Heather Heying）和丹尼尔·舒克曼（Daniel Shuchman）。

乔还要特别感谢瓦莱丽·柏迪-格里纳韦（Valerie Purdie-Greenaway），她对本书初稿的深度批评，标志着整个写作进程中的一个转折。乔也始终对异端学会的团队充满感激，尤其是拉菲·葛林堡（Raffi Grinberg）、尼克·菲利普斯（Nick Phillips）和杰里米·威灵格（Jeremy Willinger），他们三位通读了整部书稿；还有肖恩·史蒂文斯（Sean Stevens），他在我们的研究过程中施以援手；最后是德布·马谢克（Deb Mashek），她的入伙并带领学会向着新方向前进，一定会改造我们大学的现状。

还有一些学者和专家，没有他们在先的研究成果，本书的核心论证都是无源之水。在我们写作本书的过程中，他们给予了各种帮助。我们感谢艾丽卡·克里斯塔基斯（Erika Christakis）、彼得·格雷（Peter Gray）、斯蒂芬·霍兰（Stephen Holland）、罗伯特·莱希（Robert Leahy）、朱莉·利思科特-海姆斯（Julie Lythcott-Haims）、哈拉·埃斯特洛夫·马兰诺（Hara Estroff Marano）、丽诺尔·斯科纳兹（Lenore Skenazy）

和简·特温格（Jean Twenge）。

还有很多朋友和同行，他们阅读了书稿的部分章节并给出了宝贵意见，帮助我们分析资料和数据，或者贡献了自己专攻领域的知识，我们在此表示感谢。他们是杰森·贝尔（Jason Baehr）、安德鲁·贝克尔（Andrew Becker）、迦勒·伯纳德（Caleb Bernard）、保罗·布鲁姆（Paul Bloom）、萨曼莎·波特曼（Samantha Boardman）、布拉德利·坎贝尔（Bradley Campbell）、丹尼斯·道尔顿（Dennis Dalton）、克拉克·弗莱施曼（Clark Freshman）、布莱恩·加拉格尔（Brian Gallagher）、安德鲁·盖茨（Andrew Gates）、克里斯托弗·盖茨（Christopher Gates）、本杰明·金斯堡（Benjamin Ginsberg）、杰西·格雷汉姆（Jesse Graham）、丹·格里斯沃德（Dan Griswold）、本杰明·海德特（Benjamin Haidt）、瑞贝卡·海德特（Rebecca Haidt）、特里·哈特尔（Terry Hartle）、拉维·艾耶（Ravi Iyer）、罗伯·琼斯（Robb Jones）、克里斯蒂娜·金（Christina King）、苏珊·克瑞斯尼卡（Susan Kresnicka）、卡尔文·丽（Calvin Lai）、玛塞拉·拉森（Marcella Larsen）、哈利·刘易斯（Harry Lewis）、凡妮莎·洛布（Vanessa Lobue）、布莱恩·劳（Brian Lowe）、杰森·曼宁（Jason Manning）、伊恩麦克里迪-佛洛拉（Ian McCready-Flora）、约翰·麦克沃特（John McWhorter）、约翰·帕尔弗里（John Palfrey）、迈克·帕罗斯（Mike Paros）、南多·佩露西（Nando Pelusi）、史蒂文·平克（Steven Pinker）、安妮·拉斯穆森（Anne Rasmussen）、布莱德利·里德（Bradly Reed）、法比奥·罗哈斯（Fabio Rojas）、凯瑟琳·桑特拉（Kathleen Santora）、莎莉·萨特尔（Sally Satel）、史蒂夫·舒尔茨（Steve Schultz）、马克·舒尔曼（Mark Shulman）、娜丁·斯特罗森（Nadine Strossen）、乔舒亚·沙利文（Joshua Sullivan）、玛丽安·托尔道洛吉（Marianne Toldalagi）、约翰·托马西（John Tomasi）、特蕾西·托马斯（Tracy Tomasso）、瑞贝卡·蒂韦尔（Rebecca Tuvel）、李·泰纳（Lee Tyner）、史蒂夫·维西（Steve Vaisey）、罗伯特·冯·哈尔伯格（Robert Von Hallberg）、扎克·伍德（Zach Wood）和杰瑞德·祖克（Jared Zuker）。我们感谢奥马尔·马哈穆德（Omar Mahmood），他志愿创建了本书的网站，TheCoddling.com。

我们感谢《大西洋月刊》的唐·派克（Don Peck），早在2014年，他就发现了这项研究的潜力。在一篇文章投石问路之后，又于2015年更上一层楼，鼓励我们开始本书的写作。感谢我们的经纪人约翰·布罗克曼（John Brockman），连同他在布罗克曼公司的团队，是他们将书稿推荐至企鹅出版社，使我们也有缘结识了本书在企鹅出版社的编辑，才华横溢的弗吉尼亚·史密斯（Virginia "Ginny" Smith）。金妮，熟悉的人都这么称呼她，修饰了我们的文辞并打磨了我们的观点，每一次我们拖过交稿的"死线"后，她都报以更努力地工作。

最后，我们要感谢家人。格雷格要感谢他的妻子米歇尔·拉布朗（Michelle LaBlanc），在这段紧张的写作周期内，她的耐心、容忍和支持取用不尽——在此期间，她生下了麦斯威尔（2017年11月出生）。在爸爸忙得不可开交时，她还要照看两岁大的"小捣蛋"本杰明。这就是米歇尔，一位了不起的妈妈。

乔要感谢他的妻子杰恩·瑞欧（Jayne Riew），乔所写下的所有文字，都经她之手变得更美妙。无论在写作中，还是生活里，她总是可以发现乔所遗漏的美好，她还同乔一起经历着抚养麦克斯和弗朗西斯卡的奇妙时光，在孩子的成长中书写着无法发表的作品。到这里，乔想以对母亲的感激作结，他的母亲伊莲·海特（Elaine Haidt），于2017年5月去世，而当时我们正在写作这本书。上世纪60年代，母亲曾上过心理学家海姆·吉诺特（Haim Ginott）的育儿课，吉诺特教给她这条准则："别总是帮孩子做这做那，要学会束手旁观。"乔同他的姐妹丽贝卡、萨曼莎都倍感幸运，因为他们有这样一位母亲，知道什么该做，什么不该做。

附录1
认知行为疗法指南

如果想练习认知行为疗法,一个选择是求助于心理医师,在他们的指导下,训练如何诊断并且调整扭曲的思维模式。还有一个选择,我们看书就好,找几本教我们练习认知行为疗法的书。美国的心理健康专家经常会推荐一本书,用于治疗抑郁症,就是大卫·伯恩斯的畅销书《感觉不错:新情绪疗法》(*Feeling Good: The New Mood Therapy*)。多项研究已经发现,读这本书——确实,只要读这本书——就有助于治疗抑郁。[1] 我们还要推荐罗伯特·莱希博士的杰作《治疗忧虑:七步走,停止忧虑,重新生活》(*The Worry Cure: Seven Steps to Stop Worry from Stopping You*),这本书更侧重于治疗焦虑,且更新了最前沿的认知行为疗法。

认知行为疗法的美妙之处,就在于它简便易学:你所需要的,只是一支笔和一张纸(或者一台笔记本电脑、一部可以做笔记的电子设备)。认知行为疗法的具体细节,会因不同的治疗师或指南书而各有差异,但其基本过程是相同的,大致如下:

1. 当感到焦虑、抑郁或其他痛苦时，花上片刻的时间，写下你现在的感受。

2. 写下你的痛苦程度。（比方说，在从 1 到 100 的范围内，你的痛苦指数有多少分。）

3. 当你感到焦虑或绝望的折磨时，想一想到底发生了什么，以及你的下意识想法是什么，也写在纸上。（比方说，"我对这姑娘有好感，但她却取消了我们的约会。我对自己说：'总是这样子。没有女孩子愿意和我出去约会。我就是个彻头彻尾的屌丝。'"）

4. 对照下文所列各种类型的扭曲思维，问一问你自己：你上面的想法是一种认知扭曲吗？在纸上写下你所觉察出的认知扭曲。（比方说，看一看你在上面步骤 3 中写出来的下意识想法，你可能会写下，"苛责自身、过度概括、乱贴标签和小题大做"。）

5. 看一看有哪些证据可以支撑你的想法，又有哪些证据会推翻？

6. 问一问你自己，假设有一个人站在你的对立面，他会说些什么。在他的观点中，是否存在可取之处？

7. 走到这一步，再来想一想，到底发生了什么，尽量不带任何认知扭曲，重新评估下你所面对的处境。

8. 在纸上写下你的新想法和新感受。（比方说，"我有些难过，也很失落，因为我期待的一场约会就这么泡汤了"。）

9. 运用先前的痛苦量表（从 1 到 100），再一次写下你感受到的焦虑、抑郁或其他痛苦的指数。你很可能会发现，你写下的数字在下降，也许是大幅下降。

认知行为疗法要求训练、实践和信念。许多治疗师都会给出建议，每天至少做一到两次这样的练习。只要愿意花时间多练习，你很可能会发现，扭曲的负面思维无法像从前那样控制你了。（还要注意到，有些时候，你最初的下意识想法未必是扭曲的。在有些情况下，有些情绪反应其实是完全合理的。）

如我们在本书中所言，认知行为疗法及其原则的操练，即便对那些不曾经历抑郁或焦虑的人，也很有用处。我们鼓励所有读者都能学点认知行为疗法。如果你需要认知行为疗法专业治疗师的指导，你可以登录行为和认知疗法协会（http://www.findcbt.org）与认知疗法学会（http://www.academyofct.org）的网站，在上面可以找到你周围的医师名单。

当然，对任何遭受严重心理障碍的人来说，请立即寻找专业人士的帮助。

在这里，我们经授权转载了认知错误清单的完整版，摘自罗伯特·莱希、斯蒂芬·霍兰德、拉塔·麦克金合著的《抑郁和焦虑障碍的疗法和干预方案》（第二版）（Robert L. Leahy, Stephen J. F. Holland, and Lata K. McGinn, *Treatment Plans and Interventions for Depression and Anxiety Disorders*）。

扭曲思考的类别

1. 以己度人（MIND READING）：假定你可以读出他人心中所想，但你明明对此没有充分证据。"他认为我是个废物"。

2. 宿命论调（FORTUNE-TELLING）：你总是悲观地断言未来：事情会越来越糟，或是前路危机四伏。"那门课我会挂掉"或者"我得不到那份工作"。

3. 小题大做（CATASTROPHIZING）：你认为已经发生或将要发生的事，是如此可怕且难以承受，让你觉得自己撑不下去了。"如果我失败了，就会万劫不复"。

4. 乱贴标签（LABELING）：给你自己或其他人添上某些恶性的性格。"我不受欢迎"或者"他是个堕落的坏人"。

5. 无视正面（DISCOUNTING POSITIVES）：执着地认为你或他人所做的都微不足道，这样你才能坚持自己的负面判断。"这原本就是为人妻者应该做的——所以虽然她对我好，但也算不得什么"或者"这些成功得来全不费工夫，所以它们不值一提"。

6. 负面过滤（NEGATIVE FILTERING）：你所能看到的，几乎都是消极的，而极少看到积极的。"看看这里所有的人，没人喜欢我"。

7. 过度概括（OVERGENERALIZING）：根据某一偶发的独立事件，却感受到一种普遍的负能量模式。"这种事通常会发生在我身上。那看起来我什么事也干不好。"

8. 二元对立（DICHOTOMOUS THINKING）：看待人或事时，不是全面肯定，就是全盘否定。"每个人都把我拒之于门外"或者"这完完全全是在浪费时间"。

9. 想当然（SHOULDS）：看待事情，你总是只考虑应然，而不去关心实然。"我应该能做好。如果做不好，那我就是个失败者"。

10. 苛责自身（PERSONLIZING）：发生不幸的事，你总是把过多的罪责归咎于自己，却未能意识到，很多时候问题出在他人身上。"婚姻以失败而收场，都是我的错"。

11. 责怪他人（BLAMING）：将他人视为你负面情绪的根源，你拒绝担起改变自我的责任。"我现在心情这么糟糕，都要怪她"或者"父母造成了我所有的问题"。

12. 不当比较（UNFAIR COMPARISONS）：按照不切实际的标准来理解生活，比方说，你总是将目光主要放在更优秀的人身上，他们总是能做得比你好，所以你也在比较中认为自己低人一等。"她总是比我更成功"或者"一到考试时，别人就比我强"。

13. 追悔不已（REGRET ORIENTATION）：总是纠结于过去而无法自拔，总在想你本来是可以做得更好的，而不关注你现在能把什么做好。"要是我当初努力一点，我现在本可以有份更好的工作"或者"悔不该说那句话哦"。

14. 杞人之忧（WHAT IF?）：总是提出一连串的问题，"如果"发生了某事，那该怎么办，却对任何一种答案都不感到满意。"对,但如果我变得很焦虑呢?"或者"如果我喘不上气,怎么办?"

15. 情感推理(EMOTIONAL REASONING):任由你的感觉来指引你对现实的解释。"我情绪低落;所以,我的婚姻是走不下去了"。

16. 无力证反(INABILITY TO DISCONFIRM):一旦产生了负面想法,你就拒斥所有可能与之相逆的证据或观点。比方说,当你心生一念,认为"我一点都不可爱,人们都讨厌我",你就会拒斥所有证明人们喜欢你的证据,好像它们无关紧要。结果就是,你的想法永远无法被驳倒。"那并非真正问题之所在。还有很深层的问题,还有其他没能看到的因素"。

17. 妄下评断(JUDGMENT FOCUS):在看待自己、他人或身边事时,你总爱用好或坏、优或劣的评价,而不是描述、认可或者理解。在衡量自己和他人时,你总是根据武断的标准,却发现你和他人都差之甚远。你所纠结的,不仅是对自己的个人评价,还有对他人的评价。"我在大学里表现得并不好"或者"如果我去打网球,肯定打不好"或者"看看她,她多成功,而我却一路坎坷"。

附录2
《芝加哥声明》

《关于自由表达原则的芝加哥声明》（以下简称《芝加哥声明》），发表于2015年1月，由杰弗里·斯通——芝加哥大学爱德华·李维杰出法学讲席教授——所领衔的委员会起草。该委员会承担起这项任务，起草一份声明，"表达出芝加哥大学的普遍承诺，要在大学社群的全体成员中间，保护交流和辩论的自由、强健、不受束缚"。[1] 下文是经个人教育权利基金会修改后的缩减版。之所以准备这个版本，是为了推动大学根据本校情况，调整适用在《芝加哥声明》中的理念。到2018年初，超过40所大学已经采纳了《芝加哥声明》。要改善大学校园的状况，你所能做得最简便的事情，就是促使同你有关联的学校采用属于本校的声明。

因为[机构名]致力于自由而开放的探索，不分领域，所以在此承诺，[机构名]社群内的全体成员，都享有最广泛的自由，去发言、写作、听讲、挑战和学习。限制表达自由，仅能在保证[机构名]的运转所必需时才是正当的,除此之外,[机构名] 充分尊重并支持 [机构名] 社群全体成员的自由,"去讨论呈现出来的任何问题"。

当然,在 [机构名] 社群之中,不同成员持有不同的观点,彼此间相互冲突也在所难免。但是,试图将个体保护起来,让他们远离那些无法苟同、令人不悦甚至充满恶意的观点和意见,却并非是 [机构名] 所要扮演的恰当角色。虽然 [机构名] 高度珍视文雅之道,虽然 [机构名] 社群的全体成员都分担着共同的责任,要维系相互尊重的校园氛围,但文雅和自尊的考虑绝不能被用作理由,以此论证关闭言路的正当性,无论对我们社群的某些成员来说,所涉观念有多么令人不适乃至伤人。

反过来说,个人有辩论的自由,可以自由地讨论所涉观念各异的价值,但这也并不意味着他就能口无遮拦,在任何场合说他想说的任何话。若某种表达违反了法律,错误地侵犯了具体个人的名誉,构成了真实的威胁或骚扰,缺乏正当理由却侵犯了实质隐私或保密利益,或者在其他方面同 [机构名] 的运转发生直接冲突,有上述任何情况,[机构名] 就可以限制该表达。此外,[机构名] 还应合理地调控言论表达的时间、场合和方式,确保不会扰乱 [机构名] 的日常活动。但若说表达自由是一项普遍原则,那么上述限制就是相对原则而言的极少数例外。且还有一点至关重要,就是这些例外处理，无论如何也不能被用以破坏［机构名］的承诺，亦即完全自由和开放的观点讨论。

简言之，［机构名］在此郑重承诺，坚持如下原则：所有的辩论和审议，即便其所发表的观点在［机构名］范围内为某些人甚至大多数成员所反对，被认为是轻率的、愚蠢的、不道德的甚或彻底错误的，也不应因此受到压制。不压制我们所反对的言论，而是在开放和激烈的辩论中去检验各种观点，由［机构名］社群内的个体成员，而不是作为一个整体的［机构名］，为自己做出判断，并基于已做出的判断展开行动。确实，培养［机构名］社群成员的能力，使他们以有效且负责任的方式，参与这种论辩和审议，本就是［机构名］所承担之教育使命的要义。

在［机构名］承诺保护和促进自由表达之后，作为题中之义，［机构名］社群的成员也应行动起来，维护自由表达的原则。虽然［机构名］社群的成员可以自由地批评和质疑在校园内已发表的观点，但若有讲者受邀进校传播观点时，他们也可以自由批评并挑战。但是，他们却不可以阻止，或以其他方式去干预他人的表达自由，哪怕所发表的观点是他们拒绝乃至憎恶的。有鉴于此，［机构名］负有庄重的责任，不仅要推进活泼且无畏惧的论辩和评论自由，也要在他人企图限制这种自由时，站出来保护它。

本决议选编自芝加哥大学表达自由委员会的报告（2015年）。该声明全文可见于：https://freeexpression.uchicago.edu/page/report-committee-freedom-expression.

注 释

题词

〔1〕参见 Byrom（1993），chapter 3，verses 40-43。还有一个版本，意义相同，但在文字上更为铺排而稍欠雅致，"敌人可以伤害敌人，人若有恨意，也会伤害另一人，但一个人的想法，如果误入歧途，则会给他造成更严重的伤害。父亲、母亲或亲人，当然可以帮助他；但他自己的想法，一旦拨乱反正，就能形成更浩荡的助力"。这个版本参见 Mascaro（1973），chapter 3，verses 42-43。

〔2〕Solzhenitsyn（1975），p. 168.

序言　智慧之旅

〔1〕Nietzsche（1889/1997）. 格言第八。

〔2〕Ponos（博乃思）是希腊一小神，代表辛劳、痛苦和艰难。*Miso*（米索）意为"厌恶"，如"misogyny"（厌女症）一词中的"miso-"，故古希腊文"*misoponos*"（米索博乃思）一词意指对辛劳痛苦、艰难险阻的厌恶。在此要特别感谢伊恩·麦克里迪-弗罗拉（Ian McCready-Flora）教授，他是弗吉尼亚大学的古希腊哲学专家，是他引导我们造出这个名字。在我们的设定中，米索博乃思代表着科欧安勒莫斯（Koalemos）的声音。阿里斯托芬的喜剧《鸟》曾提及科欧安勒莫斯，以他为糊涂神。

〔3〕对于美国以外的读者，且让我们稍加片刻的解释，澄清几个术语在美国文化中的用法。在本书中，我们大致交替使用"学院"（college）和"大学"（university）这两个词，它们都指代在英国和加拿大语境中的"大学"。我们会经常使用"校园"（campus）这个词，用于指称大学的场地、环境与文化。"高中"（High school）指的是从九年级到十二年级，学

生的年龄大概在 14 岁到 18 岁之间。一般来说，本书避免用"自由派"（liberal）一词来指代左翼，虽然这在美国已经习以为常；在讲到左翼和右翼（left and right）时，我们一般用进步派和保守派（progressive and conservative）。

〔4〕更多的内容，请登录 http：//www.theFIRE.org。

〔5〕Jarvie, J. (2014, March 3). Trigger happy. *The New Republic*. Retrieved from https：//newrepublic.com/article/116842/trigger-warnings-have-spread-blogs-college-classes-thats-bad.

〔6〕Medina, J. (2014, May 17). Warning：The Literary Canon Could Make Students Squirm. *The New York Times*. Retrieved from https：//www.nytimes.com/2014/05/18/us/warning-the-literary-canon-could-make-students-squirm.html.

〔7〕Columbia College. (n.d.). The Core curriculum：Literature Humanities. Retrieved from https：//www.college.columbia.edu/core/lithum.

〔8〕Johnson, K., Lynch, T., Monroe, E., & Wang, T. (2015, April 30). Our identities matter in Core classrooms. *Columbia Daily Spectator*. Retrieved from http：//spc.columbiaspectator.com/opinion/2015/04/30/our-identities-matter-core-classrooms.

〔9〕1987 年，阿兰·布鲁姆出版《美国精神的封闭》，以此书为标志，美国爆发了"经典战争"，但这场"战争"主要发生在教授之间，至于学生群体，他们通常来说都站在支持多元化教授的那一边，呼吁纳入更多的女性和有色人种作家。比如说，1987 年，在斯坦福大学一场为庆贺多元化的集会上，学生们高歌："'嘿嘿，嗬嗬，西方文化必得消失。'"参见 Bernstein, R. (1988, January 19). In dispute on bias, Stanford is likely to alter Western culture program. *The New York Times*. Retrieved from http：//www.nytimes.com/1988/01/19/us/in-dispute-on-bias-stanford-is-likely-to-alter-western-culture-program.html。

〔10〕Pinker (2016), p. 110.

〔11〕Haidt (2006).

〔12〕Nelson, L. (2015, September 14). Obama on liberal college students who want to be "coddled"："That's not the way we learn". *Vox*. Retrieved from https：//www.vox.com/2015/9/14/9326965/obama-political-correctness.

〔13〕早在2014年,英国就出现了相关迹象;see O'Neill, B. (2014, November 22). Free speech is so last century. Today's students want the "right to be comfortable". *Spectator*. Retrieved from https://www.spectator.co.uk/2014/11/free-speech-is-so-last-century-todays-students-want-the-right-to-be-comfortable. 但相关现象在美国引起关注后,自2015年秋季起,英国关于"安全空间"及其周边的新闻报道也逐渐增多。See, for example: Gosden, E. (2016, April 3). Student accused of violating university "safe space" by raising her hand. *The Telegraph*. Retrieved from http://www.telegraph.co.uk/news/2016/04/03/student-accused-of-violating-university-safe-space-by-raising-he.

〔14〕来自多个国家的研究和新闻报道的综述,可参见 https://heterodoxacademy.org/international。

〔15〕案例多达数十起,包括埃里克·加纳(Eric Garner)、迈克·布朗(Mike Brown)、塔米尔·赖斯(Tamir Rice)和弗雷迪·格雷(Freddie Gray)。还有些不太为人所知的案例,数名黑人妇女成了警察暴力的受害者,她们是米歇尔·库索(Michelle Cusseaux)、塔尼莎·安德森(Tanisha Anderson)、奥拉·罗斯(Aura Rosser)和梅根·霍克迪(Meagan Hockaday)。有关警察枪击事件的更多信息,See Kelly, K., et al. (2016, December 30). Fatal shootings by police remain relatively unchanged after two years. *The Washington Post*. Retrieved from https://www.washingtonpost.com/investigations/fatal-shootings-by-police-remain-relatively-unchanged-after-two-years/2016/12/30/fc807596-c3ca-11e6-9578-0054287507db_story.html.

〔16〕Dorell, O. (2016, June 29). 2016 already marred by nearly daily terror attacks. *USA Today*. Retrieved from https://www.usatoday.com/story/news/world/2016/06/29/major-terrorist-attacks-year/86492692.

〔17〕Parvini, S., Branson-Potts, H., & Esquivel, P. (2017, February 1). For victims of San Bernardino terrorist attack, conflicting views about Trump policy in their name. *Los Angeles Times*. Retrieved from http://www.latimes.com/local/lanow/la-me-san-bernardino-trump-20170131-story.html.

〔18〕Ellis, R., Fantz, A., Karimi, F., & McLaughlin, E. (2016, June 13). Orlando shooting: 49 killed, shooter pledged ISIS allegiance. *CNN*. Retrieved from https://www.cnn.com/2016/06/12/us/orlando-nightclubshooting/index. html.

〔19〕Branch, J., Kovaleski, S, & Tavernise, S. (2017, October 4). Stephen Paddock chased gambling's payouts and perks. *The New York Times*. Retrieved from https://www.nytimes.com/2017/10/04/us/stephen-paddock-gambling.html. See also: AP. (2018, January 19). The latest: Timeline offers look at Vegas shooter's moves. *U.S. News & World Report*. Retrieved from: https://www.usnews.com/news/us/articles/2018-01-19/the-latest-no-motive-uncovered-for-las-vegas-mass-shooting.

〔20〕Coddle [Def. 2]. (n.d.). *Merriam-Webster Dictionary* (11th ed.). Retrieved from https://www.merriam-webster.com/dictionary/coddling.

〔21〕关于这些趋势的公开且全面的数据,可登录 humanprogress.org 的网站。

第1章 脆弱人设的谬误:凡是伤害,只会让你更脆弱

〔1〕*The Book of Mencius*, in Chan (1963), p. 78.

〔2〕Hendrick, B. (2010, May 14). *Peanut allergies in kids on the rise*. WebMD. Retrieved from http://www.webmd.com/allergies/news/2010 0514/peanut-allergies-in-kids-on-the-rise.

〔3〕Du Toit, Katz et al. (2008).

〔4〕Christakis (2008).

〔5〕Du Toit, Roberts et al. (2015).

〔6〕LEAP Study Results. (2015). Retrieved from http://www.leapstudy.com/leap-study-results.

〔7〕LEAP Study Results. (2015); see n. 6.

〔8〕Chan, S. (2001). Complex adaptive systems. Retrieved from http://web.mit.edu/esd.83/www/notebook/Complex%20Adaptive%20Systems.pdf. See also: Holland (1992).

〔9〕Okada, Kuhn, Feillet, & Bach (2010).

〔10〕Gopnik, A. (2016, August 31). Should we let toddlers play with saws and knives? *The Wall Street Journal*. Retrieved from http://www.wsj.com/articles/should-we-let-toddlers-play-with-saws-and-knives-1472654945.

〔11〕Taleb (2012), p. 5.

〔12〕 Taleb (2012), p. 3.

〔13〕 Child Trends Databank. (2016, November). Infant, child, and teen mortality. Retrieved from https://www.childtrends.org/indicators/infant-child-and-teen-mortality.

〔14〕 Gopnik (2016); see n. 10.

〔15〕 Office of Equity Concerns. (2014). Support resources for faculty. *Oberlin College & Conservatory* [via Wayback Machine internet Archive]. Retrieved from http://web.archive.org/web/20131222174936.

〔16〕 Haslam (2016).

〔17〕 American Psychiatric Association. (n.d.). DSM history. Retrieved from https://www.psychiatry.org/psychiatrists/practice/dsm/history-of-the-dsm.

〔18〕 Friedman, M. J. (2007, January 31). PTSD: National Center for PTSD. *U.S. Department of Veterans Affairs*. Retrieved from https://www.ptsd.va.gov/professional/ptsd-overview/ptsd-overview.asp. See also: Haslam (2016), p. 6.

〔19〕 Bonanno, Westphal, & Mancini (2011).

〔20〕"大多数创伤亲历者都表现出强大的适应能力，且发展出恰当的应对策略，包括利用社会的支持，来处理创伤的后续和后果。多数人的创伤会随着时间的推移而自动痊愈，显示出的痛苦已经微乎其微，且在主要的人生阶段以及生活领域中都能健康地活着。" Center for Substance Abuse Treatment (U.S.). (2014). *Trauma-informed care in behavioral health services*, chapter 3, Understanding the impact of trauma. Rockville, MD: Substance Abuse and Mental Health Services Administration (U.S.). Retrieved from https://www.ncbi.nlm.nih.gov/books/NBK207191.

〔21〕 Trauma. (n.d.). *SAMHSA-HRSA Center for Integrated Health Solutions*. Retrieved from https://www.integration.samhsa.gov/clinical-practice/trauma. 请注意：这种对"创伤"的定义方式属同义反复，它以对"经验"的反应，作为判定创伤是否发生的定义。

〔22〕这样的定义尤其会制造麻烦，原因在于，如果效果被纳入"创伤"的定义，那么当一个人正在经历所谓的"创伤后成长"时，这时无论发生了什么，即便所发生的远远超出了正常经验的范围，也都无法被定义为创伤。这将消除人们体验创伤后成长的能力，因为若是他们没有遭遇

苦难,那么最初的事件就不会被定义为"创伤的"。参见 Collier(2016)。

[23] Shulevitz, J. (2015, March 21). In college and hiding from scary ideas. *The New York Times*. Retrieved from https：//www.nytimes.com/2015/03/22/opinion/sunday/judith-shulevitz-hiding-from-scary-ideas.html.

[24] Rape culture. (n.d.). *Oxford Living Dictionaries*. Retrieved from https：//en.oxforddictionaries.com/definition/rape_culture.

[25] McElroy, W. (2015, September 7). Debate with Jessica Valenti on "rape culture". Retrieved from https：//wendymcelroy.liberty.me/debate-with-jessica-valenti-on-rape-culture.

[26] Shulevitz (2015); see n. 23.

[27] 大约同时期,布朗大学有一名学生在"脸书"上创建了一个私密小组,以言论自由为题,介入公共对话。参见 Morey, A. (2015, December 28)。FIRE Q & A：Reason@ Brown's Christopher Robotham. *FIRE*. Retrieved from https：//www.thefire.org/fire-qa-reasonbrowns-christopher-robotham. See also：Nordlinger, J. (2015, November 30). Underground at Brown. *National Review*. Retrieved from http：//www.nationalreview.com/article/427713/underground-brown-jay-nordlinger.

[28] 这是一个绝佳的例子,精准地例证了此前曾担任耶鲁大学教授的威廉·德雷谢维奇的批评,即,现如今的精英文理学院往往会回避复杂而富于挑战的对话。参见 Deresiewicz, W. (2017, March 6). On political correctness. *The American Scholar*. Retrieved from https：//theamericanscholar.org/on-political-correctness.

[29] Shulevitz (2015); see n. 23.

[30] 对这类研究的综述,见 Haidt (2006), chapter 7. See also：work by Lawrence Calhoun & Richard Tedeschi. Posttraumatic Growth Research Group, UNC Charlotte. (n.d.). Retrieved from https：//ptgi.uncc.edu.

[31] Foa & Kozak (1986).

[32] McNally, R. (2016, September 13). If you need a trigger warning, you need PTSD treatment. *The New York Times*. Retrieved from https：//www.nytimes.com/roomfordebate/2016/09/13/do-trigger-warnings-work/if-you-need-a-trigger-warning-you-need-ptsd-treatment.

[33] R. Leahy (personal communication, December 29, 2017). See also：McNally (2016); see n. 32.

〔34〕在《尼各马可伦理学》中，亚里士多德也这么说过。但唯有一事可以摆脱这一原则成为例外，那就是智慧。

〔35〕Twenge（2017），p. 3.

〔36〕Twenge（2017），p. 154.

〔37〕在大学校园里，围绕着言论和审查制度的讨论可谓风起云涌，相关的研究和证据，参见 Stevens, S., & Haidt, J. (2018, April 11). The skeptics are wrong part 2: Speech culture on campus is changing. Retrieved from https://heterodoxacademy.org/the-skeptics-are-wrong-part-2.

第2章 情感推理的谬误：永远相信你的感觉

〔1〕From the *Enchiridion*. Epictetus & Lebell (1st–2nd century/1995), p. 7.

〔2〕Mascaro (1995), chapter 1, verse 1.

〔3〕Shakespeare, W. *Hamlet*. II. ii, ll. 268–270.

〔4〕Milton (1667/2017), bk. I, ll. 241–255.

〔5〕Boethius (ca. 524 CE/2011). 应予指出的是，在回首自己的集中营岁月时，精神分析学家维克多·弗兰克（Victor Frankl）也曾得出相同的结论："人有可能失去一切，但唯有一物不可剥夺：无论环境如何，你都可以选择自己的态度，选择自己的道路——此乃人的终极自由。"See Frankl (1959/2006), Part I, p. 66.

〔6〕在畅销书《思考，快与慢》（Kahneman, 2011）中，诺贝尔奖得主、心理学家丹尼尔·卡尼曼把自发过程称为系统1，把受控制的过程称为系统2，前者快，后者慢。

〔7〕到现在为止，无数研究以及大量的跟踪分析都已经证实，认知行为疗法在治疗抑郁症和焦虑症时是有效的。近期的一个文献综述，可参见 Hollon & DeRubeis（in press）。借用英国皇家精神科医学院（United Kingdom's Royal College of Psychiatrists）网站上的一句话，我们表达一个共识：认知行为疗法"在应对焦虑或抑郁作为主要问题的症状时，是最有效的疗法之一……对于中度或重度抑郁症，它是最有效的心理疗法，对于许多类型的抑郁症，它同抗抑郁药物一样见效"。Blenkiron, P. (2013, July). Cognitive behavioural therapy. *Royal College of Psychiatrists*. Retrieved from https://www.rcpsych.ac.uk/mentalhealthinformation/therapies/cognitivebehaviouraltherapy.aspx.

〔8〕"认知行为疗法,就其疗效而言,可以比得上抗抑郁药物……但与药物治疗不同,它在治疗停止之后,仍能持续见效……在治疗广义的焦虑症时,认知疗法至少同其他治疗方案一样有效,且作用效果很可能更持久。"Hollon & DeRubeis (in press).

〔9〕Blenkiron (2013); see n. 7. See also: CBT outcome studies. (2016, November 25). *Academy of Cognitive Therapy*. Retrieved from http://www.academyofct.org/page/OutcomeStudies.

〔10〕我们并不是说,认知行为疗法对所有心理疾病都更有效,但因为它简便易行,而且是被研究最多的心理治疗方案,所以它常常被视为黄金标准,其他治疗形式,包括药物治疗,都应拉出来同认知行为疗法比较一下。See Butler, Chapman, Forman & Beck (2006).

〔11〕正文中列举的九种常见的认知错误,引自 Robert L. Leahy, Stephen J. F. Holland, & Lata K. McGinn's book *Treatment Plans and Interventions for Depression and Anxiety Disorders*, 2nd ed. (New York, NY: Guilford Press, 2012).

〔12〕关于"批判性思考"的不同定义,见 Defining critical thinking. (n. d.). *The Foundation for Critical Thinking*. Retrieved from https://www.criticalthinking.org/pages/defining-critical-thinking/766.

〔13〕Sue et al. (2007). 关于"微侵犯"的定义,见第271页。关于这个概念之初次形成和讨论,见 Pierce (1970)。

〔14〕不自觉的或隐含的联想,也可以是非常真实的,虽然这种联想同歧视行为之间到底是什么关系,本身是个很复杂的问题,目前也是社会心理学家激辩的议题。见 Rubinstein, Jussim & Stevens (2018)。为隐藏偏见在导致歧视行为上的作用而辩护的论述,见 Greenwald, Banaji, & Nosek (2015)。

〔15〕即便在同偏执者交流时,认知行为疗法也能帮助我们减少受折磨的程度和可能性。

〔16〕Hamid, S. (2018, February 17). Bari Weiss, outrage mobs, and identity politics. *The Atlantic*. Retrieved from https://www.theatlantic.com/politics/archive/2018/02/bari-weiss-immigrants/553550.

〔17〕Miller, G. (2017, July 18). The neurodiversity case for free speech. *Quillette*. Retrieved from http://quillette.com/2017/07/18/neurodiversity-case-free-speech.

〔18〕FIRE. (2017). Bias Response Team Report. [Blog post]. Retrieved from https：//www. thefire. org/first－amendment－library/special－collections/fire－guides/report-on-bias-reporting-systems－2017.

〔19〕关于微侵犯研究的综述与批评，见 Lilienfeld (2017)。

〔20〕例如参见 Heider (1958)。但该原则也存有例外，比方说，年幼的孩子，如果某善意的行为却意外地造成伤害，他们也往往会将这样的行为评判为错误的。参见 Piaget (1932/1965)。

〔21〕Utt, J. (2013, July 30). Intent vs. impact：Why your intentions don't really matter. *Everyday Feminism*. Retrieved from https：//everydayfeminism.com/2013/07/intentions-dont-really-matter.

〔22〕卡莉丝·福斯特开创了 C. A. R. E. 模式（自觉的同情、积极的倾听、负责的回应以及环境的意识），并在她的工作坊与演讲中，传授这一模式。

〔23〕K. Foster (personal communication, February 17, 2018).

〔24〕Zimmerman, J. (2016, June 16). Two kinds of PC. *Inside Higher Ed*. Retrieved from https：//www. inside－highered. com/views/2016/06/16/examination-two-kinds-political-correctness-essay.

〔25〕Rotter (1966).

〔26〕关于研究的综述，可参见 Cobb-Clark (2015)。

〔27〕Buddelmeyer & Powdthavee (2015).

〔28〕比方说，在明德学院，学生制造喧器，阻止查尔斯·默里演讲，在克莱蒙特·麦肯纳学院，学生以同样方式来阻扰海瑟·麦克·唐纳德，关于这些事件，我们将在第四章中展开论述。个人教育权利基金会，也维护着资料库，里面收集了取消演讲邀请的事件：Disinvitation Database. (n. d.). Retrieved from https：//www. thefire. org/resources/disinvitation-database.

〔29〕Bauer-Wolf, J. (2017, October 6). Free speech advocate silenced. *Inside Higher Ed*. Retrieved from https：//www. insidehighered. com/news/2017/10/06/william-mary－students－who－shut－down－aclu－event－broke－conduct-code.

〔30〕在由右翼力量所推动的案例中，约三分之一源自校园以外，而在这些推手在校外的案例中，约有一半同宗教组织有关联，它们所要攻击的，指向某位就堕胎和避孕问题发言的演讲者。而在源自左翼的演讲取消

案例中，由校外源头发起的，只占到总数的5%以下。如果你想自己查看数据，可以访问 https：//www.the.fire.org/resources/disinvitation-database。

〔31〕Yiannopoulos, M. (2016, August 20). Trolls will save the world. *Breitbart*. Retrieved from http：//www.breitbart.com/milo/2016/08/20/trolls-will-save-world.

〔32〕Stevens, S. (2017, February 7). Campus speaker disinvitations：Recent trends (Part 2 of 2) [Blog post]. Retrieved from https：//heterodoxacademy.org/2017/02/07/campus-speaker-disinvitations-recent-trends-part-2-of-2.

〔33〕有批评者主张，关于大学生对校园言论的态度，调查表明近期并无变化——关于变化趋势的更详细分析，也包括对上述批评的回应，可参见 Stevens, S., & Haidt, J. (2018, April 11). The skeptics are wrong part 2：Speech culture on campus is changing. Retrieved from https：//heterodoxacademy.org/the-skeptics-are-wrong-part-2.

〔34〕Naughton, K. (2017, October). Speaking freely—What students think about expression at American colleges. *FIRE*. Retrieved from https：//www.thefire.org/publications/student-attitudes-free-speech-survey.

〔35〕最终，雅典公民指控苏格拉底亵渎神明，败坏雅典青年。陪审团判他有罪，逼他喝下毒药。我们大致可以认为，面对"不敬"，我们今天更能予以宽容。

〔36〕Venker, S. (2015, October 20). Williams College's "Uncomfortable Learning" speaker series dropped me. Why? *FIRE*. Retrieved from http：//www.foxnews.com/opinion/2015/10/20/williams-college-dropped-me-from-its-uncomfortable-learning-speaker-series-why.html.

〔37〕Paris, F. (2015, October 21). Organizers cancel Venker lecture. *The Williams Record*. Retrieved from http：//williamsrecord.com/2015/10/21/organizers-cancel-venker-lecture.

〔38〕Wood, Z. (2015, October 18). Breaking through a ring of motivated ignorance. *Williams Alternative*. Retrieved from http：//williamsalternative.com/2015/10/breaking-through-a-ring-of-motivated-ignorance-zach-wood. See also Wood's 2018 TED Talk：Why it's worth listening to people you disagree with. Retrieved from http：//www.ted.com/talks/zachary_r_wood_why_it_s_worth_listening_to_people_we_disagree_with.

［39］Wood（2015）; see n. 38.

［40］Gray（2012），p. 86.

［41］Falk, A. (2016, February 18). John Derbyshire's scheduled appearance at Williams. *Williams College Office of the President*. Retrieved from https：//president. williams. edu/letters-from-the-president/john-derbyshires-scheduled -appearance-at-williams.

第3章 "我们 vs 他们"的谬误：
生活是好人和恶人之间的战斗

［1］Sacks（2015），p. 51.

［2］为了保护她的隐私，我们用了化名。

［3］正文中的概念定义，引自 Cisnormativity. (2017). *The Queer Dictionary*. Retrieved from http：//queerdictionary. blogspot. com/2014/09/definition-of-cisnormativity. html.

［4］正文所引，就是电邮的原文。改动只有两处，一处是调整了学生的名字，另一处是用"dean of students"（教务部门）替换了原本简写的"DOS"。

［5］在这个视频的第48分钟，你可以看到她的解释：The CMC Forum (Producer). (2015, November 11). CMCers of color lead protest of lack of support from administration [Video file]. Retrieved from https：//youtu. be/OlB7Vy-lZZ8? t=48m1s.

［6］Miller, S. (2015, November 18). VIDEO：CMCers of color lead protest of dean of students, administration. *The Forum*. Retrieved from http：//cmcforum. com/news/11112015-video-cmcers-of-color-protest-dean-of-students-administration.

［7］Tidmarsh, K. (2015, November 11). CMC students of color protest for institutional support, call for dean of students to resign. *The Student Life*. Retrieved from http：//tsl. news/news/5265.

［8］完整视频，可参见 The CMC Forum (Producer), (2015, November 11) CMCers of color lead protest of lack of support from administration [Video file]。Retrieved from https：//youtu. be/OlB7Vy-lZZ8? t=3s.

［9］Tidmarsh, K. (2015, November 11); see n. 7.

［10］这一片段，见注释5视频的第41分33秒。

〔11〕我们没能找到任何表示支持的公开声明，就这个问题，我们也曾发电邮给斯佩尔曼，问她是否知道诸如此类的声明，她的回复是不知道。Spellman, M. (personal communication, February 8, 2018).

〔12〕Watanabe, T., & Rivera, C. (2015, November 13). Amid racial bias protests, Claremont McKenna dean resigns. *Los Angeles Times*. Retrieved from http://www.latimes.com/local/lanow/la-me-ln-claremont-marches-20151112-story.html.

〔13〕FIRE (2015, October 30). Email from Erika Christakis: "Dressing yourselves," email to Silliman College (Yale) students on Halloween costumes [Blog post]. Retrieved from https://www.thefire.org/email-from-erika-christakis-dressing-yourselves-email-to-silliman-college-yale-students-on-halloween-costumes.

〔14〕FIRE. (2015, October 27). Email from the Intercultural Affairs Committee [Blog post]. Retrieved from https://www.thefire.org/email-from-intercultural-affairs. 请注意，跨文化事务委员会隶属于院长办公室。

〔15〕Christakis, E. (2016, October 28). My Halloween email led to a campus firestorm—and a troubling lesson about self-censorship. *The Washington Post*. Retrieved from https://www.washingtonpost.com/opinions/my-halloween-email-led-to-a-campus-firestorm--and-a-troubling-lesson-about-self-censorship/2016/10/28/70e55732-9b97-11e6-a0ed-ab0774c1eaa5_story.html. For the email from Erika Christakis, see n. 13.

〔16〕Wilson, R. (2015, October 31). Open letter to Associate Master Christakis. *Down Magazine*. Retrieved from http://downatyale.com/post.php?id=430.

〔17〕无巧不成书，格雷格那天正好在耶鲁，当冲突发生时，他恰好在场。要看格雷格拍摄的现场视频，见 Shibley, R. (2015, September 13). New video of last year's Yale halloween costume confrontation emerges [Blog post]. Retrieved from https://www.thefire.org/new-video-of-last-years-yale-halloween-costume-confrontation-emerges.

〔18〕Kirchick, J. (2016, September 12). New videos show how Yale betrayed itself by favoring cry-bullies. *Tablet Magazine*. Retrieved from http://www.tabletmag.com/jewish-news-and-politics/213212/yale-favoring-cry-bullies.

〔19〕 FIRE (Producer). (2015, November 7). Yale University students protest Halloween costume email (VIDEO 3). Retrieved from https：//youtu. be/9IEFD_ JVYd0? t= 1m17s.

〔20〕关于本科生学院的导师应当承担何种角色，是要创造知识空间，还是家园；导师的角色是复杂的，一部分是家庭角色，如父母一样；还有一部分是关于学业指导。本书作者乔在1985年从耶鲁毕业，他当年就在达文波特学院的导师家里参加过许多场学术活动和讨论。

〔21〕 President and Yale College dean underscore commitment to a "better Yale". (2015, November 6). *YaleNews*. Retrieved from https：//news. yale. edu/2015/11/06/president-and-yale-college-dean-underscore-commitment-better-yale.

〔22〕 Stanley-Becker, I. (2015, November 13). Minority students at Yale give list of demands to university president. *The Washington Post*. Retrieved from https：//www. washingtonpost. com/news/grade-point/wp/2015/11/13/minority-students-at-yale-give-list-of-demands-to-university-president. See also：Next Yale. (2015, November 18). Next Yale demands for the Administration. Retrieved from https：//www. thefire. org/next-yale-demands-for-the-administration.

〔23〕 Schick, F. (2015, December 7). Erika Christakis leaves teaching role. *Yale Daily News*. Retrieved from https：//yaledailynews. com/blog/2015/12/07/erika-christakis-to-end-teaching.

〔24〕物理学教授道格拉斯·斯通（Douglas Stone）带头起草了一封公开信，为克里斯塔基斯夫妇辩护，很长时间过去，共有90位教授签署了这封公开信，其中大多是科学和医学院的教授。See also：Christakis, E. (2016, October 28). My Halloween email led to a campus firestorm——and a troubling lesson about self-censorship. *The Washington Post*. Retrieved from https：//www. washingtonpost. com/opinions/my-halloween-email-led-to-a-campus-firestorm——and-a-troubling-lesson-about-self-censorship/2016/10/28/70e55732-9b97-11e6-a0ed-ab0774c1eaa5_ story. html.

〔25〕关于克莱蒙特·麦肯纳学院，可见Watanabe, T., & Rivera, C. (2015, November 13), Amid racial protests, Claremont McKenna dean resigns. *Los Angeles Times*。Retrieved from http：//www. latimes. com/local/lanow/la-me-ln-claremont-marches-20151112-story. html. 关于耶鲁大学，可见

Stanley-Becker, I. (2015, November 5), A confrontation over race at Yale: Hundreds of students demand answers from the school's first black dean。 *The Washington Post*. Retrieved from https://www. washingtonpost. com/news/grade-point/wp/2015/11/05/a-confrontation-over-race-at-yale-hundreds-of-students-demand-answers-from-the-schools-first-black-dean.

﹝26﹞ Tajfel (1970).

﹝27﹞ 综合性的评述，可参见 Berreby (2005)；关于社会身份理论的评述，可参见 Hogg (2016)；关于这一领域内神经科学研究的评述，参见 Cikara & Van Bavel (2014)。

﹝28﹞ Vaughn, Savjani, Cohen, & Eagleman (manuscript under review). For more on this study, see: iqsquared (Producer) (2012, June 22). David Eagleman: What makes us empathetic? IQ2 Talks ［Video file］. Retrieved from https://youtu. be/TDjWryXdVd0? t = 7m42s.

﹝29﹞ 关于这方面文献的综述，包括"群体选择"是否曾在人类历史上发生过作用，其程度之深广要超出个人选择，可参见 Haidt (2012), chapter 9；相反的观点，可见 Pinker, S. (2012, June 18), The false allure of group selection。 *Edge*. Retrieved from https://www. edge. org/conversation/steven_ pinker-the-false-allure-of-group-selection.

﹝30﹞ 在《正义之心》(Haidt, 2012) 这本书中，第十章介绍了"蜂巢开关"这个概念，此乃一种心理反射，只要一经打开，则利己之心就被关闭，群体利益变得至高无上；人们在群体之中就迷失了他们自己。有些时候，即便蜂巢开关未激活时，人们也可以进入部落模式。只有当部落主义进入某种激烈模式，特别是通过有着高度参与感的意识，诉诸多重感官，才会发生蜂巢反应。

﹝31﹞ 在《正义之心》一书中，乔论述了道德心理学的三项基本原则，这便是第三原则。

﹝32﹞ 在使用"部落主义"这个概念时，我们多少夸大了真实部落内的封闭和冲突程度。关于在现实中，真实的部落是如何借鉴彼此的实践，通过结成联盟来减少冲突的，可参见 Rosen, L. (2018, January 16), A liberal defense of tribalism。 *Foreign Policy*. Retrieved from http://foreignpolicy. com/2018/01/16/a-liberal-defense-of-tribalism-american-politics.

﹝33﹞ 关于本书所述的校园风气会如何影响今日的高中，对于中学生来说，他们又要到何处寻找资源，找到在学风上更开放、在智识上更多元的大学，请访问 heterdoxacademy. org/highschool。

〔34〕Rauch, J. (2017, November 9). Speaking as a... *The New York Review of Books*. Retrieved from http：//www. nybooks. com/articles/2017/11/09/mark-lilla-liberal-speaking.

〔35〕King (1963/1981), p. 52.

〔36〕King (1963/1981), p. 51.

〔37〕Mascaro (1995), p. 2.

〔38〕Bellah (1967).

〔39〕King, M. L. (1963, August 28). "I have a dream..." Retrieved from https：//www. archives. gov/files/press/exhibits/dream-speech. pdf.

〔40〕King (1963); see n. 38. 这个演讲的原音放送可登录：http：//www. americanrhetoric. com/speeches/mlkihaveadream. htm。

〔41〕当年，大多数白人都不这么认为。在他遇刺的几个月之前，根据哈里斯民意调查，对他表示不认可的美国人，高达近75%，虽然在他发表《我有一个梦想》演讲的1963年，他显然更受欢迎，同样，他现在可谓是民望所在，认可度超过了90%。这个过程需要时间，但他在1963年演讲中表达的理念，改变了整个国家。See Cobb, J. C. (2018, April 4). When Martin Luther King Jr. was killed, he was less popular than Donald Trump is today. *USA Today*. Retrieved from https：//www. usatoday. com/story/opinion/2018/04/04/martin-luther-king-jr-50-years-assassination-donald-trump-disapproval-column/482242002.

〔42〕Pauli Murray College. (n. d.). About Pauli Murray. Retrieved from https：/paulimurray. yalecollege. yale. edu/subpage-2.

〔43〕Murray (1945), p. 24.

〔44〕MainersUnited (Producer). (2012, November 2). Yes on 1：Mainers United for Marriage—Will & Arlene Brewster [Video file]. Retrieved from https：//www. youtube. com/watch? v= rizfhtN6UVc.

〔45〕《正义之心》(Haidt, 2012) 的第二、三、四章提供了支持此说的文献综述。

〔46〕这一版引文出自 Haji (2011), p. 185.

〔47〕这篇文章被删除了，但其截图仍在，参见 Coyne, J. (n. d.). Texas college newspaper publishes op-ed calling white DNA an "abomination" [Blog post]. Retrieved from https：//whyevolutionistrue. wordpress. com/2017/

11/30/texas-college-newspaper-publishes-op-ed-calling-white-dna-an-abomination. （第一行实际上化用了《薄伽梵歌》的句子：＂现在，我变成白人，世界的毁灭者。＂）

〔48〕Cohn, A. (2017, December 13). Students, faculty, and administrators launch attack on Texas State University newspaper. *FIRE*. Retrieved from https：//www.thefire.org/students-faculty-and-administrators-launch-attack-on-texas-state-university-newspaper.

〔49〕Defund the racist University Star (2017, November 30). Retrieved from https：//www.change.org/p/bobcat-liberty-council-defund-the-racist-star.

〔50〕Cervantes, D. (2017, November 28). Editor's note. *The University Star*. Retrieved from https：//star.txstate.edu/2017/11/28/letter-from-the-editor-3.

〔51〕更多的细节，参见 Cohn (2017)；see n. 48. See also：Trauth, D. (2017, November 28). Message from the president regarding University Star column. *Texas State University-Office of Media Relations*. Retrieved from http：//www.txstate.edu/news/news_releases/news_archive/2017/ November - 2017/ Statement 112917. html.

〔52〕1968 年，马尔库塞又为这篇文章增补了一段附论，他在其中这样解释道：＂左翼没有平等的发言权，在获得大众媒体及其公共设施方面，也没有平等的机会——这不是因为左翼被阴谋排除在外，而是因为在旧式运转良好的资本主义模式下，左翼并没有必备的购买能力。＂Wolff, Moore, & Marcuse (1965/1969), p. 119.

〔53〕马尔库塞曾这样写道：＂官方的宽容，不仅应给予右翼，也要给予左翼，不仅要给予攻击性的运动，也要给予和平的运动，不仅要给予仇恨之党，还要给予人性之党。＂Wolff, Moore, & Marcuse (1965/1969), p. 85.

〔54〕Wolff, Moore, & Marcuse (1965/1969), p. 109.

〔55〕Wolff, Moore, & Marcuse (1965/1969), pp. 100-101.

〔56〕Wolff, Moore, & Marcuse (1965/1969), p. 110.

〔57〕Columbia Law School. (2011, October 12). Center for Intersectionality and Social Policy Studies established. Retrieved from http：//www.law.columbia.edu/media_inquiries/news_events/2011/october2011/ Intersectionality.

〔58〕Crenshaw (1989).

〔59〕Degraffenreid v. General Motors Assembly Division, 413 F. Supp. 142 (E. D. Mo. 1976).

〔60〕Collins & Bilge (2016), p. 7.

〔61〕TED (Producer). (2016, October). The urgency of intersectionality [Video file]. Retrieved from https://www.ted.com/talks/kimberle_crenshaw_the_urgency_of_intersectionality.

〔62〕Morgan (1996), p. 107.

〔63〕Morgan (1996), p. 106.

〔64〕Morgan (1996), p. 106.

〔65〕这次师生之间的对抗,相关的现场视频可见于纪录片《沉默的你(Silence U)》当中(该场景始于7:53):We the Internet (Producer). (2016, July 14). Silence U: Is the university killing free speech and open debate? We the Internet Documentary [Video file]. Retrieved from https://youtu.be/x5uaVFf X3AQ?t=7m55s.

〔66〕TED (2016); see n. 61.

〔67〕例如,克瑞顿大学在其网站上发布了一种供学生练习的团体活动,"其目的在于让参与活动的一组人得出某些结论,形成关于特权和低端的概念"。具体操作是,在听到不同的问题时,组内成员按照要求,要么向前迈步,要么向后退步。比方说,第一个问题是:"在美国历史上,很少有白人因为杀害有色人种而被定罪且处决。所有白人,向前一步走。"紧接着第二个问题:"拉美裔、印第安人和黑人的高中辍学率超过了55%。所以,所有的拉美裔、黑人和印第安人向后退一步。"在这项活动结束时,站在最前面的那些人,就是拥有最多"特权"的,反过来,落在最后面的那部分,则是最低端的。指导老师这时候应当说:"留心看一下,站在最前面的是哪些人,落在最后面的又是哪些人。"See Privilege exercise (race focus). (n. d.). Retrieved from https://people.creighton.edu/~idc 24708/Genes/Diversity/Privilege% 20Exercise. htm.

〔68〕我们无法确知,在克莱蒙特·麦肯纳学院的新生入学培训中,是否传授过同交叉性有关的观念;这些观念也有可能来自他们修读的课程,或者与身边同学的交流。但无论如何,从视频中可见,在与斯佩尔曼对峙之时,交叉性的话语频频出现:The CMC Forum (Producer) (2015, November 11). CMCers of color lead protest of lack of support from administration [Video file]. Retrieved from https：//www.youtube.com/watch? v=OlB7Vy-lZZ8.

〔69〕Friedersdorf, C. (2017, May 8). The destructiveness of call-out culture on campus. *The Atlantic*. Retrieved from https：//www.theatlantic.com/politics/archive/2017/05/call-out-culture-is-stressing-out-college-students/524679.

〔70〕Barrett, K. (2016, September 22). Walking on eggshells—How political correctness is changing the campus dynamic. *The Sophian*. Retrieved from http：//www.thesmithsophian.com/walking-on-eggshells-how-political-correctness-is-changing-the-campus-dynamic.

〔71〕过去数年，有关言论的校园风气已经发生变化，相关的调研资料和数据的全面分析，可参见 Stevens, S., & Haidt, J. (2018, April 11), The skeptics are wrong part 2：Speech culture on campus is changing。Retrieved from https：//heterodoxacademy.org/the-skeptics-are-wrong-part-2.

〔72〕Friedersdorf (2017)；see n. 69.

〔73〕Zimbardo (2007).

〔74〕Eady, T. (2014, November 24). "Everything is problematic"：My journey into the centre of a dark political world, and how I escaped. *The McGill Daily*. Retrieved from https：//www.mcgilldaily.com/2014/11/everything-problematic.

〔75〕政治活动通常会妨碍学者找寻真相的能力，关于这一命题的详细论证，参见 Van der Vossen (2014)。

〔76〕Alexander (2010).

〔77〕Balko (2013).

〔78〕Silverglate (2009).

〔79〕Right on Crime. (n.d.). The conservative case for reform. Retrieved from http：//rightoncrime.com/the-conservative-case-for-reform.

〔80〕Hirsh, M. (2015, March/April), Charles Koch, liberal crusader? *Politico*. Retrieved from https：//www.politico.com/magazine/story/2015/03/charles-koch-overcriminalization-115512.

〔81〕Lilla (2017), p.9.

〔82〕关于这场冲突，有个剪辑版的视频，参见 Now This Politics (Producer) (2017, September 8)。This unexpected moment happened when

Black Lives Matter activists were invited on stage at a pro-Trump rally [Video file]. Retrieved from https：//www.facebook.com/NowThisNews/videos/1709220972442719.

〔83〕Hains, T. (2017, September 20). "Black Lives Matter" leader wins over Trump supporters："If we really want America great, we do it together." *Real Clear Politics*. Retrieved from https：//www.realclearpolitics.com/video/2017/09/20/black_lives_matter_leader_wins_over_trump_supporters_if_we_really_want_america_great_we_do_it_together.html.

第4章 恐吓与暴力

〔1〕Mandela (2003), p. 545.

〔2〕Warzel, C. (2016, July 19). Twitter permanently suspends Conservative writer Milo Yiannopoulos. *BuzzFeed*. Retrieved from https：//www.buzzfeed.com/charliewarzel/twitter-just-permanently-suspended-conservative-writer-milo.

〔3〕用米洛·雅诺波鲁斯自己的话来说："挑衅相当重要……我喜欢把自己设定为一个讲德性的挑衅者，你们懂吗？我所做的，可是上帝的工作。" Moran, T., Taguchi, E., & Pedersen, C. (2016, September 1). Leslie Jones' Twitter Troll Has No Regrets Over Attacking the 'Ghostbusters' Actress. *ABC News*. Retrieved from https：//abcnews.go.com/Entertainment/leslie-jones-twitter-troll-regrets-attacking-ghostbusters-actress/story?id=41808886. 还可参见雅诺波鲁斯的声明："当然，一位真正的挑衅者是以煽动为目标的。他们的目的是要激起愤怒，恰到好处的愤怒。他们的目的是要去戏谑、去唆使、去把人们煽动起来……所以，挑衅者们，我今天要告诉你们的是：等选举一结束，就放下你们的电脑，深入到你当地的大学里去吧。" Yiannopoulos, M. (2016, August 20). Trolls will save the world. *Breitbart*. Retrieved from http：//www.breitbart.com/milo/2016/08/20/trolls-will-save-world.

〔4〕斯科特·克劳，"反法行动"上一任的组织者，有过这样的解释："'反法行动'的理念是，他们［右翼分子］去哪儿，我们就去哪。仇恨言论可不是言论自由的一部分。如果你的言论及其背后的行为给他人造成了危险，那么，你就无权这么做。因此，我们要制造冲突，在他们所在之处就阻止他们。"参见 Suerth, J. (2017, August 17). What is Antifa?

CNN. Retrieved from https://www.cnn.com/2017/08/14/us/what-is-antifa-trnd/index.html.

[5] Kell, G. (2017, February 2). Campus investigates, assesses damage from Feb. 1 violence. *Berkeley News*. Retrieved from http://news.berkeley.edu/2017/02/02/campus-investigates-assesses-damage-from-feb-1-violence.

[6] Lochner, T. (2017, February 1). UC Berkeley: Protesters shut down Milo Yiannopoulos event, clash with police. *East Bay Times*. Retrieved from http://www.eastbaytimes.com/2017/02/01/uc-berkeley-cancels-breitbart-provocateur-milo-yiannopoulos-event.

[7] Park, M., & Lah, K. (2017, February 2). Berkeley protests of Yiannopoulos caused $100 000 in damage. *CNN*. Retrieved from http://www.cnn.com/2017/02/01/us/milo-yiannopoulos-berkeley/index.html.

[8] Riot forces cancellation of Yiannopoulos talk at UC Berkeley. (2017, February 1). *CBS SF Bay Area*. Retrieved from http://sanfrancisco.cbslocal.com/2017/02/01/berkeley-braces-for-protests-at-yiannopoulostalk.

[9] Park & Lah (2017); see n. 7.

[10] Arnold, C. (2017, February 1). Violence and chaos erupt at UC-Berkeley in protest against Milo Yiannopoulos. *USA Today College*. Retrieved from http://college.usatoday.com/2017/02/01/violence-and-chaos-erupt-at-uc-berkeley-in-protest-against-milo-yiannopoulos.

[11] Riot forces cancellation (2017); see n. 8.

[12] Rioters break windows, set fire to force cancellation of Breitbart editor's UC-Berkeley talk. (2017, February 1). *Fox News*. Retrieved from http://www.foxnews.com/us/2017/02/01/rioters-break-windows-set-fire-to-force-cancellation-breitbart-editors-uc-berkeley-talk.html.

[13] RTQuestionsMore (Producer). (2017, February 1). Kiara Robles talks to RT International [Video file]. Retrieved from https://www.youtube.com/watch?v=SUQdlc8Gc-g&feature=youtu.be.

[14] Park & Lah (2017); see n. 7.

[15] CNBC with Reuters and AP. (2017, February 1). Trump threatens UC Berkeley with funds cut after Breitbart editor's speech is canceled following riot. *CNBC*. Retrieved from https://www.cnbc.com/2017/02/01/uc-berkeley-on-lockdown-amid-protest-over-milo-yiannopoulos.html.

[16]"校方声称,示威者在校园内所造成的损失,据估计约有10万美元,而根据伯克利市区协会的首席执行官约翰·卡纳的表述,在校园之外,示威者还导致了40万至50万美元的损失。" Kutner, M. (2017, February 1). Inside the black bloc protest strategy that shut down Berkeley. *Newsweek*. Retrieved from http://www.newsweek.com/2017/02/24/berkeley-protest-milo-yiannopoulos-black-bloc-556264.html.

[17] Freedman, W. (2017, February 1). VIDEO: Trump supporter pepper sprayed at Milo protest. *ABC 7 News*. Retrieved from http://abc7news.com/news/video-trump-supporter-pepper-sprayed-at-milo-protest/1733004.

[18] Mackey, R. (2017, February 4). Amid the chaos in Berkeley, a grinning face, covered in blood. *The Intercept*. Retrieved from https://theintercept.com/2017/02/04/amid-chaos-berkeley-grinning-face-covered-blood.

[19] Freedman (2017); see n. 17.

[20] K. Redelsheimer & J. Jennings (personal communication, March 1, 2017). See also: Fabian, P. (Producer). (2017, February 2). Protestors beating people at Milo Yiannopoulos event @ U.C. Berkeley [Video file]. Retrieved from https://www.youtube.com/watch?v=GSMKGRyWKas.

[21] K. Redelsheimer (personal communication, March 1, 2017).

[22] Gale, J. (2017, February). EXCLUSIVE FOOTAGE: Anarchists smash windows and riot at UC Berkeley after Milo Yiannopoulos's talk is canceled. *The Tab*. Retrieved from http://thetab.com/us/uc-berkeley/2017/02/02/exclusive-footage-anarchist-group-smashes-windows-sets-fire-sproul-riots-uc-berkeley-milo-yiannopouloss-talk-cancelled-3244.

[23] P. Jandhyala (personal communication, July 11, 2017).

[24] 伯克利加州大学的校警在推特上发文:@UCBerkeley 米罗的演讲取消。如果你在校园里,请就地避难。所有校园建筑都已封锁。#miloatcal. Retrieved from https://twitter.com/ucpd_cal/status/826978649341440000?lang=en.

[25] Riot forces cancellation (2017); see n. 8.

[26] Zoppo, A., Proença Santos, A., & Hudgins, J. (2017, February 14). Here's the full list of Donald Trump's executive orders. *NBC News*. Retrieved from https://www.nbcnews.com/politics/white-house/here-s-

full-list-donald-trump-s-executive-orders-n720796.

〔27〕Helsel, P. (2017, February 2). Protests, violence prompt UC Berkeley to cancel Milo Yiannopoulos event. *NBC News*. Retrieved from https：//www.nbcnews.com/news/us-news/protests-violence-prompts-uc-berkeley-cancel-milo-yiannopoulos-event-n715711.

〔28〕Lawrence, N. (2017, February 7). Black bloc did what campus should have. *The Daily Californian*. Retrieved from http：//www.dailycal.org/2017/02/07/black-bloc-campus. See also a similar claim：Meagley, D. (2017, February 7). Condemning protesters same as condoning hate speech. *The Daily Californian*. Retrieved from http：//www.dailycal.org/2017/02/07/condemning-protesters-condoning-hate-speech.

〔29〕我们联系了加州大学伯克利分校的公共事务办公室，不过校方引用联邦隐私法，拒绝披露是否有学生因同抗议活动有关而受到校方的惩罚。后来，校方曾出面澄清，在2月这个月里，有两名学生被拘捕，其中一名是因为蓄意破坏，另一名则是拒不离场。就我们所知，没有学生受到学校的任何惩罚，也就是说，未能施加任何对未来暴力抗议起威慑作用的惩罚措施。

〔30〕Bodley, M. (2017, February 2). At Berkeley Yiannopoulos protest, \$100 000 in damage, 1 arrest. *SFGate*. Retrieved from http：//www.sfgate.com/crime/article/At-Berkeley-Yiannopoulos-protest-100-000-in-10905217.php. 另参见 Berkeley free speech protests：Arrests, injuries, damages since February。(2017, April 25). *Fox News*. Retrieved from http：//www.foxnews.com/politics/2017/04/25/berkeley-free-speech-protests-arrests-injuries-damages-since-february.html.

〔31〕2016年，在位于洛杉矶的加利福尼亚州州立大学，校长取消了一场原定的演讲，讲者是保守派的本·夏皮罗，讲题是关于多元性的批判；作为替代方案，校长要求夏皮罗"应作为一分子，参加一组发言者的座谈，这些人应在多元性上持不同立场"（这可以说是近来演讲者所未见的待遇）。但最终，校长却又有所妥协，收回成命，但在演讲现场，抗议学生手挽手，不让人进入，有些想要进场的学生则被推搡倒地。鉴于加州大学伯克利分校在2017年2月未能阻止校园暴力，按原本日程安排，本·夏皮罗在2017年稍后要到伯克利加州大学演讲，因此为了回应因他现身校园而发生的暴力威胁，其大约花去了60万美元的安全费用。至少

9人被拘捕,其中3人据报道涉嫌使用"违禁武器"(包括一个超大号的硬纸板标语),但夏皮罗的演讲未出现意外事件。(2016年,夏皮罗曾在伯克利发表演讲,并未引发大的抗议。)参见 Logue, J. (2016, February 24), Another Speaker Blocked. *Inside Higher Ed.* Retrieved from https://www.insidehighered.com/news/2016/02/24/cal-state-los-angeles-cancels-conservative-speakers-appearance. 另参见 Steinbaugh, A. (2016, February 26), CSU Los Angeles President Fails to Prevent Shapiro Talk, But Protesters Try Their Hardest Anyway, *FIRE.* Retrieved from https://www.thefire.org/csu-los-angeles-president-fails-to-prevent-shapiro-talk-but-protesters-try-their-hardest-anyway. See also: Gomez, M. (2017, September 15). Nine people arrested at Ben Shapiro event at UC Berkeley. *The Mercury News.* Retrieved from https://www.mercurynews.com/2017/09/15/nine-people-arrested-at-ben-shapiro-event-at-uc-berkeley. 还可见 Alliance Defending Freedom (2017, February 28), Cal State L.A. agrees to drop discriminatory speech policies, settles lawsuit。Retrieved from https://adflegal.org/detailspages/press-release-details/cal-state-l.a.-agrees-to-drop-discriminatory-speech-policies-settles-lawsuit. 另请见 UC Berkeley declares itself unsafe for Ann Coulter (2017, April 20)。*The Atlantic.* Retrieved from https://www.theatlantic.com/politics/archive/2017/04/uc-berkeley-declares-itself-unsafe-for-ann-coulter/523668. 另参见 Fehely, D. (2017, April 11), Conservative writer David Horowitz's talk at UC Berkeley cancelled. *CBSSF Bay Area*。Retrieved from http://sanfrancisco.cbslocal.com/2017/04/11/uc-berkeley-presses-campus-republicans-to-cancel-another-conservative-speaker. 还可以参见 McPhate, M. (2017, September 15), California today: Price tag to protect speech at Berkeley: $600 000。*The New York Times.* Retrieved from https://www.nytimes.com/2017/09/15/us/california-today-price-tag-to-protect-speech-at-berkeley-600000.html.

[32] Cohen, R. (2017, February 7). What might Mario Savio have said about the Milo protest at Berkeley? *The Nation.* Retrieved from https://www.thenation.com/article/what-might-mario-savio-have-said-about-the-milo-protest-at-berkeley.

[33] Ashenmiller, J. (2013). Mario Savio. *Encyclopaedia Britannica Online.* Retrieved from https://www.britannica.com/biography/Mario-

Savio.

[34] Senju, H. (2017, February 7). Violence as self-defense. *The Daily Californian*. Retrieved from http://www.dailycal.org/2017/02/07/violence-self-defense.

[35] Meagley, D. (2017, February 7). Condemning protesters same as condoning hate speech. *The Daily Californian*. Retrieved from http://www.dailycal.org/2017/02/07/condemning-protesters-condoning-hate-speech.

[36] Dang, N. (2017, February 7). Check your privilege when speaking of protests. *The Daily Californian*. Retrieved from http://www.dailycal.org/2017/02/07/check-privilege-speaking-protests.

[37] Overpass Light Brigade. (2016, December 14). Hate's insidious face: UW-Milwaukee and the "alt-right". Retrieved from http://overpasslightbrigade.org/hates-insidious-face-uw-milwaukee-and-the-alt-right.

[38] Lawrence (2017); see n. 28.

[39] Villasenor, J. (2017, September 18). Views among college students regarding the First Amendment: Results from a new survey. Retrieved from https://www.brookings.edu/blog/fixgov/2017/09/18/views-among-college-students-regarding-the-first-amendment-results-from-a-new-survey. 相关批评参见 Beckett, L. (2017, September 22). "Junk science": Experts cast doubt on widely cited college free speech survey. *The Guardian*. Retrieved from https://www.theguardian.com/us-news/2017/sep/22/college-free-speech-violence-survey-junk-science. 对 Villasenor 的回应，参见 Volokh, E. (2017, October 23), Freedom of expression on campus: An overview of some recent surveys。*The Washington Post*. Retrieved from https://www.washingtonpost.com/news/volokh-conspiracy/wp/2017/10/23/freedom-of-expression-on-campus-an-overview-of-some-recent-surveys.

[40] McLaughlin, J., & Schmidt, R. (2017, September 28). National Undergraduate Study. *McLaughlin & Associates*. Retrieved from http://c8.nrostatic.com/sites/default/files/NATL%20Undergrad%209-27-17%20Presentation%20%281%29.pdf.

[41] McWhorter, J. (2017, June 30). A Columbia professor's critique of campus politics. *The Atlantic*. Retrieved from https://www.theatlantic.com/politics/archive/2017/06/a-columbia-professors-critique-of-campus-politics/

532335.

〔42〕"有种观点这么想，如果你背离了某种正统，那么你所表示的可不只是你不同意，还意味着你仍希望白人继续掌权，你想要有色人种闭嘴，安静地坐着。"参见 McWhorter, J. （2016, November 29）, The difference between racial bias and white supremacy。*Time*. Retrieved from http：//time. com/4584161/white-supremacy.

〔43〕Stack, L. （2017, January 21）. Attack on alt-right leader has internet asking：Is it O. K. to punch a Nazi? *The New York Times*. Retrieved from https：//www. nytimes. com/2017/01/21/us/politics/richard-spencer-punched-attac k. html.

〔44〕事实上，在我们写作这本书的2017年，就是现在，我们都可以就这本书做个预测：本书出版后将收获负面的评论和回应，其中大多数都会以某种方式指出我们的种族和性别，接下来就直接断言，也许会含沙射影，我们是种族主义者或性别主义者，我们之所以写作，动机主要在于维系我们的特权。面对着这类评论，我们将效法马克·里拉，参照他的方式做出我们的回应，里拉著有《过去和未来的自由派》一书，对身份政治进行了严肃的批评。里拉坦陈自己是一位自由派，而他写作那本书，就是为了帮助民主党重新赢回选举。面对着指名道姓的谩骂，里拉的回应大致如下："这是诋毁，而非论争。亮出你们的论点吧，这样我才会回应。"比如可参见 Goldstein, E. R. （2016, December 15）, Campus identity politics is dooming liberal causes, a professor charges。*Chronicle of Higher Education*. Retrieved from https：//www. chronicle. com/article/Campus-Identity-Politics-Is/238694.

〔45〕不妨看一下，同为2016年出版的书，J. D. 万斯的《乡下人的悲歌》和阿利·拉塞尔·霍克希尔德的《本土异客》，两本书都取得了巨大的成功，也都讨论了类似的主题。

〔46〕Goodnow, N. , & Pethokoukis, J. （2014, October 16）. "The Bell Curve" 20 years later：A Q & A with Charles Murray. *American Enterprise Institute*. Retrieved from http：//www. aei. org/publication/bell-curve-20-years-later-qa-charles-murray.

〔47〕Stanger, A. （2017, March 13）. Understanding the angry mob at Middlebury that gave me a concussion. *The New York Times*. Retrieved from https：//www. nytimes. com/2017/03/13/opinion/understanding-the-angry-mob-that-gave-me-a-concussion.html.

〔48〕Independent, A. (2017, March 6). Middlebury College professor injured by protesters as she escorted controversial speaker. *Addison County Independent*. Retrieved from http：//www.addisonindependent.com/2 01703 middlebury-college-professor-injured-protesters-she-escorted-controversial-speaker.

〔49〕Seelye, K. (2017, March 3). Protesters disrupt speech by "Bell Curve" author at Vermont College. *The New York Times*. Retrieved from https：//www.nytimes.com/2017/03/03/us/middlebury-college-charles-murray-bell-curve-protest.html.

〔50〕Independent (2017); see n. 48.

〔51〕Murray, C. (2017, March 5). Reflections on the revolution in Middlebury. *American Enterprise Institute*. Retrieved from http：//www.aei.org/publication/reflections-on-the-revolution-in-middlebury.

〔52〕A. Stanger (personal communication, January 5, 2018). 请注意，出现在明德学院的暴徒看起来主要是明德学院的学生。根据统计，74名学生受到了校纪处罚：其中48名因讲座期间的不当举止而受到处分，还有26名则是因参与讲座后的活动，而受到某种形式的处罚。参见 Middlebury College completes sanctioning process for March 2 disruptions. (2017, May 23)。Retrieved from http：//www.middlebury.edu/newsroom/archive/2017-news/node/547896.

〔53〕Stanger (2017); see n. 47.

〔54〕Blume, H. (2017, April 9). Protesters disrupt talk by pro-police author, sparking free-speech debate at Claremont McKenna College. *Los Angeles Times*. Retrieved from http：//www.latimes.com/local/lanow/la-me-ln-macdonald-claremont-speech-disrupted-20170408-story.html.

〔55〕Wootson, C. R., Jr. (2017, April 10). 唐纳德曾想在校园演讲中批评"黑命贵"，但她的演讲却因抗议活动而被叫停。*The Washington Post*. Retrieved from https：//www.washingtonpost.com/news/grade-point/wp/2017/04/10/she-wanted-to-criticize-black-lives-matter-in-a-college-speech-a-protest-shut-her-down.

〔56〕Gross, N. (2016, September 30). Is there a "Ferguson Effect"? *The New York Times*. Retrieved from https：//www.nytimes.com/2016/10/

02/opinion/sunday/is-there-a-ferguson-effect.html

[57] Shut Down Anti-Black Fascists. (2017, April). SHUT DOWN anti-black fascist Heather Mac Donald [on *Facebook*] [via archive. is webpage capture]. Retrieved from http://archive. fo/qpbtW.

[58] 一年之后，本书作者乔也访问了克莱蒙特·麦肯纳学院，且在同一个讲堂里做讲座，他从该校教员那里获悉，大部分抗议者并非克莱蒙特·麦肯纳学院的学生。抗议者主要来自波莫纳学院、匹兹学院和斯克里普斯学院，这几所学校都属于克莱蒙特五校联盟，它们的学生可以在五校之间自由选课，参加活动。

[59] We, Few of the Black Students Here at Pomona College and the Claremont Colleges. (n.d.). Response to Pomona College president David Oxtoby's "Academic freedom and free speech" email of April 7, 2017. Archive of Pomona Student Petition [Online document]. Retrieved from https://docs. google. com/document/d/1_y6NmxoIBLcZJxYkN9V1Yf aPYzVSMKCA17PgBzz10wk/edit.

[60] Harris, S. (2017, November 17). The spurious move to stifle speech on campus because it is "dehumanizing". *Reason*. Retrieved from http://reason. com/archives/2017/11/17/the-move-to-stifle-speech-on-campus-beca.

[61] 语言学家约翰·麦克沃特曾指出，诸如此类的字眼"并不仅仅是字典上的词条，而是伤人的工具"。McWhorter, J. (2016, November 29). The difference between racial bias and white supremacy. *Time*. Retrieved from http://time. com/4584161/white-supremacy.

[62] Levenson, E., & Watts, A. (2017, October 13). Man beaten by white supremacists in Charlottesville is arrested. *CNN*. Retrieved from http://www. cnn. com/2017/10/12/us/charlottesville-deandre-harris-arrest/index. html.

[63] Jackman, T. (2017, August 27). Three men charged in Charlottesville attacks on counterprotesters. *The Washington Post*. Retrieved from https://www. washingtonpost. com/local/public-safety/three-men-charged-in-charlottesville-attacks-on-counterprotesters/2017/08/27/f08930a4-8b5a-11e7-84c0-02cc069f2c37_story. html.

[64] Raymond, A. K. (2017, December 15). Man who rammed crowd

at Charlottesville rally charged with firstdegree murder. *New York*. Retrieved from http：//nymag. com/daily/intelligencer/2017/12/first-degree-murder-charge-for-man-who-killed-heather-heyer. html.

〔65〕Caron, C. (2017, August 13). Heather Heyer, Charlottesville victim, is recalled as "a strong woman". *The New York Times*. Retrieved from https：//www. nytimes. com/2017/08/13/us/heather-heyer-charlottesville-victim. html.

〔66〕Buncombe, A. (2017, December 15). Heather Heyer was buried in secret grave to protect it from neo-Nazis after Charlottesville, reveals mother. *The Independent*. Retrieved from http：//www. independent. co. uk/news/world/americas/heather-heyer-grave-secret-hide-nazis-charlottesville-attack-mother-reveals-a811 3056. html.

〔67〕Nelson, L., & Swanson, K. (2017, August 15). Full transcript：Donald Trump's press conference defending the Charlottesville rally. *Vox*. Retrieved from https：//www. vox. com/2017/8/15/1615 4028/trump-press-conference-transcript-charlottesville.

〔68〕本书作者乔曾把这些事件叙述并解释为亵渎和犯忌的例子，参见 Haidt, J. (2017, August 21), Trump breaks a taboo—and pays the price。*The Atlantic*. Retrieved from https：//www. theatlantic. com/politics/archive/2017/08/what-happens-when-the-president-commits-sacrilege/537519.

〔69〕例如参见 Phillip, A. (2017, August 17), Trump's isolation grows in the wake of Charlottesvile。*The Washington Post*. Retrieved from https：//www. washingtonpost. com/politics/trumps-isolation-grows-in-the-wake-of-charlottesville/2017/08/17/5bf83952-81ec-11e7-82a4-920 da1aeb507_story. html.

〔70〕某些宗教团体就是这么做的，从夏洛茨维尔游行那天开始，每当面对全副武装的种族主义者时，宗教团体的领导就手挽手，结成一个更大的联盟，高唱爱的赞歌。See Jenkins, J. (2017, August 16). Meet the clergy who stared down white supremacists in Charlottesville. Retrieved from https：//thinkprogress. org/clergy-in-charlottesville-e95752415c3e.

〔71〕Stevens, S. (2017, February 7). Campus speaker disinvitations：Recent trends (Part 2 of 2) [Blog post]. Retrieved from https：//heterodoxacademy. org/2017/02/07/campus-speaker-disinvitations-recent-trends-part-2-of-2.

[72] Bauer-Wolf, J. (2017, October 5). ACLU speaker shouted down at William & Mary. *Inside Higher Ed.* Retrieved from https://www.insidehighered.com/quicktakes/2017/10/05/aclu-speaker-shouted-down-william-mary.

[73] Sullivan, S. (2017, October 19). Jane Doe wants an abortion but the government is hell bent on stopping her [Blog post]. Retrieved from https://www.aclu.org/blog/immigrants-rights/immigrants-rights-and-detention/jane-doe-wants-abortion-government-hell-bent.

[74] Stern, M. J. (2014, September 3). Translating terrorism: Is publishing radical Islamic texts on the internet a crime? *Slate.* Retrieved from http://www.slate.com/articles/technology/future_tense/2014/09/mehanna_at_the_supreme_court_is_translating_jihad_texts_a_crime.html.

[75] Glasser, I. (2017, August 22). Thinking constitutionally about Charlottesville. *HuffPost.* Retrieved from https://www.huffingtonpost.com/entry/aclu-charlottesville-free-speech_us_599c9bcae4b0d8dde9998c36.

[76] Truitt, F. (2017, October 2). Black Lives Matter protests American Civil Liberties Union. *The Flat Hat.* Retrieved from http://flathatnews.com/2017/10/02/black-lives-matter-protests-american-civil-liberties-union.

[77] Carey, E. (2017, October 6). President Schill speech suspended by protesting students. *Daily Emerald.* Retrieved from https://www.dailyemerald.com/2017/10/06/president-schill-speech-suspended-protesting-students.

[78] Schill, M. (2017, October 3). The misguided student crusade against "fascism". *The New York Times.* Retrieved from https://www.nytimes.com/2017/10/23/opinion/fascism-protest-university-oregon.html.

[79] Leou, R. (2017, October 17). Panelists discuss constitutional rights in first Free Speech 101 event. *Daily Bruin.* Retrieved from http://dailybruin.com/2017/10/17/panelists-discuss-constitutional-rights-in-first-free-speech-101-event.

[80] Kolman, J. (2017, October 13). Class struggle: How identity politics divided a campus. *Spiked.* Retrieved from http://www.spiked-online.com/newsite/article/how-identity-politics-divided-reed-college-black-lives-matter-free-speech/20417.

[81] Mendelsohn, D. (2015, March 16). Girl, interrupted: Who was

Sappho? *The New Yorker*. Retrieved from https://www.newyorker.com/magazine/2015/03/16/girl-interrupted.

[82] Reedies Against Racism. (2016, November 2). An open letter to Lucia [on Facebook]. Retrieved from https://www.facebook.com/reediesagainstr4cism/posts/1186608438084694.

[83] Martínez Valdivia, L. (2017, October 27). Professors like me can't stay silent about this extremist moment on campuses. *The Washington Post*. Retrieved from https://www.washingtonpost.com/opinions/professors-like-me-cant-stay-silent-about-this-extremist-moment-on-campuses/2017/10/27/fd7aded2-b9b0-11e7-9e58-e6288544af98_story.html. 关于里德学院恐吓事件的更多信息，参见 Soave, R. (2016, December 13), Reed College professor on social justice left: "I am a gay mixed-race woman. I am intimidated by these students" [Blog post]. Retrieved from http://reason.com/blog/2016/12/13/reed-college-professor-on-social-justice. 也可以留意马丁内斯·瓦尔迪维亚在2016年12月8日发表的评论，此时抗议活动尚在起步阶段："我在里德学院教书。我被这些学生吓傻了。只要碰到有关种族、性别或性向的课程，哪怕就是会以某种方式带出这些问题的文本，我都教得心惊胆战——但其实，我本人是一位种族混血得女同。问题太严重了，触目惊心，不仅在里德学院，在许多其他文理学院也是如此，我茫然无措，不知道该从何处着手，尤其是现在大量的本科生既不相信历史，也不相信客观事实。（在他们看来，所谓"客观事实"，不过是维持白人异性恋者统治的工具而已，应予谴责。）" Martínez Valdivia, L. [Blog comment, December 8, 2016] Re: Halberstam, J. (2016, December 7). Hiding the tears in my eyes—BOYS DON'T CRY—A legacy. [Blog post]. Retrieved from https://bullybloggers.wordpress.com/2016/12/07/hiding-the-tears-in-my-eyes-boys-dont-cry-a-legacy-by-jack-halberstam/#comment-13710.

[84] Kerr, E. (2018, February 1). "White supremacists are targeting college campuses like never before". *The Chronicle of Higher Education*. Retrieved from https://www.chronicle.com/article/White-Supremacists-Are/242403.

[85] Naughton, K. (2017, October). Speaking freely—What students think about expression at American colleges. *FIRE*. Retrieved from https://www.thefire.org/publications/student-attitudes-free-speech-survey/student-

attitudes-free-speech-survey-full-text/#executiveSummary.

[86] De Botton, A. (n.d.). Political correctness vs. politeness. *The School of Life*. Retrieved from http://www.thebookoflife.org/political-correctness-vs-politeness.

[87] Barrett, L. (2017, July 14). When is speech violence? *The New York Times*. Retrieved from https://www.nytimes.com/2017/07/14/opinion/sunday/when-is-speech-violence.html.

[88] Haidt, J., & Lukianoff, G. (2017, July 18). Why it's a bad idea to tell students words are violence. *The Atlantic*. Retrieved from https://www.theatlantic.com/education/archive/2017/07/why-its-a-bad-idea-to-tell-students-words-are-violence/533970.

[89] Aurelius. *Meditations*, IV: 7.

[90] Haidt, J. (2017, March 2). Van Jones' excellent metaphors about the dangers of ideological safety [Blog post]. *Heterodox Academy*. Retrieved from https://heterodoxacademy.org/2017/03/02/van-jones-excellent-metaphors.

第5章 政治迫害

[1] Hoffer (1951/2010), p. 19.

[2] Pavlac (2009).

[3] Pavlac (2009).

[4] Norton (2007), Introduction.

[5] Norton (2007), Introduction.

[6] Durkheim (1915/1965). 关于群体行为和集体仪式之狂欢的分析，还可参见 Ehrenreich (2006)。

[7] Bergesen (1978), p. 20.

[8] Bergesen (1978), p. 20.

[9] Bergesen (1978), p. 21.

[10] 见第三章。另参见 Friedersdorf, C. (2016, May 26), The perils of writing a provocative email at Yale。*The Atlantic*. Retrieved from https://www.theatlantic.com/politics/archive/2016/05/the-peril-of-writing-a-provocative-email-at-yale/484418.

[11] 见第三章。另参见 Haidt, J. (2015, November 18), True diversity requires generosity of spirit [Blog post]。Retrieved from https://

heterodoxacademy. org/2015/11/18/true – diversity – requires – generosity – of – spirit.

〔12〕DiGravio, W. (Publisher). (2017, March 2). Students protest lecture by Dr. Charles Murray at Middlebury College [Video file]. Retrieved from https：//www. youtube. com/watch? v = a6EASuhefeI.

〔13〕Wiltermuth & Heath (2009). 另参见 Cohen, Ejsmond – Frey, Knight, & Dunbar (2009)。

〔14〕参见 Woodard (2011),伍达德将美国划分成 11 个"文化板块",在这幅地图上,安全主义的文化,以及最猛烈的抗议和扰乱活动,主要发生在其中两个"板块"上：一个是"扬基区",(从新英格兰到最北面的中西部),另一个是"左翼海岸"(西海岸三州的沿海地带)。

〔15〕Tuvel (2017).

〔16〕Johnson, K., Pérez-Peña, R., & Eligon, J. (2015, June 16). Rachel Dolezal, in center of storm, is defiant：" I identify as black". *The New York Times*. Retrieved from https：//www. nytimes. com/2015/06/17/us/rachel-dolezal-nbc-today-show. html.

〔17〕See https：//www. rhodes. edu/bio/tuvelr.

〔18〕Open letter to Hypatia. (n. d.). Retrieved from https：//archive. is/lUeR4#selection – 71. 0 – 71. 22.

〔19〕请注意：在 2017 年 5 月 1 日,在公开信收集到约 520 位学者签名时,增补了一段内容,其中就包括这句"本声明无法列举出该文所造成的全部伤害,难免挂一漏万"。参见 Open letter to Hypatia. (n. d.). Retrieved from https：//docs. google. com/forms/d/1efp9C0 MHch _ 6Kfgtlm 0PZ76nirWtcEsqWHcvg idl2mU/viewform? ts = 59066d20 & edit _ requested = true.

〔20〕蒂韦尔把凯特琳·詹纳称为"凯特琳(曾用名布鲁斯)·詹纳"。所谓"Deadnaming(用死人的名字称呼)",拿出这个概念意在讽刺一种做法,在称呼跨性别者时,翻出曾经的、现在"废弃不用"的名字。2017 年 5 月 4 日,在文章发表之后,该文的网络版又经过了校订,更正说明包括如下内容："根据作者的要求,文章删除了对詹纳原名的插入说明。" Tuvel (2017)。然而应当指出的是,就连凯特琳·詹纳本人也坚称："在我认为适当的场合,我就会用布鲁斯这个名字。"见 Oliver, K. (2017, May 8)。 If this is feminism…*The Philosophical Salon*. Retrieved from http：//the philosophicalsalon. com/if-this-is-feminism-its-been-hijacked-by-the-thought-police. 另参见 Berenstain, N. (2017, April 29), Nora Berenstain on Rebecca Tuvel and Hypatia。*GenderTrender*. Retrieved from https：//gender trender. wordpress. com/nora-berenstain-on-rebecca-tuvel-and-hypatia.

[21] Bergesen (1978), p. 21.

[22] Singal, J. (2017, May 2). This is what a modern-day witch hunt looks like. *New York*. Retrieved from http：//nymag. com/daily/intelligencer/2017/05/transracialism-article-controversy. html.

[23] 莎莉·肖尔兹，作为蒂韦尔文章的编辑，是这封公开信的收件人，她发表了以下声明，为发表蒂韦尔的文章进行了有力的辩护："我坚定地相信，且这信念也不会动摇，期刊编辑撤回已被录用并发表的稿件，是完全不当的（除非文章存在抄袭或伪造数据的问题）。在这个问题上，编辑必须支持论文被录用的作者，成为坚实的后盾。这就是我的立场。蒂韦尔教授的论文通过了同行评审，得到了审稿人以及我的认可。"见 Weinberg, J. (2017, May 6), Hypatia's editor and its board president defend publication of Tuvel article。*Daily Nous*. Retrieved from http：//dailynous. com/2017/05/06/hypatias-editor-board-president-defend-publication-tuvel-article.

[24] Oliver (2017); see n. 24.

[25] 不局限于女性主义哲学，进入更广阔的哲学共同体，许多教授确实支持蒂韦尔，反对撤回她的论文。如果用涂尔干的话来说，有关群体就是女性主义哲学家中的一伙人。

[26] 另一封满纸谴责、要求撤稿的公开信，针对的是布鲁斯·吉利（Bruce Gilley），他是俄勒冈州波特兰州立大学的政治学者，之所以要求撤稿，是因为吉利在他的文章中指出，殖民主义给被殖民的国家带来了一些益处。在期刊编辑收到死亡威胁后，这篇文章被撤稿。见 Patel, V. (2018, March 21)。Last fall, this scholar defended colonialism. Now he's defending himself. *The Chronicle of Higher Education*. Retrieved from https：//www. chronicle. com/article/Last-Fall-This-Scholar/242880.

[27] Wax, A., & Alexander, L. (2017, August 9). Paying the price for breakdown of the country's bourgeois culture. *The Inquirer*. Retrieved from http：//www. philly. com/philly/opinion/commentary/paying-the-price-for-

breakdown-of-the-countrys-bourgeois-culture-20170809.html.

〔28〕Shweder (1996).

〔29〕信中还称，任何人，只要反对可憎的种族优越论，就"必须公开声讨同白人共谋、维护白人至上的教员"，将诸如瓦克斯之流的思想，作为"白人至上主义的基础"加以批判，见 Guest column by 54 Penn students & alumni—Statement on Amy Wax and Charlottesville (2017, August 21). *The Daily Pennsylvanian*. Retrieved from http：//www.thedp.com/article/2017/08/guest-column-amy-wax-charlottesville.

〔30〕本书作者乔曾在网上概括瓦克斯案的争议，并写作辩护文章。see Haidt, J. (2017, September 2). In defense of Amy Wax's defense of bourgeois values [Blog post]. *Heterodox Academy*. Retrieved from https：//heterodoxacademy.org/2017/09/02/in-defense-of-amy-waxs-defense-of-bourgeois-values. 数周后，教师谴责信的组织者乔纳·盖尔巴赫，写了一篇长文，就瓦克斯和亚历山大文章的诸多细节做出回应。see Haidt, J. (2017, September 21). Jonah Gelbach responds to Amy Wax & Jon Haidt [Blog post]. *Heterodox Academy*. Retrieved from https：//heterodoxacademy.org/2017/09/21/jonah-gelbach-responds-to-wax-and-haidt.

〔31〕Thucydides (431 BCE/1972). Book III, chapter 82, section 4.

〔32〕见 Haidt (2012), chapters 2 and 4。

〔33〕Eggertson (2010).

〔34〕在乔的学术生涯中，最有意义的一段经历要数他主持一个跨党派的工作小组，组员均为研究贫穷问题的专家，他们共同努力，要从繁杂的研究文献中剥离出党派的偏见，鉴别出真正有助于减少贫穷的项目。参见 American Enterprise Institute/Brookings Working Group on Poverty and Opportunity. (2015, December 3). Opportunity, Responsibility, and Security. Retrieved from http：//www.aei.org/publication/opportunity-responsibility-and-security. Chapter 5 evaluates early childhood interventions.

〔35〕Duarte et al. (2015). See especially：Abramowitz, Gomes, & Abramowitz (1975). See also：Crawford & Jussim (2018).

〔36〕有关性格与政治、行为开放性之间关联的讨论，参见 McCrae (1996)。另可参见 Carney, Jost, Gosling, & Potter (2008)。

〔37〕Gosling (2008).

〔38〕McClintock, Spaulding, & Turner (1965).

〔39〕如需了解高等教育研究所的更多调查信息，请访问 https：//heri. ucla. edu。

〔40〕在 2014 年之前所有相关研究的分析，参见 Duarte et al. (2015)。最近期的数据，亦即 17 比 1，参见 Langbert, Quain, & Klein (2016)。

〔41〕Langbert et al. (2016).

〔42〕根据兰伯特〔Langbert et al. (2016)〕，塞缪尔·艾布拉姆斯的一项研究得到了确认，他运用了高等教育研究所的数据，而对新英格兰地区的状况做出了结论，参见 Abrams, S. J. (2016, July 1), There are conservative professors, just not in these states。*The New York Times*. Retrieved from https：//www. nytimes. com/2016/07/03/opinion/sunday/there – are – conservative-professors-just-not-in-these-states. html.

〔43〕Duarte et al. (2015).

〔44〕当然，进步派的教授也可能提出保守的观点。但正如约翰·斯图尔特·密尔所言，"学生若只是从自己老师口中听到对手的意见——老师按照自己的方式来陈述这些意见，并且附加上他们的驳斥，如此呈现对方的意见，尚且远远不够。学生要获知这些反方意见，一定要从那些真正相信这些观点的人口中听到……这些观点为他所知，一定从要采用它们最合理、也最有说服力的形式。"见 Mill (1859/2003)，chapter 2, p. 72。

〔45〕The Crimson Editorial Board. (2016, November 11). Elephant and man at Harvard. *The Harvard Crimson*. Retrieved from http：//www. thecrimson. com/article/2016/11/11/ideological-diversity.

〔46〕Eagen, K., Stolzenberg, E. B., Zimmerman, H. B., Aragon, M. C., Sayson, H. W., & Rios-Aguilar, C. (2018, February 15). The American freshman：National norms fall 2016. *Higher Education Research Institute*. Retrieved from https：//www. heri. ucla. edu/monographs/TheAmericanFreshman2016. pdf.

〔47〕有趣的是，自 2012 年起的这种转变，完全是因为女大学生群体的变化。男大学生并没有向左转。确切地说，性别差异，亦即女生在何种程度上比男生更左倾——在 2011 年时大约有 6 个百分点，现在已经迅速扩张至 2016 年的 12 个百分点了。Rempel, C. (2017, May 2). Political polarization among college freshmen is at a record high, as is the share identifying as "far left". *The Washington Post*. Retrieved from https：//www. washingtonpost. com/news/rampage/wp/2017/05/02/political-polarization-among-college-freshmen-is-ata-record-high-as-is-the-share-identifying-as-far-left.

〔48〕仅在 2018 年 3 月这一个月，就有一波文章发表出来，它们声称，大学校园的言论自由状况没有发生任何改变。如参见 Yglesias, M. (2018, March 12), Everything we think about the political correctness debate is wrong。 Vox. Retrieved from https：//www. vox. com/policy-and-politics/2018/3/12/17100496/political-correctness-data. 但是，更仔细地检视数据，乔同他在异端学会的朋友们已经发现，在涉及争议言论时，普通人所持的态度发生了很大的变化，同时，大学生也更愿意动用粗鄙的方法，去钳制让他们不爽的言论。见 Stevens, S., & Haidt, J. (2018, March 19), The skeptics are wrong： Attitudes about free speech on campus are changing。 *Heterodox Academy*. Retrieved from https：//heterodox academy. org/skeptics-are-wrong-about-campus-speech.

〔49〕Bestcolleges. com. (n. d.). The 10 most liberal colleges in America. Retrieved from http：//www. bestcolleges. com /features/most – liberal – colleges.

〔50〕Paros, M. (2018, February 22). The Evergreen Meltdown. *Quillette*. Retrieved from http：//quillette. com/2018/02/22/the – evergreen – meltdown. See Evergreen's mission here： http：//www. evergreen. edu/about/mission.

〔51〕Weiss, B. (2017, June 1). When the left turns on its own. *The New York Times*. Retrieved from https：//www. nytimes. com/2017/06/01/opinion/when-the-left-turns-on-its-own. html.

〔52〕The Evergreen State College. (n. d.). Day of Absence & Day of Presence. Retrieved January 24, 2018, from https：//evergreen. edu/multicultural/day-of-absence-day-of-presence.

〔53〕Ward (1994). An online version is available here： Ward, D. T. (1965). Day of absence—A satirical fantasy. *National Humanities Center*. Retrieved from http：//nationalhumaniescenter. org/pds/maai3/protest/text12/warddayofabsence. pdf.

〔54〕Weiss (2017); see n. 55.

〔55〕Jaschik, S. (2017, May 30). Who defines what is racist? *Inside Higher Ed*. Retrieved from https：//www. insid ehighered. com/news/2017/05/30/escalating-debate-race-evergreen-state-students-demand-firing-professor.

[56] Volokh, E. (2017, May 26). "Professor told he's not safe on campus after college protests" at Evergreen State College (Washington). *The Washington Post*. Retrieved from https://www.washingtonpost.com/news/volokh-conspiracy/wp/2017/05/26/professor-told-hes-not-safe-on-campus-after-college-protests-at-evergreen-state-university-washington.

[57] Long, K. (2017, June 10). Long-simmering discord led to The Evergreen State College's viral moment. *The Seattle Times*. Retrieved from https://www.seattletimes.com/seattle-news/education/discord-at-evergreen-state-simmered-for-a-year-before-it-boiled-over.

[58] 我们之所以知晓发生在前一年的事件，信息源是 Paros, M. (personal communication, January 10, 2018)。你可以在这里看到假想独木舟的场景视频，从 1 分 6 秒开始：The Evergreen State College Productions (Producer). (2016, November 18). Equity and inclusion council community report back [Video file]. Retrieved from https://youtube.com/watch?v=wPZT7CASvCs&feature=youtu.be&.

[59] Weinstein, B. (2017, May 30). The campus mob came for me—and you, professor, could be next. *The Wall Street Journal*. Retrieved from https://www.wsj.com/articles/the-campus-mob-came-for-me-and-you-professor-could-be-next-1496187482.

[60] Haidt, J. (2017, May 27). The blasphemy case against Bret Weinstein, and its four lessons for professors [Blog post]. Retrieved from https://heterodoxacademy.org/2017/05/27/this-weeks-witch-hunt.

[61] Caruso, J., & Gockowski, A. (2017, May 25). VIDEO: White prof harassed for questioning diversity event. *Campus Reform*. Retrieved from https://www.campusreform.org/?ID=9233.

[62] Kaufman, E. (2017, May 26). Another professor, another mob. *National Review*. Retrieved from http://www.nationalreview.com/article/448034/evergreen-state-pc-mob-accosts-liberal-professor.

[63] 但抗议者后来却将他们的举动描述为形成了一个"保护圈，将同温斯坦交谈的有色人种学生围在里面"，好一个奥威尔风格的例子啊，既有安全主义，又混合了"我们 vs 他们"的谬误。KozakGilroy, J. (2017, May 31). A year of events, a time line of protests. *Cooper Point Journal*. Retrieved from http://www.cooperpointjournal.com/2017/05/31/a-year-of-

events-a-time-line-of-protests. 在此次对抗事件后，温斯坦同抗议者进行了一次礼貌的交谈，有关情况参见 Lavelle, C. (2017, May 23), This is what a discussion looks like [on *Facebook*]。 Retrieved from https：//www. facebook. com/celeste. lavelle/videos/10203256021397424.

〔64〕 Anonymous (personal communication, August 23, 2017).

〔65〕 Andy Archive (Producer). (2017, May 28). Black Power activist students demand white professor resigns over "racism" [Video file]. Retrieved from https：//youtu. be/ERd-2HvCOHI? t=4m2s.

〔66〕 Boyce, B. (Producer). (2017, June 20). Is Evergreen a cult? [Video file]. Retrieved from https：//youtu. be/VfVRaExw1lI? t= 4m24s. See also：Heying, H. (2017, October 2). First, they came for the biologists. *The Wall Street Journal*. Retrieved from https：//www. wsj. com/articles/first-they-came-for-the-biologists-1506984033.

〔67〕 Anonymous (personal communication, August 23, 2017).

〔68〕 Loury, G., & Weinstein, B. (Producer). (2017, June 30). Glenn Loury & Bret Weinstein—Bloggingheads. tv. [Video file]. Retrieved from https：//bloggingheads. tv/videos/46681.

〔69〕 "抗议者还是让布雷特离开了，但却给他和他的学生派了'尾随者'。" Heying & Weinstein (2017, December 12). Bonfire of the academies：Two professors on how leftist intolerance is killing higher education. *Washington Examiner*. Retrieved from https：//www. washingtonexaminer. com/bon fire-of -the-academies-two-pro fessors-on-how-leftist-intolerance-is-killing-higher-education.

〔70〕 li5up6 (Producer). (2017, May 31). [MIRROR] Student takeover of Evergreen State College. [Video file]. Retrieved from https：//www. youtube. com/watch? v=ynnNArPi8GM.

〔71〕 VICE (Producer). (2017, June 16). Evergreen State College controversy (HBO) [Video file]. Retrieved from https：//youtu. be/2cMYfxOFBBM? t=2m19s.

〔72〕 Heying & Weinstein (2017, December 12); see n. 78. S See also Boyce, B. A. (2017, July 29). Social Network Justice at Evergreen [Video File]. Retrieved from https：//youtu. be/Jye2C5r-QA0? t=8m23s.

〔73〕 Sexton, J. (Publisher). (2017, July 13). Evergreen student："I've been told several times that I'm not allowed to speak because I'm white" [Video file]. Retrieved from https://www.youtube.com/watch?v=OQ8WQnsm14Y.

[74] best of evergreen (Publisher). (2017, May 27). Student takeover of Evergreen State College [Video file]. Retrieved from https://youtu.be/bO1agIlLlhg?t=6m14s.

[75] 受到询问时,他们说正在找"一个人",但却拒绝透露是谁。校警推断,他们正在找的就是布雷特·温斯坦。Anonymous (personal communication, August 23, 2017).

[76] Heying & Weinstein (2017, December 12); see n. 73.

[77] Kozak-Gilroy (2017); see n. 67.

[78] Kozak-Gilroy (2017); see n. 67.

[79] I Hypocrite Too (Producer). (2017, May 29). Ableist students demand no homework Evergreen College [Video file]. Retrieved from https://www.youtube.com/watch?v=nh1wGFFsIts.

[80] CampusReform (Producer). (2017, June 1). Student protesters at Evergreen hold administrators hostage over demands [Video file]. Retrieved from https://youtu.be/Msfsp5Ofz4g.

[81] 在后来的VICE新闻纪录片中,记者迈克尔·莫尼汉在访谈时告诉布里奇斯:"有学生对我说,你是个白人至上主义者。"布里奇斯答复道:"我不相信(believe)我是。"莫尼汉大吃一惊:"所以说,你不相信自己是个白人至上主义者,但你接受自己可能会是的说法?"布里奇斯答道:"不能这么说……是这样的,这取决于你如何定义白人至上主义者。这个概念是什么意思?我是一个白人,身居特权地位。"VICE (2017); see n. 75.

[82] The Liberty Hound (Producer). (2017, May 26). "All white people leave campus OR ELSE!!" Tucker covers INSANE Evergreen State College story [Video file]. Retrieved from https://youtu.be/n3SdJhJ2lps?t=4m10s. 警长告诉温斯坦说,"他必须立即离开校园,也不能再骑自行车了,何时解禁,尚不得知。如果骑着自行车,他就太容易成为靶子了,而警察也无法保护他,因为他们已经接到命令,准备撤离了。"Heying & Weinstein (2017, December 12).

[83] Anonymous (personal communication, August 23, 2017).

[84] Loury & Weinstein (2017); see n. 72. 另参见 Zimmerman, M. (2017, July 10). The Evergreen State College: Is speaking with Tucker Carlson a

punishable offense? *HuffPost*. Retrieved from https：//www.huffingtonpost. com/entry/the－evergreen－state－college－is－speaking－with－tucker_us_596318a5e4b0cf3c8e 8d59fc. 另参见 Heying & Weinstein（2017）；see n. 73. 另参见 Kanzenkankaku（2017，June 1）。Protesters lockdown Evergreen State College，situation spirals out of control［Online forum comment］. Retrieved from http：//forums. fstdt. net/index. php? topic = 7607. 0. See also：Jaschik（2017）；see n. 58.

［85］The Liberty Hound（Producer）. （2017，June 12）. "It's not safe to go back"：Tucker follows up with Evergreen prof Bret Weinstein［Video file］. Retrieved from https：//www. youtube. com/watch? v = SNdNF93H3OU.

［86］不包括退休教员。

［87］Haidt, J. （2017，June 7）. A second Evergreen professor speaks out［Blog post］. Retrieved from https：//heterodoxacademy. org/2017/06/07/a－second－evergreen－professor－speaks-out.

［88］"很多教员在私下都表示支持，但他们不敢挺身直言，甚至在教工大会上也不敢按照内心信念来投票。" Weinstein，B.（personal communication，February 19，2018）.

［89］The Liberty Hound（Producer）. （2017，May 26）. "All white people leave campus OR ELSE!!" Tucker covers INSANE Evergreen State College story［Video file］. Retrieved from https：//www. youtube. com/watch? v = n3SdJhJ2lps.

［90］Jennings, R. （2017，July 6）. N. J. man accused of threat to "execute" college students out of jail. *NJ. com*. Retrieved from http：//www. nj. com/morris/index. ssf/2017/07/morris_man_accused_of_threatening_college_3000_mil. html.

［91］Svrluga, S., & Heim, J. （2017，June 1）. Threat shuts down college embroiled in racial dispute. *The Washington Post*. Retrieved from https：//www. washingtonpost. com/news/grade－point/wp/2017/06/01/threats－shut-down-college-embroiled-in-racial-dispute. 另参见 Svrluga, S.（2017，June 5），Evergreen State College closes again after threat and protests over race。*The Washington Post*. Retrieved from https：//www. wash ingtonpost. com/news/grade-point/wp/2017/06/05/college-closed-for-third-day-concerned-about-threat-after-protests-over-race. 另参见 Jennings（2017）；see n. 94.

[92] 在长青学院,一名学生给一位教授发去电邮:"因为我对数周前发生在校园里的抗议提出了一些批评,我现在成了校园里很多学生攻击的目标、骚扰的对象。最近有一些学生手拿棒球棍、电击枪等武器,在校园内巡逻,他们声称要让校园更加安全,但事实上却让校园充满敌意。" Kabbany, J. (2017, June 5). Evergreen official asks student vigilantes to stop patrolling campus with bats, batons. *The College Fix*. Retrieved from https://www.thecollegefix.com/post/33027.

[93] The College Fix Staff. (2017, June 2). Evergreen State faculty demand punishment of white professor who refused to leave on anti-white day. *The College Fix*. Retrieved from https://www.thecollegefix.com/post/32946. 另参见 The Liberty Hound (2017, June 12); see n. 89.

[94] Thomason, A. (2017, September 16). Evergreen State will pay $500 000 to settle with professor who criticized handling of protests. *The Chronicle of Higher Education*. Retrieved from http://www.chronicle.com/blogs/ticker/evergreen-state-will-pay-500000-to-settle-with-professor-who-criticized-handling-of-protests/120110.

[95] (2018, March 7). Former Evergreen chief of police alleges hostile work environment. *The Cooper Poin Journal*. Retrieved from http://www.cooperpointjournal.com/2018/03/07/former-evergreen-chief-of-police-alleges-hostile-work-environment-stacy-brown-makes-moves-towards-a-legal-claim-of-discrimination-based-on-race-and-gender.

[96] Chasmar, J. (2016, September 2). Evergreen State College president slams Chicago's "tone deaf" approach to safe spaces. *The Washington Times*. Retrieved from http://www.washingtontimes.com/news/2016/sep/2/george-bridges-wash-college-president-slams-chicag.

[97] Jaschik (2017); see n. 59.

[98] Richardson, B. (2017, May 29). Evergreen State College president expresses "gratitude" for students who took over campus. *The Washington Times*. Retrieved from http://www.washingtontimes.com/news/2017/may/29/evergreen-state-college-president-expresses-gratit.

[99] Zimmerman, M. (2017, July 25). A "Through the Looking Glass" perspective on The Evergreen State College. *HuffPost*. Retrieved from http://www.huffingtonpost.com/entry/a-through-the-looking-glass-perspective-on-

the-evergreen_us_5971bd7ae4b06b511b02c271.

〔100〕Parke, C. (2017, December 14). Evergreen professor who made anti-white comments resigns, gets $240G settlement. *Fox News*. Retrieved from http://www.foxnews.com/us/2017/12/14/evergreen-professor-who-made-anti-white-comments-resigns-gets-240g-settlement.html.

〔101〕best of evergreen (Publisher) (2017, May 27). Student takeover of Evergreen State College [Video file]. Retrieved from https://youtu.be/bO1agIl Llhg?t=53s.

〔102〕Badger Pundit (Producer). (2017, July 12). Evergreen student: Campus unsafe for white students who want to focus on education [Video file]. *Fox News*. Retrieved from https://www.youtube.com/watch?v=pNwVWq8EjSs.

第6章 政治极化的恶性循环

〔1〕Mandela (2003), p.545.

〔2〕Reeves, R. V., & Joo, N. (2017, October 4). White, still: The American upper middle class. *Brookings*. Retrieved from https://www.brookings.edu/blog/social-mobility-memos/2017/10/04/white-still-the-american-upper-middle-class.

〔3〕如何理解这一转变，当这种变化遭到质疑，被认为同言论自由有所冲突时，人们就愈发借包容之名来行事，相关的证据以及论述可参见 Stevens, S., & Haidt, J (2018, March 19), The skeptics are wrong: Attitudes about free speech are changing on campus。*Heterodox Academy*. Retrieved from https://heterodoxacademy.org/skeptics-are-wrong-about-campus-speech.

〔4〕Stanger, A. (2017, March 13). Understanding the angry mob at Middlebury that gave me a concussion. *The New York Times*. Retrieved from https://www.nytimes.com/2017/03/13/opinion/understanding-the-angry-mob-that-gave-me-a-concussion.html.

〔5〕Pew Research Center. (2017, October 5). The partisan divide on political values grows even wider. Retrieved from http://www.people-press.org/2017/10/05/1-partisan-divides-over-political-values-widen.

〔6〕唯一的例外发生在2016年，共和党人对本党的打分略有下降。

〔7〕这些数据可以从 http://www.electionstudies.org 网站上下载。

〔8〕那时候的美国仍然存在许多文化冲突，特别是在六七十年代，

但此时国会内部的政治极化程度却非常低;两党之间仍有高度的合作可能。Hare & Poole (2014).

〔9〕关于社会资本,参见 Putnam (2000)。

〔10〕Greenblatt, A. (2016, November 18). Political segregation is growing and "We're living with the consequences". *Governing*. Retrieved from http://www.governing.com/topics/politics/gov-bill-bishop-interview.html.

〔11〕例如,2017年9月,一项民意调查以18岁至34岁的美国成年人为样本,调查结果表明,只有11%的非裔、18%的亚裔、20%的拉丁裔表示非常或者较为支持共和党。与此相对,这些群体往往是民主党的支持者,他们对民主党的支持率分别为61%、68%和52%。参见 NBC News & GenForward Survey: September 2017 Toplines, p. 4。Retrieved from http://genforwardsurvey.com/assets/uploads/2017/09/NBC-GenForward-Toplines-September-2017-Final.pdf.

〔12〕Iyengar & Krupenkin (2018).

〔13〕Pariser (2011). 所谓"过滤气泡",就是指网站会运用算法,基于你之前的阅读/浏览习惯,来预测你的兴趣,如此一来,与你不一致的观点就不会出现在你的视野里。参见 El-Bermawy, M. (2016, November 18), Your filter bubble is destroying democracy。*Wired*. Retrieved from https://www.wired.com/2016/11/filter-bubble-destroying-democracy.

〔14〕Mann & Ornstein (2012).

〔15〕Levitsky, S., & Ziblatt, D. (2018, January 27). How wobbly is our democracy? *The New York Times*. Retrieved from https://www.nytimes.com/2018/01/27/opinion/sunday/democracy-polarization.html.

〔16〕其他原因包括:受教育程度的提高(受过教育的人更容易有党派倾向);移民问题和多元混杂,以及竞选活动中金钱成为王道。See a list at Haidt, J., & Abrams, S. (2015, January 7). The top 10 reasons American politics are so broken. *The Washington Post*. Retrieved from https://www.washingtonpost.com/news/wonk/wp/2015/01/07/the-top-10-reasons-american-politics-are-worse-than-ever.

〔17〕Iyengar & Krupenkin (2018), p. 202.

〔18〕Berry & Sobieraj (2014).

〔19〕Cillizza, C. (2014, May 14). Just 7 percent of journalists are Republicans. That's far fewer than even a decade ago. *The Washington Post*.

Retrieved from https://www.washingtonpost.com/news/the-fix/wp/2014/05/06/just-7-percent-of-journalists-are-republicans-thats-far-less-than-even-a-decade-ago.

[20] Littleton, J. (2017, May 29). The truth about the Evergreen protests. *Medium*. Retrieved from https://medium.com/@princessofthefaeries666/the-truth-about-the-evergreen-protests-444c86ee6307.

[21] Littleton, J. (2017, June 16). The media brought the alt-right to my campus. *The New York Times*. Retrieved from https://www.nytimes.com/2017/06/16/opinion/media-alt-right-evergreen-college.html?_r=0. 另请见 Pemberton, L. (2017, July 13), Evergreen students, faculty, and alumni hold discussion after unrest。 *The Chronicle*. Retrieved from http://www.chronline.com/news/evergreen-students-faculty-and-alumni-hold-discussion-after-unrest/article_c9d9f5f8-67ef-11e7-8b53-5ff0ef03700b.html.

[22] Long, K. (2017, June 5). Evergreen State College reopens; threat deemed not credible. *The Seattle Times*. Retrieved from https://www.seattletimes.com/seattle-news/education/no-imminent-threat-at-evergreen-state-college-after-classes-canceled-for-third-day.

[23] Atomwaffen division visits Evergreen State College. (n.d.). Retrieved from https://www.bitchute.com/video/bZMiTj2TC5bf.

[24] TheFIREorg [Producer]. (2018, February 8). Lisa Durden on her famous Fox News interview [Video file]. Retrieved from https://www.youtube.com/watch?time_continue=310&v=PfmdlqdC3mE.

[25] L. Durden (personal communication, March 24, 2018).

[26] 新上任的学院校长发表声明，宣称学院"立即被投诉淹没"，对于"某一位学院雇员所表达的观点"，"本校的学生、教师，甚至即将入学的新生及其家庭都纷纷表示困惑、关切乃至恐惧"，校长还指出，学院"有责任就这些关切展开调查"。校长宣称，学院"支持并且肯定我们教职员工的言论自由权利，独立发表观点并表达意见的权利"，而且他的"行政部门需要以身作则，示范什么叫宽容"。Statement from Essex County College president Anthony E. Munroe. (2017, June 23). Retrieved from http://www.essex.edu/pr/2017/06/23/statement-from-essex-county-college-president-anthony-e-munroe-3.

[27] 那些把学院"淹没"的投诉到哪儿去了？公共记录显示，在德登上电视之后的前13天里，只有一个人联系学院，投诉德登——准确地说，甚至在受到这件投诉之前，学校行政就已经启动了相关程序，最后宣布他停职。在电视秀的两周过后，NJ.com 网站披露，德登已被停职。此后不久，学院收到了29封电子邮件、2条"脸书"短讯、数量不详的来电，以及一段语音留言，对于学院的决定，解聘"一位用言论自由之名来宣泄仇恨言论的教师"，表达支持。你可以在这里听取整段语音留言：TheFIREorg［Producer］.（2017, January 21）. Essex County College voicemail about Lisa Durden［Audio file］. Retrieved from https：//youtu. be/pTYM30Q4NsE. 参见 Steinbaugh, A.（2018, January 23）. After FIRE lawsuit, Essex County College finally turns over documents about firing of Black Lives Matter advocate. *FIRE*. Retrieved from https：//www. thefire. org/after-fire-lawsuit-essex-county-college-finally-turns-over-documents-about-firing-of-black-lives-matter-advocate. 另参见 Carter, B.（2017, June 20）. Going on Fox News cost me my job, professor claims. *NJ. com*. Retrieved from http：//www. nj. com/essex/index. ssf/2017/06/essex_county_college_professor_suspended_after_fox. html.

[28] Flaherty, C.（2017, June 21）. Suspended for standing up to Fox News? *Inside Higher Ed*. Retrieved from https：//www. insidehighered. com/news/2017/06/21/college-allegedly-suspends-communications-adjunct-comments-about-race-fox-news. 另参见 Adely, H.（2017, October 27）, For speaking out, N. J. professors are punished。*North Jersey*. Retrieved from https：//www. northjersey. com/story/news/2017/10/27/professors-punished-for-speaking-out/777819001. 另参见 Steinbaugh, A.（2018, January 23）, After FIRE lawsuit, Essex County College finally turns over documents about firing of Black Lives Matter advocate。*FIRE*. Retrieved from https：//www. thefire. org/after-fire-lawsuit-essex-county-college-finally-turns-over-documents-about-firing-of-black-lives-matter-advocate.

[29] Steinbaugh, A.（2017, October 20）. Russia-linked Twitter account helped Drexel professor's "White Genocide" tweet go viral, prompting university investigation. *FIRE*. Retrieved from https：//www. thefire. org/russia-linked-twitter-account-helped-drexel-professors-white-genocide-tweet-go-viral-prompting-university-investigation.

[30] Saffron, I. (2017, December 27). How a Drexel prof's Christmas "wish" stirred a Twitter tempest. *Philly.com*. Retrieved from http://www.philly.com/philly/news/20161227_How_a_Drexel_prof_s_Christmas_wish_stirred_a_Twitter_tempest.html.

[31] McLaughlin, S. (2017, December 29). Drexel professor resigns after months-long investigation, exile from campus. *FIRE*. Retrieved from https://www.thefire.org/drexel-professor-resigns-after-months-long-investigation-exile-from-campus.

[32] Thomason, A. (2017, December 28). Drexel professor whose charged tweets drew fire from the right will leave the university. *The Chronicle of Higher Education*. Retrieved from https://www.chronicle.com/article/Drexel-Professor-Whose-Charged/242124.

[33] Cornwell, P. (2017, June 1). Princeton professor cancels Seattle talk after Fox News segment, death threats. *The Seattle Times*. (Updated June 2, 2017). Retrieved from https://www.seattletimes.com/seattle-news/princeton-professor-cancels-seattle-talk-after-fox-news-segment-death-threats. 另参见 Trump a "racist, sexist megalomaniac", Princeton prof says in commencement speech. (2017, May 28). *Fox News*. Retrieved from http://www.foxnews.com/us/2017/05/28/trump-racist-sexist-megalomaniac-princeton-prof-says-in-commencement-speech.html.

[34] Haymarket Books. (2017, May 31). A statement from Keeanga-Yamahtta Taylor [Facebook post]. Retrieved from https://www.facebook.com/haymarketbooks/posts/1494045207312386.

[35] Bond, S. E. (2017, June 7). Why we need to start seeing the classical world in color. *Hyperallergic*. Retrieved from https://hyperallergic.com/383776/why-we-need-to-start-seeing-the-classical-world-in-color.

[36] Gurewitsch, M. (2008, July). True colors: Archaeologist Vinzenz Brinkmann insists his eye-popping reproductions of ancient Greek sculptures are right on target. *Smithsonian Magazine*. Retrieved from https://www.smithsonianmag.com/arts-culture/true-colors-17888.

[37] 举个例子,"欧罗巴身份",美国的一家白人主义团体,就曾在"推特"上发过一张大理石雕像的海报,并配有大写的标题"捍卫你的传承"。@IdentityEvropa. (2016, November 3). Seattle has never looked better.

#FashTheCity [Tweet]. Retrieved from http://web.archive.org/web/20171115062648/https://twitter.com/IdentityEvropa/status/794368750346588160. Cited in Bond (2017); see n. 34.

[38] 当然，邦德并没有说过这些话。Hoft, J. (2017, July 18). University prof: Using white marble in sculptures is racist and creates "white supremacy". *Gateway Pundit*. Retrieved from http://www.thegatewaypundit.com/2017/07/university-prof-using-white-marble-sculptures-racist-creates-white-supremacy. 另参见 Jackson, D. (2017, June 8), Prof: "White marble" in artwork contributes to white supremacy。*Campus Reform*. Retrieved from https://www.campusreform.org/? ID = 9285. 另参见 Krayden, D. (2017, June 10), Professor equates white marble statues with white supremacy。*The Daily Caller*. Retrieved from http://dailycaller.com/2017/06/10/professor-equates-white-marble-statues-with-white-supremacy.

[39] Mikelionis, L. (2017, June 9). Iowa university professor says "white marble" actually influences "white supremacist" ideas. *Education News*. Retrieved from http://www.educationviews.org/iowa-university-professor-white-marble-influences-white-supremacist-ideas.

[40] Osgerby, P. (2017, June 19). UI professor receives death threats over article on classical art. *Little Village*. Retrieved from http://littlevillagemag.com/ui-professor-receives-death-threats-over-article-on-classical-art.

[41] Charis-Carlson, J. (2017, June 19). UI prof's post on ancient statues, white supremacists elicits death threats. *Iowa City Press-Citizen*. Retrieved from https://www.press-citizen.com/story/news/2017/06/16/ui-classics-professor-receives-threats-after-online-essay-statuary-race/403275001. 另参见 Quintana, C. (2017, June 16), For one scholar, an online stoning tests the limits of public scholarship。*The Chronicle of Higher Education*. Retrieved from https://www.chronicle.com/article/For-One-Scholar-an-Online/240384.

[42] Allen, C. (2017, June 26). Liberal professors say bizarre things—and then blame the conservative media for reporting on them. *Independent Women's Forum*. Retrieved from http://iwf.org/blog/2804174/Liberal-Professors-Say-Bizarre-Things--and-Then-Blame-the-Conservative-Media-for-Reporting-on-Them.

〔43〕see Haidt, J. (2017, June 28). Professors must now fear intimidation from both sides. *Heterodox Academy*. Retrieved from https://heterodoxacademy.org/professors-must-now-fear-intimidation-from-both-sides.

〔44〕Schmidt, P. (2017, June 22). Professors' growing risk: Harassment for things they never really said. *The Chronicle of Higher Education*. Retrieved from https://www.chronicle.com/article/Professors-Growing-Risk-/240424?cid=rclink.

〔45〕Haidt, J. (2017, April 26). Intimidation is the new normal on campus. *The Chronicle of Higher Education*. Retrieved from https://www.chronicle.com/article/Intimidation-Is-the-New-Normal/239890.

〔46〕Flaherty, C. (2016, November 22). Being watched. *Inside Higher Ed*. Retrieved from https://www.insidehighered.com/news/2016/11/22/new-website-seeks-register-professors-accused-liberal-bias-and-anti-american-values.

〔47〕异端学会曾谴责"教授监视名单"。见 HxA Executive Team. (2016, November 24). Heterodox Academy condemns Professor Watchlist. Retrieved from https://heterodoxacademy.org/heterodox-academy-condemns-professor-watchlist.

〔48〕Middlebrook, H. (2017, November 14). The fascinating, if unreliable, history of hate crime tracking in the US. *CNN*. Retrieved from https://www.cnn.com/2017/01/05/health/hate-crimes-tracking-history-fbi/index.html. 麦德布鲁克准确地指出,仇恨犯罪历来是被低估的;但尽管如此,在经历多年的下降之后,仇恨犯罪却在 2015 年突然抬头,恐怕不能完全归因于计算方法的变化。

〔49〕FBI: US hate crimes rise for second straight year. (2017, November 13). *BBC News*. Retrieved from http://www.bbc.com/news/world-us-canada-41975573.

〔50〕Farivar, M. (2017, September 19). Hate crimes rise in major US cities in 2017. *Voice of America*. Retrieved from https://www.voanews.com/a/hate-crimes-rising-in-us/4034719.html.

〔51〕Alfonseca, K. (2017, August 21). When hate meets hoax. *ProPublica*. Retrieved from https://www.propublica.org/article/when-hatemeets-hoax. 另参见 Soave, R. (2018, January 19), Another hate crime at the University of Maryland turns out to be a hoax。 *Reason*. Retrieved from http://reason.com/blog/2018/01/19/a-second-hate-crime-at-the-university-of. 另参见 Gose, B. (1999, January 8), Hate-crime hoaxes unsettle campuses. *The Chronicle of Higher Education*。 Retrieved from https://www.chronicle.com/article/Hate-Crime-Hoaxes-Unsettle/2836.

〔52〕Suspect in Mizzou threats identified as Lake St. Louis teen. (2015, November 11). *NBC*12. Retrieved from http://www.nbc12.com/story/30489913/um-police-arrest-suspect-who-made-racist-threats-on-social-media.

〔53〕Bui, L. (2017, October 17). U-Md. student to face hate-crime charge in fatal stabbing on campus. *The Washington Post*. Retrieved from https://www.washingtonpost.com/local/public-safety/u-md-student-to-face-hate-crime-charge-in-fatal-stabbing-on-campus/2017/10/17/a17bfa1c-b35c-11e7-be94-fabb0f1e9ffb_story.html.

〔54〕随后,一人的指控被减至事后从犯。见 Smithson, D. (2017, November 9), Cases continue in shooting after Spencer protest。 *Ocala Star-Banner*. Retrieved from http://www.ocala.com/news/2017 1109/cases-continue-in-shooting-after-spencer-protest. 另参见 Rozsa, L., & Svrluga, S. (2017, October 20), 3 men charged in shooting after white nationalist Richard Spencer's speech in Florida。 *Chicago Tribune*. Retrieved from http://www.chicagotribune.com/news/nationworld/ct-shooting-richard-spencer-speech-20171020-story.html.

〔55〕Student in Trump shirt detained after brandishing knife, saying "Kill all illegals". (2018, February 16). *The Daily Beast*. Retrieved from https://www.thedailybeast.com/student-in-trump-shirt-who-brandished-knife-and-said-kill-all-illegals-detained.

〔56〕McWhorter, J. (2008, December 30). Racism in America is over. *Forbes*. Retrieved from https://www.forbes.com/2008/12/30/end-of-racism-oped-cx_jm_1230mcwhorter.html.

〔57〕自 2015 年以来,共和党人对大学的信任度急剧下降,详见 Pew Research Center (2017, July 10), Sharp partisan divisions in views of national institutions。 Retrieved from http://www.people-press.org/2017/07/10/

sharp-partisan-divisions-in-views-of-national-institutions.

第7章 焦虑和抑郁

〔1〕Solomon（2014），p. 110.

〔2〕Novotney（2014）.

〔3〕到了2015年，22%的大学生正在寻求心理健康服务（有些大学低一些，只有10%，但有些大学甚至高达50%）。并且"在全体大学生中，高达54%的表示感到极度焦虑，比例大幅超过了2010年的46.4%"。见 Estroff Marano, H.（2015, September 1）, Crisis U. *Psychology Today*。Retrieved fromhttps：//www. psychologytoday. com/articles/201509/crisis-u.

〔4〕Levinson-King, R.（2017, March 13）. Teen suicide on the rise among Canadian girls. *BBC News*. Retrievedfrom http：//www. bbc. com/news/world-us-canada-39210463. 另请见 Canadian Institute for HealthInformation。(n. d.). Intentional self-harm among youth in Canada. Retrieved from https：//www. cihi. ca/sites/default/files/info_child_harm_en. pdf.

〔5〕Sanghani, R.（2017, March 16）. Why are so many of Britain's teen girls struggling with mental health problems? *The Telegraph*. Retrieved from http：//www. telegraph. co. uk/health-fitness/body/why-are-so-many-of-britains-teen-girls-struggling-with-mental-he. 此文引用了英国的一项大规模历时性研究，可获取于 https：//www. gov. uk/government/uploads/system/uploads/attachment _ data/file/599871/LSYPE2 _ w2 - research _ report. pdf。另可见 Pells, R.（2017, July 9）, Number of university students claiming special circumstances for mental health problems "soars"。*The Independent*. Retrievedfrom http：//www. independent. co. uk/news/education/education-news/number- of - university - students - mental - health - problems - illness - claiming-special-circumstances-a7831791. html.

〔6〕就英国和加拿大的走势而言，在2018年和2019年能收集到的数据至关重要，可以判断这两国是否存在着和美国相同的问题。

〔7〕Allen, M.（2017, November 9）. Sean Parker unloads on Facebook："God only knows what it's doing to ourchildren's brains". *Axios*. Retrieved from https：//www. axios. com/sean - parker - unloads - on - facebook - god - only - knows-what - its - doing - to - our - childrens - brains - 1513306792 - f855e7b4 - 4e99-4d60-8d51-2775559c2671. html.

〔8〕Twenge（2017），chapter 2.

〔9〕Twenge（2017），p. 3

〔10〕参见Twenge（2017），Appendix B，Figures B1 and B2。该附录网上也有，可获取于http：//www.jeantwenge.com/wp-content/uploads/2017/08/igen-appendix.pdf。

〔11〕Twenge（2017），chapter 4. 另参见Twenge, Joiner, Rogers, & Martin（2017）。

〔12〕一项1994年的研究发现，"在进入青春期之前，抑郁症的患病比例并不存在性别差异，但在15岁过后，女孩患上抑郁症的可能性约为男性的2倍"。Nolen-Hoeksema &Girgus（1994）. 而根据一篇2017年的论文所述，性别差异在12岁就开始出现了，这要比此前认为的更早些。Salk, Hyde, & Abramson（2017）.

〔13〕我们的判断标准如下，一个人表示，在长达两周的时间内，他几乎每天都要出现所述九种症状中的至少五种，关于症状描述，参见Hunter & Tice（2016）。Retrieved from https：//www.samhsa.gov/data/sites/default/files/NSDUH-MethodSummDefsHTML-2015/NSDUH-MethodSummDefsHTML-2015/NSDUH-MethodSummDefs-2015.htm#b4-8.

〔14〕Hacking（1991），转引自Haslam（2016）。

〔15〕在https：//www.CDC.gov/injury/wisqars/fatal.html，你可以下载数据和报告。

〔16〕Levinson-King, R.（2017, March 13）. Teen suicide on the rise among Canadian girls. Retrieved from http：//www.bbc.com/news/world-us-canada-39210463.

〔17〕Office for National Statistics（UK）.（2017, December 18）. Suicides in the UK：2016 registrations（point 6：Suicides in the UK by age）. Retrieved from https：//www.ons.gov.uk/peoplepopulationandcommunity/birthsdeathsandmarriages/deaths/bulletins/suicidesintheunitedkingdom/2016registrations#suicides-in-the-uk-by-age.

〔18〕Mercado, Holland, Leemis, Stone, & Wang（2017）.

〔19〕Twenge, Joiner, Rogers, & Martin（2018）.

〔20〕Vigen, T.（n.d.）. Spurious correlations. Retrieved from http：//www.tylervigen.com/spurious-correlations.

〔21〕如果孩子们是因写文章要使用电脑，或者是要完成其他必须使

用电脑的家庭作业，那么这部分的屏幕时间与抑郁症是没有关联的。

〔22〕Twenge（2017），pp. 82 and 84. 如欲了解更深入的分析，请参见 Twenge et al.（2018）。

〔23〕特温格也讨论了反向因果关系的问题（也就是说，抑郁症状导致了孩子们花更多时间盯着屏幕），同时还旁涉讨论了一些研究。这些研究都指明，抑郁并非这一关系的起因。在特温格所述的研究中，包括一项以随机指派为方法的真实试验。参与试验者如果被随机分配到戒用脸书一周的组别，那么在一周之后，根据他们的报告，这一组更少抑郁感。参见 Twenge, J.（2017, November14），With teen mental health deteriorating over five years, there's a likely culprit。Retrieved from https：//theconversation.com/with-teen-mental-health-deteriorating-over-five-years-theres-a-likely-culprit-86996.

〔24〕关于"群居社会性"（eusociality）和"彻底社会性"（ultrasociality）的讨论，参见 Haidt（2012），chapter 9。

〔25〕Twenge, Joiner, Rogers, & Martin（2018），p. 4.

〔26〕Twenge（2017）.

〔27〕Twenge（2017）.

〔28〕Maccoby（1998）.

〔29〕Wood Rudulph, H.（2017, October 11）. How women talk：Heather Wood Rudulph interviews DeborahTannen. *Los Angeles Review of Books*. Retrieved from https：//lareviewofbooks.org/article/how-women-talk-heather-wood-rudulph-interviews-deborah-tannen. 特温格同坦纳的担忧不谋而合，她指出："女孩子更常使用社交媒体，当看到同学和朋友三五成群，而自己却一人独处时，她们就更常感受到被排斥，感到孤单。"参见 Twenge（2017, September），Have smartphones destroyed a generation？*The Atlantic*. Retrieved from https：//www. theatlantic.com/magazine/archive/2017/09/has-the-smartphone-destroyed-a-generation/534198.

〔30〕Twenge（2017），Appendix F, figure F1. 网络版的附录可以在此获取：http：//www.jeantwenge.com/wp-content/uploads/2017/08/igen-appendix.pdf。

〔31〕Arata, E.（2016, August 1）. The unexpected reason Snapchat's "pretty" filters hurt your self-esteem. *EliteDaily*. Retrieved from https：//www.elitedaily.com/wellness/snapchat-filters-self-esteem/1570236.

〔32〕Jowett, V. (2017, July 10). Inside the Snapchat filter surgery boom. *Cosmopolitan*. Retrieved from http://www.cosmopolitan.com/uk/beauty-hair/a96170 28/celebrity-cosmetic-surgery-snapchat-filter-boom.

〔33〕Crick & Grotpeter (1995).

〔34〕例如,Thielking, M. (2017, February 8), Surging demand for mental health care jams college services. *Scientific American*。Retrieved from https://www.scientificamerican.com/article/surging-demand-for-mental-health-care-jams-college-services. 另参见 Peterson, A. (2016, October 10), Students floodcollege mental-health centers。*The Wall Street Journal*. Retrieved from http://www.wsj.com/articles/students-flood-college-mental-health-centers-1476120902. 另参见 Tugend, A. (2017, June 7), Colleges getproactive in addressing depression on campus。*The New York Times*. Retrieved from https://www.nytimes.com/2017/06/07/education/colleges-get-proactive-in-addressing-depression-on-campus.html.

〔35〕Center for Collegiate Mental Health, Pennsylvania State University. (2016). 2016 annual report. Retrieved from https://sites.psu.edu/ccmh/files/2017/01/2016-Annual-Report-FINAL_2016_01_09-1gc2hj6.pdf.

〔36〕Higher Education Institute (HERI). 这个问题是在2010年才加入问卷调查的,且每两年才会被询问一次。该问题确切表述如下:"你患有以下任何一种障碍或疾病吗?(每一项上都标出"是"或"否")"接下来,该调查列出了七种不同类型的障碍和疾病,包括"心理障碍"(抑郁症等),并且标注了"是"或"否"的选项。相关的调查手段和数据,可见于 https://heri.ucla.edu/heri-data-archive。

〔37〕Reetz, D. R., Bershad, C., LeViness, P., & Whitlock, M. (2017). The Association for University and CollegeCounseling Center Directors annual survey. Retrieved from https://www.aucccd.org/assets/documents/aucccd%202016%20m onograph%20-%20public.pdf. 另请参见这里的总结和图表:Tate, E. (2017, March29), Anxiety on the rise。*Inside Higher Ed*. Retrieved from https://www.insidehighered.com/news/2017/03/29/anxiety-and-depression-are-primary-concerns-students-seeking-counseling-services.

〔38〕曾有研究者在一所多元化的市区大学进行调研,研究结果发现,38%的参与学生表示他们曾故意自残至少1次,18%表示曾自残至少

10次，10%则表示他们有自残经验，超过100次！Gratz, Conrad, & Roeter (2002). 另请参见 Twenge (2017) 的在线附录F; 特温格提供了更多的图表，显示了美国大学健康协会调查 (American College Health Association Survey) 和青少年风险行为监测系统 (Youth Risk Behavior Surveillance System) 的心理健康调查结果。附录可由此获取: http://www.jeantwenge.com/wp-content/uploads/2017/08/igen-appendix.pdf。

[39] Zhiguo & Fang (2014).

[40] Shin & Liberzon (2010).

[41] Gotlib & Joormann (2010).

[42] Prociuk, Breen, & Lussier. (1976). 另参见 Costello (1982)。

[43] Peterson, Maier, & Seligman (1993). 另参见 Seligman (1990)。

[44] Chen, Coccaro, & Jacobson (2012).

[45] Clark, Algoe, & Green (2018).

第8章 焦躁不安的父母

[1] Denizet-Lewis, B. (2017, October 11). Why are more American teenagers than ever suffering from severe anxiety? *The New York Times*. Retrieved from https://www.nytimes.com/2017/10/11/magazine/why-are-more-american-teenagers-than-ever-suffering-from-severe-anxiety.html.

[2] Skenazy, L. (2008, April 1). Why I let my 9-year-old ride the subway alone. *The New York Sun*. Retrieved from http://www.nysun.com/opinion/why-i-let-my-9-year-old-ride-subway-alone/73976.

[3] Skenazy, L. (2015, January 16). I let my 9-year-old ride the subway alone. I got labeled the "World's Worst Mom". *The Washington Post*. Retrieved from https://www.washingtonpost.com/posteverything/wp/2015/01/16/i-let-my-9-year-old-ride-the-subway-alone-i-got-labeled-the-worlds-worst-mom/?utm_term=.7cbce60ca0e0.

[4] 直到2017年，此案的主要嫌疑人才被定罪。事件概要可见 McKinley, J. C. (2017, April 18), Pedro Hernandez gets 25 years to life in murder of Etan Patz。*The New York Times*. Retrieved from https://www.nytimes.com/2017/04/18/nyregion/pedro-hernandez-etan-patz-sentencing.html.

[5] Lafrance, A. (2017, February 14). When bad news was printed on

milk cartons. *The Atlantic*. Retrieved from https：//www. theatlantic. com/technology/archive/2017/02/when-bad-news-was-printed-on-milk-cartons/516675.

〔6〕 National Crime Information Center. (n. d.) 2016 NCIC missing person and unidentified person statistics. Retrieved from https：//www. fbi. gov/file-repository/2016-ncic-missing-person-and-unidentified-person-statistics. pdf/view.

〔7〕 Polly Klaas Foundation. (n. d.). National child kidnapping facts. Retrieved from http：//www. pollyklaas. org/about/national-child-kidnapping. html.

〔8〕 ChildStats. gov. (n. d.). POP1 Child population：Number of children (in millions) ages 0-17 in the United States by age, 1950-2016 and projected 2017-2050. Retrieved from https：//www. childstats. gov/americaschildren/tables/pop1. asp.

〔9〕 Simpson, K. (2010, November 27). Dispelled kidnap myths do little to allay parents' fears. *The Denver Post*. Retrieved from http：//www. denverpost. com/2010/11/27/dispelled-kidnap-myths-do-little-to-allay-parents-fears.

〔10〕 有关绑架的趋势，更多信息可参见 U. S. Department of Justice (2016, June 14), Number of child abductions by strangers unchanged over past decade and a half; Fewer end in homicide。Retrieved from http：//www. unh. edu/ccrc/Presspacket/Stereotypical% 20Kidnapping% 20. pdf. 其中有三点很有意思：(1) 在2011年，92%的被绑架儿童安全回到了家人身边，而这一比例在1997年仅为57%。(手机定位等技术给执法部门提供了很大帮助。) (2) 在2011年被陌生人绑架的儿童中，约80%的并非生活在双亲（亲生或收养）家庭中。(3) 还有1/3的被诱拐儿童从未被上报失踪，他们没有成年人看护，他们是没人管的可怜孩子。参见 Flores, J. R. (2002, October)，Nonfamily abducted children：National estimates and characteristics。Retrieved from http：//www. pollyklaas. org/media/pdf/NISMARTIInonfamily. pdf.

〔11〕 FBI Criminal Justice Information Services Division. (n. d.). Preliminary semiannual uniform crime report, January-June, 2015. Retrieved from https：//ucr. fbi. gov/crime-in-the-u. s/2015/preliminary-semiannualuniform-crime-report-januaryjune-2015.

﹝12﹞Kurutz, S. (2004, October 24). The age of the mugger. *The New York Times*. Retrieved from http：//www. nytimes. com/2004/10/24/nyregion/thecity/the-age-of-the-mugger. html.

﹝13﹞起码，是对白人儿童失踪案的报道。从1979年到1981年，亚特兰大市发生了一连串黑人儿童被绑架的恐怖连环事件，共计超过25名孩子失去了年幼的生命，其后来被称为"亚特兰大儿童谋杀案"。与帕茨和沃尔什的谋杀案相比，同样发生在那些年间，这一系列的黑人孩子悲剧，却未引起大流量的全国关注。

﹝14﹞全美犯罪率下降为何如此之快？关于这一问题，犯罪学者们莫衷一是。本书作者乔认为，20世纪70年代末、80年代初，含铅汽油的逐步停用是主要因素之一。参见 Drum, K. (2016, February 11), Lead：America's real criminal element。*Mother Jones*. Retrieved from http：//www. motherjones. com/environment/2016/02/lead-exposure-gasoline-crime-increase-children-health.

﹝15﹞Infoplease. (n. d.) Homicide rate per 100 000, 1950-2015. Retrieved from https：//www. infoplease. com/us/crime/homicide-rate-1950-2014.

﹝16﹞Stapleton, A. C. (2015, February 6). Police：6-year-old boy "kidnapped" for being too nice to strangers. *CNN*. Retrieved from http：//www. cnn. com/2015/02/05/us/missouri-fake-kidnapping/index. html.

﹝17﹞Berchelmann, K. (2017, May 4). When can my child use the public restroom alone? *HealthyChildren. org*. Retrieved from https：//www. healthychildren. org/English/tips-tools/ask-the-pediatrician/Pages/Whencan-my-child-use-the-public-restroom-alone. aspx.

﹝18﹞Lowbrow, Y. (2014, June 9). 8 reasons children of the 1970s should all be dead. Retrieved from https：//flashbak. com/8-reasons-children-of-the-1970s-should-all-be-dead-323.

﹝19﹞YOURS News. (2012, February 20). Seatbelts—Saving thousands of lives around the world everyday… [Blog post]. Retrieved from http：//www. youthforroadsafety. org/news-blog/news-blog-item/t/seatbelts_saving_thousands_of_lives_around_the_world_everyday.

﹝20﹞Ganti et al. (2013).

﹝21﹞DeNoon, D. J. (2003, May 13). Quit smoking so your kids won't start. *Web MD*. Retrieved from https：//www. webmd. com/smoking-cessation/news/20030 513/quit-smoking-so-your-kids-wont-start.

〔22〕National Institute for Occupational Safety and Health. (n. d.). LEAD：Information for workers——Health problems caused by lead. Retrieved from https：//www. cdc. gov/niosh/topics/lead/health. html.

〔23〕Christakis (2016), p. 131.

〔24〕Taleb (2007).

〔25〕关于这种适得其反的效果，如欲了解更多，请参见这本妙题生花的好书，Greg Ip, *Foolproof*：*Why Safety Can Be Dangerous and How Danger Makes Us Safe.* Ip (2015)。

〔26〕Skenazy (2008); see n. 2.

〔27〕J. Lythcott-Haims (personal communication May 26, 2017).

〔28〕Estroff Marano, H. (2004, November 1). A nation of wimps. *Psychology Today.* Retrieved from https：//www. psychologytoday. com/articles/200411/nation-wimps.

〔29〕J. Lythcott-Haims (personal communication May 26, 2017).

〔30〕这就是所谓的人口转型。参见 Grover, D. (2014, October 13). What is the Demographic Transition Model? *PopEd Blog.* Retrieved from https：//www. populationeducation. org/content/what-demographic-transition-model.

〔31〕Parker, K. , & Wang, W. (2013, March 14). Modern parenthood：Roles of moms and dads converge as they balance work and family. *Pew Research Center.* Retrieved from http：//www. pewsocialtrends. org/2013/03/14/modern-parenthood-roles-of-moms-and-dads-converge-as-they-balance-work-and-family.

〔32〕L. Skenazy (personal communication, May 4, 2017).

〔33〕Skenazy, L. (2015, June 11). 11-year-old boy played in his yard. CPS took him, felony charge for parents. *Reason.* Retrieved from http：//reason. com/blog/2015/06/11/11-year-old-boy-played-in-his-yard-cps-t.

〔34〕WFSB Staff. (2014, July 9). Bristol mother charged with leaving child unattended in car. *Eyewitness News*3. Retrieved from http：//wfsb. com/story/25982048/bristol-mother-charged-with-leaving-child-unattended-in-car. (如要了解更多此类故事，请访问 https：//letgrow. org/blog。)

〔35〕Skenazy, L. (2016, June 17)."16 is the appropriate age to allow children to be outside by themselves"—New Albany, Ohio, police chief. *Free-Range Kids*. Retrieved from http://www. freerangekids. com/16 – is – the – appropriate – age – to – allow – children – to – be – outside – by – themselves – new – albany – ohio – police – chief.

〔36〕Lareau (2011), p. 3.

〔37〕Putnam (2015), p. 117.

〔38〕Putnam (2015), p. 117.

〔39〕DeLoache et al. (2010).

〔40〕该研究项目的网站由美国疾病控制中心主办，网址为 http://www. cdc. gov/violenceprevention/acestudy。

〔41〕Putnam (2015), p. 112.

〔42〕Chetty, Friedman, Saez, Turner, & Yagen (2017). 这篇论文的概要凝缩于这张图中：Some colleges have more students from the top 1 percent than the bottom 60. Find yours (2017, January 18)。*The New York Times*. Retrieved from https://www. nytimes. com/interactive/2017/ 01/18/upshot/ some – colleges – have – more – students – from – the – top – 1 – percent – than – the – bottom – 60. html.

〔43〕L. Skenazy (personal communication, May 4, 2017).

第9章 玩耍的消失

〔1〕LaFreniere (2011).

〔2〕LaFreniere (2011), p. 479，作者主张："在追逐游戏中，孩子们似乎更喜欢扮演逃跑方（例如，在捉迷藏以及所有类似游戏中，孩子们的首选都是被追逐方），由此可以表明，这种角色扮演是更多基于我们作为猎物的遗传基因，而不是作为捕食者的基因。

〔3〕LaFreniere (2011), p. 465. 另参见 Sandseter & Kennair (2011)。另请见 Gray, P. (2014, April 7), Risky play: Why children love it and need it。*Psychology Today*. Retrieved from https://www. psychologytoday. com/ blog/freedom – learn/201404/risky – play – why – children – love – it – and – need – it.

〔4〕Einon, Morgan, & Kibbler (1978). 关于另一项以幼鼠宝宝为对象的试验研究，参见 Hol, Berg, Ree, & Spruijt (1999); 还有一项以猕猴为对象的相关性研究，可参见 Mustoe, Taylor, Birnie, Huffman, & French

(2014)。围绕这一问题的文献综述,可参见 Gray (in press)。

〔5〕Black, Jones, Nelson, & Greenough (1998).

〔6〕Johnson & Newport (1989). 关于著名案例野孩"吉妮"的回顾,可参见 Curtiss (1977)。对于失聪儿童来说,工作原理也一样,他们用的方法是手势。口头的言论并非最根本的,同他们的沟通交流才是。

〔7〕至少,这是许多游戏研究者提出的观点,包括 Gray (in press),LaFreniere (2011) and Sandseter & Kennair (2011)。剥夺一个小孩子的玩耍机会,就会改变他长大成人后的性格,这是前述观点的一个加强版本,我们也留意到至今没有直接的试验证据来支持这一主张。至于前文所述,以幼鼠宝宝为对象的对照试验,当然无法应用到人类身上。而在本章中,我们所要论证的是,为什么我们认为这一主张是合理的,且很可能是正确的。

〔8〕Gray (2011). 另请参见 Gray (in press)。

〔9〕Sandseter & Kennair (2011), p. 275.

〔10〕Gray (2011), p. 444.

〔11〕Singer, Singer, D'Agostino, & DeLong (2009), cited in Gray (2011).

〔12〕Hirsh-Pasek, Golinkoff, Berk, & Singer (2009).

〔13〕Gray (2011), p. 456.

〔14〕Hofferth & Sandberg (2001), cited in Gray (2011).

〔15〕参见 Twenge et al. (2018)。特温格在分析后做出判断,屏幕时间,无论是何种形式的,都同消极的心理健康结果存在相关性。但是彼得·格雷的看法却有所不同,对于以屏幕为媒介而展开的社会互动,格雷所持的观点要更积极一些。格雷认为,这是真实的社会互动,多人电子游戏也是一种形式的玩耍。他还指出,在线社交互动还有一大优势,就是这种活动通常发生在没有成人监管的情况下。然而,格雷也同意,网络上的互动缺乏激烈身体游戏能带来的好处,而且有些在线互动也会导致伤害心理健康的后果。P. Gray (personal communication, February 8, 2018)。

〔16〕Hofferth & Sandberg (2001).

〔17〕这方面研究的综述,可参见 Shumaker, H. (2016, March 5), Homework is wrecking our kids: The research is clear, let's ban elementary homework。*Salon*. Retrieved from https://www.salon.com/2016/03/05/homework_is_wrecking_our_kids_the_research_is_clear_lets_ban_elementary_ homework. 另参见 Marzano, R., & Pickering, D. (2007, March), Special topic: The case for and against homework. *Educational Leadership*, 64 (6), 74–79. Retrieved from https://www.lincnet.org/cms/lib 05/MA01001239/Centricity/Domain/108/Homework.pdf. 另请参见 Cooper, Lindsay, Nye, & Greathouse (1998)。See also: Cooper, Civey Robinson, & Patall (2006). 另请参见 Cooper, Steenbergen-Hu, & Dent (2012)。

[18] "过去20年间，家庭作业之增加只发生在小学低年级阶段，而且数据表明，这种增加对学生成绩的影响在相关性上是中性的（有时候是负向的）。" National Education Association. (n.d.). Research spotlight on homework. Retrieved from http://www.nea.org/tools/16938.htm.

[19] L. Skenazy (personal communication, January 23, 2018).

[20] Clements (2004), cited in Gray (2011).

[21] Whitley, C. (2011, August 1). Is your child ready for first grade: 1979 edition. *ChicagoNow*. Retrieved from http://www.chicagonow.com/little-kids-big-city/2011/08/is-your-child-ready-for-first-grade-1979-edition. （感谢艾丽卡·克里斯塔基斯告知我们这份清单。）

[22] Whitley (2011); see n. 21.

[23] St. Theresa's Catholic School (Austin, TX). (2012, January). Expectations for incoming first graders. Retrieved from https://www.st-theresa.org/wp-content/uploads/2012/02/1st_Expectations.pdf.

[24] E. Christakis (personal communication, October 21, 2017).

[25] Christakis (2016).

[26] Gopnik, A. (2011, March 16). Why preschool shouldn't be like school: New research shows that teaching kids more and more, at ever-younger ages, may backfire. *Slate*. Retrieved from http://www.slate.com/articles/double_x/doublex/2011/03/why_preschool_shouldnt_be_like_school.html. 另请参见 Gray, P. (2015, May 5), Early academic training produces long-term harm。*Psychology Today*. Retrieved from https://www.psychologytoday.com/blog/freedom-learn/201505/early-academic-training-produces-long-term-harm.

[27] Bassok, Latham, & Rorem (2016).

[28] Common Core State Standards Initiative. (n.d.). Introduction to Common Core. Retrieved from http://www.corestandards.org/Math/Content/

introduction.

〔29〕Common Core State Standards Initiative. (n. d.). English language arts standards→Reading：Foundational skills→Kindergarten. Retrieved from http：//www. corestandards. org/ELA-Literacy/RF/K.

〔30〕E. Christakis (personal communication, June 2, 2017).

〔31〕"讽刺的是，现在你要是问幼儿园或小学一年级的老师，到底什么是学龄前儿童最需要掌握的入学预备技能，你会得到一个异口同声的答案，便是社交和情感技能，比如学会遵守秩序或愿意听朋友讲话，而不是学业技能，比如学会数数或认识字母。但家长们通常却不这么看。" Christakis (2016), p. 7.

〔32〕Pew Research Center. (2015, December 17). Parenting in America：Children's extracurricular activities. Retrieved from http：//www. pewsocialtrends. org/2015/12/17/5-childrens-extracurricular-activities.

〔33〕Mose (2016).

〔34〕Scholarship America. (2011, August 25). Make your extracurricular activities pay off. *U. S. News & World Report*. Retrieved from https：//www. usnews. com/education/blogs/the-scholarship-coach/2011/08/25/make-your-extracurricular-activities-pay-off.

〔35〕*Princeton Review*. (n. d.). 14 summer activities to boost your college application. Retrieved from https：//www. princetonreview. com/college-advice/summer-activities-for-college-applications.

〔36〕Yale University Office of Institutional Research. (2016, November 30). Summary of Yale College admissions class of 1986 to class of 2020. Retrieved from https：//oir. yale. edu/sites/default/files/w033_fresh_admissions. pdf.

〔37〕Deresiewicz (2015), p. 39.

〔38〕J. Lythcott-Haims (personal communication, May 26, 2017). 正如丽诺尔·斯科纳兹所言，这些父母"经历着双重的恐惧，一是怕他们的孩子会被绑架……二是怕孩子进不了哈佛"。L. Skenazy (personal communication, January 23, 2018).

〔39〕Morrison, P. (2015, October 28). How "helicopter parenting" is ruining America's children. *Los Angeles Times*. Retrieved from http：//www. latimes. com/opinion/op-ed/la-oe-morrison-lythcott-haims-20151028-column. html.

〔40〕A. Duckworth (personal communication, March 19, 2018).

〔41〕Bruni, F. (2016, January 19). Rethinking college admissions. *The New York Times*. Retrieved from https://www.nytimes.com/2016/01/20/opinion/rethinking-college-admissions.html.

〔42〕Rosin, H. (2015, November 20). The Silicon Valley suicides. *The Atlantic*. Retrieved from https://www.theatlantic.com/magazine/archive/2015/12/the-silicon-valley-suicides/413140.

〔43〕Spencer, K. (2017, April 5). It takes a suburb: A town struggles to ease student stress. *The New York Times*. Retrieved from https://www.nytimes.com/2017/04/05/education/edlife/overachievers-student-stress-in-high-school-.html?_r=0.

〔44〕Farrell, A., McDevitt, J., & Austin, R. (2015). Youth risk behavior survey Lexington High School—2015 results: Executive summary. Retrieved from https://lps.lexingtonma.org/cms/lib2/MA01001631/Centricity/Domain/547/YRBSLHSExecSummary08Mar16.pdf. 另请参见 Luthar & Latendresse (2005)。另请参见 Chawla, I., & Njoo, L. (2016, July 21), CDC releases preliminary findings on Palo Alto suicide clusters。*The Stanford Daily*. Retrieved from https://www.stanforddaily.com/2016/07/21/cdc-releases-preliminary-findings-on-palo-alto-suicide-clusters.

〔45〕Chetty, Friedman, Saez, Turner, & Yagen (2017). 这篇论文的内容可以一言以蔽之, 参见这个报道: Some colleges have more students from the top 1 percent than the bottom 60. Find yours (2017, January 18)。*The New York Times*. Retrieved from https://www.nytimes.com/interactive/2017/01/18/upshot/some-colleges-have-more-students-from-the-top-1-percent-than-the-bottom-60.html.

〔46〕Quoted in Brody, J. E. (2015, January 19). Parenting advice from "America's worst mom". *The New York Times*. Retrieved from https://well.blogs.nytimes.com/2015/01/19/advice-from-americas-worst-mom.

〔47〕Horwitz (2015).

〔48〕Ostrom, E. (1990).

〔49〕Ostrom, V. (1997).

〔50〕Horwitz (2015), p. 10.

〔51〕Iyengar & Krupenkin (2018).

〔52〕 Ortiz-Ospina, E. , & Roser, M. (2017). Trust. Retrieved from https：//ourworldindata. org/trust.

〔53〕 Horwitz (2015), p. 3.

〔54〕 我们注意到，家境较差的学生不太需要这一建议，因为他们更有可能经历不公与"背运"，作为正常生活的一部分。

〔55〕 Reilly, K. (2017, July 5). "I wish you bad luck." Read Supreme Court Justice John Roberts's unconventional speech to his son's graduating class. *Time*. Retrieved from http：//time. com/48451 50/chief-justice-john-roberts-commencement-speech-transcript.

第 10 章 安全至上的校园官僚

〔1〕 De Tocqueville (1839/2012), book 4, chapter 6.

〔2〕 FIRE letter to Northern Michigan University, August 25, 2016. (2016, September 19). Retrieved from https：//www. thefire. org/fire-letter-to-northern-michigan-university-august-25-2016.

〔3〕 THE "I CARE PROJECT"：Revise NMU Student Self-Destructive Behavior Policy. (n. d.). *Change. org* [Petition]. Retrieved from https：//www. change. org/p/northern-michigan-university-the-i-care-project-revise-nmu-student-self-destructive-behavior-policy.

〔4〕 Singal, J. (2016, September 22). A university threatened to punish students who discussed their suicidal thoughts with friends (Updated). *The Cut*. Retrieved from https：//www. thecut. com/2016/09/a-school-is-threatening-to-punish-its-suicidal-students. html. 自此后，北密歇根大学修改了校方的政策；学校不再发送包括上述内容的邮件。2016 年 1 月，学校叫停了禁止学生彼此之间讨论自残的政策。参见 Northern Michigan University (2016), Northern Michigan University practice concerning self-destructive students changed January 2016。Retrieved from http：//www. nmu. edu/mc/current-mental-health-communication.

〔5〕 National Center for Educational Statistics (1993), p. 64.

〔6〕 Fast Facts：Back to School Statistics. (n. d.). National Center for Education Statistics. Retrieved from https：//nces. ed. gov/fastfacts/display. asp? id = 372.

〔7〕 Digest of Education Statistics. (2016). Tables 333. 10 (Revenues of public institutions) and (333.40) (Revenues of private institutions). National Center for Education Statistics. Retrieved from https：//nces. ed. gov/programs/digest/current_tables. asp.

〔8〕Gross Domestic Product 2016. (2017, December 15). World Bank Development Indicators Database. Retrieved from https：//databank. worldbank. org/data/download/GDP. pdf.

〔9〕Digest of Education Statistics. (2016). Table 333.90 (Endowments). National Center for Education Statistics. Retrieved from https：//nces. ed. gov/programs/digest/d16/tables/dt16_333.90. asp? current = yes.

〔10〕根据《泰晤士高等教育》所发布之排名，在前25所大学中，国际学生占比最低的是密歇根大学，为16%，占比最高的是卡内基梅隆大学，占比45%。World University Rankings 2018. *Times Higher Education.* Retrieved from https：//www. timeshighereducation. com/world – university – rankings/2018/world-ranking#! /page/0/length/25/sort_by/rank/sort _order/asc/cols/stats.

〔11〕World University Rankings 2018；see n. 10. 也可能在前25位中占据19所。另请参见Best Global Universities Rankings (2018)。*U. S. News & World Report.* Retrieved from https：//www. usnews. com/education/best – global–universities/rankings.

〔12〕Kerr (1963).

〔13〕"在经济衰退期间，即便预算削减、学费上涨，大学的领导、行政和管理部门规模还增长了15%。" Marcus, J. (2016, October 6). The reason behind colleges' ballooning bureaucracies. *The Atlantic.* Retrieved from https：//www. theatlantic. com/education/archive/2016/10/ballooning-bureaucracies-shrinking-checkbooks/503066.

〔14〕例如，参见Catropa, D. , & Andrews, M. (2013, February 8), Bemoaning the corporatization of higher education。*Inside Higher Ed.* Retrieved from https：//www. insidehighered. com/blogs/strat edgy/bemoaning–corporatization–higher–education.

〔15〕"根据美国大学教授联合会在2014年的一份报告，自1975年以来，全职行政职位增长了369%，而全职终身教职序列只增长了23%，兼职教员增长了286%。" Braswell, S. (2016, April 24). The fightin' administrators：The birth of a college bureaucracy. *Point Taken.* Retrieved from http：//www. pbs. org/wgbh/point‐taken/blog/ozy‐fightin‐administrators‐birth‐college‐bureaucracy. 另请参见 Christensen, K. (2015, October 17), Is UC spending too little on teaching, too much on administration? *Los Angeles Times*. Retrieved from http：//www. latimes. com/local/education/la‐me‐uc‐spending‐20151011‐story. html.

[16] Campos, P. F. (2015, April 4). The real reason college tuition costs so much. *The New York Times*. Retrieved from https：//www. nytimes. com/2015/04/05/opinion/sunday/the‐real‐reason‐college‐tuition‐costs‐so‐much. html.

[17] Catropa & Andrews (2013); see n. 15. 另请参见 Lewis (2007), pp. 4‐5。另请参见 McArdle, M. (2015, August 13), Sheltered students go to college, avoid education。*Bloomberg View*. Retrieved from https：//www. bloomberg. com/view/articles/2015‐08‐13/sheltered‐students‐go‐to‐college‐avoid‐education.

[18] Ginsberg (2011). Chapter 1, section "Shared Governance?" paragraphs 2‐6.

[19] Ginsberg (2011). Chapter 1, section "Professors and Administrators?" paragraph 16.

[20] 在我们所知范围内，只有极个别的例外，比如说欧柏林学院的校长马文·克里斯洛夫，他拒绝接受一系列"不可谈判"的要求。见 Jaschik, S. (2016, January 21), Oberlin's president says no。*Inside Higher Ed*. Retrieved from https：//www. insidehighered. com/news/2016/01/21/oberlins‐president‐refuses‐negotiate‐student‐list‐demands.

[21] Adler, E. (2018, March 15). Students think they can suppress speech because colleges treat them like customers. *The Washington Post*. Retrieved from http：//wapo. st/2phMwCB? tid＝ss_tw& utm_term＝. 75b5e44fa1d0.

[22] 见 figure 5 on page 11 of Desrochers, D. M., & Hurlburt, S. (2016, January). Trends in college spending：2003‐2013. American Institutes for Research. *Delta Cost Project*. Retrieved from https：//www. deltacostproject. org/sites/default/files/products/15‐4626％ 20Final０１％ 20Delta％ 20Cost％ 20Proj ect％ 20College％20Spending％ 2011131. 406. P0. 02. 001％ 20. . . pdf.

[23] Carlson, S. (2013, January 28). What's the payoff for the "country

club" college? *The Chronicle of Higher Education.* Retrieved from https：//www.chronicle.com/blogs/buildings/whats-the-payoff-for-the-country-club-college/32477. 另请参见 College Ranker. （n. d.）, Colleges as country clubs：Today's pampered college students。Retrieved from http://www.collegeranker.com/features/colleges-as-country-clubs. 另请参见 Jacob, B., McCall, B. & Stange, K. M. （2013, January）, College as country club：Do colleges cater to students' preferences for consumption? National Bureau of Economic Research. Retrieved from http：//www.nber.org/papers/w18745.pdf.《福布斯》把大学和乡村俱乐部比作"联部监狱"内安全状况最差的劳改所, 以此嘲弄大学的做法。Pierce, K. （2014, July 29）. College, country club or prison? *Forbes.* Retrieved from https：//www.forbes.com/special-report/2014/country-college-prion.html.

〔24〕2013年, 全国校内康乐体育协会（NIRSA）的一项调查发现, 92所学校在建的康乐中心项目总额高达17亿美元。Cited in Rubin, C.（2014, September 19）. Making a splash：College recreation now includes pool parties and river rides. *The New York Times.* Retrieved from https：//www.nytimes.com/2014/09/21/fashion/college-recreation-now-includes-pool-parties-and-river-rides.html. 另请参见 Koch, J. V. （2018, January 9）, Opinion：No college kidneeds a water park to study。*The New York Times.* Retrieved from https：//www.nytimes.com/2018/01/09/opinion/trustees-tuition-lazy-rivers.html.

〔25〕Stripling, J. （2017, October 15）. The lure of the lazy river. *The Chronicle of Higher Education.* Retrieved from https：//www.chronicle.com/article/The-Lure-of-the-Lazy-River/241434.

〔26〕Papish v. Bd. of Curators of the Univ. of Missouri et al., 410 U. S. 667（1973）（一位学生因散发地下学生报纸, 上面载有冒犯性的漫画和头条标题, 而被学校开除, 本案判决推翻了学校的开除决定, 令该生重新入学）; Texas v. Johnson, 491 U. S. 397（1989）（焚烧国旗, 也构成一种言论自由）。

〔27〕简便起见, 我们将用"管理者"（administrators）一词来泛指那些管理着大学的人, 还包括所有与学生生活有关的职能部门和办公室。这一范畴, 就纳入了校园里大多数（但并非全部）非教员序列的专职人员——通常来说, 在谈到大学的"管理者"时, 学生们指的就是这些人。

〔28〕在格雷格的第一本书《不学无术的自由》（Unlearning Liberty）中，他记录了从2001年至2012年的大学校园，列举了大量管理者过度反应的案例，请参见 Lukianoff, 2014。

〔29〕在强制这位教授休假并迫使他接受精神鉴定之后，学院最终撤销了对他的惩罚。见 Victory：College backtracks after punishing professor for "Game of Thrones" picture（2014, October 28）。*FIRE*. Retrieved from https：//www.thefire.org/victory-college-backtracks-punishing-professor-game-thrones-picture.

〔30〕College declares Haymarket Riot reference a violent threat to college president. (2015, June 8). *FIRE*. Retrieved from https：//www.thefire.org/college-declares-haymarket-riot-reference-a-violent-threat-to-college-president. 个人教育权利基金会给欧克顿社区学院发送了两封公函，但此事后来不了了之；学校并没有撤销其警告信，但也没有对这位教授采取任何正式行动。

〔31〕Harris, S. (2016, September 1). Speech code of the month：Drexel University. *FIRE*. Retrieved from https：//www.thefire.org/speech-code-of-the-month-drexel-university.

〔32〕个人教育权利基金会对大学的言论规章进行评级，分别归入"红灯"、"黄灯"或"绿灯"。（关于基金会评级的标准及其根据，一个详细说明，可参见 https：//www.thefire.org/spotlight/using-the-spotlight-database。）西亚拉巴马大学的言论政策被定为"红灯"，该规章仍有效，其中包括禁止刺耳的短信或辱骂。杰克逊维尔州立大学的言论规章近年来一直在变；最近一次修改发生在2017年。现在，该校属于"黄灯"档。你可以在此查阅哪些大学被评为红灯、黄灯或绿灯级：https：//www.thefire.org/spotlight. 另请参见 (n.d.). Spotlight：Jacksonville State University. Retrieved from https：//www.thefire.org/schools/jacksonville-state-university。另请参见 (n.d.). Spotlight：University of West Alabama. Retrieved from https：//www.thefire.org/schools/university-of-west-alabama。

〔33〕Harris, S. (2009, May 29). McNeese State revises "public forum" policy but still prohibits "derogatory" speech. *FIRE*. Retrieved from https：//www.thefire.org/mcneese-state-revises-public-forum-policy-but-still-prohibits-derogatory-speech.

〔34〕Univ. of Cincinnati Chapter of Young Americans for Liberty v.

Williams, 2012 U. S. Dist. LEXIS 80967（S. D. Ohio June 12, 2012）.

〔35〕你可以查阅各种各样的校园规章：Spotlight Database and Activism Portal（2018）。*FIRE*. Retrieved from https：//www. thefire. org/spotlight.

〔36〕从2001年9月12日至2016年12月31日，在这15年间，美国共发生了85起"极端主义暴力"袭击事件，平均每年不到6起。Valverde, M.（2017, August 16）. A look at the data on domestic terrorism and who's behind it. *PolitiFact*. Retrieved from http：//www. politifact. com/truth‐o‐meter/article/2017/aug/16/look-data-domestic-terrorism-and-whos-behind-it.

〔37〕根据告示，我们登录了上面给出的网址，网页上有如此解释："纽约大学的偏见回应专线提供了一种机制，我们社群内的成员，通过这一机制，可以就那些发生在我们社群内的偏见、歧视或骚扰行为，进行经验分享和问题举报。" NYU Bias Response Line.（n. d.）. Retrieved from http：//www. nyu. edu/about/policies‐guidelines‐compliance/equal‐opportunity/bias-response. html.

〔38〕FIRE.（2017）. 2017 Report on Bias Reporting Systems.［*Blog post*］. Retrieved from https：//www. thefire. org/first‐amendment‐library/special-collections/fire-guides/report-on-bias-reporting-systems-2017.

〔39〕有关此类偏向的综述，参见Haidt（2006），chapter 2。

〔40〕参见Pappano, L.（2017, October 31）, In a volatile climate on campus, professors teach on tenterhooks。*The New York Times*. Retrieved from https：//www. nytimes. com/2017/10/31/education/edlife/liberal‐teaching‐amid‐partisan‐divide. html. 另请参见Belkin, D.（2017, February 27）, College faculty's new focus：Don't offend。*The Wall Street Journal*. Retrieved from https：//www. wsj. com/articles/college‐facultys‐new‐focus‐dont‐offend-1488200404.

〔41〕Suk Gersen, J.（2014, December 15）. The trouble with teaching rape law. *The New Yorker*. Retrieved from https：//www. newyorker. com/news/news-desk/trouble-teaching-rape-law.

〔42〕Steinbaugh, A.（2016, July 7）. University of Northern Colorado defends, modifies "Bias Response Team" as criticism mounts and recording emerges. Retrieved from https：//www. thefire. org/university‐of‐northern‐colorado-bias-response-team-recording-emerges.

〔43〕Melchior, J. K.（2016, July 5）. Exclusive：Transcript of bias response team conversation with censored professor. *Heat Street*（via Archive. org）. Retrieved from https：//web. archive. org/web/20160805130848/https：//heatst. com/culture－wars/exclusive－transcript－of－bias－response－team－conversation-with-censored-professor.

〔44〕正文所述的风波，与琳赛·谢泼德（Lindsay Shepherd）事件非常相似，发生在加拿大的劳里埃大学。在课堂上，谢泼德播放了一段取自电视辩论的视频片段，但没有预先谴责辩论的一方。这时候，如果有学生坚信，辩论中某一方是正确的，那么在课堂上组织起一场辩论就可能会引火烧身。参见 Grinberg, R.（2017, November 23）, Lindsay Shepherd and the potential for heterodoxy at Wilfrid Laurier University。*Heterodox Academy*. Retrieved from https：//heterodoxacademy. org/lindsay－shepherd－and－the－potential-for-hetero doxy-at-wilfrid-laurier-university.

〔45〕如个人教育权利基金会的亚当·斯坦伯（Adam Steinbaugh）所言："温柔地冷藏学术自由，仍然是冷藏学术自由。"参见 Steinbaugh, A.（2016, July 7）; see note 2.

〔46〕但有时也并非出于好意。考虑到许多大学的政治气氛，可参见我们在第四章、第五章中所述，偏见回应作为一种工具很容易被人恶意使用。2009年，尚且处于此类系统问世初期，一名学生在加州州立理工大学的偏见回应小组工作，他在接受采访时就承认，"那些政治不正确或者言行锋利的老师"，就是系统要对准的一类靶子。而在约翰·卡罗尔大学的一个案例中，数名学生就该校的偏见回应系统，故意恶搞他们的一名同学。参见 CalPoly suspends reporting on "politically incorrect" faculty and students（2009, June 1）。*FIRE*. Retrieved from https：//www. thefire. org/cal-poly-suspends-reporting-on-politically-incorrect-faculty-and-students-2. 另请参见 John Carroll University（2015, December）, Bias reports 2014－2015。Retrieved from http：//webmedia. jcu. edu/diversity/files/2015/12/2014-2015-Bias-Report-web-version. pdf.

〔47〕20 U. S. C. § 1681 et seq.（1972）.

〔48〕参见 Davis v. Monroe County Board of Education, 526 U. S. 629, 633（1999）; Bryant v. Indep. Sch. Dist. No. I-38, 334 F. 3d 928, 934（10th Cir. 2003）。

〔49〕Civil Rights Act of 1964 § 7, 42 U. S. C. § 2000e-2（a）（1）&（2）（1964）（禁止基于"种族、肤色、宗教、性别或国籍"的招聘或职

场歧视); Education Amendments of 1972 §9, 20 U.S.C. § 1681 (a) (1972)(禁止"基于性别"的教育歧视)。

[50] Student wins Facebook.com case at University of Central Florida. (2006, March 6). *FIRE*. Retrieved from https://www.thefire.org/student-wins-facebookcom-case-at-university-of-central-florida.

[51] 请注意,当有同学感到被骚扰,需要校方提供支持,或者咨询服务时,学校不妨甚至应当设定较低的门槛;但若要惩罚这些发言者,在他们被控发表骚扰言论时,学校应当把门槛定得更好一些。比方说,根据《教育法修正案》的第九章,在被指控者的不良行为被确认之前,甚至是没有得到确定的情况下,做出举报的受害人有权采取改善措施。我们认为,错误就在于校方把两件事混为一谈,他们认为,只要有人因某种一次性的言论而感到被冒犯,一般而言,就应当有另一个人要被指控为骚扰。一所大学,如果做出这样的混淆,则它就是在教授情感推理的谬误,且将之封为正统,也是在鼓励道德依赖。

[52] 涉事学生名为基思·约翰·桑普森,也在住宿学院打工,他收到学校发来的一封信,信里通知他,因为他"公然阅读涉及历史和种族禁忌主题的图书",所以他被认定犯有种族骚扰。Lukianoff, G. (2008, May 2). Judging a book by its cover—literally. Retrieved from https://www.thefire.org/judging-a-book-by-its-cover-literally-3.

[53] 例如参见 Gluckman, N., Read B., Mangan, K. & Qulantan, B. (2017, November 3), Sexual harassment and assault in higher ed: What's happened since Weinstein. *The Chronicle of Higher Education*. Retrieved from https://www.chronicle.com/article/Sexual-HarassmentAssault/241757; Anderson, M. D. (2017, October 19). How campus racism could affect black students' college enrollment. *The Atlantic*. Retrieved from https://www.theatlantic.com/education/archive/2017/10/how-racism-could-affect-black-students-college-enrollment/543360/; Berteaux, A. (2016, September 15). In the safe spaces on campus, no Jews allowed. *The Washington Post*. Retrieved from https://www.washingtonpost.com/news/acts-of-faith/wp/2016/09/15/in-the-safe-spaces-on-campus-no-jews-allowed/?utm_term=.2bb76389a248.

[54] Silverglate, H. A. (1999, January 26). Memorandum to free speech advocates, University of Wisconsin. Retrieved from https://www.thefire.org/memorandum-to-free-speech-advocates-university-of-wisconsin.

[55] Doe v. University of Michigan, 721 F. Supp. 852, 865 (E. D. Mich. 1989).

[56] Corry v. Leland Stanford Junior University, No. 740309 (Cal. Super. Ct. Feb. 27, 1995) (slip op.).

[57] Bhargava, A., & Jackson, G. (2013, May 9). Letter to President Royce Engstrom and University Counsel Lucy France, Esq., University of Montana. U.S. Department of Justice, Civil Rights Division, & U.S. Department of Education, Office for Civil Rights. Retrieved from https://www.justice.gov/sites/default/files/opa/legacy/2013/05/09/um-ltr-findings.pdf.

[58] Kipnis, L. (2015, February 27). Sexual paranoia strikes academe. *The Chronicle of Higher Education*. Retrieved from https://www.chronicle.com/article/Sexual-Paranoia-Strikes/190351.

[59] 接受调查期间，吉普尼斯被告知，她不能请律师介入，不可以记录同调查人员的会面情况；甚至调查刚开始时，她还被告知，在会面开始前，她无法获悉自己将要面临的指控。Cooke, R. (2017, April 2). Sexual paranoia on campus—and the professor at the eye of the storm. *The Guardian*. Retrieved from https://www.theguardian.com/world/2017/apr/02/unwanted-advances-on-campus-us-university-professor-laura-kipnis-interview.

[60] Title IX Coordinating Committee response to online petition and ASG resolution. (2014, March 4). *Northwestern Now*. Retrieved from https://news.northwestern.edu/stories/2014/03/title-ix-coordinating-committee-response-to-online-petition-and-asg-resolution.

[61] Suk Gersen, J. (2017, September 20). Laura Kipnis's endless trial by Title IX. *The New Yorker*. Retrieved from https://www.newyorker.com/news/news-desk/laura-kipniss-endless-trial-by-title-ix.

[62] 一名学生以吉普尼斯为被告提起的诽谤诉讼仍在继续。Meisel, H. (2018, March 7). HarperCollins can't escape suit over prof's assault book. *Law360*. Retrieved from https://www.law360.com/articles/1019571/harpercollins-can-t-escape-suit-over-prof-s-assault-book.

[63] FIRE (Producer). (2016, April 6). In her own words: Laura Kipnis's "Title IX inquisition" at Northwestern [Video file]. Retrieved from https://youtu.be/vVGOp0IffOQ?t=8m58s.

〔64〕Campbell & Manning（2014）. 关于这项研究的扩展，另请参见 Campbell & Manning（2018）。

〔65〕Campbell & Manning（2014），p. 695.

〔66〕Campbell & Manning（2014），p. 697.

〔67〕艾丽卡·克里斯塔基斯的邮件见 FIRE（2015，October 30）。Email from Erika Christakis: "Dressing Yourselves", email to Silliman College (Yale) students on Halloween costumes. *FIRE*. Retrieved from https://www.thefire.org/email-from-erika-christakis-dressing-yourselves-email-to-silliman-college-yale-students-on-halloween-costumes.

第11章　追逐正义

〔1〕Rawls（1971），p. 3. 约翰·罗尔斯是20世纪最重要的一位政治哲学家，在他的《正义论》一书中，他提出，如果在"无知之幕"下，亦即我们并不知道自己将在社会中占据什么位置，扮演何种角色，使我们设计正义的基本规则，那我们将会设计出什么样的社会。

〔2〕数据来自 Ghitza & Gelman（2014），互动版本参见 Cox, A. (2014, July 7), How birth year influences political views. *The New York Times*. Retrieved from https://www.nytimes.com/interactive/2014/07/08/upshot/how-the-year-you-were-born-influences-your-politics.html?_r=0.

〔3〕1965年这一年，见证了《选举权法案》的通过、发生于洛杉矶的沃茨社区骚乱、塞尔玛民权大游行，与此同时，随着美国的介入变本加厉，反对越南战争的抗议也愈演愈烈。1972年这一年，理查德·尼克松连选连任，他在总统大选中以压倒性的优势击败了乔治·麦戈文，那位"主张和平的候选人"——对于许多反主流文化人士来说，可谓是当头一记重拳。大多数出生于1954年的美国人，在那次选举中已经可以投票；而出生于1955年的尚且没有资格。

〔4〕Ghitza & Gelman（2014）. 这篇文章使用了总统的支持率这个很容易获得的指标，并以之模拟每一年发生的政治事件——如果你即将成年时（且你是白人），那时候的总统非常受欢迎，那么往后余生，你就更有可能成为该总统所在政党的选民。但作者也承认，各种各样的"政治冲击"同样可能产生影响，比如说，刺杀、暴乱等。这一模型在描述意义上更适用于白人选民，而不是黑人或西班牙裔选民。

〔5〕Pyramid Film Producers（Producer）. (1969). The World of '68

[Video file]. Retrieved from https://archive.org/details/worldof68.

[6] 参见 Sloane, Baillargeon, and Premack (2012)。根据这一研究,在婴儿只有 21 个月大时,相称原则被违反也能引起他更多的关注,相比之下,如果是只有工作的人才有所得,就不会出现同样持续的注视。关于公正意识在幼年期的出现,一篇文献综述可参见 Bloom (2014)。

[7] Damon (1979); Kanngiesser & Warneken (2012).

[8] Almas, Cappelen, Sorensen, & Tungodden (2010).

[9] Starmans, Sheskin, & Bloom (2017).

[10] See Adams (1963); Adams (1965); Huseman, Hatfield & Miles (1987); Walster, Walster, & Berscheid (1978).

[11] Walster, Walster, & Berscheid (1978).

[12] Ross & Sicoly (1979)。人们对平等和相称的关注,是如何随着关系和语境的不同而发生变化的,相关的讨论,参见 Fiske (1992)。

[13] Adams & Rosenbaum (1962).

[14] Lind & Tyler (1988)。还可参见 Tyler & Blader (2014)。还可参见更早的作品:Thibaut and Walker (1975)。

[15] Tyler & Huo (2002).

[16] 还有一系列的研究则表明,因果关系有时候也会倒置:也就是说,许多人想要证明现状的正当,那么这种愿望就会促使他们将现存的不公正加以合理化。可参见近期这一阅读界面友好的综述:Jost, J. T. (2017). A theory of system justification. *American Psychological Association*. Retrieved from http://www.apa.org/science/about/psa/2017/06/system-justification.aspx.

[17] Hayek (1976); Nozick (1974).

[18] 正文中的定义,在美国社工协会的网站上已经找不到了,但至少在 2017 年 8 月 11 日之前,这都是该协会所用的定义。请访问:NASW. (2017, August 11), Social justice [via web.archive.org]. Retrieved from https://web.archive.org/web/20170811231830/https://www.socialworkers.org/pressroom/features/issue/peace.asp.

[19] Putnam (2015), pp. 31-32,帕特南指出:"若必须要做出个选择,那么美国人,无论居于何种收入水平,都有近四分之三的认为,'对这个国家而言,更重要的……是要确保每个人都有公正的机会,去提升他们的经济状况,而不是减少美国社会的不平等'。"在这里,帕特南所引

用的民调问题,来自皮尤中心的一个关于经济流动的项目,即在2011年的一次调查。

〔20〕所谓体系证成理论(System Justification Theory)的研究,可参见 Jost, Banaji, & Nosek (2004)。

〔21〕参见第三章的讨论,以及 Crenshaw's TED talk:TED (Producer). (2016, October). Kimberlé Crenshaw at TEDWomen 2016—The urgency of intersectionality [Video file]. Retrieved from https://www.ted.com/talks/kimberle_crenshaw_the_urgency_of_intersectionality.

〔22〕有些时候,即便是少数群体的成员也有动机去否认这些不公正;关于体系证成理论的研究,可参见 Jost, Banaji, & Nosek (2004)。

〔23〕Guinier (1994).

〔24〕Bolick, C. (1993, April 30). Clinton's quota queens. *The Wall Street Journal*.

〔25〕Lewis, N. A. (1993, June 4). Clinton abandons his nominee for rights post amid opposition. *The New York Times*. Retrieved from http://www.nytimes.com/1993/06/04/us/clinton-abandons-his-nominee-for-rights-post-amid-opposition.html.

〔26〕参见 U. S. Dept. of Education, Office for Civil Rights (1979, December 11). A policy interpretation: Title IX and intercollegiate athletics. Retrieved from https://www2.ed.gov/about/offices/list/ocr/docs/t9interp.html.

〔27〕1993年,联邦第一巡回区上诉法院就柯恩诉布朗大学(*Cohen v. Brown Univ.*)做出判决,作为先声,其预见到了三年之后联邦教育部的官方立场。在柯恩案中,布朗大学的女子体操队和排球队成员状告学校,起因是她们的队伍被校方裁撤,据称是出于经济原因的考虑。上诉法院判定,布朗大学违反了《教育法》的第九章,根据就是,女生能进入学校代表队的机会,在比例上要低于女生入学的比例;女生对体育运动的兴趣并没有得到满足,甚至差得还很远;因此,布朗大学如要满足第九章的要求,就必须充分照顾到代表不足之性别的利益,或者按照入学性别的比例来提供均等的机会。参见 991 F. 2d 888, 899 (1st Cir. 1993)。换言之,如果代表不足之性别的利益无法得到充分照顾,那么学校就必须削减代表过多之性别的机会,直至达到比例的相称。

〔28〕实际上发送至全国所有的大学,只有五所除外。有关"致我亲

爱的同事"的函件,更多的内容可参见 Admin.(2013, May 28), Frequently asked questions regarding the federal "blueprint" for sexual harassment policies on campus。*FIRE*. Retrieved from https://www.thefire.org/frequently-asked-questions-regarding-the-federal-blue print-for-sexual-harassment-policies-on-campus/#whatisdcl.

〔29〕Cantú, N. V. (1996, January 16). Clarification of intercollegiate athletics policy guidance: The three-part test [Dear Colleague letters]. U. S. Department of Education. Retrieved from https://www2.ed.gov/about/offices/list/ocr/docs/clarific.html.

〔30〕如要合规,第二种方法就是要证明学校已经"取得进步",走在实现第一条标准的道路上。第三种方法就是,要证明代表不足之性别的运动兴趣已经得到"充分且有效的照顾"——在现实操作中,就是要证明,统计没有得到组队机会的女生,其人数不能超过可组队的规模。看起来,这两种方法可以让学校躲开结果平等这个困境,但实际上,如要满足这些标准,所动用的方法只会招致民权办公室的严格审查,而所有合规职业人士的首要目标之一,就是要规避由政府机构所展开的调查。这么说来,唯一可确定避免调查的选择,就是去满足第一种的证明要求,所以几乎所有的学校都选择了这条路。

〔31〕学校会被要求达到最高的标准,相关证据可参见 Thomas, K. (2011, April 25), College teams, relying on deception, undermine gender equity。*The New York Times*. Retrieved from http://www.nytimes.com/2011/04/26/sports/26titleix.html.

〔32〕Thomas, K. (2011, May 1). Colleges cut men's programs to satisfy Title IX. *The New York Times*. Retrieved from http://www.nytimes.com/2011/05/02/sports/02gender.html.

〔33〕Deaner, Balish & Lombardo (2016). 他们还举出了大量的证据,表明女孩若在胎儿期接触到睾酮,便与她们后来对运动的兴趣,尤其是通常而言偏男性的运动,具有相关性。

〔34〕Deaner et al. (2012).

〔35〕当然,怀疑论者可以辩称,这些性别间的差异,根源于幼童社会化的差异——比如,众所周知,在玩具店里,男童和女童的玩具货架就大不相同,为女孩提供的运动装置要少得多。也有这种可能,但是,我们也知道,历史上不乏这样的努力,通过中性或性别颠倒的养育方式,试图

改变儿童由自然性别所决定的游戏行为。但结果表明,鲜有成功的案例;如需案例,请见大卫·雷默(David Reimer)的悲剧,in Burkeman, O., & Younge, G. (2004, May 12), Being Brenda。*The Guardian*. Retrieved from https://www.theguardian.com/books/2004/may/12/scienceandnature.gender. 玩具店的设置,看起来是在回应性别偏好,而不是制造这种偏好。此外,退一万步说,就算性别化的体育偏好完全由早期社会化导致,而非产前激素所决定,这也不能成为理据,以此要求大学必须要做到结果平等。也许这只能对小学阶段有所影响。

〔36〕Thomas (2011, April 25); see n. 31.

〔37〕Chang (2018).

〔38〕Rivlin-Nadler, M. (2013, August 17). More buck for your bang: People who have more sex make the most money. *Gawker*. Retrieved from http://gawker.com/more-bang-for-your-buck-people-who-have-more-sex-make-1159315115.

〔39〕现实研究表明,因为"性行为被视为健康、生活品质、幸福和快乐的晴雨表",同时"健康、认知及非认知能力、性格都是影响工资水平的重要因素",所以"目前尚不清楚这种相关性是否意味着存在因果关系"。Drydakis, N. (2013). The effect of sexual activity on wages. *IZA Discussion Paper No.* 7529. Retrieved from http://ftp.iza.org/dp7529.pdf.

〔40〕Sue et al. (2007), p. 274, 根据该书的定义,所谓"微反驳",就是"一种交流,排斥、否定或无视有色人种的心理、感受或者所经验的现实"。

〔41〕就认知能力而言,性别差异通常很小,甚至不存在。但说起我们会对什么事情感兴趣,又从中感到享受,性别差异往往是巨大的,也是跨文化而普遍存在的,并且都同胎儿产前对激素的接触有关系。有关职业选择的性别差异,一个研究综述,请参见 Stevens, S., & Haidt, J. (2017), The Google memo: What does the research say about gender differences? *Heterodox Academy*. Retrieved from https://heterodoxacademy.org/the-google-memo-what-does-the-research-say-about-gender-differences.

〔42〕Tetlock, Kristel, Elson, Green, & Lerner (2000).

〔43〕参见 Nordhaus, T., & Shellenberger, M. (2013, Winter), Wicked polarization: How prosperity, democracy, and experts divided America。

The Breakthrough Institute. Retrieved from https：//thebreakthrough.org/index.php/journal/past-issues/issue-3/wicked-polarization.

第12章 救救孩子

〔1〕Stevens, S., & Haidt, J. (2018, March 19). The skeptics are wrong：Attitudes about free speech are changing on campus. *Heterodox Academy*. Retrieved from https：//heterodoxacademy.org/skeptics-are-wrong-about-campus-speech.

〔2〕Diamond, A. (2016, November 17). South Korea's testing fixation. *The Atlantic*. Retrieved from https：//www.theatlantic.com/education/archive/2016/11/south-korean-seniors-have-been-preparing-for-today-since-kindergarten/508031.

〔3〕Diebelius, G. (2018, February 27). Head teacher bans children from touching snow for "health and safety" reasons. *Metro News*. Retrieved from http：//metro.co.uk/2018/02/27/head-teacher-bans-children-touching-snow-health-safety-reasons-7345840.

〔4〕我们承认，有些孩子可能成为欺凌行为的对象，对于那些落入欺凌之定义范围内的行为，成年人既不能置若罔闻，也不可等闲视之。"当下普遍采纳的欺凌行为定义，包括如下三个标准：（1）反复发生：一个孩子成为某攻击行为模式的对象，或者一个孩子参与到针对他人的某攻击行为模式。（2）在卷入其中的孩子们之间，存在着权力的失衡（强势孩子凌驾于弱势孩子的头上）。（3）攻击一方的孩子要有主观意图，给被攻击的孩子造成伤害。"Paresky, P. (2016). We're giving bullying a bad name. *Psychology Today*. Retrieved from https：//www.psychologytoday.com/blog/happiness-and-the-pursuit-leadership/201604/we-re-giving-bullying-bad-name.

〔5〕Play：groundNYC：built for children, by children. (n.d.). Retrieved from https：//play-ground.nyc. 如欲了解冒险游乐场的简史，请访问 https：//play-ground.nyc/history。关于这种类型的游乐场，视频介绍请访问 https：//www.youtube.com/watch? time_continue=1& v=74vOpkEin_A。

〔6〕丹尼尔·舒克曼也是个人教育权利基金会的董事会主席。

〔7〕"Let Grow License." Available at www.LetGrow.org/LetGrowLicense.

〔8〕当然，所谓"滥用权力"，究其本质而言，是指行为超出了法律

所能允许的范围；因此，我们无法做出保证，也许会有"好心人"留下你的孩子。找到志同道合的父母，组成一个团体，接近本地执法部门，在纠纷发生之前，加以宣讲和教育，这样可能有助于避免冲突。还要指出，这并不是法律建议，而只是给为人父母者支招。如需法律意见，你应当联系你所在州/县的执业律师。

[9] E. Christakis (personal communication, February 18, 2018).

[10] Grant, A. (2017, November 4). Kids, would you please start fighting? *The New York Times*. Retrieved from https：//www.nytimes.com/2017/11/04/opinion/sunday/kids-would-you-please-start-fighting.html.

[11] 美国认知疗法研究所：https：//www.cognitivetherapynyc.com。

[12] R. Leahy (personal communication, January 23, 2017).

[13] Chansky (2004).

[14] Beck Institute：https：//beckinstitute.org. 认知行为疗法的资源，还包括大卫·伯恩斯的经典著作《感觉不错：新情绪疗法》（*Feeling Good：The New Mood Therapy*）（1980）以及《感觉不错手册》（*The Feeling Good Handbook*）（1999）。

[15] Leahy, R. (n.d.). Anxiety files. *Psychology Today*. Retrieved from https：//www.psychologytoday.com/blog/anxiety-files.

[16] PTSD：National Center for PTSD. (n.d.). U.S. Department of Veterans Affairs. Retrieved from https：//www.ptsd.va.gov/public/materials/apps/cpt_mobileapp_public.asp.

[17] AnxietyCoach. (n.d.). *Mayo Clinic*. Retrieved from https：//itunes.apple.com/us/app/anxietycoach/id56594 3257?mt=8. 关于认知行为疗法手机程序的更多信息，参见 ADAA-reviewed mental health apps at https：//adaa.org/finding-help/mobile-apps。

[18] Mindful Staff (2017, January 11). Jon Kabat-Zinn：Defining mindfulness. *Mindful*. Retrieved from https：//www.mindful.org/jon-kabat-zinn-defining-mindfulness.

[19] Mindful Schools. (n.d.). Research on mindfulness. Retrieved from https：//www.mindfulschools.org/about-mindfulness/research. 由学校所组织的正念项目也能令参与者受益，参见 Ohio Mental Health Network, Project Aware Information Brief (n.d.), School-based mindfulness interventions。Retrieved from http：//resources.oberlinkconsulting.com/uploads/infobriefs/

Final_Mindfulness_Brief_No_3. pdf.

﹝20﹞ Rempel, K. (2012).

﹝21﹞ Gelles, D. (n. d.). Mindfulness for children. *The New York Times*. Retrieved from https：//www. nytimes. com/guides/well/mindfulness‐for‐children.

﹝22﹞ Emory‐Tibet Partnership (n. d.). CBCT. Retrieved from https：//tibet. emory. edu/cognitively-based-compassion-training. 马萨诸塞大学医学院创设了一个项目，将认知行为疗法和正念练习结合起来（基于正念的认知疗法），参见 Center for Mindfulness. (n. d.), A mindful way through depression。MBCT：Mindfulness‐based cognitive therapy。Retrieved from https：//www. umassmed. edu/cfm/mindfulness-based-programs/mbct-courses.

﹝23﹞ Solzhenitsyn (1975).

﹝24﹞ TED (Producer). (2011, April 26). On being wrong—Kathryn Schulz [Video file]. Retrieved from https：//www. youtube. com/watch? v = QleRgTBMX88.

﹝25﹞可想而知，我们这本书一定也有错误。我们将在本书网站（TheCoddling.com）上专设一个纠错页面，感谢为我们指出错误的批评者。

﹝26﹞ H. Cooper (personal communication, February 27, 2018). 还可参见 Cooper, Civey Robinson, & Patall (2006)。

﹝27﹞ SBS Dateline (Producer). (2014, October 21). No rules school [Video File]. Retrieved from https：//www. youtube. com/watch? v = r1Y0cuufVGI.

﹝28﹞也可以在早晨上课前这么做。更多的信息，可参见 Let Grow. (2017, March 4), Let Grow Play Club Final [Video file]。Retrieved from https：//youtu. be/JX2ZG0b9I-U. 在纽约州长岛的帕卓‐梅德福学区，七所学校先人一步，成为"放养玩耍俱乐部"（Let Grow Play Club）的试点，其做法是几乎不设成年人的干预。罗莉·克尔纳，特里蒙特小学的校长，这样告诉记者："我人在教育界已经有28年，这很可能是这些年来最令人惊奇的经历之一。"校长补充说，她看到"欺凌不复存在……就好像他们从不争吵一样，因为他们知道，这时候没有人站出来帮他们解决问题，所以他们只能和睦相处"。参见 News Desk. (2018, January 25), Pat‐Med debuts before school play program。*Patchogue Patch*. Retrieved from https：//

patch. com/new-york/patchogue/pat-med-debuts-school-play-program。

〔29〕一种不错的选择是，让孩子们把他们的手机封存在一个锁上的手机袋里，现在有些表演艺术家，比如喜剧演员大卫·查普尔，演出时就已经要求观众这么做了。入场时，手机袋分发下去，把手机锁在里面，看演出时，虽然每个人都拿着自己的手机，但却无法使用，直至离场时将手机袋放在解锁装置上，袋子才会打开，手机才能取出来。例如，参见 Yondr（n. d.），How it works。Retrieved from https：//www. overyondr. com/howitworks。

〔30〕American Academy of Pediatrics Policy Statement. (2013). The crucial role of recess in school. Retrieved from http：//pediatrics. aappublications. org/content/pediatrics/early/2012/12/25/peds. 2012-2993. full. pdf。

〔31〕*Intellectual Virtues Academy*：http：//www. ivalongbeach. org。

〔32〕你可以访问贝尔教授的网站，阅读书评、文章及其著作章节：https：//jasonbaehr. wordpress. com/research。你还可以在此下载电子书《智性美德教育：大学教师入门指南》（*Educating for Intellectual Virtues：An Introductory Guide for College and University Instructors*）：https：//jasonbaehr. files. wordpress. com/2013/12/e4iv_baehr. pdf。

〔33〕国际辩论教育协会：https：//idebate. org/start-debate-club。

〔34〕《智力平方》辩论，可参见 https：//www. intelligencesquaredus. org/debates。

〔35〕Reeves, Haidt, & Cicirelli (2018)。这本书的书名是《没有完美：约翰·斯图尔特·密尔论言论自由（插图版）》(*All Minus One：John Stuart Mill's Ideas on Free Speech Illustrated*)。免费版的电子书可以从这个网址下载：HeterodoxAcademy. org/mill。

〔36〕该程序下载地址：OpenMindPlatform. org。

〔37〕关于常识媒体的研究，可参见 https：//www. commonsensemedia. org/research。

〔38〕Clark, Algoe, & Green (2018).

〔39〕非营利组织"常识媒体"正在携手人文科技中心，通过合作研究，它们希望可以改变科技影响我们思维的方式。关于如何减少使用智能手机的负面影响，有关建议可参见 http：//humanetech. com/take-control。

〔40〕一般而言，我们反对过度安排孩子们的生活，坚持认为过犹不及。但在社交媒体出现后，考虑到社交媒体公司总是魔高一丈，把用户操

纵在手心,也考虑到青少年已经现身说法,他们对电子设备总是重度上瘾,且沉溺于屏幕已经呈现出同抑郁和自杀的相关性,我们认为,在涉及电子设备和社交媒体时,外部约束和父母监督是合适的手段。

〔41〕人们表示,当身边有移动设置时,他们同面对面的交谈对象就很难有共鸣。参见 Misra, Cheng, Genevie, & Yuan, M. (2014)。另请参见 Nauert, R. (2017, May 25), Parents' digital distractions linked to kids' behavioral issues。*Psych Central*. Retrieved from https://psychcentral.com/news/2017/05/25/parents-digital-distractions-linked-to-kids-behavioral-issues/121061.html.

〔42〕"睡眠不足,亦即常规性地低于建议小时数,会导致注意力、行为和学习上的问题。睡眠不充分,还会加重事故、受伤、高血压、肥胖、糖尿病和抑郁症的风险。青少年若睡眠不足,也会加重自残、自杀念头乃至自杀企图的危险。"Paruthi, S., et al. (2016). Recommended amount of sleep for pediatric populations: A consensus statement of the American Academy of Sleep Medicine. *Journal of Clinical Sleep Medicine*, 12 (6): 785-786. Retrieved from https://aasm.org/resources/pdf/pediatricsleepdurationconsensus.pdf.

〔43〕Stanford Medicine News Center. (2015, October 8). Among teens, sleep deprivation an epidemic. Retrieved from https://med.stanford.edu/news/all-news/2015/10/among-teens-sleep-deprivation-an-epidemic.html. 另请参见 Twenge (2017), chapter 4。

〔44〕Twenge (2017). 同样,在麻省理工学院教授雪莉·特克尔的《重拾交谈》(*Reclaiming Conversation*) 一书中,特克尔教授指出,有一位中学教务主任告诉她,"12 岁的孩子就像 8 岁那样,在操场上玩耍"(p.3)。特克尔发现,孩子们养成换位思考能力的时间延迟了,他们的友谊非常肤浅,同时,大学生群体也普遍失去了此前的同情能力。还可参见 Turkle, S. (2015, September 26), Stop Googling. Let's talk. *The New York Times*. Retrieved from https://www.nytimes.com/2015/09/27/opinion/sunday/stop-googling-lets-talk.html.

〔45〕参见 Arnett (2004),根据这本书,在二战结束后数十年间,青年人步入婚姻,为人父母的时间来得越来越晚了,于是作者提出"成人初显期"(emerging adulthood) 这个概念,以此指称人生的一个新阶段,约在十八九岁和二十岁出头期间。

〔46〕Dunn, L. (2017, April 24). Why your brain would love it if you took a gap year. *Forbes*. Retrieved from https：//www.forbes.com/sites/noodleeducation/2017/04/24/why-your-brain-would-love-it-if-you-took-a-gap-year/#7d59496e41e2. 还可参见Southwick, N. (2014, December 2), What do college admissions really think of your gap year? Retrieved from https：//www.gooverseas.com/blog/what-do-college-admissions-really-think-of-your-gap-year.

〔47〕Aspen Ideas. (n.d.). A civic rite of passage：The case for national service. Retrieved from https：//www.aspenideas.org/session/civic-rite-passage-case-national-service.

〔48〕Service Year Alliance. (n.d.). What we do. Retrieved from http：//about.serviceyear.org/what_we_do.

〔49〕McChrystal, S. (2014, November 14). How a national service year can repair America. *The Washington Post*. Retrieved from https：//www.washingtonpost.com/opinions/mcchrystal-americans-face-a-gap-of-shared-experience-and-common-purpose/2014/11/14/a51ad4fa-6b6a-11e4-a31c-77759fc1eacc_story.html.

〔50〕关于"间隔年"的更多信息，可登录网站https：//www.GapYearAssociation.org。

〔51〕Varadarajan, T. (2018, February 16). The free-speech university. *The Wall Street Journal*. Retrieved from https：//www.wsj.com/articles/the-free-speech-university-1518824261.

第13章　改革大学

〔1〕再列举几则校训，此处只给出英译：布兰代斯大学："真理扎根于此"（Truth, even unto its innermost parts）；加州理工学院和约翰·霍普金斯大学："真理必使你自由"（The truth shall make you free）；科尔盖特大学："为了上帝和真理"（For God and Truth）；霍华德大学："真理与服务"（Truth and Service）；西北大学："凡事求真"（Whatsoever things are true）；密歇根大学："艺术，科学，真理"（Art, Science, Truth）。

〔2〕Pew Research Center. (2017, July 10). Sharp partisan divisions in views of national institutions：Republicans increasingly say colleges have negative impact on U.S. *U.S. Politics and Policy*. Retrieved from http：//www.people-press.org/2017/07/10/sharp-partisan-divisions-in-views-of-national-institutions.

〔3〕这句话，出自马克思的《关于费尔巴哈的提纲》，写于1845年，后作为附录收入恩格斯《路德维希·费尔巴哈和德国古典哲学的终结》，Engels（1888/1976）。这句引文在第65页。这句话的英文后刻在马克思在伦敦公墓的墓碑上。

〔4〕正如我们在第五章中指出的，长青州立学院在2011年扩充了它的办学目标，加入这一表述，"从本土到全球，长青学院致力于推动社会正义……也因此从中受益"。布朗大学也考虑过类似的变更，具体可参见如下这部纪录片：Montz, R. (2016). Silence U: Is the university killing free speech and open debate? We the internet documentary. Retrieved from https://www.youtube.com/watch? v = x5uaVFfX3AQ. 校长谈到布朗大学坚守"对社会正义和公平的承诺"，在这之后，一群教员写道："对校长和教务长的呼吁，我们为之喝彩，并充满着希望和期待，整所大学可以围绕着社会正义的议程团结起来。"Brown Faculty Members (2015, November 13). Brown faculty members: Supporting students of color in changing Brown. *The Brown Daily Herald*. Retrieved from http://www.browndailyherald.com/2015/11/13/brown-faculty-members-supporting-students-of-color-in-changing-brown.

〔5〕Dreger (2015), p.262.

〔6〕Dreger (2015), p.262.

〔7〕这类措辞很多都出自美国大学教授协会（AAUP），该组织成立于1915年，旨在为大学校园内的学术自由而斗争。美国大学教授协会先后在1915年和1940年发表声明，其文本经过深思熟虑，对学术自由以及自由的探索做出了鼓舞人心的承诺；此后，该协会就学生言论以及"校外"演讲（亦即教授到校外做讲座）发表声明，同样也做得极好。AAUP. (1940). Statement of principles on academic freedom and tenure. Retrieved from https://www.aaup.org/report/1940-statement-principles-academic-freedom-and-tenure. 还可参见AAUP. (1915). Declaration of principles on academic freedom and tenure. Retrieved from https://www.aaup.org/NR/rdonlyres/A6520A9D-0A9A-47B3-B550-C006B5B224E7/0/1915Declaration.pdf.

〔8〕FIRE. (n.d.). Adopting the Chicago Statement. Retrieved from https://www.thefire.org/student-network/take-action/adopting-the-chicago-statement.

〔9〕在个人教育权利基金会的网站（www.thefire.org）上，我们可以找到超过450所大学的言论政策。根据基金会的评级，越来越多的大学在言论政策上获得了"绿灯"，这通常能给该所大学带来正能量的宣传，希望能有更多的大学加入到"绿灯"方阵。截至本书定稿时，已有40所大学获得了"绿灯"评级。你可以查阅哪些大学被评为红灯、黄灯或者绿灯级：https://www.thefire.org/spotlight/using-the-spotlight-database。

〔10〕你可以参考《异端学会之大学指南》，从中找到你所需的信息。每所学校对观点多元性持多大程度的开放，包括校方对近期扰乱演讲事件的回应，可获取于http://heterodoxacademy.org/guide-to-colleges。

〔11〕Arnett, J. J. (2004).

〔12〕教授和院长可以下载"校园表达度量"（Campus Expression Survey），这是一款由异端学会所开发的免费工具，可用于测量校园内的言论氛围，请登录http://heterodoxacademy.org/campus-expression-survey。

〔13〕Simmons, R. J. (2014, May 18). Commencement address, Smith College. Retrieved from https://www.smith.edu/about-smith/smith-history/commencement-speakers/2014. 作为毕业典礼上的受邀致辞人，西蒙斯是替补上来的，原定的演讲人是克里斯蒂娜·拉加德（Christine Lagarde），国际货币基金组织前任总裁，她因学生抗议而退出演讲。

〔14〕如正文所言，其中之区分可以更清楚一些，可参见一封曾在2016年引起广泛讨论的信，发信人是芝加哥大学的学生处长杰伊·埃里森（Jay Ellison），收信人则是即将入学的大一新生。信中写道："我们不会容忍创造智识上的'安全空间'的举动，每一位学生也不能一遇到同自己相左的观点和立场，就想着退回到'安全空间'。"这封信的完整版，可参见https://news.uchicago.edu/sites/default/files/attachments/Dear_Class_of_2020_Students.pdf。

〔15〕Haidt, J. (2017, March 2). Van Jones' excellent metaphors about the dangers of ideological safety [Blog post]. *Heterodox Academy*. Retrieved from https://heterodoxacademy.org/2017/03/02/van-jones-excellent-metaphors.

〔16〕例如参见Sidanius, Van Laar, Levin, & Sinclair (2004)，该文发现，在大学里搞一些"种族小团体"（ethnic enclaves），就会导致各种各样的负面影响（包括共同认同感的下降，种族受害者心理却在上升）。同

样的效应也可见于少数群体学生以及兄弟会内的白人学生。

〔17〕Murray, P. (1945). An American Credo. *CommonGround*, 5 no. 2 (1945): 24. Retrieved from http：//www. unz2. com/print/Common Ground-1945q4-00022.

〔18〕请登录 BridgeUSA. org，该组织的一次素描，可参见 Khadaroo, S. T. (2017, October 26), The anti-Washington: College group offers a model for debating politely。*The Christian Science Monitor*. Retrieved from https：//www. csmonitor. com/EqualEd/2017/1026/The-anti-Washington-College-group-offers-a-model-for-debating-politely.

结论 明天会更好？

〔1〕Thomas Babington Macauley. 出自他对罗伯特·骚塞《社会对话录》的书评，刊发于 1830 年 1 月的《爱丁堡评论》。Retrieved from http：//www. econlib. org/library/Essays/macS1. html.

〔2〕"脸书"表示，公司正在努力推进更多"有意义的互动"；参见 Vogelstein, F. (2018, January 11), Facebook Tweaks Newsfeed to Favor Content From Friends, Family。*Wired*. Retrieved from https：//www. wired. com/story/facebook-tweaks-newsfeed-to-favor-content-from-friends-family.

〔3〕Tsukayama, H. (2018, March 1). Twitter's asking for help on how to be less toxic. *The Washington Post*. Retrieved from https：//www. washingtonpost. com/news/the-switch/wp/2018/03/01/twitters-asking-for-help-on-how-to-be-less-toxic/? utm_term=. 4b28ef8a631b. 这篇帖文，由与推特合作的研究者发表，尤其值得参考：Measuring the health of our public conversations. (2018, March 1)。*Cortico*. Retrieved from https：//www. cortico. ai/blog/2018/2/29/public-sphere-health-indicators.

〔4〕Common Sense Media. (2018, February 5). Common Sense partners with the Center for Humane Technology; Announces "Truth About Tech" Campaign in response to escalating concerns about digital addiction. Retrieved from https：//www. commonsensemedia. org/about-us/news/press-releases/common-sense-partners-with-the-center-for-humane-technology-announces.

〔5〕De la Cruz, D. (2018, March 29). Utah passes "free-range" parenting law. *The New York Times*. Retrieved from https：//www. nytimes. com/2018/03/29/well/family/utah-passes-free-range-parenting-law. html.

〔6〕参见 Illing, S. (2017, December 19), Reciprocal rage: Why Islamist extremists and the far right. *Vox*. Retrieved from https://www.vox.com/world/2017/12/19/16764046/islam-terrorism-far-right-extrem ism-isis.

〔7〕参见 Illing, S. (2017, October 13), 20 of America's top political scientists gathered to discuss our democracy. They're scared. Retrieved from https://www.vox.com/2017/10/13/16431502/america-democracy-decline-liberalism.

〔8〕参见 Chua (2018)。

〔9〕参见 Rauch, J. (2017, November 9)。Speaking as a…*The New York Review of Books*. Retrieved from http://www.nybooks.com/articles/2017/11/09/mark-lilla-liberal-speaking.

〔10〕Rauch, J. (2018, February 16). Have our tribes become more important than our country? *The Washington Post*. Retrieved from https://www.washingtonpost.com/outlook/have-our-tribes-become-more-important-than-our-country/2018/02/16/2f8ef9b2-083a-11e8-b48c-b07fea957bd5_story.html.

〔11〕Klein, A. (2010, April 26). Not cool: The U of C tops HuffPo's anti-party list. *The Chicago Maroon*. Retrieved from https://www.chicagomaroon.com/2010/04/26/not-cool-the-u-of-c-tops-huffpo-s-anti-party-list.

〔12〕Franklin, B. (1750). 全文可参见 https://founders.archives.gov/documents/Franklin/01-04-02-0009。

附录1 认知行为疗法指南

〔1〕关于医治抑郁症的自助类图书的综述，请参见 Anderson et al. (2005)。

附录2 《芝加哥声明》

〔1〕你可以在此阅读芝加哥委员会的报告：https://freeexpression.uchicago.edu/sites/freeexpression.uchicago.edu/files/FOECommitteeReport.pdf。

参考文献

以下包括了在正文或尾注中所引用的所有图书和学术文章。报纸和杂志文章、新闻报道、博客帖子以及在线视频的出处在尾注中已经给出。

Abramowitz, S. I., Gomes, B., & Abramowitz, C. V. (1975). Publish or politic: Referee bias in manuscript review. *Journal of Applied Social Psychology*, 5 (3), 187-200.

Adams, J. S. (1963). Towards an understanding of inequity. *The Journal of Abnormal and Social Psychology*, 67 (5), 422-436.

Adams, J. S. (1965). Inequity in social exchange. In L. Berkowitz (Ed.), *Advances in experimental social psychology* (Vol. 2, pp. 267-299). New York, NY: Academic Press.

Adams, J. S., & Rosenbaum, W. B. (1962). The relationship of worker productivity to cognitive dissonance about wage inequities. *Journal of Applied Psychology*, 69, 161-164.

Alexander, M. (2010). *The new Jim Crow: Mass incarceration in the age of colorblindness*. New York, NY: The New Press.

Almas, I., Cappelen, A. W., Sorensen, E. O., & Tungodden, B. (2010). Fairness and the development of inequality acceptance. *Science*, 328, 1176-1178.

Anderson, L., Lewis, G., Araya, R., Elgie, R., Harrison, G., Proudfoot, J., …Williams, C. (2005). Self-help books for depression: How can practitioners and patients make the right choice? *British Journal of General Practice*, 55 (514), 387-392.

Aristotle. (1941). *Nichomachean ethics* (W. D. Ross, Trans.). New

York, NY: Random House.

Arnett, J. J. (2004). *Emerging adulthood: The winding road from the late teens through the twenties*. New York, NY: Oxford University Press.

Aurelius, M. (2nd century CE/ 1964). *Meditations* (M. Staniforth, Trans.). London: Penguin Books.

Balko, R. (2013). *Rise of the warrior cop: The militarization of America's police forces*. New York, NY: Public Affairs.

Bassok, D., Latham, S., & Rorem, A. (2016). Is kindergarten the new first grade? *AERA Open*, 1 (4), 1-31.

Bellah, R. N. (1967). Civil religion in America. *Journal of the American Academy of Arts and Sciences*, 96 (1), 1-21.

Bergesen, A. J. (1978). A Durkheimian theory of "witch-hunts" with the Chinese Cultural Revolution of 1966 – 1969 as an example. *Journal for the Scientific Study of Religion*, 17 (1), 19.

Berreby, D. (2005). *Us and them: Understanding your tribal mind*. New York, NY: Little, Brown.

Berry, J. M., &Sobieraj, S. (2014). *The outrage industry: Public opinion media and the new incivility*. New York, NY: Oxford University Press.

Bishop, B. (2008). *The big sort: Why the clustering of like-minded America is tearing us apart*. Boston, MA: Houghton Mifflin Harcourt.

Black, J. E., Jones, T. A., Nelson, C. A., &Greenough, W. T. (1998). Neuronal plasticity and the developing brain. In N. E. Alessi, J. T. Coyle, S. I. Harrison, & S. Eth (Eds.), *Handbook of child and adolescent psychiatry* (Vol. 6, pp. 31-53). New York, NY: John Wiley & Sons.

Bloom, P. (2014). *Just babies: The origins of good and evil*. New York, NY: Penguin Random House.

Boethius. (ca. 524 CE/ 2011). *The consolation of philosophy* (R. H. Green, Trans.). Mansfield Centre, CT: Martino.

Bonanno, G. A., Westphal, M., & Mancini, A. D. (2011). Resilience to loss and potential trauma. *Annual Review of Clinical Psychology*, 7, 511-535.

Buddelmeyer, H., & Powdthavee, N. (2015). Can having internal locus of control insure against negative shocks? Psychological evidence from panel data. *Journal of Economic Behavior and Organization*, 122, 88-109.

Burns, D. D. (1980). *Feeling good: The new mood therapy*. New York, NY: Avon Books.

Burns, D. D. (1999). *The feeling good handbook*. New York, NY: Plume.

Butler, A. C., Chapman, J. E., Forman, E. M., & Beck, A. T. (2006). The empirical status of cognitive-behavioral therapy: A review of meta-analyses. *Clinical Psychology Review*, 26 (1), 17–31.

Byrom, T. (Ed. and Trans.). (1993). *Dhammapada: The sayings of the Buddha*. Boston, MA: Shambhala.

Campbell, B., & Manning, J. (2014). Microaggression and moral cultures. *Comparative sociology*, 13, 692–726.

Campbell, B., & Manning, J. (2018). *The rise of victimhood culture: Microaggressions, safe spaces, and the new culture wars*. [No city]: Palgrave Macmillan.

Carney, D. R., Jost, J. T., Gosling, S. D., & Potter, J. (2008). The secret lives of liberals and conservatives: Personality profiles, interaction styles, and the things they leave behind. *Political Psychology*, 29 (6), 807–840.

Chan, W. T. (Ed. and Trans.). (1963). *A source book in Chinese philosophy*. Princeton, NJ: Princeton University Press.

Chang, E. (2018). *Brotopia: Breaking up the boys' club of Silicon Valley*. New York, NY: Portfolio/Penguin.

Chansky T. (2004). *Freeing your child from anxiety: Powerful, practical solutions to overcome your child's fears, worries, and phobias*. New York, NY: Random House.

Chen, P., Coccaro, E. F., & Jacobson, K. C. (2012). Hostile attributional bias, negative emotional responding, and aggression in adults: Moderating effects of gender and impulsivity. *Aggressive Behavior*, 38 (1), 47–63.

Chetty, R., Friedman, J. N., Saez, E., Turner, N., & Yagen, D. (2017). Mobility report cards: The role of colleges in intergenerational mobility. Unpublished manuscript, retrieved from: http://www.equality-of-opportunity.org/papers/coll_mrc_paper.pdf.

Christakis, E. (2016). *The importance of being little: What young children really need from grownups*. New York, NY: Viking.

Christakis, N. A. (2008, December 10). This allergies hysteria is just nuts. *BMJ*, 337.

Chua, A. (2018). *Political tribes: Group instinct and the fate of nations*. New York, NY: Penguin Press.

Cikara, M., & Van Bavel, J. J. (2014). The neuroscience of intergroup relations: An integrative review. *Perspectives on Psychological Science*, 9 (245).

Clark, J. L., Algoe, S. B., & Green, M. C. (2018). Social network sites and well-being: The role of social connection. *Current Directions in Psychological Science*, 27 (1), 32-37.

Clements, R. (2004). An investigation of the status of outdoor play. *Contemporary Issues in Early Childhood*, 5 (1), 68-80.

Cohen, E. E., Ejsmond-Frey, R., Knight, N., & Dunbar, R. I. (2009). Rowers high: Behavioural synchrony is correlated with elevated pain thresholds. *Biology Letters*, 6 (1), 106-108.

Collier, L. (2016). Growth after trauma. *APA Monitor*, 47, 48.

Collins, P. H., & Bilge, S. (2016). *Intersectionality*. Cambridge, UK: Polity Press.

Cooper, H., Civey Robinson, J., & Patall, E. (2006). Does homework improve academic achievement? A synthesis of research, 1987-2003. *Review of Educational Research*, Spring 2006, 76 (1), 1 - 62.

Cooper, H., Lindsay, J. J., Nye, B., & Greathouse, S. (1998). Relationships among attitudes about homework, amount of homework assigned and completed, and student achievement. *Journal of Educational Psychology*, 90 (1), 70-83.

Cooper, H., Steenbergen-Hu, S., & Dent, A. (2012). Homework. In K. R. Harris, S. Graham, T. Urdan, A. G. Bus, S. Major, & H. L. Swanson (Eds.), *APA educational psychology handbook, Vol. 3. Application to learning and teaching* (pp. 475 - 495). Washington, DC: American Psychological Association.

Costello, E. J. (1982). Locus of control and depression in students and psychiatric outpatients. *Journal of Clinical Psychology* 38 (2), 340-343.

Crawford, J. T., & Jussim, L. J. (2018). *The politics of social psychology*. New York, NY: Routledge.

Crenshaw, K. M. (1989). Demarginalizing the intersection of race and sex: A black feminist critique of antidiscrimination doctrine, feminist theory and antiracist politics. *University of Chicago Legal Forum*, 1989 (1).

Crick, N. R., & Grotpeter, J. K. (1995). Relational aggression, gender, and social-psychological adjustment. *Child Development*, 66 (3), 710-722.

Curtiss, S. (1977). *Genie: A psycholinguistic study of a modern-day "wild child"*. Boston, MA: Academic Press.

Damon, W. (1979). *The social world of the child*. San Francisco, CA: Jossey-Bass.

de Tocqueville, A. (1839/2012). *Democracy in America* (E. Nolla, Ed.; J. T. Schleifer, Trans.) Indianapolis: Liberty Fund.

Deaner, R. O., Balish, S. M., & Lombardo, M. P. (2016). Sex differences in sports interest and motivation: An evolutionary perspective. *Evolutionary Behavioral Sciences*, 10 (2), 73-97.

Deaner, R. O., Geary, D. C., Puts, D. A., Ham, S. A., Kruger, J., Fles, E., ...Grandis, T. (2012). A sex difference in the predisposition for physical competition: Males play sports much more than females even in the contemporary U. S. *PLoS ONE*, 7, e49168.

DeLoache, J. S., Chiong, C., Sherman, K., Islam, N., Vanderborght, M., Troseth, G. L., Strouse, G. A., & O'Doherty, K. (2010). Do babies learn from baby media? *Psychological Science*, 21 (11), 1570-1574.

Deresiewicz, W. (2015). *Excellent sheep: The miseducation of the American elite and the way to a meaningful life*. New York, NY: Free Press.

Dreger, A. (2015). *Galileo's middle finger: Heretics, activists, and one scholar's search for justice*. New York, NY: Penguin Books.

Duarte, J. L., Crawford, J. T., Stern, C., Haidt, J., Jussim, L., & Tetlock, P. E. (2015). Political diversity will improve social psychological science. *Behavioral and Brain Sciences*, 38, 1-13.

Durkheim, E. (1915/1965). *The elementary forms of the religious life* (J. W. Swain, Trans.). New York, NY: Free Press.

DuToit, G. D., Katz, Y., Sasieni, P., Mesher, D., Maleki, S. J., Fisher, H. R., ...Lack, G. (2008). Early consumption of peanuts in infancy is associated with a low prevalence of peanut allergy. *Journal of Allergy and Clinical Immunology*, 122 (5), 984-991.

DuToit, G. D., Roberts, G., Sayre, P. H., Bahnson, H. T., Radulovic, S., Santos, A. F., …Lack, G. (2015). Randomized trial of peanut consumption in infants at risk for peanut allergy. *New England Journal of Medicine*, 372 (9), 803-813.

Ebner, J. (2017). *The rage: The vicious circle of Islamist and far right extremism*. New York, NY: Tauris.

Eggertson, L. (2010, March 9). Lancet retracts 12-year-old article linking autism to MMR vaccines. *CMAJ: Canadian Medical Association Journal*, 182 (4), E199-E200. http://doi.org/10.1503/cmaj.109-3179.

Ehrenreich, B. (2006). *Dancing in the streets: A history of collective joy*. New York, NY: Metropolitan Books.

Einon, D., Morgan, M. J., & Kibbler, C. C. (1978). Brief periods of socialization and later behavior in the rat. *Developmental Psychobiology*, 11, 213-225.

Engels, F. (1888/1976). *Ludwig Feuerbach and the end of classical German philosophy*. Peking: Foreign Languages Press.

Epictetus & Lebell, S. (1st-2nd century/1995). *Art of living: The classical manual on virtue, happiness, and effectiveness*. New York, NY: HarperOne.

Fiske, A. P. (1992). The four elementary forms of sociality: Framework for a unified theory of socialrelations. *Psychological Review*, 99 (4), 689-723.

Foa, E. B., & Kozak, M. J. (1986). Emotional processing of fear: Exposure to corrective information. *Psychological Bulletin*, 99, 20-35.

Frankl, E. (1959/2006). *Man's search for meaning*. Boston, MA: Beacon Press.

Ganti, L., Bodhit, A. N., Daneshvar, Y., Patel, P. S., Pulvino, C., Hatchitt, K., …Tyndall, J. A. (2013). Impact of helmet use in traumatic brain injuries associated with recreational vehicles. *Advances in Preventive Medicine*, 2013, 1-6.

Ghitza, Y., & Gelman, A. (2014, July 7). The Great Society, Reagan's revolution, and generations of presidential voting. Working paper. Retrieved from https://static01.nyt.com/newsgraphics/2014/07/06/generations2/assets/cohort_voting_20140707.pdf

Ginsberg, B. (2011). *The fall of the faculty: The rise of the all-administrative university and why it matters.* New York, NY: Oxford University Press.

Gosling, S. (2008). *Snoop: What your stuff says about you.* New York, NY: Basic Books.

Gotlib, I. H., & Joormann, J. (2010). Cognition and depression: Current status and future directions. *Annual Review of Clinical Psychology*, 6, 285–312.

Gratz, K. L., Conrad, S. D., & Roemer, L. (2002). Risk factors for deliberate self-harm among college students. *American Journal of Orthopsychiatry* 1, 128–140.

Gray, H. H. (2012). *Searching for utopia: Universities and their histories.* Berkeley: University of California Press. Gray, P. (2011). The decline of play and the rise of psychopathology in children and adolescents. *American Journal of Play*, 3 (4), 443–463.

Gray, P. (In press). Evolutionary functions of play: Practice, resilience, innovation, and cooperation. In P. Smith & J. Roopnarine (Eds.), *The Cambridge handbook of play: Developmental and disciplinary perspectives.* New York, NY: Cambridge University Press.

Greenwald, A. G., Banaji, M. R., & Nosek, B. A. (2015). Statistically small effects of the Implicit Association Test can have societally large effects. *Journal of Personality and Social Psychology*, 108 (4), 553–561.

Guinier, L. (1994). *The tyranny of the majority: Fundamental fairness in representative democracy.* New York, NY: Free Press.

Hacking, I. (1991). The making and molding of child abuse. *Critical Inquiry*, 17, 253–288.

Haidt, J. (2006). *The happiness hypothesis: Finding modern truth in ancient wisdom.* New York, NY: Basic Books. Haidt, J. (2012). *The righteous mind: Why good people are divided by politics and religion.* New York, NY: Pantheon Books.

Haji, N. (2011). *The sweetness of tears.* New York, NY: William

Morrow.

Hare, C., & Poole, K. T. (2014). The polarization of contemporary American politics. *Polity*, 46, 411-429.

Haslam, N. (2016). Concept creep: Psychology's expanding concepts of harm and pathology. *Psychological Inquiry*, 27 (1), 1-17.

Hayek, F. A. (1976). *The mirage of social justice*, Vol. 2 of *Law, legislation, and liberty*. Chicago, IL: University of Chicago Press.

Heider, F. (1958). *The psychology of interpersonal relationships*. New York, NY: John Wiley & Sons.

Hirsh-Pasek, K. Golinkoff, R. M., Berk, L. E., & Singer. D. G. (2009). *A mandate for playful learning in preschool: Presenting the evidence*. New York, NY: Oxford University Press.

Hoffer, E. (1951/ 2010). *The true believer: Thoughts on the nature of mass movements*. New York, NY: Harper Perennial Modern Classics.

Hofferth, S. L., & Sandberg, J. F. (2001). Changes in American children's time, 1981 – 1997. In S. L. Hofferth & T. J. Owens (Eds.), *Children at the millennium: Where have we come from? Where are we going?* (pp. 193-229). Amsterdam: Elsevier.

Hogg, M. A. (2016). Social identity theory. *Encyclopedia of Identity*, 3-17.

Hol, T., Berg, C. V., Ree, J. V., & Spruijt, B. (1999). Isolation during the play period in infancy decreases adult social interactions in rats. *Behavioural Brain Research*, 100 (1-2), 91-97.

Holland, J. H. (1992). Complex adaptive systems. *Daedalus*, 121, 17-30.

Hollon, S. D., & DeRubeis, R. J. (In press). Outcome studies in cognitive therapy. In R. L. Leahy (Ed.), *Contemporary cognitive therapy: Theory, research, and practice* (2nd ed.). New York, NY: Guilford Press.

Horwitz, S. (2015). Cooperation over coercion: The importance of unsupervised childhood play for democracy and liberalism. *Cosmos+ Taxis*, 3-16.

Hunter, D., & Tice, P. (2016, September). 2015 national survey on drug use and health: Methodological summary and definitions: B. 4. 8 Major depressive episode (depression). Rockville, MD: Substance Abuse and Mental Health Services Administration.

Huseman, R. C., Hatfield, J. D., & Miles, E. W. (1987). A new perspective on equity theory: The equity sensitivity construct. *Academy of Management Review*, 12, 222–234.

Ip, G. (2015). *Foolproof: Why safety can be dangerous and how danger makes us safe.* New York, NY: Little, Brown.

Iyengar, S., & Krupenkin, M. (2018). The strengthening of partisan affect. *Advances in Political Psychology*, 39, Suppl. 1, 2018, 201–218.

Johnson, J. S., & Newport, E. L. (1989). Critical period effects in second language learning: The influence of maturational state on the acquisition of English as a second language. *Cognitive Psychology*, 21 (1), 60–99.

Jost, J. T., Banaji, M. R., & Nosek, B. A. (2004). A decade of system justification theory: Accumulated evidence of conscious and unconscious bolstering of the status quo. *Political Psychology*, 25 (6), 881–919.

Kahneman, D. (2011). *Thinking fast and slow.* New York, NY: Farrar, Straus and Giroux.

Kanngiesser, P., & Warneken, F. (2012). Young children consider merit when sharing resources with others. *PLOS ONE* 7, e43979. https://doi.org/10.1371/journal.pone.0043979.

Kerr, C. (1963). *The uses of the university.* Cambridge, MA: Harvard University Press.

King, M. L. (1963/1981). *Strength to love.* Philadelphia, PA: Fortress Press.

LaFreniere, P. (2011). Evolutionary functions of social play: Life histories, sex differences, and emotion regulation. *American Journal of Play*, 3 (4), 464–488.

Langbert, M., Quain, A. J., & Klein, D. B. (2016). Faculty voter registration in economics, history, journalism, law, and psychology. *Econ Journal Watch*, 13 (3), 422–451.

Lareau, A. (2011). *Unequal childhoods: Class, race, and family life.* 2nd edition. Berkeley: University of California Press.

Leahy, R. L., Holland, S. F. J., & McGuinn, L. K. (2011).

Treatment plans and interventions for depression and anxiety disorders. 2nd edition. New York, NY: Guilford Press.

Lewis, H. R. (2007). *Excellence without a soul: Does liberal education have a future?* New York, NY: PublicAffairs.

Lilienfeld, S. O. (2017). Microaggressions. *Perspectives on Psychological Science*, 12 (1), 138-169.

Lilla, M. (2017). *The once and future liberal: After identity politics.* New York, NY: Harper. Lind, E. A., & Tyler, T. R. (1988). *The social psychology of procedural justice.* New York, NY: Plenum Press.

Lukianoff, G. (2014). *Unlearning liberty: Campus censorship and the end of American debate.* New York, NY: Encounter Books.

Luthar, S., & Latendresse, S. (2005). Children of the affluent: Challenges to well-being. *Current Directions in Psychological Science*, 14, 49-53.

Maccoby, E. E. (1998). *The two sexes: Growing up apart, coming together.* Cambridge, MA: Harvard University Press.

MacFarquhar, R., & Schoenhals, M. (2006). *Mao's last revolution.* Cambridge, MA: Harvard University Press.

Mandela, N. (2003). *In his own words.* New York, NY: Little, Brown.

Mann, T. E., & Ornstein, N. J. (2012). *It's even worse than it looks: How the American constitutional system collided with the new politics of extremism.* New York, NY: Basic Books.

Marano, H. E. (2008). *A nation of wimps.* New York, NY: Crown Archetype.

Mascaro, J. (Ed. and Trans.). (1995). *Buddha's teachings.* New York, NY: Penguin Classics.

McClintock, C. G., Spaulding, C. B., & Turner, H. A. (1965). Political orientations of academically affiliated psychologists. *American Psychologist*, 20 (3), 211-221.

McCrae, R. R. (1996). Social consequences of experiential openness. *Psychological Bulletin*, 120 (3), 323-337.

Mercado, M. C., Holland, K., Leemis, R. W., Stone, D. M., & Wang, J. (2017). Trends in emergency department visits for nonfatal self-inflicted injuries among youth aged 10 to 24 years in the United States, 2001-2015. *JAMA*, 318 (19), 1931.

Mill, J. S. (1859/ 2003). *On liberty*. New Haven, CT: Yale University Press.

Milton, J., & Blake, W. (2017). *Paradise lost*. London: Sirius Publishing.

Misra, S., Cheng, L., Genevie, J., & Yuan, M. (2014). The iPhone effect: The quality of in-person social interactions in the presence of mobile devices. *Environment and Behavior*, 48 (2), 275-298.

Morgan, K. P. (1996). Describing the emperor's new clothes: Three myths of educational (in-) equity. In A. Diller et al., *The gender question in education: Theory, pedagogy, and politics* (pp. 105-122). Boulder, CO: Westview Press.

Mose, T. R. (2016). *The playdate: Parents, children, and the new expectations of play*. New York, NY: New York University Press.

Murray, P. (1945). An American credo. *Common Ground*, 1945 (4), 22-24.

Mustoe, A. C., Taylor, J. H., Birnie, A. K., Huffman, M. C., & French, J. A. (2014). Gestational cortisol and social play shapes development of marmosets' HPA functioning and behavioral responses to stressors. *Developmental Psychobiology*, 56, 1229-1243.

National Center for Education Statistics. (1993, January). 120 years of American education: A statistical portrait. Retrieved from https://nces.ed.gov/pubs93/93442.pdf.

Nietzsche, F. W. (1889/ 1997). *Twilight of the idols* (R. Polt, Trans.). Indianapolis, IN: Hackett Publishing.

Nolen-Hoeksema, S., & Girgus, J. S. (1994, May). The emergence of gender differences in depression during adolescence. *Psychological Bulletin*, 115 (3), 424-443.

Norton, M. B. (2007). *In the devil's snare: The Salem witchcraft crisis of 1693*. New York, NY: Random House.

Novotney, A. (2014). Students under pressure: College and university counseling centers are examining how best to serve the growing number of students seeking their services. *Monitor on Psychology*, 45, 36.

Nozick, R. (1974). *Anarchy, state, and utopia*. New York, NY: Basic Books.

Okada, H., Kuhn, C., Feillet, H., & Bach, J. (2010). The "hygiene hypothesis" for autoimmune and allergic diseases: An update. *Clinical & Experimental Immunology*, 160, 1-9.

Ostrom, E. (1990). *Governing the commons: The evolution of institutions for collective action*. New York, NY: Cambridge University Press.

Ostrom, V. (1997). *The meaning of democracy and the vulnerability of democracies*. Ann Arbor: University of Michigan Press.

Pariser, E. (2011). *The filter bubble: How the new personalized web is changing what we read and how we think*. New York, NY: Penguin Press.

Pavlac, B. A. (2009). *Witch hunts in the Western world: Persecution and punishment from the Inquisition through the Salem trials*. Westport, CT: Greenwood Press.

Peterson, C., Maier, S. F., & Seligman, M. E. P. (1993). *Learned helplessness: A theory for the age of personal control*. New York, NY: Oxford University Press.

Piaget, J. (1932/ 1965). *The moral judgement of the child* (M. Gabain, Trans.). New York, NY: Macmillan.

Pierce, C. M. (1970). Offensive mechanisms. In F. B. Barbour (Ed.), *The black seventies* (pp. 265-282). Boston, MA: Porter Sargent.

Pinker, S. (2016). *The blank slate: The modern denial of human nature*. New York, NY: Penguin Books.

Pinker, S. (2017). *Enlightenment now: The case for reason, science, humanism, and progress*. New York, NY: Viking.

Prociuk, T. J., Breen, L. J., & Lussier, R. J. (1976). Hopelessness, internal-external locus of control, and depression. *Journal of Clinical Psychology* 32 (2), 299-300.

Putnam, R. D. (2000). *Bowling alone: The collapse and revival of American community*. New York, NY: Simon & Schuster.

Putnam, R. D. (2015). *Our kids: The American dream in crisis*. New York, NY: Simon & Schuster.

Rawls, J. (1971). *A theory of justice.* Cambridge, MA: Harvard University Press.

Reeves, R. V., Haidt, J., & Cicirelli, D. (2018). *All minus one: John Stuart Mill's ideas on free speech illustrated.* New York, NY: Heterodox Academy.

Rempel K. (2012). Mindfulness for children and youth: A review of the literature with an argument for schoolbased implementation. *anadian Journal of Counselling and Psychotherapy*, 46 (3), 201-220.

Ridley, M. (2010). *The rational optimist: How prosperity evolves.* New York, NY: Harper.

Ross, M., & Sicoly, F. (1979). Egocentric biases in availability and attribution. *Journal of Personality & Social Psychology*, 37, 322-336.

Rubinstein, R., Jussim, L., Stevens, S. (2018). Reliance on individuating information and stereotypes in implicit and explicit person perception. *Journal of Experimental Social Psychology*, 75, 54-70.

Sacks, J. (2015). *Not in God's name.* New York, NY: Random House.

Salk, R., Hyde, J., Abramson, L. (2017). Gender differences in depression in representative nationalsamples: Meta-analyses of diagnoses and symptoms. *Psychological Bulletin*, 143 (8), r783-822.

Sandseter, E., & Kennair, L. (2011). Children's risky play from an evolutionary perspective: The anti-phobic effects of thrilling experiences. *Evolutionary Psychology*, 9, 257-284.

Seligman, M. (1990). *Learned optimism: How to change your mind and your life.* New York, NY: Vintage Books.

Shakespeare, W. (ca. 1600/ 2008). *Hamlet* (G. R. Hibbard, Ed.). Oxford, UK: Oxford University Press.

Shin, L. M., & Liberzon, I. (2010). The neurocircuitry of fear, stress, and anxiety disorders. *Neuropsychopharmacology*, 35 (1), 169-191.

Shweder, R. A. (1996). True ethnography: The lore, the law, and the lure. In R. Jessor, A. Colby, & R. A. Shweder (Eds.), *Ethnography and human development* (pp. 15-52). Chicago, IL: University of Chicago Press.

Sidanius, J., Van Laar, C., Levin, S., & Sinclair, S. (2004). Ethnic enclaves and the dynamics of social identity on the college campus: The good, the bad, and the ugly. *Journal of Personality and Social Psychology*, 87, 96-

110.

Silverglate, H. A. (2009). *Three felonies a day: How the Feds target the innocent*. New York, NY: Encounter Books.

Singer, D. G., Singer, J. L., D'Agostino, H., & DeLong, R. (2009). Children's pastimes and play in sixteen nations: Is free-play declining? *American Journal of Play*, 1 (3), 283-312.

Sloane, S., Baillargeon, R., & Premack, D. (2012). Do infants have a sense of fairness? *Psychological Science*, 23 (2), 196-204.

Solomon, A. (2014). *The noonday demon: An atlas of depression*. New York, NY: Scribner Classics.

Solzhenitsyn, A. I. (1975). *The Gulag Archipelago, 1918-1956: An experiment in literary investigation* (Vol. 2) (T. P. Whitney, Trans.) New York, NY: Harper Perennial.

Starmans, C., Sheskin, M., & Bloom, P. (2017). Why people prefer unequal societies. *Nature Human Behaviour*, 1 (4), 0082.

Sue, D. W., Capodilupo, C. M., Torino, G. C., Bucceri, J. M., Holder, A. M., Nadal, K. L., & Esquilin, M. (2007). Racial microaggressions in everyday life: Implications for clinical practice. *American Psychologist*, 62 (4), 271-286.

Tajfel, H. (1970). Experiments in intergroup discrimination. *Scientific American*, 223 (5), 96-102.

Taleb, N. N. (2007). *The black swan: The impact of the highly improbable*. New York, NY: Random House.

Taleb, N. N. (2012). *Antifragile: Things that gain from disorder*. New York, NY: Random House.

Tetlock, P. E., Kristel, O. V., Elson, B., Green, M., & Lerner, J. (2000). The psychology of the unthinkable: Taboo trade-offs, forbidden base rates, and heretical counterfactuals. *Journal of Personality and Social Psychology*, 78, 853-870.

Thibaut, J. W., & Walker, L. (1975). *Procedural justice: A psychological analysis*. Hillsdale, NJ: L. Erlbaum Associates.

Thucydides (1972). *History of the Peloponnesian War*. (R. Warner, Trans.). London: Penguin Classics.

Tuvel, R. (2017). In defense of transracialism. *Hypatia*, 32 (2), 263-278.

Twenge, J. M. (2017). *iGen: Why today's super-connected kids are growing up less rebellious, more tolerant, less happy— and completely unprepared for adulthood— and what that means for the rest of us*. New York, NY: Atria Books.

Twenge, J. M., Joiner, T. E., Rogers, M. L., & Martin, G. N. (2018). Increases in depressive symptoms, suiciderelated outcomes, and suicide rates among U. S. adolescents after 2010 and links to increased new media screen time. *Clinical Psychological Science*, 6 (1), 3-17.

Tyler, T. R., & Blader, S. L. (2014). *Cooperation in groups: Procedural justice, social identity, and behavioral engagement*. New York, NY: Psychology Press.

Tyler, T. R., & Huo, Y. J. (2002). *Trust in the law: Encouraging public cooperation with the police and courts*. New York, NY: Russell Sage Foundation.

van der Vossen, B. (2014). In defense of the ivory tower: Why philosophers should stay out of politics. *Philosophical Psychology*, 28 (7), 1045-1063. doi: 10. 1080/ 09515089. 2014. 972353.

Vaughn, D., Savjani, R. R., Cohen, M., & Eagleman, D. M. (under review). Empathy is modulated by religious affiliation of the other.

Walster, E. H., Walster, G. W., & Berscheid, E. (1978). *Equity: Theory and research*. Boston, MA: Allyn & Bacon.

Ward, D. T. (1994). *Happy ending and day of absence: Two plays*. New York, NY: Dramatists Play Service.

Wiltermuth, S. S., & Heath, C. (2009). Synchrony and cooperation. *Psychological Science*, 20 (1), 1-5.

Wolff, R. P., Moore, B., & Marcuse, H. (1965/ 1969). *A critique of pure tolerance*. Boston, MA: Beacon Press.

Woodard, C. (2011). *American nations: A history of the eleven rival regional cultures of North America*. New York, NY: Viking.

Zhiguo, W., & Fang, Y. (2014). Comorbidity of depressive and anxiety disorders: Challenges in diagnosis and assessment. *Shanghai Archives of*

Psychiatry, 26 (4), 227-231.

Zimbardo, P. G. (2007). *The Lucifer effect: Understanding how good people turn evil.* New York, NY: Random House.

索 引

(页码为本书边码)

A

abuse, 虐待, 25, 26, 175
Adam, 《亚当》, 166
Adam Walsh Child Resource Center, 亚当·沃尔什儿童资料中心, 166
Adler, Eric, 埃里克·阿德勒, 198-99
adulthood, 成年, 148, 250, 257
Adverse Childhood Experiences (ACE), 恶性童年经验, 175, 176
aggression, 侵犯, 40, 71
  in girls versus boys, 男女生对比, 155, 161
  microaggressions, 微侵犯, 40-46, 51, 71, 77, 145, 205, 210, 260
Albright, Madeleine, 玛德琳·奥尔布赖特, 48
Alexander, Larry, 拉里·亚历山大, 107-8
Alexander, Michelle, 米歇尔·亚历山大, 74
Algoe, Sara, 莎拉·阿尔贡, 159
allergies, 过敏, 21-22
  peanut, 花生, 19-21, 23-24, 30, 164, 236, 237
American Academy of Pediatrics, 美国儿科学会, 247
American Civil Liberties Union (ACLU), 美国公民自由联盟, 92, 216
American Enterprise Institute, 美国企业研究所, 87
American National Election Study, 美国全国选举研究课题组, 129
America's Most Wanted, 《全美通缉令》, 166
Antifa, 反法行动, 81, 83, 91
Antifragile (Taleb), 《反脆弱》(塔勒布), 22-23, 164, 170
antifragility, 反脆弱, 22-24, 28, 31, 146, 164, 176, 178, 193, 206, 237, 246
anxiety, 焦虑, 5, 12, 24, 30, 33-34, 125, 126, 157, 164

493

cognitive behavioral therapy and, 认知行为疗法与, 7-8, 29

cognitive distortions and, 认知扭曲与, 7-8, 10, 158-59, 161

depression and, 抑郁与, 158

in girls versus boys, 男女生对比, 149-51, 160

overprotection and, 过度保护与, 183

play deprivation and, 缺乏玩耍与, 183

rates of, 的比率, 149-51, 157-58, 160, 183, 185

safetyism and, 安全主义与, 158

Aristotle, 亚里士多德, 253

art of association, 结社技艺, 191-92, 194, 211

Ashworth, Kevin, 凯文·阿什沃思, 163

Atlantic,《大西洋月刊》, 42, 72, 95, 190

　"The Coddling of the American Mind"(Lukianoff and Haidt), "娇惯的美国心灵"(卢金诺夫和海特), 10-12, 31, 37, 121, 145, 156, 205

Atomwaffen Division, "核武分部", 133

Axelrod, David, 大卫·艾索洛, 96

B

Baby Boom Generation, "婴儿潮"一代, 110, 111, 167, 174

Baehr, Jason, 杰森·贝尔, 247-48

Balko, Radley, 莱德利·巴尔科, 74

Barrett, Lisa Feldman, 莉莎·费尔德曼·巴雷特, 95

Beck, Aaron, 亚伦·贝克, 36-37

Beck, Glenn, 格伦·贝克, 132

Bell Curve, The(Herrnstein and Murray),《钟形曲线》(赫恩斯坦和默里), 87

Berenstain, Nora, 诺拉·贝伦斯坦, 105

Bergen Community College, 卑尔根社区学院, 201

Bergesen, Albert, 阿尔伯特·柏格森, 100-103, 105-7, 119

Berkeley, University of California at, 加州大学伯克利分校, 12, 81-87, 90, 94, 120

bias reporting systems, 偏见回应系统, 204-6, 212

Big Sort, The: Why the Clustering of Like-Minded America Is Tearing Us Apart(Bishop),《大归类：明明同类相聚，却为何四分五裂》, 130

Bilge, Sirma, 西尔玛·比尔奇, 68

Bill of Rights,《权利法案》, 222-23

Bishop, Bill, 比尔·毕肖普, 130

Black Lives Matter (BLM), 黑命贵(BLM), 75, 88, 133, 134

Black Swan, The（Taleb），《黑天鹅》（塔勒布），22
blaming, 责怪他人，38, 39, 278
Bloom, Paul, 保罗·布鲁姆，218
Boethius, 波伊提乌，34, 35
Bond, Sarah, 莎拉·邦德，136–37
brain, 大脑，153, 181–84, 193, 194
Breitbart News, 布赖特巴特新闻网，81
Bridges, George, 乔治·布里奇斯，115–17, 119, 198
Brookings Institution, 布鲁金斯学会，86
Brown, Stacy, 史黛西·布朗，116, 118–19
Brown University, 布朗大学，26–28, 70, 259
Bruni, Frank, 弗兰克·布鲁尼，190
Buddha, ix, 佛陀，34, 35, 60, 95, 241
bullying, 欺凌，25, 26, 246

C

call-out culture, 揭发文化，5, 10, 71–73, 77, 86, 158
Cambridge Analytica, 剑桥数据分析公司，265
Campbell, Bradley, 布拉德利·坎贝尔，209, 210
Carlson, Tucker, 塔克·卡尔森，118, 133, 134
Carter, Jimmy, 吉米·卡特，224
catastrophizing, 小题大做，38, 50, 84–85, 89, 145, 190, 201, 212, 277
Center for Collegiate Mental Health, 大学生心理健康中心，156
Centers for Disease Control, 美国疾病控制中心，190
charitable interpretations, 善意理解，*see* principle of charity
Charleston church shooting, 查尔斯顿教堂枪击案，139
Charlottesville rally, 夏洛茨维尔游行，90–92, 94, 97, 139
Chicago Statement on Principles of Free Expression, 关于自由表达原则的芝加哥声明，255–56, 268, 279–81
children, 孩子：
  academic and career pressures on, 的学业与职业压力，174, 235, 236
  adversity and, 逆境与，175–76
  books for, 的书，172
  cognitive behavioral techniques for, 的认知行为技艺，241–42
  community of, 的社群，239–40
  conflict resolution and disagreement skills in, 冲突解决与论争技巧，191–92, 194, 211, 212, 240, 248, 258–60
  democracy and, 民主与，191–94
  and fear of strangers and abduction,

与对陌生人和绑架的恐惧,
165-67, 178, 186, 194, 235,
238

mindfulness and, 正念与, 242

phones and, 手机与, see phones

play and, 玩耍与, see play

school and, 学校与, see school

sleep and, 睡眠与, 250

structured lives of, 的组织严密的生活, 188-89, 246

suggestions for, 提建议, 235-51

summer camps for, 的夏令营, 240

wisdom and, 与智慧, 235-51

year of service or work after high school, 在高中毕业后服务或工作一年, 250-51, 257

see also parenting

Christakis, Erika, 艾丽卡·克里斯塔基斯, 56-57, 71, 102-3, 127, 165, 187, 188, 210-11, 240

Christakis, Nicholas, 尼古拉斯·克里斯塔基斯, 56-57, 127

Chronicle of Higher Education, 《高等教育年鉴》, 208

Chua, Amy, 蔡美儿, 267

Ciccariello-Maher, George, 乔治·奇卡美瑞欧-马赫, 135

civil rights laws, 民权立法, 206, 207

civil rights movement, 民权运动, 60-61, 65, 67, 84, 216, 221, 222, 230

Claremont McKenna College (CMC), 克莱蒙特·麦肯纳学院, 53-55, 88-90, 102-3, 120, 134, 175

Clark, Jenna, 珍娜·克拉克, 159

Clinton, Bill, 比尔·克林顿, 222, 224

coddling, use of word, 娇惯, 词的用法, 13-14

cognitive behavioral therapy (CBT), 认知行为疗法, 3, 7-9, 14, 29, 51, 95, 144-45, 196, 259

Boethius and, 与波伊提乌, 34-36

children and, 与孩子, 241-42

effectiveness of, 的效用, 37

how to do, 如何做, 275-78

as microaggression, 作为微侵犯, 42

cognitive distortions, 认知扭曲, 7-10, 14, 36-40, 50, 84-85, 89, 144-45, 196-97, 212, 259

anxiety and, 与焦虑, 7-8, 10, 158-59, 161

categories of, 的类别, 37-38, 277-78

depression and, 抑郁与, 7-8, 10, 36-37, 150, 158-59, 161

parenting and, 育儿方式与, 177-78

safetyism and, 安全主义与, 177-78

see also emotional reasoning

college campuses, 大学校园, *see* universities

Collins, Patricia Hill, 帕特里夏·希尔·柯林斯, 68

Collins, Richard, III, 理查德·柯林斯三世, 139

Columbia University, 哥伦比亚大学, 6, 7, 40, 255

Coming Apart (Murray), 《走向分裂》（默里）, 87

Common Core, 核心课标, 188

common-enemy identity politics, 共敌的身份政治, 62-67, 71-73, 76, 77, 89-90, 119-20, 244

common-humanity identity politics, 共性的身份政治, 60-62, 74-76, 221, 244

Common Sense Media, 常识媒体, 249

concept creep, 概念渗透, 24-27, 31-32, 105, 150, 205

　harassment and, 骚扰与, 206-9

　safety and, 安全与, 24-25, 27, 259

　trauma and, 创伤与, 25-26

　violence and, 暴力与, 85-86

confirmation bias, 确证偏差, 109, 131, 258, 259

conflict resolution and disagreement skills, 冲突解决与论争技巧, 191-92, 194, 211, 212, 240, 248, 258-60

Congress, 国会, 131

Consolation of Philosophy, The (Boethius), 《哲学的慰藉》（波伊提乌）, 34, 35

Constitution, U.S., 美国宪法, 222-23

Cooper, Harris, 哈里斯·库珀, 185, 245

correlation, 相关性：

　causation and, 因果关联与, 227-29, 231-32

　spurious, 伪的, 152, 228

Coulter, Ann, 安·库尔特, 83

Crenshaw, Kimberlé Williams, 金伯利·威廉姆斯·克伦肖, 67-68, 71, 221

Crick, Nicki, 尼基·克里, 155

crime, 犯罪, 167, 186, 238, 266

criminal justice system, 刑事司法体制, 74

critical thinking, 批判性思维, 39, 113, 259

CYA (Cover Your Ass), 明哲保身, 203, 211, 212

D

Daily Californian, 《日报加州》, 84

Day of Absence, 缺席日, 114-15

Deaner, Robert, 罗伯特·迪纳尔, 225

debate clubs, 辩论社, 248

democracy, 民主, 66, 191-94, 222-23, 254

Democracy in America (Tocqueville),

《民主在美国》(托克维尔),195

Democrats, 民主党, 129-31, 213, 216

see also politics

Department of Education, 教育部, 207

Department of Justice, 司法部, 207

depression, 抑郁, 5, 12, 24, 30, 125, 126, 143, 157, 164, 250
 activities correlated with, 与之相关的活动, 152-53
 anxiety and, 与焦虑, 158
 cognitive behavioral therapy and, 认知行为疗法与, 7-8
 cognitive distortions and, 认知扭曲与, 7-8, 10, 36-37, 150, 158-59, 161
 first-person account of, 的第一人称叙述, 143-44
 in girls versus boys, 男女生对比, 149-51, 160
 play deprivation and, 缺乏玩耍与, 183
 rates of, 的比率, 149-50, 157-58, 160, 183, 185
 safetyism and, 安全主义与, 158
 see also suicide

Depression, Great, 大萧条, 130

Deresiewicz, William, 威廉·德雷谢维奇, 189

Diagnostic and Statistical Manual of Mental Disorders (DSM), 《精神病诊断与统计手册》, 25

dichotomous thinking, 二元对立思维, 38, 39, 50, 85, 89, 145, 177, 277

dignity culture, 尊严文化, 209-10

disconfirm, inability to, 无力证反, 278

disconfirmation, institutionalized, 体制的反证, 109, 110, 229

discounting positives, 无视正面, 38, 177, 277

distributive justice, 分配正义, 217-21, 227, 230, 231

Dolezal, Rachel, 瑞秋·多尔扎尔, 104

Dreger, Alice, 艾丽斯·德雷格, 254-55

Drexel University, 德雷塞尔大学, 135, 202

Duckworth, Angela, 安吉拉·达克沃思, 190

Duke, Annie, 安妮·杜克, 248-49

Durden, Lisa, 丽莎·德登, 134-35

Durkheim, Emile, 涂尔干, 100, 102, 103, 106-8, 113-15, 120

E

Eady, Trent, 特伦特·伊迪, 73

Eagleman, David, 大卫·伊格曼, 58

Ebner, Julia, 朱莉娅·艾伯纳,

266-67
economy, 经济, 13, 152
education, 教育:
  purpose of, 的目的, 254
  see also school; universities
emotional reactivity, 情感反应, 95-96
emotional reasoning, 情感推理, 3, 4, 33-51, 119, 177, 202, 208, 212, 241, 247, 259, 278
  disinvitations of speakers and, 取消演讲与, 47-51
  microaggressions and, 微侵犯与, 40-46
  "see something, say something" and, "发现可疑, 及时报告"与, 203-4
  subjective standards and, 主观性的标准与, 25-26
Enlightenment Now (Pinker), 《当下的启蒙》(平克), 264
Epictetus, 埃皮克提图, 33, 34, 50
equality, 平等:
  absolute, 绝对的, 65
  distributive justice and, 分配正义与, 218
  fairness and, 公正与, 218
  equal-outcomes social justice, 结果平等的社会正义, 223-27, 230, 231
  equity theory, 公平理论, 218-20, 226, 227, 231
Essex County College, 埃塞克斯郡立学院, 134-35
Evergreen State College, 长青州立学院, 114-21, 133, 198
EverydayFeminism.com, 每天一点女权主义网站, 44
Excellent Sheep (Deresiewicz), 《优秀的绵羊》(德雷谢维奇), 189
exclusion, 排斥, 246-47
experience-expectant development, 经验期待型发育, 182-84

F

fairness 公正, 217-18, 222
  equity theory and, 公平理论与, 218-20, 226, 227, 231
  procedural justice and, 程序正义与, 219
  see also justice
Fall of the Faculty, The: The Rise of the All Administrative University and Why It Matters (Ginsberg), 《教员之衰落: 行政化大学的兴起及其后果》(金斯伯格), 198
Facebook, "脸书", 49, 55, 105, 107, 130, 146-47, 207, 265
fascism, 法西斯主义, 86, 89, 92
FBI, 美国联邦调查局, 138, 166, 261
feminism, 女权主义, 49, 94, 104, 105, 107, 208
filter bubble, 过滤气泡, 130-31
First Amendment, 宪法第一修正案, 5, 64, 82, 116, 138, 200-

201, 256

forbidden base rates, 作为禁区的根本因素, 229

fortune-telling, 宿命论调, 89, 277

Foster, Karith, 卡莉丝·福斯特, 44-45, 51, 55

Foucault, Michel, 米歇尔·福柯, 69

Foundation for Individual Rights in Education (FIRE), 个人教育权利基金会, 5, 47, 64, 74, 94, 135, 145, 200, 202, 204, 216, 255

Fox News, 福克斯新闻, 118, 133-35

fragility, 脆弱, 2-4, 9, 14, 19-32, 119, 170, 171, 177, 196, 202, 212, 236, 258-59

   antifragility, 反脆弱, 22-24, 28, 31, 146, 164, 176, 178, 193, 206, 237, 246

   see also safetyism

Franklin, Benjamin, 本杰明·富兰克林, 269

Free-Range Kids movement, 放养孩子运动, 164, 211, 238

free-range parenting bill, "自由放养教育"法案, 266

free speech, 言论自由, 5-6, 31, 65, 84, 138, 200-203, 207, 212, 251

   Chicago Statement on Principles of Free Expression, 关于自由表达原则的芝加哥声明, 255-56, 268, 279-81

   First Amendment and, 与宪法第一修正案, 5, 64, 82, 116, 138, 200-201, 256

   free speech zones, 言论自由区, 202-3

   and responding to pressure campaigns and outrage, 回应施压运动和愤怒与, 256-57

   speech codes, 言论规章, 207, 256

Friedersdorf, Conor, 康纳·弗里德斯多夫, 72

From #BlackLivesMatter to Black Liberation (Taylor), 《从"黑命贵"到黑人解放》(泰勒), 135

G

Galileo's Middle Finger (Dreger), 《伽利略的中指》(德雷格), 254-55

Game of Thrones, 《权力的游戏》, 201

Gandhi, Mahatma, 圣雄甘地, 98

gap year, 间隔年, 250-51, 257

Gastañaga, Claire Guthrie, 克莱尔·格思里·加斯特纳加, 92

Gawker, 吃瓜群众, 228

Gelman, Andrew, 安德鲁·格尔曼, 213, 214

gender pronouns, 性别代词, 24-25

General Motors (GM), 通用汽车公

司，67

Generation X，X世代，167，174，184-85

Generation Z，互联网世代，see iGen

genes，基因，182

Ghitza, Yair，亚伊尔·吉特扎，213，214

Gibson, William，威廉·吉布森，9-10

Gingrich, Newt，纽特·金里奇，131

Ginsberg, Benjamin，本杰明·金斯伯格，198

good people versus evil; us versus them，好人 vs 恶人；我们 vs 他们，3-4，14，53-77，85，90，92，119-20，132，177，206，243-44，247，259-60

see also groups

Gopnik, Alison，艾莉森·高普尼克，21，24

Grant, Adam，亚当·格兰特，240

Gray, Hanna Holborn，汉娜·霍尔本·格雷，50，51

Gray, Peter，彼得·格雷，183-85，190-91，193-94，238

Greatest Generation，最伟大一代，110

Greek statues，希腊雕像，136-37

Green, Melanie，梅兰妮·格林，159

grit，坚毅，190

Grit（Duckworth），《坚毅》（达克沃思），190

Gross, Neil，尼尔·格罗斯，88

groups，群体，44，57-59，68，70-71，76，100，120

collective effervescence in，中的集体欢腾，100，103

minimal group paradigm，最小群体范式，57-58

moral matrices and，与道德矩阵，9，10

self-segregation in，中的自我区隔，130

solidarity in，中的团结一致，108-9

tribalism and，与部落主义，57-59，76，130，131，153，267

us versus them and good people versus evil，我们 vs 他们和好人 vs 恶人，3-4，14，53-77，85，90，92，119-20，132，177，206，243-44，247，259-60

see also identity politics

groupthink，群体思维，73，106，108，113，131

Guinier, Lani，拉尼·吉尼尔，222

Gulag Archipelago, The（Solzhenitsyn），ix，《古拉格群岛》（索尔仁尼琴），243

Gunn, Tommy，汤米·冈恩，75

H

Haidt, Max，麦柯斯·海特，19-

20

Halloween costumes, 万圣节服饰, 56, 102, 165

Hamid, Shadi, 沙迪·哈米德, 42-43

Hampshire College, 汉普郡学院, 135

Hannity, Sean, 肖恩·汉尼提, 132

Happiness Hypothesis, The（Haidt）,《幸福的假设》（海特）, 2, 35

harassment, concept creep and, 骚扰与概念渗透, 206-9

Harvard Law School, 哈佛大学法学院, 205

Harvard University, 哈佛大学, 112, 253

Haslam, Nick, 尼克·哈斯拉姆, 25-26

hate crimes and speech, 仇恨罪行与言论, 86, 94, 126, 138-39

Haymarket riot, 干草市场暴动, 201

Hennessy, Matthew, 马修·汉纳赛, 49

Heterodox Academy, 异端学会, 248

Heyer, Heather, 希瑟·海尔, 91, 139

Heying, Heather, 海瑟·赫英, 116, 118

Higher Education Research Institute, 高等教育研究所, 113

Hitler, Adolf, 阿道夫·希特勒, 63, 91

Hoffer, Eric, 埃里克·霍弗, 99

Holder, Eric, 埃里克·霍德尔, 48

Holland, Stephen, 斯蒂芬·霍兰, 37

homework, 家庭作业, 185-86, 245

honor cultures, 荣誉文化, 209

Horowitz, David, 大卫·霍洛维茨, 83

Horwitz, Steven, 史蒂文·霍维茨, 191-92, 211

How to Raise an Adult（Lythcott-Haims）,《如何让孩子成年又成人》（利思科特-海姆斯）, 165

Huo, Yuen, 霍元, 220

hygiene hypothesis, 卫生假设, 21-22

Hypatia: A Journal of Feminist Philosophy,《希帕提娅：女性主义哲学杂志》, 104-5

Hyperallergic,《超敏》, 136

I

Identity Evropa, 欧罗巴身份, 136

identity politics, 身份政治, 59-67, 76, 259

common-enemy, 共敌, 62-67, 71-73, 76, 77, 89-90, 119-20, 244

common-humanity, 共性, 60-62, 74-76, 221, 244

positive trends in, 的积极趋势，266-67

schools and, 与学校，244

iGen, 互联网世代，146-51，174-75，178

anxiety and depression in, 中的焦虑与抑郁，*see* anxiety; depression

college and, 大学与，31，145，148，156-59，174-75，185

play and, 玩耍与，185

politics and, 政治与，213，214

safetyism and, 安全主义与，30-31，156，158，161

iGen（Twenge），《互联网世代》（特温格），30-31，146-49，152-54，159

immune system, 免疫系统，21-22，164

Importance of Being Little, The（Christakis），《用孩子的方式对待孩子》（克里斯塔基斯），165

"In Defense of Transracialism"（Tuvel），《为跨种族主义而辩》（蒂韦尔），104-7，121

institutionalized disconfirmation, 体制的反证，109，110，229

intellectual humility, 在智性上保持谦逊，244，247

intellectual virtues, 智性美德，247，258

Intellectual Virtues Academy, 智性美德学院，247-48

intent, 意图，51，86，104-5

charitability in interpreting, 理解的善意，42，51，55，243-44，260

impact versus, 对比影响，43-44，46

microaggression theory and, 微侵犯理论与，40-46，51，71，77

internet, 互联网，237，241

see also social media

intersectionality, 交叉性，67-69，71，76-77，90

intimidation, 恐吓，14，81-98

intuitive justice, 直觉正义，217-21

distributive, 分配的，217-21，227，230，231

procedural, 程序的，217，219-22，227，230，231

Islamist extremists, 伊斯兰极端主义者，266-67

Iyengar, Shanto, 尚托·延加，130-32

J

Jacksonville State University, 杰克逊维尔州立大学，202

Jandhyala, Pranav, 普拉纳夫·詹德拉，82

Jenner, Caitlyn, 凯特琳·詹纳，104，105，205-6

Jennings, John, 约翰·詹宁斯，82

Jensen, Mike, 迈克·詹森，205-6

Jews, 犹太人，63，90，126

Jim Crow laws, 吉姆·克罗法，221

Johnson, Samuel, 塞缪尔·约翰逊, 269
Jones, Van, 范·琼斯, 96–98, 192, 259
judgment focus, 妄下评断, 278
justice, 正义, 217–21, 223, 254
    distributive, 分配的, 217–21, 227, 230, 231
    intuitive, 直觉的, 217–21
    procedural, 程序的, 217, 219–22, 227, 230, 231
    see also social justice

K

Kabat-Zinn, Jon, 乔·卡巴金, 242
Kaiser, Sandra, 桑德拉·凯瑟, 133
Kerr, Clark, 克拉克·克尔, 197
kindergarten, 幼儿园, 185, 187–88
King, Martin Luther, Jr., 马丁·路德·金, 60–62, 75, 76, 98
Kipnis, Laura, 劳拉·吉普尼斯, 208–10
Krupenkin, Masha, 玛莎·克鲁本勤, 130–32
Ku Klux Klan, 三K党, 12, 90, 91, 207
Kuran, Timur, 第默尔·库兰, 267

L

labeling, 乱贴标签, 38, 39, 50, 89, 145, 150, 277
LaFreniere, Peter, 彼得·拉弗尼埃尔, 181
Lagarde, Christine, 克里斯汀·拉加尔德, 48
language development, 语言发育, 182
Lareau, Annette, 安妮特·拉罗, 173–75, 179, 235
Las Vegas shooting, 拉斯维加斯枪击案, 12
law education, 法学教育, 205
Leahy, Robert, 罗伯特·莱希, 37, 241–42
LEAP (Learning Early About Peanut Allergy), 花生过敏早知道, 20–21
learned helplessness, 碰壁后懂得了无济于事, 158
Let Grow, 让他们成长, 164, 238–39
    Licence, 许可, 238–39
Levitsky, Steven, 史蒂文·列维茨基, 131
Lexington High School, 列克星敦高中, 190
Lilla, Mark, 马克·里拉, 74–75
Limbaugh, Rush, 拉什·林堡, 132
locus of control, 控制观, 46, 70, 158
Louisiana State University (LSU), 路易斯安那州立大学, 199
Lythcott-Haims, Julie, 朱莉·利思

科特-海姆斯,165,169-70,190

M

Macaulay, Thomas Babington, 托马斯·巴宾顿·麦考利,265

Mac Donald, Heather, 海瑟·麦克·唐纳德,88-89,126

Maher, Bill, 比尔·马厄,48

Mandela, Nelson, 纳尔逊·曼德拉,81,98

Manning, Jason, 杰森·曼宁,209,210

Mao Zedong, 毛泽东,100-101

Marano, Hara Estroff, 哈拉·埃斯特洛夫·马兰诺,170

Marcus Aurelius, 马可·奥勒留,95

Marcuse, Herbert, 赫伯特·马尔库塞,64-71

marriage equality, 婚姻平等,61-62

Martínez Valdivia, Lucía, 卢西娅·马丁内斯·瓦尔迪维亚,93

Marx, Karl, 卡尔·马克思,64,254

Marxism, 马克思主义,64,65

matrix, matrices, 矩阵,9-10

May Day, 五一劳动节,201

McChrystal, Stanley, 斯坦利·麦克里斯特尔,251

McElroy, Wendy, 温蒂·麦吉尔罗伊,26-28

McGinn, Lata, 拉塔·麦克金,37

McLaughlin and Associates, 麦克劳林公司,86

McNally, Richard, 理查德·麦克纳利,29

McNeese State University, 麦克尼斯州立大学,203

McWhorter, John, 约翰·麦克沃特,86

media, 媒体,130-32,137

Meng Tzu (Mencius), 孟子,19

mental health, 心理健康,26,140,143-61,266

 of college students, 大学生的,156-59

 in girls versus boys, 男女生对比,149-51,154-56,160,161

 self-harming and, 自残与,151,195-96

 and social media and phones, 社交媒体和手机与,146-47,152-56,159-61,265

 see also anxiety; depression

#MeToo Movement, #MeToo运动,12,27

microaggressions, 微侵犯,40-46,51,71,77,145,205,210,260

Middlebury College, 明德学院,12,87-88,90,103,127

Mill, John Stuart, 约翰·斯图亚特·密尔,248

Millennials, 千禧一代,30,31,156,160,175,178,184-85,188,213

Milton, John,约翰·弥尔顿,34

mindfulness,正念,242

mind reading,以己度人,38,41,212,277

Misoponos,米索博乃思,1-4,14,34,50

moral dependency,道德依赖,209-12

moral judgments, intent versus impact in,道德判断,中的意图vs影响,43-44,46

moral matrices,道德矩阵,9,10,58

moral values,道德价值,61-62

Morgan, Kathryn Pauly,凯瑟琳·保利·摩根,68-69

Murray, Charles,查尔斯·默里,87-88,103,127

Murray, Pauli,保利·莫莉,61,62,75-76,260

N

Nader, Ralph,拉尔夫·纳德,24

National Association of Social Workers,美国社工协会,220

National Center for Missing & Exploited Children,走失和受虐儿童国家中心,166,168

Nazis and neo-Nazis,纳粹与新纳粹分子,12,63,64,90-92,133,139,140

negative filtering,负面过滤,38,177,277

negative partisanship,负面的党性,131-32,140

Neuromancer (Gibson),《神经漫游者》(吉布森),9-10

New Jersey Transit,新泽西捷运,203-4

New Jim Crow, The: Mass Incarceration in the Age of Colorblindness (Alexander),《新吉姆·克罗:无视肤色时代的严打监禁》(亚历山大),74

New Left,新左派,65,67

New Republic,《新共和》,6

Newsome, Hawk,霍克·纽瑟姆,75-76

Newton, Isaac,牛顿,125

New York,《纽约》,106

New Yorker,《纽约客》,205

New York Sun,《纽约太阳报》,163

New York Times,《纽约时报》,6,26,88,92,95,127,133,190,226

New York University (NYU),纽约大学,204-5

Nietzsche, Friedrich,尼采,2,22

1960s,20世纪60年代,213-14,216,230

No Child Left Behind,"一个孩子都不能落下",188

Noonday Demon, The: An Atlas of Depression (Solomon),《正午恶魔:抑郁症纪实》(所罗门),143

Northern Michigan University,北密歇根大学,200, 211

Northwestern University,西北大学,208

Notre Dame vs the Klan: How the Fighting Irish Defeated the Ku Klux Klan (Tucker),《圣母大学和三K党之争:战斗民族爱尔兰是如何击败三K党的?》(图克),207

NW Anxiety Institute,美国西北焦虑症研究所,163

O

Oakton Community College,欧克顿社区学院,201

Obama, Barack,巴拉克·奥巴马,11, 96, 140, 214

Obama, Malia,玛利亚·奥巴马,250

Oberlin College,欧柏林学院,24-25

Occupy Wall Street,"占领华尔街",129

Oliver, Kelly,凯莉·奥利弗,106-7

Olivia (Claremont student),奥莉维亚(克莱蒙特学院的学生),53-55, 175

Once and Future Liberal, The: After Identity Politics (Lilla),《过去和未来的自由派:身份政治之后》(里拉),74-75

On Liberty (Mill),《论自由》(密尔),248

oppression,压制,6, 44, 46, 57, 64, 65, 68-71

Orlando nightclub shooting,奥兰多市夜总会枪击案,12

Ostrom, Elinor,埃莉诺·奥斯特罗姆,191

Ostrom, Vincent,文森特·奥斯特罗姆,191, 192

Our Kids: The American Dream in Crisis (Putnam),《我们的孩子:危机中的美国梦》(帕特南),173-76

overgeneralizing,过度概括,38, 39, 50, 277

overprotection,过度保护,13
 in parenting,在教育中,126, 148, 164, 165, 167-72, 183, 201-2, 235, 236, 266
 see also fragility; parenting; safetyism

overreaction,过度反应,201, 203

overregulation,过度监管,201-3

P

parenting,家教,125, 126, 163-79, 192

and actual versus imagined risk,与现实和想象的风险之对比,167-68

and arrest for neglect,因疏于照顾而被捕,171-72, 266

 and assuming capability in

children，与假定孩子有能力，237

and child's walking to places alone，与孩子独自上街，169-70，237-39

cognitive distortions and，认知扭曲与，177-78

concerted cultivation style of，精心栽培的方式，173，174，176，179，235-36

free-range，放养，164，211，238，266，268

Let Grow License and，放养许可与，238-39

natural growth style of，自然放养的方式，174，179

overprotective (helicopter)，过度保护的（直升机式），126，148，164，165，167-72，183，201-2，235，236，266

prepare the child for the road, not the road for the child，为孩子铺好路，不如让孩子学会如何走好路，23，237-40

risk taking and，经受风险与，238

school policies and，学校政策与，245-49

social class and，社会阶级与，173-76，179

societal pressures and，社会压力与，171

suggestions for，的建议，235-51

Parker, Sean，肖恩·帕克，147

Paros, Mike，迈克·帕罗斯，118

Patz, Etan，伊坦·帕茨，165，166

Paxson, Christina，克里斯蒂娜·帕克森，27

"Paying the Price for Breakdown of the Country's Bourgeois Culture" (Wax and Alexander)，《为我国中产阶级文化的崩溃而付出代价》（瓦克斯与亚历山大），107-8，121

peanut allergies，花生过敏，19-21，23-24，30，164，236，237

Peck, Don，唐·佩克，10

personalizing，苛责自身，277

Pew Research Center，皮尤研究中心，128

phones，手机，30，146，147，152-54，159-61，194，214

and limiting device time，与限制使用电子设备的时间，249-50

school and，学校与，247

see also social media

Pinker, Steven，史蒂文·平克，264，265

play，玩耍，125，126，178，181-94

brain and，大脑与，181-84，193

free，自由，183-86，188，189，191，193-94，235-37，245-46，266

importance of，的重要性，181-83，193-94

outdoor, 户外, 184, 186, 266
playgrounds, 游乐场, 183, 238
risk and, 与风险, 183-85, 236, 238, 246
polarization, 极化, 121, 125-41, 251, 265
　affective, 情感的, 129, 131-32, 141
　outrage and, 与愤怒, 133-38, 261
police, attitudes toward, 警察, 对待态度, 219-20
political correctness, 政治正确, 46, 94-95, 202
Political Tribes: Group Instinct and the Fate of Nations (Chua), 《政治部族：群体本能与国家命运》（蔡美儿）, 267
politics, 政治, 213-14
　alt-right, 新右翼, 81, 84, 118, 139, 266
　bipartisanship in, 两党合作, 131
　birth year and, 出生年与, 213-14
　filter bubble and, 与过滤气泡, 130-31
　left-wing, 左翼, 5, 110-13, 126-27, 132-38, 141, 199
　negative partisanship in, 负面党性, 131-32
　from 1940s to 1980, 从20世纪40年代到1980年, 130
　right-wing, 右翼, 5, 63, 110-13, 118, 126, 127, 132-38, 141
　universities and, 大学与, 110-13, 121, 126-27, 132-38, 141, 199, 258
　see also polarization
Pomona College, 波莫纳学院, 89-90
positives, discounting, 无视正面, 38, 177, 277
post-traumatic stress disorder (PTSD), 创伤后精神障碍, 25, 28-29
power, 权力, 53, 66
　intersectionality and, 交叉性与, 68
prejudice, 偏见, 25, 40-44, 46
　see also racism
Princeton Review, 《普林斯顿评论》, 189
principle of charity, 善意原则, 42, 51, 55, 243-44, 260
privilege, 特权, 68-71
problems of progress, 进步所导致的问题, 13-14, 170, 264
procedural justice, 程序正义, 217, 219-22, 227, 230, 231
professors, 教授：
　political perspectives of, 的政治观点, 110-13, 121, 258
　retraction demands and, 撤回要求与, 103-4, 107-8, 121
　social media and, 社交媒体与,

137, 141, 201
 trust between students and, 与学生的信任感, 205-6, 212
 viewpoint solidarity and diversity among, 之中的观点一致性与多样性, 108-13, 121, 258
proportionality, 相称, 217-19, 224, 227
proportional-procedural social justice, 相称-程序的社会正义, 220-23, 231
Putnam, Robert, 罗伯特·帕特南, 173-76, 236

R

racism, 种族主义, 6, 42, 44-45, 64, 71, 140
 civil rights movement and, 民权运动与, 60-61
 Halloween costumes and, 与万圣节服饰, 56, 102, 165
 intimidation and threats, 恐吓与威胁, 138-40
 Jim Crow laws, 吉姆·克罗法, 221
 white supremacists, 白人至上主义者, 12, 86, 87, 89-91, 94
Rage, The: The Vicious Circle of Islamist and Far Right Extremism (Ebner), 《狂暴之怒: 伊斯兰主义者与极右翼的恶性循环》(艾伯纳), 266-67
rape culture, 强奸文化, 26-28
rape law, teaching of, 强奸法律的教学, 205
Rational Optimist, The (Ridley), 《理性的乐观派》(里德利), 264-65
Rauch, Jonathan, 乔纳森·劳奇, 59, 267
Rawls, John, 约翰·罗尔斯, 213
Redelsheimer, Katrina, 卡特里娜·雷德尔海默, 82
Reed College, 里德学院, 93, 127
regret orientation, 追悔不已, 278
religion, 宗教:
 American civil, 美国公民的, 60-61
 rituals in, 的仪式, 100
Renaissance, 文艺复兴, 136
"Repressive Tolerance" (Marcuse), 《压迫的宽容》(马尔库塞), 65-67
Republicans, 共和党, 129-31, 213, 216
 see also politics
rider-and-elephant metaphor, 骑象人和大象的比喻, 35, 36, 51, 62
Ridley, Matt, 马特·里德利, 264-65
Righteous Mind, The: Why Good People Are Divided by Politics and Religion (Haidt), 《正义心灵: 为什么好人会因政治和宗教而分裂》(海特), 9
Right on Crime, "瞄准犯罪", 74

Rise of the Warrior Cop: The Militarization of America's Police Forces（Balko），《武警兴起：美国警力的军事化》（巴尔科），74

risk, 风险, 185, 237
 actual versus imagined, 现实 vs 想象, 167-68
 play and, 玩耍与, 183-85, 236, 238, 246
 see also safety

rituals, 宗教仪式, 100

Roberts, John, 约翰·罗伯茨, 192-93

Roman statues, 罗马雕像, 136-37

Roof, Dylann, 迪伦·鲁夫, 139

Roosevelt, Franklin D., 富兰克林·罗斯福, 74

S

Sacks, Jonathan, 乔纳森·萨克斯, 53, 64

safety, 安全, 6-7, 9, 14, 24-25, 29-30, 96, 148
 and actual versus imagined risk, 与现实和想象的风险之对比, 167-68
 crime and, 犯罪与, 167, 186, 238, 266
 improvements in child safety, 在儿童安全上的改善, 168-69
 meaning of, and concept creep, 的含义，与概念渗透, 24-25, 27, 246-47, 259
 threats and, 威胁与, 138-40, 260-61

safetyism, 安全主义, 29-30, 85, 104, 121, 125, 164, 165, 194, 203, 246-47
 on campus, 在校园里, 12, 24-26, 96-97; 125, 145-46, 148, 195-212, 268
 cognitive distortions and, 认知扭曲与, 177-78
 dangers of, 的危险, 168-71
 exclusion and, 排斥与, 246-47
 iGen and, 互联网世代与, 30-31, 156, 158, 161
 overprotective parenting, 过度保护的教养方式, 126, 148, 164, 165, 167-72
 rise of, 的兴起, 24-26, 121
 safe spaces, 安全空间, 26-31, 96, 145, 210, 259
 school and, 学校与, 236
 trigger warnings, 预先警告, 6-7, 24, 28, 29, 31, 145, 210

Salem witch hunts, 塞勒姆猎巫事件, 99-100

San Bernardino attack, 圣贝纳迪诺袭击, 12

Sanders, Bernie, 伯尼·桑德斯, 213

Savio, Mario, 马里奥·萨维奥, 84

schemas, 图式, 36-38, 57, 150, 177

Schill, Michael, 迈克尔·希尔, 92
school (K-12), 中小学, 59, 185-89, 194
 college admissions and, 大学招生与, 189-91, 194, 235, 236, 257-58, 268
 debate teaching in, 中的辩论教育, 248
 discussions on coursework in, 对课程作业的讨论, 248
 first-grade readiness checklists, 读小学一年级的准备清单, 186-87, 238
 grades in, 中的成绩, 190
 homework, 家庭作业, 185-86, 245
 ideas for elementary schools, 对小学的建议, 245-47
 ideas for middle schools and high schools, 对中学和高中的建议, 247-49
 identity politics and, 身份政治与, 244
 influencing policies at, 在其中影响政策, 245-49
  kindergarten, 幼儿园, 185, 187-88
 phones at, 中的手机, 247
 recess at, 中的休息, 245-47
 safetyism and, 安全主义与, 236
 year of service or work between high school and college, 在高中与大学之间服务或工作一年, 250-51, 257
Schulz, Kathryn, 凯瑟琳·舒尔茨, 244
"see something, say something", "发现可疑，及时报告", 203-4
Seligman, Martin, 马丁·塞利格曼, 158
September 11, 2001, attacks, 9/11恐怖袭击, 200, 203
Service Year Alliance, 服务年联盟, 251
sexism, 性别主义, 6, 44, 71
sexual misconduct and assault, 性骚扰和侵害, 27
 law education and, 法律教育与, 205
 #MeToo Movement and, #MeToo运动与, 12, 27
Shakespeare, William, 威廉·莎士比亚, 34
Shapiro, Ben, 本·沙皮罗, 83
Sheskin, Mark, 马克·谢斯金, 218
shoulds, 想当然, 277
Shuchman, Daniel, 丹尼尔·舒克曼, 238
Shulevitz, Judith, 朱迪斯·舒利瓦茨, 26-28
Silverglate, Harvey, 哈维·希尔福格雷, 74
Simmons, Ruth, 鲁思·西蒙斯, 259
Singal, Jesse, 杰西·辛格尔, 106

Skenazy, Lenore, 丽诺尔·斯科纳兹, 163-65, 169, 171, 172, 177, 185, 211, 238

sleep, 睡眠, 250

smartphones, 智能手机, see phones

Smith College, 史密斯学院, 72

snowballs, and danger, 雪球, 与危险, 236

social class, 社会阶级:
  parenting and, 教养方式与, 173-76, 179
  universities and, 大学与, 174, 176

social justice, 社会正义, 111, 125, 126, 213-32
  and correlation as causation, 作为因果关联的相关性与, 227-29, 231-32
  definition and use of term, 定义与术语的使用, 217, 220-21, 223
  equal-outcomes, 结果平等, 223-27, 230, 231
  major news stories related to, 有关的重大新闻报道, 214-16
  proportional-procedural, 相称-程序, 220-23, 231

social media, 社交媒体, 5, 10, 30, 130, 133, 139, 145, 194, 203, 259
  call-out culture and, 揭发文化与, 71-73
  curation and comparisons in, 的监管与比较, 154-55, 161
  Facebook, "脸书", 49, 55, 105, 107, 130, 146-47, 207, 265
  impact on girls, 对女孩的影响, 154-56
  and limiting device time, 与限制使用电子设备的时间, 249-50
  mental health and, 心理健康与, 146-47, 152-56, 159-61, 265
  positive trends in, 中的积极趋势, 265-66
  professors and, 教授与, 137, 141, 201
  Twitter, 推特, 81, 130, 135-37, 147, 265
  virtue signaling and, 美德表演与, 73

Socrates, 苏格拉底, 49, 50

Solomon, Andrew, 安德鲁·所罗门, 143

Solzhenitsyn, Aleksandr, ix, 亚历山大·索尔仁尼琴, 243

Soviet Union, 苏联, 130, 243

Spellman, Mary, 玛丽·斯佩尔曼, 54-55, 57, 71, 102-3, 105-6, 134

Spencer, Richard, 理查德·斯宾塞, 139

Spock, Benjamin, 本杰明·斯波克, 174

sports, 运动, 152, 189, 225-26

Title IX and,《教育法》第九章与,224-25

spurious correlations,伪相关,152,228

Stalin, Joseph,约瑟夫·斯大林,243

Stanger, Allison,艾莉森·斯坦格,87-88, 103, 127, 140

Starmans, Christina,克里斯蒂娜·斯塔曼斯,218

statues, Greco-Roman,希腊罗马造像,136-37

"sticks and stones" saying,"棍棒和石头"谚语,210

Stoicism,斯多葛主义,95-96, 98

Stone, Geoffrey,杰弗里·斯通,255, 279

Student Nonviolent Coordinating Committee,学生非暴力协调委员会,84

Sue, Derald Wing,德拉得·温·苏,40-42

suicide,自杀,5, 24, 30, 143-44, 152

    academic competition and,与学业竞争,190

    rates of,的比率,150-51, 160, 183, 190

    sharing thoughts of,分享有关的想法,195-96

Suk Gersen, Jeannie,珍妮·石·格森,205

summer camps,夏令营,240

Supreme Court,联邦最高法院,61

T

Tajfel, Henri,亨利·泰弗尔,57-58, 76

Taleb, Nassim Nicholas,纳西姆·尼古拉斯·塔勒布,22-23, 28, 164, 170

Tannen, Deborah,黛博拉·坦纳,154

Taylor, Keeanga-Yamahtta,基安雅-雅马塔·泰勒,135-36

Tea Party,茶党,129

telos,目的,253-55

Tenbrink, Tyler,泰勒·坦布林克,139

terrorism,恐怖袭击,11-12, 204

    September 11, 2001, attacks,9/11恐怖袭击,200, 203

Tetlock, Phil,菲利普·泰特洛克,229

Texas State University,德克萨斯州立大学,63-64, 67

Theodoric,狄奥多里克,34

Theory of Justice, A (Rawls),《正义论》(罗尔斯),213

Thinking in Bets: Making Smarter Decisions When You Don't Have All the Facts (Duke),《对赌:信息不足时如何做出高明决策》(杜克),248-49

threats,威胁,138-40, 260-61

Three Felonies a Day: How the Feds

Target the Innocent(Silverglate),《一日三宗罪:联邦政府如何攻击无辜的人》(希尔福格),74

Thucydides, 修昔底德, 108-9

Title IX, 《教育法》第九章, 206-8, 223-25

Tocqueville, Alexis de, 阿历克西·德·托克维尔, 191, 195

tolerance, 宽容, 65-66

transgenderism, 跨性别主义, 104-5, 205-6

transracialism, 跨种族主义, 104

trauma, 创伤, 25-26, 28-29, 31-32, 33

 PTSD, 创伤后精神障碍, 25, 28-29

Treatment Plans and Interventions for Depression and Anxiety Disorders(Leahy, Holland, and McGinn),《抑郁和焦虑障碍的疗法和干预方案》(莱希、霍兰德与麦克金), 37

tribalism, 部落主义, 57-59, 76, 130, 131, 153, 267

 see also groups

trigger warnings, 预先警告, 6-7, 24, 28, 29, 31, 145, 210

Trump, Donald, 唐纳德·特朗普, 12, 82-83, 87, 96, 112, 114, 127, 135, 139, 140

 Charlottesville and, 夏洛茨维尔与, 91, 94

 supporters of, 的支持者, 75-76, 81, 83

truth, 真理, 253-55, 268

Tucker Carlson Tonight, "塔克·卡尔森今夜秀", 118, 133, 134

Turning Point USA (TPUSA), "转折美国", 138

Tuvel, Rebecca, 瑞贝卡·蒂韦尔, 104-7, 121, 127

Twenge, Jean, 简·特温格, 30-31, 146-49, 152-54, 159, 160, 164, 185

Twitter, 推特, 81, 130, 135-37, 147, 265

Tyler, Tom, 汤姆·泰勒, 219-20

Tyranny of the Majority, The(Guinier),《多数的暴政》(吉尼尔), 222

U

UCLA, 加州大学洛杉矶分校, 92

Unequal Childhoods: Class, Race, and Family Life(Lareau),《不平等的童年:阶级、种族与家庭生活》(洛罗), 173-75

unfair comparisons, 不当比较, 278

universities, 大学, 5, 8, 10, 11, 59, 125-26, 214

 admissions to, 录取, 189-91, 194, 235, 236, 257-58, 268

 amenities at, 中的设施, 199, 211

 bureaucracy at, 中的官僚主义, 125, 126, 192, 194, 195-212

canon wars at, 经典战争, 7

Chicago Statement and, 芝加哥声明与, 255-56, 268, 279-81

consumerist mentality at, 中的消费者意识, 198-200, 211

corporatization of, 的公司化, 197-98, 211

cross-partisan events at, 跨党派的活动, 261

distorted thinking modeled by administrators at, 的管理者催生思维扭曲, 200-203

diversity among professors in, 教授的多元化, 108-13, 121, 258

diversity among students in, 学生的多元化, 43, 258, 260

expansion of, 扩张, 197-98

freedom of inquiry at, 的探索自由, 255-57

free speech at, 的言论自由, 5-6, 31, 65, 84, 200-203

heckler's veto and, 强行叫停与, 257

iGen and, 互联网世代与, 31, 145, 148, 156-59, 174-75, 185

intellectual virtues and, 智性美德与, 258

intimidation and violence at, 里的恐吓与暴力, 81-98

mental health and, 与心理健康, 156-59

as multiversities, 作为综合性大学, 197, 253

political orientation and, 政治倾向与, 110-13, 121, 126-27, 132-38, 141, 199, 258

preparation for life following, 为之后的人生做准备, 8-9

productive disagreement in, 中的建设性争论, 258-60

regulations at, 的管控, 192, 200-203, 211-12

and responding to pressure campaigns and outrage, 与回应施压运动和愤怒, 256-57

retraction demands at, 的撤回要求, 103-4, 107-8, 121

safe spaces and, 安全空间与, 26-31, 96, 145, 210, 259

safetyism at, 的安全主义, 12, 24-26, 96-97, 125, 145-46, 148, 195-212, 268; see also safetyism

school spirit at, 校园精神, 260

social class and, 社会阶级与, 174, 176

speakers at, 的演讲者, 6, 27, 47-51, 87, 199

suggestions for, 给建议, 253-62

trigger warnings and, 预先警告与, 6-7, 24, 28, 29, 31, 145, 210

trust between professors and students at, 在教授和学生之

间的信任感, 205-6, 212
truth and, 真理与, 253-55, 268
wisdom and, 智慧与, 253-62
University of California, 加州大学, 197
　Berkeley, 伯克利分校, 12, 81-87, 90, 94, 120
　Los Angeles, 洛杉矶分校, 92
University of Central Florida, 佛罗里达中央大学, 207
University of Chicago, 芝加哥大学, 119, 251, 253, 268
　Chicago Statement on Principles of Free Expression, 关于自由表达原则的芝加哥声明, 255-56, 268, 279-81
University of Cincinnati, 辛辛那提大学, 203
University of Connecticut, 康涅狄格大学, 202
University of Iowa, 爱荷华大学, 136-37
University of Michigan, 密歇根大学, 184, 207
University of Missouri, 密苏里大学, 11
University of Northern Colorado, 北科罗拉多大学, 205-6
University of Oregon, 俄勒冈大学, 92
University of Pennsylvania, 宾夕法尼亚大学, 107, 108
University of Virginia, 弗吉尼亚大学, 12, 188, 223-27
University of West Alabama, 西亚拉巴马大学, 202
Unsafe at Any Speed (Nader), 《任何速度都不安全》(纳德), 24
us versus them; good people versus evil, 我们 vs 他们; 好人 vs 恶人, 3-4, 14, 53-77, 85, 90, 92, 119-20, 132, 177, 206, 243-44, 247, 259-60
　see also groups

V

vaccination, 接种疫苗, 21
Valenti, Jessica, 杰西卡·瓦伦蒂, 26-27
Venker, Suzanne, 苏珊娜·沃克, 49
victimhood culture, 受害心态文化, 209-10
victimization, 受伤害, 41-42, 46, 57, 126
viewpoint diversity, 观点的多样性, 11, 109, 112-13, 121, 248, 258
vindictive protectiveness, 以惩罚作为保护, 10, 235
violence, 暴力, 81-98
　definition of, 的定义, 85-86
　words as, 言论, 84-86, 89, 94-98, 145, 158
Virginia Rowing Association, 弗吉尼亚赛艇协会, 223
virtue signaling, 美德表演, 73

vulnerability, culture of, 脆弱文化, 209, 210
  see also fragility

W

Wall Street Journal,《华尔街日报》, 222

Walsh, Adam, 亚当·沃尔什, 165-66

Walsh, John, 约翰·沃尔什, 166

Ward, Douglas Turner, 道格拉斯·特纳·沃德, 114

War on Cops, The（Mac Donald）,《向警察开战》（麦克·唐纳德）, 88

Washington Post,《华盛顿邮报》, 93, 199

Wax, Amy, 艾米·瓦克斯, 107-8, 121, 126

Weinstein, Bret, 布雷特·温斯坦, 114-19, 127, 133

"what if" questions, 杞人之忧, 278

Where You Go Is Not Who You Will Be: An Antidote to the College Admissions Mania（Bruni）,《大学并不决定你人生：大学竞争狂热的一剂解药》（布鲁尼）, 190

white genocide, 白人灭种, 135, 136

white nationalists and white supremacists, 白人民族主义者与白人至上主义者, 12, 86, 87, 89-91, 94, 135, 136, 139, 140, 266

Will, George, 乔治·威尔, 48

William & Mary, 威廉玛丽学院, 92

Williams College, 威廉斯学院, 49-50

Wilson, E. O., E. O. 威尔逊, 7

wisdom, 智慧, 1-15
  children and, 与孩子, 235-51
  societies and, 与社会, 263-69
  universities and, 与大学, 253-62

witch hunts, 猎巫, 99-121
  crimes against collective in, 以集体为对象的罪行, 101, 119
  fear of defending the accused in, 不敢站出来为被迫害者辩护, 102, 106-7, 119
  four properties of, 的四大特点, 101-2, 119, 120
  retraction demands and, 撤回要求与, 103-4, 107-8, 121
  in Salem, 在塞勒姆, 99-100
  as sudden outbursts, 突如其来, 110, 119
  trivial or fabricated charges in, 中的琐碎或捏造指控, 102, 106, 119

Wood, Zachary, 扎克利·伍德, 49, 50

words, 言论：
  choice of, 的选择, 54-55, 102-3, 105-6

as violence，作为暴力，84-86，89，94-98，145，158

World War II，第二次世界大战，57，92，110，130

Y

Yale University，耶鲁大学，11，55-57，61，102，120，165，189，253

Yiannopoulos, Milo，米洛·雅诺波鲁斯，48，50，81-85，95，97，120

YouTube，YouTube网站，55，130

Z

Ziblatt, Daniel，丹尼尔·齐布拉特，131

Zimmer, Robert，罗伯特·齐默，251